POCH

L'AUTRE
MOI-MÊME

DU MÊME AUTEUR
CHEZ ODILE JACOB

Spinoza avait raison, 2003.

Le Sentiment même de soi. Corps, émotions, conscience, 1999.

L'Erreur de Descartes. La raison des émotions, 1995, 2005, 2006.

ANTONIO DAMASIO

L'AUTRE MOI-MÊME

LES NOUVELLES CARTES DU CERVEAU, DE LA CONSCIENCE ET DES ÉMOTIONS

*Traduit de l'anglais (États-Unis)
par Jean-Luc Fidel*

Titre original :
Self Comes to Mind. Constructing the Conscious Brain

Ouvrage paru originellement chez Pantheon Books
© ANTONIO DAMASIO, 2010

Pour la traduction française :
© ODILE JACOB, 2010, SEPTEMBRE 2012
15, RUE SOUFFLOT, 75005 PARIS

www.odilejacob.fr

ISBN : 978-2-7381-2827-0
ISSN : 1621-0654

Le Code de la propriété intellectuelle n'autorisant, aux termes de l'article L. 122-5, 2° et 3° a), d'une part, que les « copies ou reproductions strictement réservées à l'usage privé du copiste et non destinées à une utilisation collective » et, d'autre part, que les analyses et les courtes citations dans un but d'exemple et d'illustration, « toute représentation ou reproduction intégrale ou partielle faite sans le consentement de l'auteur ou de ses ayants droit ou ayants cause est illicite » (art. L. 122-4). Cette représentation ou reproduction, par quelque procédé que ce soit, constituerait donc une contrefaçon sanctionnée par les articles L. 335-2 et suivants du Code de la propriété intellectuelle.

À Hanna.

> Mon âme est un orchestre caché ;
> je ne sais de quels instruments il joue et résonne en moi,
> cordes et harpes, timbales et tambours.
> Je ne me connais que comme symphonie.
>
> Fernando PESSOA, *Le Livre de l'intranquillité.*

> Ce que je ne peux construire, je ne peux le comprendre.
>
> Richard FEYNMAN.

PREMIÈRE PARTIE
REDÉMARRAGE

CHAPITRE 1

Réveil

Quand je me suis réveillé, nous descendions. J'avais tellement dormi que je n'avais même pas entendu l'annonce de l'atterrissage et du temps qu'il faisait au sol. J'avais perdu conscience de moi-même et de ce qui m'entourait. J'étais resté inconscient.

Au sein de notre biologie, rares sont les aspects qui semblent aussi triviaux que cet élément de base qu'on appelle la conscience, c'est-à-dire l'aptitude phénoménale consistant à disposer d'un esprit doté d'un détenteur, d'un protagoniste de sa propre existence, d'un soi qui inspecte le monde intérieur et extérieur, d'un agent prêt à l'action.

La conscience n'est pas simplement l'état de veille. Quand je me suis réveillé, deux courts alinéas plus haut, je n'ai pas regardé vaguement autour de moi pour capter les images et les sons comme si mon esprit éveillé n'appartenait à personne. Bien au contraire : j'ai su presque instantanément, sans aucune hésitation ni effort, que c'était bien moi qui étais assis là sur mon siège, de retour à Los Angeles muni d'une longue liste de choses à faire avant le lendemain, conscient de l'étrange mélange qui régnait en moi de fatigue due au voyage et d'enthousiasme à la perspective de ce qui allait arriver, curieux de savoir sur quelle piste nous allions atterrir, attentif aux réglages de puissance du moteur qui nous ramenait au sol. Le fait d'être éveillé était sans nul doute nécessaire à cet état, mais ce n'était pas le point le plus important. Quel était l'aspect le plus significatif ? Le fait que la foule de contenus se manifestant dans mon esprit, qu'ils aient été ou non nets ou bien ordonnés étaient *liés* à moi, le propriétaire de mon esprit, par des fils invisibles les faisant tenir ensemble dans cette fête agitée que nous appelons le soi. Tout aussi important était le fait que ce lien était *senti*. J'éprouvais le *sentiment* de l'expérience de ces liaisons en moi.

Me réveiller, cela voulait dire recouvrer mon esprit qui était resté un temps absent et me retrouver *moi* aussi dedans, en somme récupérer à la fois la propriété (mon esprit) et son propriétaire (moi). Me réveiller m'a permis de réémerger et de parcourir mes domaines mentaux, comme au cours de la projection immense de ce film féerique, en partie documentaire en partie de fiction, qu'on nomme l'esprit humain conscient.

Nous accédons tous librement à la conscience ; elle bouillonne si aisément et si abondamment dans notre esprit que, sans hésitation ni appréhension, nous la laissons s'éteindre chaque nuit quand nous allons dormir et lui permettons de réapparaître chaque matin quand le réveil sonne, trois cent soixante-cinq fois par an au moins, sans compter les petits sommes. Pourtant, peu de choses en nous sont aussi remarquables, aussi fondatrices et en apparence aussi mystérieuses que la conscience. Sans elle, c'est-à-dire sans un esprit doté d'une subjectivité, nous ne pourrions savoir que nous existons et encore moins qui nous sommes et ce que nous pensons. Sans la subjectivité, même très modeste à ses débuts chez des créatures vivantes plus simples que nous, la mémoire et le raisonnement auraient eu peu de chances de se développer aussi prodigieusement que cela a été le cas ; le langage et la version humaine de la conscience n'auraient pas suivi l'évolution que nous leur connaissons. La créativité ne se serait pas épanouie. Il n'y aurait eu ni musique, ni peinture, ni littérature. L'amour n'aurait pas été l'amour, mais seulement du sexe. L'amitié n'aurait été que coopération intéressée. La douleur ne serait pas devenue la souffrance, ce qui n'aurait pas été un mal quand on y songe, mais plutôt un avantage ambigu dans la mesure où le plaisir n'aurait pas été du bonheur non plus. Bref, si la subjectivité n'était pas apparue, nous ne l'aurions pas su ; par conséquent, il n'y aurait pas eu non plus d'histoire de ce que les créatures ont accompli au cours des âges, ni de culture du tout.

Si je n'ai pas encore donné de définition de la conscience, j'espère n'avoir pas laissé planer de doute quant à ce que signifie le fait de *ne pas* en avoir une : en son absence, la perspective personnelle est stoppée ; on ne connaît pas son existence ; et on ne sait pas que tout le reste existe. Si la conscience ne s'était pas développée au cours de l'évolution jusqu'à sa version humaine, l'humanité que nous connaissons, dans toute sa fragilité et sa force, ne se serait pas développée non plus. On frémit à l'idée que le fait de manquer un simple tournant nous aurait fait passer à côté de la voie biologique qui nous rend vraiment humains. Mais comment aurions-nous su que nous avions raté quelque chose ?

Si nous estimons que la conscience va de soi, c'est parce qu'elle est si disponible, si aisée à utiliser, si élégante dans sa façon de disparaître et de réapparaître chaque jour. Et pourtant, qu'on soit scientifique ou non, quand on y réfléchit, on reste perplexe. De quoi est-elle faite ? D'esprit, semble-t-il. Puisqu'on ne peut être conscient sans avoir un esprit qui l'est. Mais ce dernier, à son tour, de quoi est-il fait ? D'air ou de corps ? Les esprits forts disent qu'il provient du cerveau, qu'il *est* dans le cerveau, mais cette réponse n'est pas satisfaisante. Comment le cerveau *fait*-il de l'esprit ?

Le fait que nul ne voie l'esprit des autres, conscient ou non, est tout particulièrement mystérieux. Nous pouvons observer leur corps et leurs actions, ce qu'ils font, disent ou écrivent ; nous pouvons deviner ce qu'ils pensent. Mais nous ne pouvons observer leur esprit, et nous sommes les seuls à pouvoir observer le nôtre, de l'intérieur et par une fenêtre assez étroite. Les propriétés de l'esprit, qui plus est conscient, semblent si radicalement différentes de celles de la matière vivante et visible qu'on peut se demander comment un processus – l'esprit conscient – s'imbrique dans l'autre – des cellules physiques vivant ensemble sous forme d'agrégats appelés tissus.

Toutefois, dire que l'esprit conscient est mystérieux – il l'est bel et bien – ne signifie pas que ce mystère soit insoluble. Cela ne veut pas dire que nous ne pourrons jamais comprendre comment un organisme vivant doté d'un cerveau développe un esprit conscient[1].

Objectifs et motivations

Ce livre traite de deux questions. Premièrement : comment le cerveau construit-il l'esprit ? Deuxièmement : comment le rend-il conscient ? Je sais bien que traiter de ces questions, ce n'est pas y répondre et que, quant à l'esprit conscient, il serait fou de prétendre donner des réponses définitives. De plus, les recherches sur la conscience sont tellement développées qu'il n'est plus possible de rendre justice à toutes les contributions. En plus des problèmes de terminologie et de perspective, cela explique que travailler sur la conscience ressemble à la traversée d'un champ de mines. Pour autant, il est raisonnable de s'appuyer sur les données dont on dispose actuellement, si incomplètes et provisoires soient-elles, pour formuler des conjectures vérifiables et envisager l'avenir. Le but de ce livre est de réfléchir à ces conjectures et de présenter une grille d'hypothèses. Il est principalement consacré à la façon dont le cerveau humain doit être structuré et doit fonctionner pour que l'esprit conscient apparaisse.

Les livres s'écrivent pour une bonne raison ; et celui-ci l'a été pour recommencer. Voilà plus de trente ans que j'étudie l'esprit et le cerveau humain ; j'ai déjà rédigé des livres et des articles scientifiques sur la conscience[2]. Cependant, ma réflexion sur les découvertes nouvelles ou anciennes que la recherche a permises m'a conduit à un profond changement de point de vue, sur deux points en particulier : l'origine et la nature des sentiments ; les mécanismes sous-jacents à la construction du soi. Ce livre présente mes idées actuelles. Il porte aussi sur ce que nous ignorons encore, mais aimerions savoir.

La suite du chapitre 1 situe le problème, explique le cadre choisi pour le traiter et présente les idées principales qui apparaîtront dans les chapitres suivants. Certains estimeront peut-être que cette longue présentation ralentit la lecture, mais je promets que le reste du livre sera plus accessible.

Première approche

Avant d'aborder plus avant la question de savoir comment le cerveau humain construit l'esprit conscient, nous devons reconnaître deux héritages importants. L'un d'eux est constitué par les tentatives antérieures menées pour découvrir les bases neurales de la conscience ; elles remontent au milieu du XXe siècle. À la faveur d'une série d'études pionnières réalisées en Amérique du Nord et en Italie, un petit groupe de chercheurs a mis le doigt avec une certitude frappante sur un secteur du cerveau dont on admet désormais sans équivoque qu'il est lié à la production de la conscience – le tronc cérébral – et qui est considéré comme apportant une contribution essentielle à la conscience. Bien sûr, étant donné ce qu'on sait aujourd'hui, les analyses de ces pionniers – Wilder Penfield, Herbert Jasper, Giuseppe Moruzzi et Horace Magoun – étaient incomplètes et en partie incorrectes. Mais on ne peut que louer et admirer les scientifiques qui ont eu l'intuition de ce qui était la bonne cible et se sont mis en chasse avec une telle précision. Ils ont courageusement lancé l'entreprise à laquelle nombre d'entre nous souhaitent contribuer aujourd'hui[3].

Une autre partie de cet héritage consiste dans les études menées plus récemment sur des patients traités en neurologie dont la conscience était endommagée à la suite d'atteintes au cerveau. Ce sont les travaux de Fred Plum et de Jerome Posner qui ont donné l'élan[4]. Au fil des ans, ces études, venant compléter celles des pionniers de la recherche sur la conscience, ont mis au jour un vaste ensemble de faits concernant les structures cérébrales qui sont ou non impliquées pour rendre conscient l'esprit humain. C'est sur cette base que nous pouvons désormais construire.

L'autre héritage tient à une longue tradition de conceptions de l'esprit et de la conscience. Son histoire est riche, et aussi longue et diverse que celle de la philosophie. Vu la richesse de son apport, j'en suis venu à considérer les idées avancées par William James comme un repère pour ma propre pensée, même si cela n'implique pas que j'endosse complètement ses positions sur la conscience et en particulier sur le sentiment[5].

Le titre de ce livre tout comme ses premières pages ne laissent pas de doute : pour traiter de l'esprit conscient, je privilégie le soi. L'esprit conscient apparaît lorsqu'un processus du soi vient s'ajouter à un processus mental de base. Quand un esprit n'a pas de soi, il n'est pas conscient au sens strict. Telle est la situation dans laquelle sont pris les êtres humains dont le processus du soi est stoppé par un sommeil sans rêve, une anesthésie ou une affection cérébrale.

Toutefois, définir le soi que je considère comme indispensable à la conscience est plus facile à dire qu'à faire. C'est pourquoi William James est si essentiel à ce préambule. Il a écrit des pages éloquentes sur l'importance du soi ; et pourtant, en maintes occasions, il a fait remarquer que sa présence est si subtile que les contenus de l'esprit dominent la conscience quand ils s'écoulent. C'est ce caractère insaisissable qu'il nous faut examiner pour en évaluer les conséquences avant d'aller plus loin. Le soi existe-t-il ou non ? Si oui, est-il présent quand nous sommes conscients ou non ?

Les réponses sont sans équivoque. Le soi existe bel et bien, mais c'est un processus, et non une chose ; et ce processus est présent toutes les fois que nous sommes censés être conscients. On peut le considérer de deux points de vue. L'un est celui d'un observateur appréciant un *objet* dynamique – à savoir l'objet dynamique constitué par certains fonctionnements mentaux, certains traits de comportement et une certaine histoire vécue. L'autre point de vue est celui du soi qui *connaît*, processus qui se focalise sur nos expériences et nous conduit parfois à réfléchir sur elles. La combinaison de ces deux points de vue produit la double notion du soi qui est utilisée dans ce livre. Comme nous le verrons, ces deux notions correspondent à deux étapes du développement du soi au cours de l'évolution, le soi qui connaît tirant son origine du soi-objet. Dans la vie quotidienne, chacune de ces notions correspond à un niveau d'opération de l'esprit conscient, le soi-objet ayant une portée plus simple que le soi qui connaît.

Dans l'un comme dans l'autre point de vue, le processus varie en étendue et en intensité ; ses manifestations diffèrent selon les occasions. Le soi peut opérer sur un registre subtil, comme une « allusion presque devinée » de la présence d'un organisme vivant[6], ou sur un registre plus marqué qui comprend la personnalité et l'identité du propriétaire de l'esprit. Qu'on le sache ou non, on le *sent* toujours : voilà comment je résumerais la situation.

James estimait que le soi-objet, le moi matériel, était la somme totale de tout ce qu'un homme peut appeler sien – « non seulement son corps et ses pouvoirs psychiques, mais aussi ses vêtements, sa femme et ses enfants, ses ancêtres et ses amis, sa réputation et ses œuvres, ses terres et ses chevaux, son yacht et son compte en banque[7] ». Si je laisse de côté ce que cet énoncé a de politiquement incorrect, je suis d'accord. Mais James pensait aussi autre chose avec quoi je le suis encore plus : ce qui permet à l'esprit de savoir que de tels biens existent et appartiennent à leur propriétaire mental – corps, esprit, passé et présent, et tout le reste – tient au fait que la perception de tous ces éléments engendre des émotions et des sentiments, lesquels à leur tour marquent une séparation entre les contenus qui appartiennent au soi et les autres. Selon moi, ces sentiments opèrent comme des *marqueurs*. Ce sont les signaux fondés sur des émotions que j'appelle des marqueurs somatiques[8]. Quand des contenus relevant du soi apparaissent dans le flux mental, ils provoquent l'apparition d'un marqueur qui ajoute une image au flux mental, laquelle vient se juxtaposer à celle qui l'a déclenchée. Ces sentiments marquent une distinction entre le soi et le non-soi. Ce sont en somme des *sentiments de savoir*. Nous verrons que la construction de l'esprit conscient dépend, à plusieurs niveaux, de la production de sentiments de ce type. Voici ma définition de travail du moi matériel, du soi-objet : *collection dynamique de processus neuraux intégrés, centrés sur la représentation du corps vivant, qui trouve son expression dans une collection dynamique de processus mentaux intégrés.*

Le soi-sujet qui connaît, le Je, a une présence plus insaisissable ; il se réduit moins à des termes mentaux ou biologiques que le *moi* ; il est plus dispersé, davantage dissout dans le courant de conscience et parfois si subtil qu'il semble presque ne pas être là. Sans nul doute le soi qui connaît est-il plus difficile à saisir que le simple moi. Mais cela n'atténue pas sa signification pour la conscience. Le soi qui connaît n'est pas seulement une présence bien réelle ; c'est un tournant dans l'évolution biologique. On peut imaginer qu'il vient pour ainsi dire s'empiler sur le soi-objet, comme une nouvelle couche de processus neuraux donnant lieu à une autre couche encore de processus mentaux. Il n'y a pas dichotomie entre le soi-objet et le soi-sujet. Il y a plutôt continuité et progression. Le soi qui connaît repose sur le soi-objet.

La conscience n'est pas seulement composée d'images dans l'esprit. C'est une *organisation de contenus mentaux centrés sur l'organisme qui les produit et les motive*. Mais, comme le lecteur et l'auteur peuvent le vivre quand ils le veulent, c'est davantage qu'un esprit organisé sous l'influence d'un organisme qui vit et agit. C'est aussi un esprit capable de savoir qu'un tel organisme qui vit et agit existe. Assurément, le fait que le cerveau réussisse à créer des structures neurales qui cartographient les choses dont il a l'expérience sous forme d'images joue un rôle important dans le processus permettant d'être conscient. Le fait d'orienter les images dans la perspective de l'organisme participe aussi de ce processus. Mais ce n'est pas pareil que de *savoir* automatiquement et explicitement que des images existent en moi, qu'elles sont miennes et que je peux les déclencher. La simple présence d'images organisées s'écoulant dans un courant mental produit un esprit, mais, à défaut de processus supplémentaire, l'esprit reste *non conscient*. Ce qui lui manque, c'est un *soi*. Pour que le cerveau devienne conscient, il doit acquérir une propriété nouvelle : la *subjectivité*. Et ce qui la définit, c'est le sentiment qui marque les images dont nous faisons l'expérience subjective. (Pour un traitement contemporain de l'importance de la subjectivité dans une perspective philosophique, lire John Searle[9].)

Dès lors, le pas décisif dans la formation de la conscience, ce n'est pas la production d'images et la création des éléments de base de l'esprit. Il consiste plutôt à *rendre nôtres les images*, à les attribuer à leur propriétaire, l'organisme singulier et bien délimité dans lequel elles apparaissent. Dans la perspective de l'évolution et de sa propre histoire vécue, le propriétaire émerge par étapes : le protosoi et ses sentiments primordiaux, le soi-noyau orienté vers l'action ; et enfin le soi autobiographique qui incorpore les dimensions sociales et spirituelles. Ce sont là des processus dynamiques, et non des choses rigides ; chaque jour, leur niveau fluctue – simple, complexe, entre les deux – et il peut s'ajuster aisément lorsque les circonstances le dictent. Une instance connaissante, quel que soit le nom qu'on veut lui donner – soi, expérimentateur, protagoniste –, doit être engendrée dans le cerveau pour que l'esprit devienne conscient. Quand il y parvient, alors la subjectivité suit.

Le lecteur se demande sans doute si cette défense du soi est bien nécessaire. Elle me semble très justifiée. Au point où nous en sommes, ceux qui, dans les neurosciences, travaillent à élucider la conscience souscrivent à des attitudes très différentes à l'égard du soi. Aux extrêmes, il y a ceux qui considèrent que le soi est un sujet de recherche primordial et ceux qui estiment que le moment n'est pas encore venu pour ce faire (littéralement[10] !). Dans la mesure où les travaux associés à chacune de ces attitudes ne cessent de produire des idées utiles, il n'est pas pour l'instant nécessaire de décider quelle approche sera plus satisfaisante. Pour autant, les conceptions qui en résultent sont différentes.

En attendant, il convient de noter que ces deux positions perpétuent une différence d'interprétation qui opposait déjà William James à David Hume et qui est en général négligée dans ces discussions. Le premier voulait être bien sûr que ses conceptions du soi avaient un

solide fondement biologique et qu'on ne prendrait pas son
« soi » pour un sujet métaphysique (*metaphysical knowing
agency*). Cela ne l'empêchait pourtant pas d'attribuer
une fonction de connaissance au soi, même si elle était
subtile. Au contraire, David Hume pulvérisait le soi au
point de le faire disparaître. Le passage suivant illustre
bien son point de vue : « Je ne peux jamais me saisir,
moi, en aucun moment, sans une perception et je ne
peux rien observer que la perception. » Et plus loin :
« Je peux m'aventurer à affirmer du reste des hommes
qu'ils ne sont rien qu'un faisceau ou une collection de
perceptions différentes qui se succèdent à une rapidité
inconcevable et qui sont dans un flux et un mouvement
perpétuels. »

Commentant ce rejet du soi par Hume, William James
a formulé une célèbre réprimande ; soulignant l'étrange
mélange en lui d'« unité » et de « diversité », il a affirmé
au contraire l'existence du soi et attiré l'attention sur le
« noyau d'ipséité » qui traverse les ingrédients du soi[11].

Ces fondations ont été modifiées et étendues par les
philosophes et les spécialistes des neurosciences afin
d'inclure les différents aspects du soi[12]. Mais la signification
de ce dernier pour la construction de l'esprit conscience
n'en a pas été réduite pour autant. Et je ne crois pas que
les bases neurales de l'esprit conscient pourront être complètement
élucidées si on ne rend pas d'abord compte du
soi-objet – le moi matériel – et du soi qui connaît.

Les travaux contemporains en philosophie de l'esprit
et en psychologie ont étendu cet héritage conceptuel, tandis
que le développement extraordinaire qu'ont connu la
biologie générale, la biologie de l'évolution et les neurosciences
a permis d'accumuler un héritage neural, produit
un large éventail de techniques permettant d'étudier le cerveau
et amassé une quantité colossale de faits. Les données,
les conjectures et les hypothèses présentées dans ce
livre sont fondées sur tous ces développements.

Le soi-témoin

Innombrables ont été les créatures à avoir depuis des millions d'années un esprit actif, mais seules celles qui ont développé un soi capable d'opérer comme témoin de l'esprit ont pu reconnaître son existence ; et ce n'est que lorsque l'esprit a développé le langage et s'est mis à parler qu'on a pris connaissance du fait qu'il existait des esprits. Le soi-témoin est le petit plus qui révèle la présence en chacun de nous d'événements que nous appelons mentaux. Comment est-il créé ?

Les notions de témoin et de protagoniste ne sont pas de simples métaphores littéraires. J'espère qu'elles illustreront bien tout le registre des rôles que le soi joue dans l'esprit. Elles nous aident par exemple à saisir la situation dans laquelle nous nous trouvons quand nous nous efforçons de comprendre les processus mentaux. Un esprit qui n'a pas pour témoin un soi en position de protagoniste n'en est pas moins un esprit. Cependant, dans la mesure où le soi est le seul moyen naturel dont nous disposons pour connaître l'esprit, nous sommes entièrement dépendants de sa présence, de ses capacités et de ses limites. Cette dépendance étant systématique, il est extrêmement difficile d'imaginer de quelle nature est le processus de l'esprit indépendamment du soi, même si, du point de vue de l'évolution, il semble que les processus simplement mentaux aient précédé ceux du soi. Ce dernier nous donne une vue sur l'esprit, mais elle est brumeuse. Les aspects du soi qui nous permettent de formuler des interprétations quant à notre existence et au monde sont sans nul doute encore en évolution au niveau culturel, mais aussi selon toute probabilité au plan biologique. Par exemple, les échelons supérieurs du soi sont toujours modifiés par toutes sortes d'interactions sociales et culturelles, ainsi que par l'accroissement du savoir scientifique sur le fonctionnement même de l'esprit et du cerveau. C'est ainsi qu'un siècle de cinéma a certainement eu un impact sur le soi humain, tout comme le spectacle des sociétés mondialisées, désormais présenté de façon instantanée par les médias électroniques. Quant à l'influence de la révolution numérique, on commence à peine à l'évaluer. Bref, notre seule vue directe sur l'esprit dépend en partie de celui-ci et du processus du soi. Or nous avons de bonnes raisons de penser qu'il ne peut nous donner une idée complète et fiable de ce qui se passe.

Au premier bord, dès qu'on a admis que le soi est notre entrée dans la connaissance, il peut sembler paradoxal, voire ingrat, de mettre en doute sa fiabilité. Et pourtant, c'est le cas. Sauf pour ce qui concerne la fenêtre que le soi ouvre directement sur nos douleurs et nos plaisirs, les informations qu'il fournit doivent être remises en question, surtout quand elles tiennent à sa nature même. La bonne nouvelle, cependant, c'est que le soi a aussi rendu possible la raison et l'observation scientifique, et que la raison et la science corrigent petit à petit les intuitions erronées qu'il suscite si on se fie seulement à lui.

Surmonter une intuition erronée

On peut soutenir que les cultures et les civilisations ne seraient pas apparues en l'absence de conscience, ce qui fait d'elle un développement important dans l'évolution biologique. Pourtant, sa nature même pose de graves problèmes si on veut élucider sa biologie. Examiner la conscience depuis le point où nous en sommes aujourd'hui, équipée d'un esprit et d'un soi, reviendrait à introduire une distorsion compréhensible mais gênante dans l'histoire des recherches sur l'esprit et la conscience. Vu d'en haut, l'esprit ne semble pas seulement très complexe, ce qu'il est assurément, mais aussi différent par nature des tissus biologiques et des fonctions de l'organisme qui l'héberge. En pratique, nous adoptons deux optiques quand nous observons ce que nous sommes : nous regardons l'esprit les yeux tournés vers l'intérieur ou bien nous examinons les tissus biologiques les yeux tournés à l'extérieur. (De plus en plus, nous nous servons de microscopes pour étendre notre vision.) Dans ces conditions, il n'est pas surprenant que l'esprit semble avoir une nature non physique et qu'il paraisse être un phénomène appartenant à une autre catégorie que physique.

Le fait de le considérer ainsi, comme s'il était séparé de la biologie qui le crée et le maintient en fonction, conduit à le placer hors des lois de la physique, discrimination à laquelle les autres phénomènes cérébraux ne sont en général pas sujets. La manifestation la plus étonnante de cette étrangeté est la tentative pour relier l'esprit conscient à des propriétés encore inconnues de la matière et, par exemple, pour expliquer la conscience en termes de phénomènes quantiques. Le raisonnement semble être le suivant : l'esprit conscient paraît mystérieux ; la physique quantique reste mystérieuse ; peut-être ces deux mystères sont-ils liés[13].

Étant donné notre connaissance incomplète à la fois de la biologie et de la physique, gardons-nous d'écarter les autres explications. Après tout, malgré les succès remarquables de la neurobiologie, notre compréhension du cerveau humain est assez incomplète. Pour autant, la possibilité d'expliquer l'esprit et la conscience avec parcimonie, dans les limites de la neurobiologie telle qu'on les conçoit aujourd'hui, reste ouverte ; n'y renonçons pas tant que nous n'avons pas épuisé ses ressources techniques et théoriques, ce qui n'est pas pour demain.

Notre intuition nous dit que l'activité changeante et flottante de l'esprit n'a pas d'extension physique. Je crois qu'elle est fausse et due aux limitations du soi opérant seul. Je ne vois pas plus de raisons de lui accorder de crédit qu'aux intuitions jadis évidentes et puissantes qui semblait fonder la conception précopernicienne selon laquelle le Soleil tournait autour de la Terre ou qui voulait que l'esprit réside dans le cœur. Les choses ne sont pas toujours ce qu'elles paraissent être. La lumière blanche est bien un composé des couleurs de l'arc-en-ciel, même si on ne le voit pas à l'œil nu[14].

Perspective intégrée

La majeure partie du progrès accompli à ce jour en neurobiologie de l'esprit conscient a reposé sur la combinaison de trois perspectives : 1. le témoignage direct portant sur l'esprit conscient individuel, qui est personnel, privé et propre à chacun de nous ; 2. la perspective comportementale, qui nous permet d'observer les actions révélatrices d'êtres dont nous avons des raisons de croire que ce sont aussi des esprits conscients ; 3. la perspective cérébrale, qui nous permet d'étudier certains aspects du fonctionnement cérébral chez des individus dont les états mentaux conscients sont présumés présents ou absents. Les données issues de ces trois perspectives, même quand elles sont intelligemment disposées, ne sont en général pas suffisantes pour assurer une transition souple entre ces trois sortes de phénomènes – inspection introspective, à la première personne ; comportements extérieurs ; événements cérébraux. Le fossé semble important en particulier entre les données issues de l'introspection et celles qui viennent des événements cérébraux. Comment jeter un pont entre elles ?

Une quatrième perspective est nécessaire. Elle requiert un changement radical dans notre façon de voir et de raconter l'histoire de l'esprit conscient. Dans un ouvrage antérieur, j'ai proposé de faire de la régulation de la vie le support et la justification du soi et de la conscience. Pour adopter une perspective nouvelle, l'idée était de rechercher les antécédents du soi et de la conscience dans le passé de l'évolution[15]. Dès lors, cette quatrième perspective doit se fonder sur des faits liés à la biologie de l'évolution et à la neurobiologie. Il nous faut alors examiner d'abord les premiers organismes vivants, puis suivre petit à petit l'histoire de l'évolution jusqu'aux organismes actuels. Il nous faut noter les modifications des systèmes nerveux qui sont venues s'ajouter progressivement et les relier à l'émergence du comportement, de l'esprit et du soi respectivement. Nous avons aussi besoin d'une hypothèse interne : à savoir que les événements mentaux sont équivalents à certains types d'événements cérébraux. L'activité mentale est causée par les événements cérébraux qui la précèdent, bien sûr, mais, à certaines étapes du processus, les événements mentaux correspondent à certains états des circuits cérébraux. Certaines structures neurales *sont* simultanément des images mentales. Quand certaines autres structures neurales engendrent un processus du soi assez riche, ces images peuvent être *connues*. Si au contraire aucun soi n'est engendré, les images *existent* encore, même si personne, à l'intérieur de l'organisme ou au-dehors, ne connaît leur existence. La subjectivité n'est pas requise pour qu'il existe des états mentaux, mais seulement pour qu'ils soient connus de façon privée.

Bref, notre quatrième perspective exige d'élaborer simultanément, à l'aide des faits dont nous disposons, une vision du passé et de l'intérieur, littéralement une vision imaginaire du cerveau en état de contenir un esprit conscient. C'est assurément une vision conjecturale, hypothétique. Certains faits corroborent ce tableau imaginaire, mais il est dans la nature du *mind-self-body-brain problem* de nous laisser un bon moment encore avec des approximations théoriques plutôt qu'avec des explications complètes.

Il serait tentant de voir dans l'équivalence hypothétique entre les événements mentaux et certains événements cérébraux une réduction grossière du complexe au simple. Ce serait toutefois une fausse impression. Dans la mesure où les phénomènes neurobiologiques sont extrêmement complexes, et donc tout sauf simples. Les réductions explicatives concernées ne vont pas du complexe au simple, mais du très complexe à l'un peu moins. Même si ce livre ne porte pas sur la biologie des organismes simples, les faits que j'évoque au chapitre 2 montrent bien que la vie des cellules se déroule dans des univers extraordinairement complexes qui, d'un point de vue formel, ressemblent par bien des aspects à notre univers humain élaboré. Le monde et le comportement d'un organisme unicellulaire comme une paramécie sont en effet une merveille à regarder, qui est bien plus proche de ce que nous sommes qu'on ne le croit au premier abord.

Il est tentant aussi d'interpréter l'équivalence cerveau-esprit que je propose comme une façon d'oublier le rôle que joue la culture dans l'engendrement de l'esprit ou comme une attitude consistant à minimiser celui des efforts individuels menés pour façonner l'esprit. Rien ne serait plus éloigné de ce que je veux dire, comme on le verra clairement plus tard.

Dans la quatrième perspective, je peux maintenant reformuler certains des énoncés précédents en prenant en compte les faits issus de la biologie de l'évolution et en incluant le cerveau : innombrables ont été les créatures à avoir depuis des millions d'années un esprit actif dans leur *cerveau*, mais ce n'est que lorsque leur *cerveau* a développé un protagoniste capable de porter témoignage que la conscience est apparue, au sens strict ; et ce n'est que lorsque ce *cerveau* a développé le langage qu'on a pris connaissance du fait qu'il existait. Le témoin est le plus qui révèle la présence des événements *cérébraux* implicites que nous appelons mentaux. Comprendre comment le cerveau produit ce plus, le protagoniste que nous transportons en nous et appelons le soi, le moi ou le Je : voilà l'un des objectifs importants de la neurobiologie de la conscience.

Le cadre

Avant d'esquisser le cadre qui sous-tend ce livre, je dois présenter certains faits élémentaires. Les organismes forment un esprit en s'appuyant sur l'activité de certaines cellules appelées neurones. Elles partagent la plupart de leurs caractéristiques avec les autres cellules de notre corps ; cependant, leur opération est particulière. Elles sont sensibles aux changements qui surviennent autour d'elles ; elles sont excitables (propriété intéressante, qu'elles ont en commun avec les cellules musculaires). Grâce à un prolongement fibreux appelé axone et à sa terminaison, nommée synapse, les neurones peuvent envoyer des signaux aux autres cellules – autres neurones, cellules musculaires –, souvent très éloignées. Les neurones sont en grande partie concentrés dans le système nerveux central (le cerveau, pour faire court), mais ils expédient des signaux au corps de l'organisme, ainsi qu'au monde extérieur, et ils en reçoivent de ces deux sources.

Le nombre de neurones compris dans chaque cerveau humain est de plusieurs milliards et les contacts synaptiques entre neurones sont de millions de milliards. Ils sont organisés en microcircuits dont la combinaison forme progressivement des circuits plus importants, lesquels constituent à leur tour des réseaux et des systèmes. (Pour en savoir plus sur les neurones et l'organisation du cerveau, voir l'appendice.)

L'esprit apparaît lorsque l'activité des petits circuits est organisée pour former de grands réseaux et des structures temporaires. Ces dernières représentent les choses et les événements extérieurs au cerveau, dans le corps ou dans le monde extérieur, mais certaines structures représentent aussi le fonctionnement dans le cerveau d'autres structures. Le terme *carte* s'applique à toutes ces structures représentationnelles ; certaines sont grossières, d'autres très raffinées, certaines concrètes, d'autres abstraites. En résumé, le cerveau cartographie le monde qui l'entoure et ses propres actions. Ces cartes sont vécues comme des *images* dans notre esprit, terme qui ne se réfère pas seulement à celles qui sont de type visuel, mais aussi aux images de toute autre origine sensorielle, qu'elle soit auditive, viscérale, tactile ou autre.

Venons-en maintenant au cadre proprement dit. Parler de *théorie* pour décrire des propositions portant sur la façon dont le cerveau produit tel ou tel phénomène est quelque peu déplacé. Sauf sur une vaste échelle, la plupart des théories ne sont que des hypothèses. Ce que je propose dans ce livre, cependant, représente davantage, car cela articule plusieurs composantes hypothétiques sur tel ou tel aspect du phénomène que j'aborde. Ce que j'espère expliquer est trop complexe pour se prêter à une seule et unique hypothèse et pour qu'un seul mécanisme en rende compte. J'ai donc opté pour le terme de *cadre* afin de désigner cette tentative.

Pour prétendre à ce titre prestigieux, les idées présentées dans les chapitres à venir doivent remplir certains objectifs. Dans la mesure où nous souhaitons comprendre comment le cerveau rend l'esprit conscient et puisqu'il est manifestement impossible de traiter tous les niveaux du fonctionnement cérébral pour en former une seule explication, ce cadre doit préciser le niveau auquel l'explication s'applique. C'est celui des systèmes à grande échelle, où les régions cérébrales macroscopiques constituées de circuits de neurones interagissent avec d'autres régions semblables pour former des systèmes. Ceux-ci sont nécessairement macroscopiques, mais leur anatomie microscopique sous-jacente est en partie connue, tout comme les règles opératoires générales des neurones qui les constituent. Le niveau des systèmes à grande échelle se prête à des recherches recourant à de nombreuses techniques, anciennes et nouvelles. Elles comprennent la version moderne de la méthode par lésions (qui repose sur l'étude de patients traités en neurologie pour des dommages cérébraux localisés et étudiés par neuro-imagerie structurelle et au moyen de techniques cognitives et neuropsychologiques expérimentales) ; la neuro-imagerie fonctionnelle (fondée sur le scanner à résonance magnétique, la tomographie à émission de positrons, la magnéto-encéphalographie et les techniques électrophysiologiques associées) ; l'enregistrement neurophysiologique direct de l'activité neuronale lors de traitements neurochirurgicaux ; et la stimulation magnétique transcrânienne.

Ce cadre doit relier des événements concernant le comportement, l'esprit et le cerveau. Puisqu'il repose sur la biologie de l'évolution, il doit replacer la conscience dans un cadre historique, comme il convient à des organismes en cours de transformation évolutive par sélection naturelle. De plus, la maturation des circuits de neurones dans chaque cerveau est aussi considérée comme sujette à des pressions sélectives liées à l'activité même des organismes et aux processus d'apprentissage. Les répertoires de circuits de neurones fournis initialement par le génome changent en fonction de cela[16].

Notre cadre indique l'emplacement des régions impliquées dans la formation de l'esprit, à l'échelle du cerveau tout entier, et suggère de quelle façon les régions cérébrales sélectionnées peuvent fonctionner de concert pour produire le soi. Il montre qu'une architecture cérébrale par convergence et divergence entre circuits de neurones joue un rôle dans la coordination à haut niveau des images et est essentielle à la construction du soi et des autres aspects du fonctionnement mental, à savoir la mémoire, l'imagination et la créativité.

Ce cadre doit diviser le phénomène de la conscience en composantes se prêtant à des recherches neuroscientifiques. Il en résulte deux domaines de recherches, à savoir les processus mentaux et ceux du soi. De plus, il décompose le processus du soi en sous-types. Cette séparation présente deux avantages : on présume et étudie la conscience chez des espèces censées disposer de processus du soi modestes ; on jette un pont entre les niveaux supérieurs du soi et l'espace socioculturel dans lequel les êtres humains opèrent.

Autre objectif : ce cadre doit aborder la question de savoir comment les macro-événements systémiques se forment à partir des micro-événements. Sur ce point, il postule l'équivalence des états mentaux avec certains états de l'activité cérébrale régionale. Il suppose que, à certaines intensités et fréquences d'allumage neuronal dans de petits circuits de neurones et lorsque certains d'entre eux sont activés de façon synchrone et que certaines conditions de connectivité sont remplies, il en résulte un « esprit doté de sentiments ». En d'autres termes, par suite de la taille et de la complexité de plus en plus grande des réseaux de neurones, « cognition » et « sentiment » s'étalonnent du niveau micro au niveau macro. Le modèle de cet étalonnage peut être emprunté à la physiologie du mouvement. La contraction d'une seule et unique cellule musculaire microscopique est un phénomène négligeable, mais la contraction simultanée d'un grand nombre d'entre elles peut produire un mouvement visible

Présentation des idées principales

1

Parmi les idées avancées dans ce livre, aucune n'est plus centrale que celle qui veut que le corps soit un fondement de l'esprit conscient. Nous savons que les aspects les plus stables du fonctionnement du corps sont représentés dans le cerveau sous forme de cartes, contribuant ainsi aux images dans l'esprit. C'est sur ce point que s'appuie l'hypothèse selon laquelle c'est le type particulier d'images mentales du corps produites dans les structures de cartographie corporelle qui constitue le *protosoi*, lequel préfigure le soi à venir. Notons que ces structures de base de cartographie corporelle et d'imagerie sont situées sous le niveau du cortex cérébral, dans une région appelée tronc supérieur. C'est une partie ancienne du cerveau que nous avons en commun avec bien d'autres espèces.

2

Une autre idée centrale est fondée sur le fait avéré mais fréquemment négligé que les structures cérébrales du protosoi ne portent pas simplement *sur* le corps. Elles sont littéralement et inextricablement *attachées* à lui. Plus précisément, elles sont liées aux parties du corps qui bombardent tout le temps le cerveau de leurs signaux et le sont en retour par lui, ce qui crée une boucle de résonance. Celle-ci est permanente ; elle ne s'arrête qu'avec une maladie du cerveau ou la mort. Le corps et le cerveau sont *liés*. Par suite de cet agencement, les structures du protosoi ont une relation privilégiée et directe avec le corps. Les images qu'elles engendrent concernant le corps sont conçues dans des circonstances différentes de celles des autres images cérébrales, visuelles ou auditives, par exemple. À la lumière de ces faits, on peut estimer que le corps est le rocher sur lequel est bâti le protosoi, tandis que celui-ci est le pivot autour duquel tourne l'esprit conscient.

3

Je forme l'hypothèse que le premier et le plus élémentaire des produits du protosoi, ce sont les *sentiments primordiaux* qui apparaissent spontanément et continûment dès que nous sommes éveillés. Ils nous donnent une expérience directe de notre corps vivant, sans qu'il soit besoin de mots et sans fard, uniquement liée à sa simple existence. Ces *sentiments primordiaux* reflètent l'état actuel du corps sur diverses dimensions, par exemple sur une échelle qui va du plaisir à la douleur. Ils ont leur origine au niveau du tronc cérébral plutôt que du cortex cérébral. Tous les sentiments émotionnels sont des variations sur les sentiments primordiaux[17].

Dans l'agencement fonctionnel esquissé ici, la douleur et le plaisir sont des événements corporels. Ils sont *aussi* cartographiés dans un cerveau qui n'est à aucun instant séparé de son corps. Les sentiments primordiaux constituent un type d'images engendré grâce à l'interaction obligée entre corps et cerveau, et peut-être grâce à certaines propriétés des neurones. S'ils sont là, c'est parce qu'ils cartographient le corps. Outre la relation unique qu'elle entretient avec le corps, la machinerie du tronc cérébral qui est responsable de la formation du type d'images que nous appelons sentiments est capable de mêler les signaux issus du corps et ainsi de créer des états complexes dotés des propriétés particulières au sentiment et pas seulement de simples cartes du corps. Si les images ne relevant pas du sentiment sont également senties, c'est parce qu'elles *s'accompagnent* normalement de sentiments.

4

Le cerveau ne commence pas à former l'esprit conscient au niveau du cortex cérébral, mais à celui du tronc cérébral. Les sentiments primordiaux ne sont pas seulement les premières images engendrées par le cerveau, mais aussi la manifestation immédiate de la sensibilité. Ils sont le fondement dans le protosoi de niveaux plus complexes du soi. Ces idées vont à l'encontre des conceptions largement admises, même si Jaak Panksepp a défendu une position comparable, de même que Rodolfo Llinás.

L'esprit conscient que nous connaissons est toutefois bien différent de celui qui apparaît dans le tronc cérébral, point sur lequel le consensus semble universel. Le cortex cérébral gratifie le processus de formation de l'esprit d'une profusion d'images qui, pour le dire comme Hamlet, vont bien au-delà de ce que ce pauvre Horatio pourrait jamais rêver, au ciel ou sur la terre. L'esprit conscient commence lorsque le soi vient à l'esprit, lorsque le cerveau lui ajoute un processus du soi, modestement d'abord, mais plus fortement ensuite. Le soi se bâtit par étapes distinctes en s'appuyant sur le protosoi. La première est l'engendrement de sentiments primordiaux, de sentiments élémentaires d'existence qui jaillissent spontanément du protosoi. Ensuite vient le soi-noyau. Il porte sur l'action – en particulier sur la relation entre l'organisme et l'objet. Il se déploie dans une suite d'images qui décrivent un objet engageant le protosoi et le modifiant, en incluant ses sentiments primordiaux. Enfin, voici le soi autobiographique. Il se définit en termes de connaissance biographique qui vont du passé aux anticipations de l'avenir. Les multiples images dont l'ensemble définit une biographie engendrent les pulsations du soi-noyau dont l'agrégat constitue un soi autobiographique.

Le protosoi et ses sentiments primordiaux ainsi que le soi-noyau constituent le « moi matériel » de James. Le soi autobiographique, dont les couches supérieures embrassent tous les aspects de la personnalité sociale, forme le « moi social » et le « moi spirituel ». On peut observer ces aspects du soi dans notre esprit ou bien étudier leurs effets sur le comportement d'autrui. En outre, le soi-noyau et le soi autobiographique construisent dans notre esprit une instance connaissante ; en d'autres termes, ils dotent notre esprit d'une autre variété de subjectivité. Pour des raisons pratiques, la conscience humaine normale correspond à un processus mental dans lequel tous ces niveaux du soi opèrent, créant pour un certain nombre de contenus mentaux un lien temporaire avec une pulsation du soi-noyau.

5

À aucun niveau, modeste ou fort, le soi ni la conscience n'*arrivent* dans une aire, une région ou un centre du cerveau. L'esprit conscient résulte de l'opération souplement articulée de plusieurs sites cérébraux, souvent nombreux. Les structures clés qui sont en charge de porter les niveaux fonctionnels requis comprennent des secteurs spécifiques du tronc cérébral supérieur, un ensemble de noyaux situés dans une région dite thalamus et des régions particulières, mais dispersées du cortex cérébral.

Le produit ultime de la conscience résulte *de* ces nombreux sites cérébraux en même temps et non d'un seul en particulier, un peu comme l'exécution d'une pièce symphonique ne dérive pas du jeu d'un seul et unique musicien ni même d'une section tout entière de l'orchestre. Le point le plus étrange dans les sphères supérieures de la conscience, c'est l'absence de chef d'orchestre *avant* que l'exécution ne commence, même si, lorsqu'elle se poursuit, il apparaît. Un chef mène cependant l'orchestre même si c'est l'exécution qui crée le chef – le soi – et non l'inverse. Le chef est assemblé par les sentiments et par un dispositif cérébral narratif, même si cela ne le rend pas moins réel pour autant. Il existe indéniablement dans notre esprit et on ne gagne rien à le rejeter comme une illusion.

La coordination dont dépend l'esprit conscient est obtenue grâce à divers moyens. Au niveau d'un noyau modeste, elle commence tout doucement, comme un rassemblement spontané d'images qui émergent l'une après l'autre en grande proximité dans le temps, l'image d'un objet d'un côté et celle du protosoi modifié par l'objet de l'autre. Aucune structure cérébrale supplémentaire n'est nécessaire pour qu'apparaisse un soi-noyau à ce niveau simple. La coordination est naturelle ; elle ressemble parfois à un simple duo musical, joué par un organisme et un objet, parfois à un ensemble de musique de chambre, et dans l'un et l'autre cas, ils se débrouillent très bien sans chef d'orchestre. En revanche, lorsque les contenus traités dans l'esprit sont plus nombreux, d'autres dispositifs sont nécessaires pour apporter une coordination. Dans ce cas, diverses régions situées sous le cortex cérébral et en son sein jouent un rôle clé.

Bâtir un esprit capable d'embrasser sa vie passée et son futur anticipé, ainsi que la vie des autres, et de plus doté d'une capacité de réflexion ressemble à l'exécution d'une symphonie aux proportions mahlériennes. Mais ce qui est merveilleux, comme indiqué plus haut, c'est que la partition et le chef d'orchestre ne deviennent réalité qu'à mesure que la vie avance. Les coordinateurs ne sont pas de mythiques homoncules omniscients en charge d'interpréter tout et ils ne dirigent pas l'exécution. Cependant, ils aident à assembler un univers mental extraordinaire et à placer un protagoniste au milieu.

La grandiose pièce symphonique qu'est la conscience embrasse les apports fondateurs du tronc cérébral, pour toujours lié au corps, et l'imagerie plus vaste que le ciel créée par la coopération du cortex cérébral et du thalamus, tous en liaison, tous en mouvement, sauf quand le sommeil, une anesthésie, un dysfonctionnement cérébral ou la mort viennent l'interrompre.

On n'explique pas la présence de la conscience par un seul et unique mécanisme dans le cerveau, ni par un seul et unique dispositif, une seule et unique région, propriété ou astuce, non plus qu'une symphonie ne peut être jouée par un seul musicien, voire par quelques-uns. Il en faut beaucoup. Et ce que chacun apporte compte. Mais seul l'ensemble produit le résultat que nous cherchons à expliquer.

6

Gérer et préserver la vie efficacement : voilà deux des contributions de la conscience. Les patients traités en neurologie dont la conscience est handicapée se révèlent incapables de gérer leur vie de façon indépendante, même si leurs fonctions vitales de base sont normales. Pourtant, les mécanismes assurant cette gestion et cet entretien ne sont pas une nouveauté dans l'évolution biologique et ne dépendent pas nécessairement de la conscience. De tels mécanismes sont déjà présents chez des unicellulaires et sont encodés dans leur génome. Ils sont aussi répliqués dans des circuits de neurones anciens, modestes, *dépourvus* d'esprit et de conscience, et sont enfouis profondément dans le cerveau humain. Nous verrons que cette gestion et cette préservation de la vie sont le principe fondamental de la valeur biologique. Cette dernière a influencé l'évolution des structures cérébrales et, dans chaque cerveau, elle influe sur chaque étape de son action. Elle s'exprime tout simplement par la libération de molécules chimiques liées à une récompense et à une punition ou bien, de façon plus élaborée, dans nos émotions sociales et dans le raisonnement sophistiqué. La valeur biologique guide et colore pour ainsi dire presque tout ce qui se passe dans notre cerveau doté d'un esprit et d'une conscience. Elle a un statut de principe.

En résumé, l'esprit conscient apparaît au sein de l'histoire de la régulation de la vie. Celle-ci est un processus dynamique qu'on appelle *homéostasie* ; il débute chez les créatures vivantes unicellulaires, comme une bactérie ou une amibe, lesquelles n'ont pas de cerveau, mais disposent de la capacité d'avoir un comportement qui s'adapte. Il progresse chez des individus dont le comportement est géré par des cerveaux simples, comme dans le cas des vers, et poursuit sa marche chez des individus dont le cerveau produit à la fois du comportement et de l'esprit, comme les insectes et les poissons. J'ai tendance à croire que, dès que le cerveau commence à engendrer des sentiments primordiaux – ce qui a pu se produire assez tôt dans l'histoire de l'évolution –, l'organisme a acquis une forme précoce de sensibilité. À partir de là, un processus du soi organisé a pu se développer et venir s'ajouter à l'esprit, ce qui a représenté le début de l'esprit conscient élaboré. Les reptiles peuvent prétendre à cette distinction, par exemple ; les oiseaux davantage ; mais ce sont les mammifères qui décrochent l'oscar.

La plupart des espèces dont le cerveau produit un soi en restent au niveau du soi-noyau. Les êtres humains, eux, ont à la fois un soi-noyau et un soi autobiographique. De même qu'un certain nombre de mammifères probablement, à savoir les loups, nos cousins les grands singes, les mammifères marins, les éléphants et bien sûr cette espèce à part qu'on appelle le chien domestique.

7

La procession de l'esprit ne se termine pas avec l'arrivée des niveaux les plus modestes du soi. Tout au long de l'évolution des mammifères et en particulier des primates, l'esprit devient de plus en plus complexe, la mémoire et le raisonnement s'étendent et le processus du soi prend de l'ampleur. Le soi-noyau demeure, mais il est petit à petit entouré d'un soi autobiographique dont la nature neurale et mentale est très différente de celle du soi-noyau. Nous devenons capables de nous servir d'une partie de notre fonctionnement mental pour superviser celui des autres parties. L'esprit conscient des êtres humains, armé d'un soi complexe et s'appuyant sur des aptitudes encore plus grandes de mémoire, de raisonnement et de langage, engendre les instruments de la culture et ouvre la voie à de nouveaux modes d'homéostasie au niveau de la société et de la culture. Faisant un bond extraordinaire, l'homéostasie acquiert ainsi une extension dans l'espace socioculturel. Les systèmes judiciaires, les organisations économiques et politiques, les arts, la médecine et la technologie sont des exemples de ces nouveaux dispositifs de régulation.

La nette réduction des violences ainsi que l'accroissement de la tolérance, qui sont devenus si clairs ces derniers siècles, n'auraient pas été possibles sans homéostasie socioculturelle. Non plus que le passage progressif du pouvoir par coercition au pouvoir par persuasion, qui caractérise les systèmes social et politique avancés, malgré leurs échecs. L'étude de l'homéostasie socioculturelle peut tirer parti des informations fournies par la psychologie et les neurosciences, mais son espace naturel, ce sont les phénomènes culturels. Il est raisonnable de dire que ceux qui étudient les arrêts de la Cour suprême américaine, les délibérations du Congrès ou le fonctionnement des institutions financières sont indirectement engagés dans l'étude des aléas de l'homéostasie socioculturelle.

L'homéostasie de base (qui est régie de façon non consciente) et l'homéostasie socioculturelle (qui est créée et dirigée par l'esprit conscient et réflexif) opèrent comme des conservatrices de la valeur biologique. Les formes basiques et socioculturelles de l'homéostasie sont séparées par des milliards d'années d'évolution, et pourtant, elles sont au service du même objectif – la survie des organismes vivants –, quoique dans des niches écologiques différentes. Cet objectif s'élargit, dans le cas de l'homéostasie socioculturelle, pour embrasser la recherche délibérée du bien-être. Il va sans dire que, pour gérer la vie, le cerveau humain a besoin que ces deux variétés d'homéostasie soient en interaction constante. Mais alors que la forme de base est héritée et fournie par le génome, la forme socioculturelle est un permanent et fragile *work in progress*, responsable de bien des tragédies, des aberrations et aussi des espoirs humains. L'interaction entre les deux formes d'homéostasie n'est pas limitée à chaque individu en particulier. De plus en plus d'éléments montrent que, au fil des générations, les productions culturelles introduisent des changements dans le génome.

8

Le fait de regarder l'esprit conscient dans l'optique de l'évolution, des formes simples de vie aux organismes complexes et hypercomplexes comme le nôtre, aide à naturaliser l'esprit et montre qu'il est le résultat de progressions par étapes en complexité, pour utiliser l'idiome biologique.

On peut considérer la conscience humaine et les fonctions qu'elle rend possibles – le langage, la mémoire étendue, le raisonnement, la créativité, tout l'édifice de la culture – comme des conservatrices de la valeur au sein de notre être moderne, très mental et très social. Et on peut imaginer qu'un long cordon ombilical relie l'esprit conscient à peine sevré et toujours dépendant aux profondeurs des conservateurs très élémentaires et très *non* conscients du principe de valeur.

L'histoire de la conscience n'est pas conventionnelle. La conscience est apparue du fait de la valeur biologique, pour mieux contribuer à sa gestion. Mais elle n'a pas *inventé* la valeur biologique, ni le processus d'évaluation. C'est elle, dans l'esprit humain, qui a révélé la valeur biologique et a permis le développement de nouvelles manières et de nouveaux moyens de la gérer.

La vie et l'esprit conscient

Le lecteur pourrait se demander à juste titre s'il est bien raisonnable de consacrer un livre à la question de savoir comment le cerveau rend l'esprit conscient. Il est sensé de se demander si comprendre le fonctionnement du cerveau qui est derrière l'esprit et le soi a une signification pratique, outre le fait de satisfaire notre curiosité quant à la nature humaine. Cela fait-il réellement une différence dans la vie quotidienne ? Pour bien des raisons, petites ou grandes, je le crois.

Le fait de comprendre les conditions dans lesquelles l'esprit conscient est apparu dans l'histoire de la vie et, plus précisément, comment il s'est développé au cours de l'histoire humaine nous permet peut-être de juger mieux que précédemment de la qualité des connaissances et des conseils que cet esprit conscient nous offre. Notre savoir est-il fiable ? Ses conseils sont-ils avisés ? Que gagnons-nous à comprendre les mécanismes qui, derrière l'esprit, nous procurent des recommandations ?

L'élucidation des mécanismes neuraux sous-jacents à l'esprit conscient révèle que notre soi n'est pas toujours avisé et ne contrôle pas chacune de nos décisions. Mais les faits nous autorisent aussi à rejeter l'impression fausse selon laquelle notre aptitude à délibérer consciemment serait un mythe. L'élucidation des processus mentaux conscients et non conscients accroît nos possibilités de renforcer nos pouvoirs délibératifs. Le soi ouvre la voie à la délibération et à l'exploration scientifique, deux outils grâce auxquels nous pouvons contrer les errements dans lesquels le soi peut nous entraîner s'il est laissé à lui-même.

Le moment viendra où la question de la responsabilité humaine, en termes moraux généraux aussi bien qu'en matière de justice, prendra en compte la science en pleine évolution de la conscience. Forte de la délibération réfléchie et des outils scientifiques, la compréhension de la construction neurale de l'esprit conscient ajoute aussi une dimension bienvenue à la tâche consistant à étudier le développement et la formation des cultures, produits ultimes de collectifs formés d'esprits conscients. Quand les hommes débattent des bienfaits ou des dangers des tendances culturelles et d'événements comme la révolution numérique, il peut être utile d'être informé sur la façon dont le cerveau flexible crée la conscience. Par exemple, la mondialisation progressive de la conscience humaine apportée par la révolution numérique continuera-t-elle à viser à satisfaire les objectifs et le principe qui sont ceux de l'homéostasie de base, à l'instar de l'homéostasie socioculturelle actuelle ? Ou bien rompra-t-elle le cordon ombilical, pour le meilleur ou pour le pire[18] ?

Naturaliser l'esprit conscient et l'implanter résolument dans le cerveau, ce n'est pas réduire le rôle de la culture dans la construction de l'être humain, ce n'est pas affaiblir la dignité humaine et cela ne marque pas la fin du mystère et de l'étonnement. Les cultures proviennent des efforts collectifs menés par les cerveaux humains, sur de nombreuses générations ; certaines cultures sont même mortes au passage. Elles exigent des cerveaux déjà façonnés par les effets culturels antérieurs. La signification des cultures pour la formation de l'esprit humain moderne n'est pas en question. Non plus que la dignité de cet esprit humain n'est affaiblie si on le relie à la complexité et à la beauté stupéfiante qu'on trouve dans les cellules et les tissus vivants. Bien au contraire, lier la personnalité à la biologie est une source inépuisable d'émerveillement et de respect pour tout ce qui est humain. Enfin, naturaliser l'esprit peut aider à résoudre un mystère, mais pour lever le rideau sur d'autres qui attendent tranquillement leur tour.

Replacer la construction de l'esprit humain dans l'histoire de la biologie et de la culture ouvre la voie à une réconciliation entre l'humanisme traditionnel et la science moderne, de sorte que, lorsque les neurosciences explorent l'expérience humaine dans les mondes étrangers de la physiologie et de la génétique du cerveau, la dignité humaine ne soit pas seulement conservée, mais réaffirmée.

Francis Scott Fitzgerald écrivait que « qui a inventé la conscience a commis un grave péché ». Je peux comprendre pourquoi il s'exprimait ainsi, mais sa condamnation n'est qu'une partie de l'histoire et convient peut-être aux moments de découragement qu'on peut connaître face aux imperfections de la nature que l'esprit conscient révèle au grand jour. L'autre moitié inciterait plutôt à s'enorgueillir d'une telle invention, qui a rendu possibles toutes les créations et les découvertes qui compensent les pertes et les peines par la joie et la liesse. L'émergence de la conscience a ouvert la voie à une vie digne d'être vécue. Comprendre comment c'est arrivé ne peut qu'en accroître la valeur[19].

Le fait de savoir comment fonctionne le cerveau compte-t-il pour mener notre vie ? Beaucoup, me semble-t-il, et d'autant plus si nous ne nous soucions pas seulement de ce que nous sommes présentement, mais aussi de ce que nous pourrions devenir.

CHAPITRE 2

De la régulation de la vie à la valeur biologique

Une réalité improbable

Selon Mark Twain, la grande différence entre la fiction et la réalité, c'est que la première doit être crédible. La réalité peut se permettre d'être improbable, pas la fiction. C'est ainsi que l'histoire de l'esprit et de la conscience que je raconte ici ne se conforme pas aux exigences de la fiction. Elle est contre-intuitive. Elle bouleverse nos récits traditionnels. Elle remet en cause des présupposés ancestraux et nombre de nos attentes. Pour autant, cette description n'en est pas moins vraisemblable.

L'idée selon laquelle, sous l'esprit conscient, il se trouverait des processus mentaux non conscients n'est pas vraiment nouvelle. Elle est apparue il y a plus d'un siècle, à la surprise générale, mais elle est devenue de nos jours un lieu commun. Voici qui est moins connu, même si c'est avéré : longtemps avant que les créatures vivantes aient un esprit, elles faisaient preuve de comportements efficients et adaptatifs ressemblant en tout point à ceux qui se manifestent chez les créatures dotées d'un esprit conscient. Nécessairement, ces comportements n'étaient *pas* causés par l'esprit, et encore moins par une conscience. Ce n'est donc pas que les processus conscients et non conscients coexistent, mais que les processus non conscients pertinents pour la survie peuvent exister sans leurs homologues conscients.

En ce qui concerne l'esprit et la conscience, l'évolution a apporté différentes sortes de cerveau. Il y a tout d'abord celle qui produit du comportement, mais ne semble pas avoir d'esprit ni de conscience, comme le système nerveux de l'*Aplysia californica*, escargot de mer devenu très populaire dans le laboratoire du neurobiologiste Eric Kandel. Il y a ensuite celle qui produit toute la gamme des phénomènes comme le comportement, l'esprit et la conscience ; le cerveau humain en est le meilleur exemple. Il existe enfin une troisième sorte de cerveau qui produit clairement du comportement, probablement un esprit, mais la question de savoir s'il engendre de la conscience au sens où on l'entend ici n'est pas claire. C'est le cas des insectes.

Les surprises ne s'arrêtent cependant pas à l'idée qu'en l'absence d'esprit et de conscience, le cerveau peut produire des comportements respectables. Il s'avère que les créatures vivantes dépourvues de tout cerveau, si on descend jusqu'aux cellules uniques, ont également un comportement qui paraît intelligent et finalisé. Voilà aussi qui est méconnu.

Sans nul doute comprendrons-nous mieux comment le cerveau humain produit l'esprit conscient si nous parvenons à comprendre les cerveaux plus simples qui ne produisent ni esprit ni conscience. Au moment de nous engager dans cet examen rétrospectif, toutefois, il apparaît qu'afin d'expliquer l'apparition de ces cerveaux si anciens, il nous faut remonter encore plus dans le passé et revenir au monde des formes simples de vie, dépourvues à la fois d'esprit *et* de cerveau, formes qui sont non conscientes, non mentales et *non* cérébrales. Pour découvrir la rime et la raison du cerveau conscient, il nous faut nous rapprocher encore davantage des débuts de la vie. Nous y découvrirons là encore des idées qui sont non seulement surprenantes, mais battent en brèche des présupposés courants sur l'apport du cerveau, de l'esprit et de la conscience à la gestion de la vie.

La volonté naturelle

Une fable, encore. Il était une fois la vie, dans la longue histoire qu'est l'évolution. C'était il y a 3,8 milliards d'années. L'ancêtre de tous les organismes à venir est apparu. Deux milliards d'années plus tard environ, alors que des colonies prospères de bactéries semblaient posséder la Terre, ce fut au tour de cellules uniques équipées d'un noyau d'apparaître. Les bactéries étaient des organismes vivants uniques, mais leur ADN n'était pas contenu dans un noyau. Les cellules uniques dotées d'un noyau ont franchi un cap. C'étaient des formes de vie, dites cellules eucaryotes, appartenant à un grand groupe d'organismes appelés protozoaires. Au matin de la vie, c'étaient les premiers organismes vraiment indépendants. Chacun d'eux pouvait survivre individuellement sans symbiose. Ils existent d'ailleurs toujours aujourd'hui. La pétulante amibe en est un bon exemple, tout comme la merveilleuse paramécie[1].

Une cellule unique a un cadre corporel (un cytosquelette) au sein duquel on trouve un noyau (centre de commande qui abrite l'ADN de la cellule) et un cytoplasme (dans lequel a lieu la transformation du carburant en énergie sous le contrôle d'organelles comme les mitochondries). Un corps se définit par une peau. La cellule en a une, qui sert de frontière entre les mondes intérieur et extérieur ; on l'appelle membrane cellulaire.

À bien des égards, une cellule unique préfigure ce qu'est un organisme comme le nôtre. C'est en quelque sorte une caricature de ce que nous sommes. Le cytosquelette est l'échafaudage du corps proprement dit, comme le squelette l'est en chacun de nous. Le cytoplasme correspond à l'intérieur du corps proprement dit avec tous ses organes. Le noyau est l'équivalent du cerveau, la membrane cellulaire celui de la peau. Certaines de ces cellules ont même l'équivalent de membres, les cilia, dont les mouvements concertés leur permettent de nager.

Les composants distincts d'une cellule eucaryote se sont assemblés par coopération entre des créatures individuées plus simples, à savoir des bactéries qui ont troqué leur statut indépendant pour appartenir à un nouvel agrégat. Un certain type de bactéries a donné lieu aux mitochondries ; un autre, comme les spirochètes, a aidé à constituer le cytosquelette et les cilia, pour les êtres qui aimaient nager, etc.[2]. Ce qui est merveilleux, c'est que chacun de nos organismes multicellulaires est assemblé selon la même stratégie de base ; il repose sur un agrégat de milliards de cellules qui constituent les différentes sortes de tissus formant les organes et les différents organes arrangés en systèmes. Ces tissus sont par exemple les épithélia de la peau, le revêtement des muqueuses et les glandes endocrines, le tissu musculaire, le tissu nerveux ou neural et celui qui maintient tout cela en place. Le cœur, les intestins et le cerveau sont des exemples évidents d'organes. Parmi les systèmes, on trouve l'ensemble formé par le cœur, le sang et les vaisseaux sanguins (circulation), le système immunitaire, le système nerveux. Par suite de cet accord de coopération, notre organisme est la combinaison hautement différenciée de millions de milliards de cellules de divers types, dont bien sûr celles qu'on appelle les neurones, constituants propres au cerveau. Je vais en dire plus sur ces neurones et sur le cerveau dans un instant.

La principale différence entre les cellules des organismes multicellulaires (métazoaires) et celles des unicellulaires tient au fait que ceux-ci doivent se débrouiller tout seuls, alors que les cellules qui constituent notre organisme vivent en sociétés complexes et très diversifiées. Bien des tâches que les cellules des organismes unicellulaires doivent accomplir seuls sont ainsi assignées à des types spécialisés de cellules au sein des organismes multicellulaires. Mais l'agencement général est comparable à la répartition des rôles fonctionnels que chaque cellule individuelle porte dans sa propre structure. Les organismes multicellulaires sont formés de multiples organismes individuels et unicellulaires organisés en coopération, lesquels sont issus de la combinaison d'organismes individuels encore plus petits. L'économie d'un organisme multicellulaire compte de nombreux secteurs dans lesquels coopèrent les cellules. Cela fait logiquement penser aux sociétés humaines. Les ressemblances sont en effet frappantes.

La gouvernance d'un organisme multicellulaire est hautement décentralisée, même si des centres de commandement sont dotés de pouvoirs très développés d'analyse et de décision, par exemple le système endocrine et le cerveau. Pourtant, à de rares exceptions près, toutes les cellules des organismes multicellulaires, y compris le nôtre, ont les mêmes composants que les unicellulaires – membrane, cytosquelette, cytoplasme, noyau. (Les globules rouges du sang, qui ne vivent que cent vingt jours et servent à transporter l'hémoglobine, représentent cependant une exception : ils n'ont pas de noyau.) Toutes ces cellules ont en outre un cycle de vie comparable – naissance, développement, sénescence, mort – à l'instar d'un gros organisme. La vie d'un organisme humain isolé repose sur une multitude de vies simultanées et bien articulées entre elles.

Si simples fussent-elles et soient-elles encore, les cellulaires uniques faisaient preuve d'une détermination inébranlable à rester en vie tant que les gènes contenus dans leur noyau microscopique le leur commandaient. La gouvernance de leur vie leur imposait de perdurer, de persévérer et de remporter la victoire jusqu'à ce que certains des gènes de leur noyau suspendent leur volonté de vivre et leur permettent de mourir.

Je sais bien qu'il est difficile d'imaginer que des notions comme celles de « désir » et de « volonté » s'appliquent à une seule et unique cellule. Comment des attitudes et des intentions que nous associons à l'esprit humain conscient et dont nous avons l'impression qu'elles sont l'œuvre du cerveau humain peuvent-elles être présentes à un niveau si élémentaire ? C'est bel et bien le cas pourtant, quel que soit le nom qu'on veuille donner à ces aspects du comportement de la cellule[3].

Sans le savoir consciemment, sans avoir accès aux procédés byzantins de délibération dont dispose notre cerveau, la cellule isolée adopte une certaine attitude : elle semble vouloir vivre ce que lui prescrit sa génétique. Aussi étrange que cela puisse paraître, le vouloir et tout ce qui est nécessaire à sa mise en œuvre *précèdent* la connaissance explicite et la délibération quant aux conditions de vie de la cellule puisqu'elle en est incapable. Le noyau et le cytoplasme interagissent et effectuent des computations complexes qui visent à la maintenir en vie. Elles portent sur les problèmes constants que posent les conditions de vie et adaptent la cellule aux situations afin qu'elle survive. Selon l'environnement, elles produisent des réarrangements dans la position et la distribution des molécules internes ; elles modifient la configuration des sous-composants, comme les microtubules, avec une étonnante précision. Elles réagissent aussi aux bons et mauvais traitements. Évidemment, les composants de la cellule effectuant ces ajustements adaptatifs ont été mis en place et conformés par son matériel génétique.

Nous tombons en général dans le piège consistant à voir dans notre gros cerveau et notre esprit conscient et complexe la source des attitudes, intentions et stratégies qui nous permettent de gérer de façon sophistiquée notre vie. Pourquoi pas, d'ailleurs ? C'est une manière raisonnable et parcimonieuse de concevoir l'histoire de ces processus, quand on la regarde d'en haut et d'aujourd'hui. En réalité toutefois, l'esprit conscient n'a guère que rendu *connaissable* le savoir-faire lié à la gestion de base de la vie. Comme nous le verrons, là où l'esprit conscient a une contribution décisive pour l'évolution, c'est à un niveau bien supérieur, celui de la délibération, de la prise de décision et des créations culturelles. Je ne minimise pas du tout l'importance de ce niveau supérieur dans la gestion de la vie. L'une des principales thèses de ce livre est toutefois que l'esprit humain conscient a donné un nouveau cours à l'évolution précisément en nous procurant des choix, en rendant possible une régulation socioculturelle relativement flexible qui va bien au-delà de l'organisation sociale complexe dont les insectes, par exemple, font preuve de façon si spectaculaire. J'inverse plutôt la séquence narrative traditionnelle en plaçant la connaissance implicite de la gestion de la vie *avant* l'expérience consciente de celle-ci. Je dis aussi que cette connaissance implicite est assez sophistiquée et ne doit pas être considérée comme primitive. Sa complexité est énorme et son intelligence apparente remarquable.

Je ne vise nullement à rabaisser la conscience. Je cherche plutôt à réhabiliter la gestion non consciente de la vie et à suggérer qu'elle constitue le schéma directeur des attitudes et des intentions dont fait preuve l'esprit conscient.

Chaque cellule de notre corps adopte le type d'attitude non consciente que je viens de décrire. Comment notre désir conscient et très humain de vivre, notre volonté de remporter la victoire ont-ils pu débuter dans l'agrégat formé par les volontés naissantes de toutes les cellules de notre corps, comme une voix collective lançant son chant d'affirmation ?

L'idée de ce grand collectif de volontés s'exprimant d'une seule voix n'est pas juste une fantaisie poétique.

Elle est liée à la réalité de notre organisme où cette voix prend la forme du *soi* dans le cerveau conscient. Mais comment passe-t-on de la volonté sans cerveau ni esprit des cellules uniques et de leurs collectifs au soi de l'esprit conscient, qui s'origine dans le cerveau ? Pour que ce soit possible, il faut introduire un acteur qui va radicalement changer l'histoire racontée ici : la cellule nerveuse ou neurone.

Pour autant qu'on puisse en juger, les neurones représentent une forme unique de cellules, différentes de toutes les autres cellules cérébrales comme les cellules gliales. Qu'est-ce qui rend les neurones si différents, si spéciaux ? Après tout, n'ont-ils pas un corps cellulaire ? Ne sont-ils pas dotés d'un noyau, d'un cytoplasme et d'une membrane ? N'agencent-ils pas en leur sein des molécules comme les autres cellules du corps ? Ne s'adaptent-ils pas aussi à l'environnement ? Tout cela est vrai. Les neurones sont bien des cellules du corps, mais ils sont aussi très particuliers.

Pour l'expliquer, il convient de considérer une différence fonctionnelle et une différence stratégique. La différence fonctionnelle essentielle tient à l'aptitude du neurone à produire des signaux électrochimiques capables de modifier l'état des autres cellules. Les neurones n'ont pas inventé les signaux électriques. Par exemple, des organismes unicellulaires comme la paramécie peuvent aussi en produire et s'en servent pour gouverner leur comportement. Mais les neurones y recourent pour influer sur d'autres cellules, à savoir d'autres neurones, les cellules endocrines (qui sécrètent des molécules chimiques) et les cellules des fibres nerveuses. Cette modification de l'état d'autres cellules est la source même de l'activité qui constitue et régule le comportement, et qui contribue aussi à former l'esprit. Si les neurones ont cette faculté, c'est parce qu'ils produisent et propagent un courant électrique le long d'une sorte de tube appelé axone. Cette transmission s'effectue parfois sur de longues distances qu'on peut apprécier à l'œil nu, comme lorsque des signaux parcourent plusieurs centimètres le long de l'axone de certains neurones, de notre cortex moteur au tronc cérébral. Ou encore de la moelle épinière à l'extrémité d'un membre. Lorsque le courant électrique arrive au bout du neurone, ou synapse, il déclenche la libération d'une molécule chimique, ou transmetteur, lequel agit en retour sur la cellule qui vient après dans la chaîne. Lorsqu'il s'agit d'une fibre musculaire, il s'ensuit un mouvement[4].

Pourquoi les neurones procèdent-ils ainsi ? Ce n'est plus un mystère. Comme dans les autres cellules du corps, des charges électriques se trouvent sur et sous leur membrane. Elles sont dues à la concentration d'ions, comme le sodium et le potassium, des deux côtés de la paroi. Les neurones en tirent parti pour créer d'importantes différences de charge entre l'intérieur et l'extérieur – ce qu'on appelle un état de polarisation. Quand cette différence est fortement réduite, en un certain point de la cellule, la membrane se dépolarise localement et cette dépolarisation se transmet dans l'axone comme une vague. C'est cette onde qui représente l'impulsion électrique. Quand des neurones se dépolarisent, on dit qu'ils sont en position « marche » ou qu'ils « s'allument ». Les neurones sont donc pareils aux autres cellules, mais ils peuvent envoyer des signaux qui influencent celles-ci et ainsi changer ce qu'elles effectuent.

Cette différence fonctionnelle est responsable d'une importante différence stratégique : *les neurones existent au bénéfice de toutes les autres cellules du corps*. Ils ne sont pas essentiels au processus élémentaire de la vie, comme toutes les créatures vivantes qui n'en ont pas du tout le démontrent aisément. Mais chez les créatures compliquées et dotées de nombreuses cellules, les neurones *assistent* le corps multicellulaire proprement dit pour qu'il puisse gérer sa vie. C'est là le but des neurones et du cerveau qu'ils constituent. Tout ce que nous admirons tant dans le cerveau, des merveilles de la créativité aux sommets de la spiritualité, est advenu en vertu de cette mission dédiée à la gestion de la vie au sein du corps qu'habitent les neurones.

Même dans les cerveaux modestes composés de réseaux de neurones disposés comme des ganglions, ces neurones assistent les autres cellules du corps. Et ce, en recevant des signaux venus d'elles et en favorisant la libération de molécules chimiques (comme dans le cas d'une hormone sécrétée par une cellule endocrine qui gagne certaines cellules du corps et en modifie la fonction) ou bien en faisant naître des mouvements (comme lorsque des neurones excitent les fibres nerveuses et les font se contracter). Cependant, dans le cerveau élaboré des créatures complexes, les réseaux de neurones en viennent à imiter la structure des parties du corps auquel ils appartiennent. Ils *représentent* l'état du corps ; littéralement parlant, ils cartographient le corps pour lequel ils œuvrent et constituent une sorte de représentant, de double neural de celui-ci. Et, fait important, ils restent liés au corps qu'ils imitent tout au long de la vie. Comme nous le verrons, imiter le corps et rester relié à lui est très utile à la fonction de gestion.

En résumé, les neurones portent *sur* le corps, et cette constante orientation vers le corps est ce qui marque toute l'histoire des neurones, des circuits neuronaux et des cerveaux. C'est, je crois, la raison pour laquelle la volonté de vivre implicite des cellules de notre corps s'est traduite en volonté consciente et mentale : elle devait être imitée par les circuits du cerveau. Curieusement, le fait que les neurones et le cerveau soient orientés sur le corps indique aussi comment l'extérieur peut être cartographié dans le cerveau et l'esprit. Comme je l'expliquerai dans la deuxième partie, lorsque le cerveau cartographie le monde extérieur au corps, c'est par l'intermédiaire de ce dernier. Quand le corps interagit avec son environnement, cette implication suscite des changements dans les organes des sens, par exemple les yeux, les oreilles, la peau ; en retour, le cerveau les cartographie, et c'est ainsi que le monde extérieur au corps donne une certaine forme de représentation au sein du cerveau.

Pour terminer cet hymne dédié à la singularité et à la gloire du neurone, je voudrais ajouter une remarque sur leur origine et les ramener à plus de modestie. Au cours de l'évolution, les neurones sont probablement issus de cellules eucaryotes qui ont changé de forme et ont produit des extensions tubulaires de leur corps pour se mouvoir, sentir leur environnement, ingérer de la nourriture, œuvrer pour leur vie. Les pseudopodes d'une amibe en donnent une idée. Créées par réarrangement interne de microtubules, les prolongations tubulaires se démontent dès que la cellule a accompli sa tâche. Mais lorsque de tels prolongements temporaires sont devenus permanents, cela devient alors des composants tubulaires qui distinguent les neurones des autres cellules – axones et dendrites. C'est ainsi qu'est née une collection stable de câbles et d'antennes, idéale pour émettre et recevoir des signaux[5].

Pourquoi est-ce important ? Parce que, s'il est vrai que l'opération des neurones est très particulière et a ouvert la voie au comportement complexe et à l'esprit, l'étroite parenté qui unit les neurones et les autres cellules du corps n'en est pas moins vraie. Regarder simplement les neurones et les cerveaux qu'ils constituent comme des cellules radicalement différentes sans prendre en compte leur origine serait courir le risque de séparer le cerveau du corps au-delà de ce qui est légitime étant donné sa généalogie et son fonctionnement. Or il me semble qu'une bonne part des difficultés qu'on peut éprouver à expliquer comment les sentiments peuvent émerger dans le cerveau provient du fait qu'on néglige ce profond enracinement du cerveau dans le corps.

Il convient de poser une autre distinction entre les neurones et les autres cellules du corps. Pour autant que nous le sachions, ils ne se reproduisent pas, c'est-à-dire qu'ils ne se divisent pas. Ils ne se régénèrent pas non plus, du moins dans une mesure significative. Pratiquement toutes les autres cellules du corps le font, elles, même s'il existe d'autres exceptions comme les cellules du cristallin de nos yeux et les fibres nerveuses comme celles du cœur. La raison pour laquelle ce ne serait pas une bonne idée est assez évidente. Si les cellules du cristallin se divisaient, la transparence du milieu serait affectée en cours de processus. Si les cellules du cœur se divisaient, même si un seul secteur à la fois procédait à cette division, un peu comme lorsqu'on refait sa maison, l'action de pompage du cœur serait gravement compromise, comme lorsqu'un infarctus du myocarde handicape une portion du cœur et déséquilibre la coordination délicate de ses cavités. Et dans le cerveau ? Même si nous ne savons pas parfaitement comment les circuits de neurones conservent les souvenirs, la division des neurones dérangerait probablement les enregistrements des expériences de toute une vie qui sont inscrits, par apprentissage, dans des structures particulières de neurones s'allumant dans des circuits complexes. Pour la même raison, cela dérangerait le savoir-faire sophistiqué qui est inscrit dans nos circuits par notre génome et qui dicte au cerveau comment il doit coordonner les opérations vitales. La division des neurones pourrait sonner le glas de la régulation vitale propre à l'espèce et ne permettrait sans doute pas à l'individualité comportementale et mentale de se développer, et encore moins de devenir identité et personnalité. Ce qui rend ce scénario plausible, ce sont les conséquences bien connues des dégâts causés dans certains circuits de neurones par une attaque cérébrale ou par la maladie d'Alzheimer.

Quant à la division de la plupart des autres cellules dans notre corps, elle est hautement régimentée, de façon à ne pas compromettre l'architecture des divers organes et celle de l'organisme dans son entier. Il faut respecter le *plan d'ensemble*. Sur toute la durée de la vie, il y a plutôt *restauration* continue que remodelage authentique. Non, nous n'abattons pas de cloisons dans la maison qu'est notre corps, non plus que nous n'ajoutons de nouvelle cuisine ni de nouvelle aile. La restauration est très subtile, très méticuleuse. Pendant une bonne partie de notre vie, le remplacement des cellules s'effectue si parfaitement que notre apparence demeure la même. Mais quand on considère les effets du vieillissement sur l'allure extérieure de notre organisme ou le fonctionnement de notre système interne, on voit bien que le remplacement devient petit à petit moins parfait. Les choses ne sont plus tout à fait à la même place. La peau du visage vieillit, les muscles s'affaissent, on prend du poids, les organes ne marchent plus aussi bien. Et c'est là que la chirurgie plastique et l'automédication entrent en scène.

Rester en vie

Que faut-il pour qu'une cellule vivante le reste ? Tout simplement, il faut que la maison soit bien tenue, tout comme les relations avec l'extérieur, ce qui signifie bien gérer la myriade de problèmes posés par les conditions de vie. Dans une cellule unique comme chez des créatures comportant des milliards de cellules, le fait de vivre exige de transformer en énergie les bons nutriments, ce qui implique à son tour l'aptitude à résoudre plusieurs problèmes : trouver les produits énergétiques, les placer dans le corps, les convertir en énergie appelée ATP, éliminer les déchets et utiliser l'énergie pour ce dont le corps a besoin afin de poursuivre cette même routine consistant à trouver ce qu'il lui faut, à l'ingérer, et ainsi de suite. Se procurer de la nourriture, la consommer et la digérer, lui permettre d'alimenter le corps : tels sont les problèmes qui se posent à l'humble cellule.

La raison pour laquelle les mécanismes permettant la gestion de la vie sont si cruciaux tient à sa difficulté. La vie est un état précaire qui n'est possible que si un nombre important de conditions est rempli simultanément à l'intérieur du corps. Par exemple, la quantité d'oxygène et de CO_2 ne peut varier que dans une fourchette étroite, tout comme l'acidité du bain dans lequel les molécules chimiques de toutes sortes voyagent de cellule en cellule (le pH). De même pour la température, dont nous avons bien conscience des variations quand nous avons de la fièvre ou, plus communément, quand nous déplorons qu'il fasse trop chaud ou trop froid ; cela s'applique encore à la quantité de nutriments fondamentaux en circulation – sucres, graisses, protéines. Lorsque les variations s'écartent de la fourchette étroite dans laquelle elles devraient rester, nous nous sentons mal, et même agités si nous restons très longtemps sans rien changer à cette situation. Ces états mentaux et ces comportements sont les signes que nous avons enfreint les règles de la régulation vitale ; ce sont des incitations, issues des confins du non-conscient vers l'esprit conscient, à trouver une solution raisonnable à une situation devenue ingérable par des procédés automatiques et non conscients.

Si on mesure chacun de ces paramètres et qu'on les chiffre, on découvre que le spectre dans lequel ils varient normalement est extrêmement étroit. En d'autres termes, la vie exige qu'une collection de *fourchettes* paramétriques soit maintenue constante à tout prix pour des dizaines de composants de l'intérieur de la dynamique du corps. Toutes les opérations de gestion que j'ai évoquées plus haut – se procurer des sources d'énergie, incorporer et transformer les produits énergétiques, etc. – visent à préserver les paramètres chimiques de l'intérieur du corps (son milieu intérieur) dans le spectre magique compatible avec la vie. Cette fourchette magique, on la qualifie d'*homéostatique*, et le processus permettant d'atteindre cet état d'équilibre est appelé *homéostasie*. Ces termes ont été forgés au XXe siècle par le physiologiste Walter Cannon. Ce dernier s'appuyait sur les découvertes réalisées au XIXe siècle par le biologiste Claude Bernard, qui avait inventé le terme « milieu intérieur » pour désigner la soupe chimique dans laquelle la lutte pour la vie se déroule en permanence, mais sans qu'on le voie. Malheureusement, si les fondamentaux de la régulation vitale (du processus d'homéostasie) sont connus depuis plus d'un siècle et sont couramment utilisés en biologie et en médecine, leur signification plus profonde en neurobiologie et en psychologie n'a pas été bien appréciée[6].

Les origines de l'homéostasie

Comment l'homéostasie s'est-elle implantée dans des organismes tout entiers ? Comment les cellules uniques ont-elles acquis leur mode de régulation vitale ? Pour traiter une telle question, nous devons nous lancer dans une forme problématique d'ingénierie inversée or ce n'est jamais aisé, car nous avons passé la majeure partie de l'histoire des sciences à observer des organismes tout entiers plutôt que les molécules et les gènes par lesquels ils ont commencé.

Le fait que l'homéostasie ait débuté sans qu'on le sache, au niveau d'organismes dépourvus de conscience, d'esprit ou de cerveau, pose la question de savoir où et comment elle s'est implantée dans l'histoire de la vie. Voilà qui nous ramène des cellules aux gènes et de là aux molécules simples, plus simples même que l'ADN ou l'ARN. Il se pourrait en effet que l'intention homéostatique soit issue de ces niveaux simples et même qu'elle soit liée aux processus physiques élémentaires qui régissent l'interaction des différentes molécules, par exemple aux forces en vertu desquelles deux d'entre elles s'attirent ou se repoussent, se combinent de façon constructive ou destructrice. Les molécules se repoussent ou s'attirent, s'assemblent pour jouer entre elles ou bien s'y refusent.

En ce qui concerne les organismes, il semble que ce soient des réseaux de gènes issus de la sélection naturelle qui les aient dotés de cette faculté homéostatique. Mais quel type de connaissances ces réseaux de gènes possédaient-ils (et possèdent-ils encore) pour pouvoir transmettre ces instructions aux organismes qu'ils ont créés ? Où se trouve la source de la valeur quand on descend sous le niveau des tissus et des cellules pour aller jusqu'à celui des gènes ? Peut-être est-ce un certain ordonnancement des informations génétiques qui est nécessaire. Cela voudrait dire que, au niveau des réseaux de gènes, la source de la valeur serait un ordonnancement de l'expression génétique se traduisant par la construction d'organismes « homéostatiquement compétents ».

Il nous faut chercher les réponses plus profondes à des niveaux encore plus simples. D'importants débats portent sur la manière dont le processus de la sélection naturelle a opéré afin de produire le cerveau humain tel que nous le connaissons. Par exemple, le fait qu'elle ait agi au niveau des gènes, des organismes tout entiers ou de groupes d'individus, ou encore à tous ces niveaux reste discuté. Mais du point de vue génétique et afin que les gènes survivent sur des générations, les réseaux de gènes ont dû construire des organismes périssables mais viables servant à assurer leur survie. Et afin que ces organismes se comportent d'une façon qui réussisse, les gènes ont dû régir leur assemblage grâce à certaines instructions essentielles.

Une bonne part de celles-ci devait consister en dispositifs de construction favorisant une régulation vitale efficace. Ces dispositifs assuraient la distribution de récompenses, l'application de punitions et la prédiction des situations auxquelles un organisme devait faire face. En résumé, les instructions génétiques ont conduit à construire des dispositifs capables d'exécuter ce qui, dans les organismes complexes comme le nôtre, a fini par s'épanouir sous la forme des émotions, au sens large du terme. La version précoce de ces dispositifs a d'abord été présente chez des organismes dépourvus de cerveau, d'esprit ou de conscience – les unicellulaires décrits plus haut. Cependant, ils ont atteint leur complexité maximale chez ceux qui sont dotés des trois[7].

L'homéostasie est-elle suffisante pour garantir la survie ? Pas vraiment, car tenter de corriger les déséquilibres homéostatiques après qu'ils sont apparus est inefficace et risqué. L'évolution a veillé à ce problème en introduisant des dispositifs qui permettent aux organismes d'anticiper les déséquilibres et les motivent à explorer des environnements pouvant offrir des solutions.

Cellules, organismes multicellulaires et machines

Les cellules et les organismes multicellulaires ressemblent par plusieurs traits aux machines. L'activité des organismes vivants comme des machines suit un objectif ; elle se décompose en processus ; ces derniers sont effectués par des parties anatomiques distinctes qui réalisent des sous-tâches, etc. La ressemblance est assez suggestive et les métaphores par lesquelles nous décrivons à la fois les choses vivantes et les machines s'appuient sur elle. Nous disons que le cœur est une pompe, nous décrivons la circulation du sang comme de la plomberie ; nous parlons de leviers pour désigner l'action des membres, etc. De même, quand nous envisageons une opération indispensable dans une machine complexe, nous disons que c'est son « cœur » et nous appelons « cerveau » ses mécanismes de contrôle. Les machines qui fonctionnent aléatoirement ont des « humeurs ». Ce mode de pensée qui est assez éclairant est aussi responsable de l'idée rien moins qu'utile selon laquelle le cerveau serait un ordinateur numérique et l'esprit quelque chose comme le logiciel qui le ferait tourner. Cependant, le vrai problème avec ces métaphores vient du fait qu'elles négligent le statut fondamentalement différent des *composants matériels* des organismes vivants et des machines. Comparons une merveille de l'aéronautique moderne comme le Boeing 777 et n'importe quel exemple d'organisme vivant, petit ou grand. On peut facilement identifier nombre de similitudes – des centres de commandes situés dans les ordinateurs du cockpit ; des canaux d'information entrante arrivant à ces ordinateurs, qui régulent les canaux d'information sortante allant à la périphérie ; une sorte de métabolisme tenant au fait que les moteurs consomment du carburant et le transforment en énergie, et ainsi de suite. Toutefois, une différence fondamentale demeure : tout organisme vivant est naturellement doté de règles et de dispositifs homéostatiques globaux ; en cas de dysfonctionnement, son corps périt ; et ce qui est encore plus important, toute cellule est en elle-même un organisme vivant, naturellement équipé de ses propres règles et dispositifs homéostatiques, et sujet au même risque de périr en cas de dysfonctionnement. Or on ne trouve rien de comparable dans la structure de l'admirable 777, des alliages de métaux qui forment son fuselage jusqu'aux matériaux qui composent ses kilomètres de câbles et de tubes hydrauliques. L'« homéostasie » supérieure du 777, partagée entre la bordée d'ordinateurs intelligents embarqués et les deux pilotes nécessaires pour le faire voler, vise à préserver sa structure complète, et non ses sous-composants micro- et macrophysiques.

La valeur biologique

Le bien le plus essentiel pour tout être vivant, à n'importe quel moment, c'est l'équilibre des chimies corporelles compatibles avec une vie en bonne santé. Cela s'applique aussi bien à l'amibe qu'à l'être humain. Tout le reste en découle. On ne soulignera jamais assez l'importance de ce fait.

La notion de valeur biologique est omniprésente dans la pensée moderne sur le cerveau et l'esprit. Nous avons tous une idée, voire plusieurs, de ce que signifie le mot « valeur », mais qu'en est-il de la valeur *biologique* ? Considérons d'autres questions : pourquoi envisageons-nous pratiquement tout ce qui nous entoure – nourriture, maisons, or, bijoux, tableaux, stocks, services et même autres personnes – en lui assignant une valeur ? Pourquoi passons-nous tous autant de temps à calculer nos gains et nos pertes relativement à ces items ? Pourquoi portent-ils une étiquette indiquant leur prix ? Pourquoi cette incessante évaluation ? À quels étalons se mesure la valeur ? Au premier abord, il pourrait sembler que ces conditions n'ont pas lieu d'être dans une discussion portant sur le cerveau, l'esprit et la conscience. En réalité, si, et nous verrons que la notion de valeur est centrale pour comprendre l'évolution du cerveau, son développement et son activité à chaque moment.

Parmi les questions que je viens de poser, seule celle de savoir pourquoi les objets arborent un prix souffre une réponse très directe. Les objets indispensables et ceux qu'il est difficile de se procurer vu la forte demande ou leur rareté relative ont un coût élevé. Mais pourquoi un prix ? Comme il ne peut y avoir assez de tout pour tout le monde, la fixation d'un prix est un moyen de régler le problème de l'équilibre entre l'offre et la demande. Elle introduit une restriction et met une sorte d'ordre dans l'accès aux choses. Cette question nous force à nous demander pourquoi il n'y a pas assez de tout pour tout le monde. En première approximation, c'est parce que les besoins ne sont pas également répartis. On a beaucoup besoin de certains items, moins d'autres et pas du tout de certains. Ce n'est qu'en introduisant la notion de besoin qu'on touche le nœud de la valeur : la question de l'individu qui lutte pour rester en vie et les besoins impératifs qui se font jour dans ce combat. Le problème de savoir pourquoi nous assignons de la valeur et selon quels étalons renvoie à celui de l'entretien de la vie et des besoins qu'il entraîne. En ce qui concerne les êtres humains, la maintenance de la vie n'est qu'une partie d'un problème plus vaste, mais restons-en pour commencer à la survie.

Jusqu'à présent, les neurosciences ont traité cet ensemble de questions en prenant un curieux raccourci. Elles ont identifié plusieurs molécules chimiques liées d'une façon ou d'une autre aux états de récompense et de punition et, par extension, elles les ont associées à la valeur. Certaines des plus connues sembleront familières à de nombreux lecteurs : la dopamine, la norépinéphrine, la sérotonine, le cortisol, l'ocytocine, la vasopressine. Les neurosciences ont aussi identifié un grand nombre de noyaux cérébraux qui les fabriquent et les dispensent aux autres parties du cerveau et du corps. (Ce sont des collections de neurones situées sous le cortex cérébral, dans des régions comme le tronc cérébral, l'hypothalamus et le prosencéphale basal. Il ne faut pas les confondre avec les noyaux des cellules eucaryotes, qui sont de simples sacs abritant l'essentiel de l'ADN de la cellule[8].)

La mécanique neurale compliquée de ces molécules de « valeur » est un sujet important en neurosciences et de nombreux chercheurs ont tenté de l'élucider. Qu'est-ce qui invite les noyaux à libérer ces molécules ? Où vont-elles précisément dans le cerveau et le corps ? À quoi sert leur libération ? Voilà les questions auxquelles il nous faut répondre. Mais la discussion tourne court quand on en vient à la question centrale : *où se trouve le moteur des systèmes de valeur ? Quelle est la source biologique de la valeur ?* Autrement dit, d'où vient l'élan donné à cette machinerie byzantine ? Pourquoi a-t-elle commencé ? Et pourquoi est-elle devenue ce qu'elle est ?

Ces molécules et leurs noyaux d'origine représentent sans aucun doute une part importante de la machinerie de la valeur. Mais ils ne répondent pas à la question posée plus haut. Or il me semble que la valeur est liée au besoin et celui-ci à la vie. Les évaluations que nous établissons dans nos activités sociales et culturelles de tous les jours ont un lien direct ou indirect avec les processus de régulation vitale que recouvre le terme d'homéostasie. Ce lien explique pourquoi les circuits cérébraux humains sont tellement dédiés à la prédiction et à la détection des gains et des pertes, ainsi qu'à vanter les gains et à faire craindre les pertes. Autrement dit, il explique l'obsession humaine pour l'assignation de valeur.

Cette dernière est liée directement ou indirectement à la survie. Dans le cas des êtres humains en particulier, elle a à voir avec la *qualité* de cette survie en termes de *bien-être*. La notion de survie – et par extension, celle de valeur biologique – peut s'appliquer à diverses entités biologiques, des molécules aux gènes et aux organismes tout entiers. Je commencerai par ces derniers.

La valeur biologique dans les organismes tout entiers

Pour le dire sans ambages, la valeur par excellence pour les organismes tout entiers consiste à survivre en bonne santé jusqu'à un âge compatible avec la procréation. C'est précisément pour le permettre que la sélection naturelle a parfait la machinerie homéostatique. L'état physiologique des tissus au sein d'un organisme vivant en particulier l'état du tissu vivant dans une fourchette homéostatique optimale, est donc l'origine en profondeur de la valeur et des évaluations biologiques. Cela s'applique aussi bien aux organismes multicellulaires qu'à ceux dont le « tissu » vivant se limite à une seule cellule.

Bien que la fourchette homéostatique idéale ne soit pas absolue, mais diverge selon le contexte dans lequel l'organisme est placé, en général, la viabilité du tissu vivant décline et le risque de maladie et de mort augmente aux extrêmes ; dans un certain secteur de la fourchette, au contraire, les tissus vivants s'épanouissent et leur fonctionnement devient plus efficace et économique Pouvoir fonctionner à l'approche des extrêmes sur un court laps de temps seulement constitue un avantage important dans des conditions de vie défavorables ; mais les états vitaux proches de la zone d'efficacité sont préférables. Il est donc raisonnable de conclure que la source de la valeur pour l'organisme est inscrite dans les configurations des paramètres physiologiques. La valeur biologique monte ou descend en fonction de l'effectivité de l'état physique. En un sens, la valeur biologique est un représentant de l'efficacité physiologique.

Selon mon hypothèse, les objets et processus auxquels nous sommes confrontés quotidiennement acquièrent la valeur qu'on leur assigne en référence à cette source de valeur naturellement sélectionnée pour l'organisme. Les valeurs que les humains attribuent aux objets et aux activités sont en relation, directe ou à distance, peu importe, avec les deux conditions suivantes : premièrement, l'entretien général du tissu vivant dans la fourchette homéostatique convenant au contexte ; deuxièmement, la régulation spécifique requise pour que le processus opère dans la zone de la fourchette homéostatique associée au bien-être qui est conforme au contexte.

Pour les organismes tout entiers, la source de la valeur est *l'état physiologique du tissu vivant dans une fourchette homéostatique favorisant la survie*. La représentation continue des paramètres chimiques dans le cerveau permet aux dispositifs cérébraux non conscients de détecter et de mesurer les écarts par rapport à la fourchette homéostatique ; ils agissent ainsi comme des capteurs du degré de besoin interne. En retour, l'écart mesuré par rapport à la fourchette homéostatique permet à d'autres dispositifs cérébraux de commander les actions de correction et même y *incite* ou en *dissuade* selon l'urgence qu'il y a à réagir. Un simple enregistrement de ces mesures est à la base de la *prédiction* des conditions futures.

Dans les cerveaux capables de représenter les états internes sous forme de cartes et potentiellement de disposer d'un esprit et d'une conscience, les paramètres associés à une fourchette homéostatique correspondent, au niveau conscient, aux *expériences* de douleur et de plaisir. Par suite, dans les cerveaux aptes au langage, ces expériences peuvent être assignées à des désignations linguistiques et appelées par leur *nom* – plaisir, bien-être, inconfort, douleur.

Si on se tourne vers un dictionnaire classique pour chercher le mot « valeur », on trouvera : « Ce qui vaut (financièrement, matériellement ou autrement) ; mérite ; importance ; moyen d'échange ; quantité de quelque chose qu'on peut échanger contre quelque chose d'autre ; qualité d'une chose qui la rend désirable ou utile ; utilité ; coût ; prix. » Comme on peut le voir, la valeur biologique est à la racine de toutes ces significations.

Le succès de nos premiers précurseurs

Qu'est-ce qui a permis aux organismes véhicules de réussir si brillamment ? Qu'est-ce qui a ouvert la voie à des créatures complexes telles que nous ? Il semble bien qu'un ingrédient indispensable à notre arrivée soit quelque chose dont les plantes sont privées à la différence de nous et de certains autres animaux : le *mouvement*. Elles peuvent avoir un tropisme. Elles peuvent se tourner vers le soleil et l'ombre, ou s'en détourner. Certaines, comme la vénus attrape-mouches, peuvent même s'emparer d'insectes distraits ; mais aucune plante ne peut se déraciner et partir en quête d'un environnement meilleur dans une autre partie du jardin. C'est le jardinier qui doit y pourvoir. La tragédie des plantes – mais elles l'ignorent – tient au fait que leurs cellules corsetées ne pourraient jamais modifier suffisamment leur configuration pour devenir des neurones. Elles n'ont pas de neurones et donc pas d'esprit.

Les organismes indépendants dépourvus de cerveau ont aussi développé un autre ingrédient important : l'aptitude à *sentir* les modifications de l'état physiologique, au sein de leur périmètre et autour. Même une bactérie réagit à la lumière du soleil ainsi qu'à d'innombrables molécules – dans une boîte de Petri, elle réagit à une goutte de substance toxique en se recroquevillant et en reculant par rapport à la menace. Les cellules eucaryotes ressentaient aussi l'équivalent du toucher et des vibrations. Les modifications ressenties intérieurement ou dans l'environnement alentour pouvaient conduire à du mouvement. Mais afin de réagir à une situation d'une façon effective, l'équivalent cérébral des unicellulaires devait aussi recéler une *stratégie de réponse*, c'est-à-dire un ensemble de règles extrêmement simples d'après lesquelles une « décision de bouger » était prise dans certaines conditions.

En résumé, les caractéristiques minimales que ces organismes simples devaient avoir afin de réussir et de permettre à leurs gènes de passer à la génération suivante étaient : *sentir* l'intérieur et l'extérieur ; une *stratégie de réponse* et du *mouvement*. Les cerveaux ont évolué de façon à devenir des dispositifs pouvant améliorer ces tâches et les accomplir de manière plus efficiente et différenciée.

Le mouvement s'est raffiné, grâce au développement des muscles striés tels que nous en utilisons aujourd'hui pour marcher et parler. Comme nous le verrons au chapitre 3, le sens de l'intérieur de l'organisme – ce que nous appelons désormais l'*introception* – s'est étendu pour détecter un grand nombre de paramètres (par exemple, le pH, la température, la présence ou l'absence d'innombrables molécules chimiques, la tension des fibres musculaires lisses). Quant au sens de l'extérieur, il en est venu à inclure l'odorat, le goût, le toucher, les vibrations, l'ouïe et la vue, ensemble que nous appelons *extéroception*.

Afin que le mouvement et le sens fonctionnent au meilleur compte, la stratégie de réponse doit s'apparenter à un plan de travail global précisant implicitement les conditions influant sur elle. C'est justement ce en quoi consiste le *schéma homéostatique* que nous trouvons dans les créatures de tous niveaux : un groupe de consignes opérationnelles que l'organisme doit suivre pour remplir ses objectifs. Leur essence est assez simple : si cela, alors fais ceci.

Quand on regarde le spectacle de l'évolution, on est frappé par ses réussites nombreuses. Prenons par exemple le développement des yeux, pas seulement ceux qui ressemblent aux nôtres, mais d'autres variétés qui effectuent leur travail grâce à des moyens un petit peu différents. La merveille qu'est le sonar est tout aussi étonnante, elle qui permet à des espèces comme la chauve-souris ou l'effraie des clochers de chasser dans l'obscurité complète en s'orientant grâce à un système très fin de localisation sonore en trois dimensions. Nonobstant toutes ces merveilles, il est juste de dire que l'évolution d'une stratégie de réponse capable d'amener les organismes à un état homéostatique est tout aussi spectaculaire.

Permettre d'atteindre l'objectif homéostatique, voilà la rime et la raison qui explique l'existence d'une stratégie de réponse. Toutefois, comme indiqué précédemment, même en présence d'un but clair, quelque chose d'autre était nécessaire pour que la stratégie de réponse soit efficiente. Pour qu'une action déterminée soit accomplie de façon expéditive et correcte, il faut une *incitation*, de sorte que, dans certaines circonstances, certains types de réponses soient favorisés au détriment d'autres. Pourquoi ? Parce que certaines circonstances sont si terribles pour le tissu vivant qu'elles exigent une correction urgente et décisive. De même, certaines circonstances peuvent être tellement favorables à l'amélioration du tissu vivant que les réponses adaptées doivent être préférées et lancées rapidement. Nous touchons là aux mécanismes sous-jacents à ce que, de notre point de vue humain, nous en sommes venus à appeler récompense et punition, qui jouent un rôle si important. Notez bien qu'aucune de ces opérations ne requiert un esprit, et encore moins un esprit conscient. Il n'y a pas là de « sujet » formel, dans l'organisme ou en dehors, qui se comporterait comme un « récompenseur » ou un « punisseur ». « Récompenses » et « punitions » sont administrées selon la conception des systèmes de stratégie de réponse. Toute l'opération est aussi aveugle et « a-subjective » que les réseaux de gènes eux-mêmes. L'absence d'esprit et de soi est parfaitement compatible avec une « intention » et un « but » implicites et spontanés. L'intention de base est de préserver la structure et l'état, mais un « but » plus général peut être déduit de ces intentions multiples : survivre.

Des mécanismes d'*incitation* sont donc nécessaires pour une bonne orientation du comportement, laquelle revient à l'exécution réussie et économique du plan de travail de la cellule. Les mécanismes d'incitation et l'orientation ne résultent pas d'une détermination et d'une délibération conscientes. Il n'y a pas là de connaissance explicite ni de soi qui délibère.

L'orientation des mécanismes d'incitation vient progressivement plus à la connaissance des organismes dotés d'esprit et de conscience comme nous. L'esprit conscient révèle seulement ce qui a longtemps existé sous forme de mécanisme de régulation vitale dans l'évolution. Mais il ne le crée pas. Voilà qui inverse la séquence historique traditionnelle.

Le développement des incitations

Comment se sont développées ces incitations ? Elles ont commencé dans des organismes très simples, mais elles sont évidentes chez ceux dont le cerveau est capable de mesurer le *degré* de besoin d'une correction. Pour que cette mesure apparaisse, le cerveau devait avoir une représentation de (a) l'état *actuel* du tissu vivant, de (b) l'état *désirable* du tissu vivant en fonction de l'objectif homéostatique et de (c) une comparaison simple. Une sorte d'échelle interne s'est développée pour ce faire, indiquant l'écart entre l'état actuel et l'objectif, tandis que certaines molécules chimiques dont la présence activait certaines réponses étaient adoptées pour faciliter la correction. D'ailleurs, nous ressentons encore nos états organiques sous cette forme d'échelle, et ce inconsciemment, même si les conséquences qu'a cette mesure deviennent conscientes lorsque nous avons faim, très faim ou pas faim du tout.

Ce que nous en sommes venus à percevoir comme des sentiments de douleur ou de plaisir, ou comme des récompenses ou des punitions correspond directement aux états intégrés du tissu vivant dans l'organisme, accomplissant leur travail naturel de gestion vitale. Les cartographies neurales des états dans lesquels les paramètres des tissus s'écartent significativement de la fourchette homéostatique dans une direction qui n'est *pas* favorable à la survie sont vécues avec la qualité que nous avons finie par appeler douleur et punition. De même, lorsque les tissus opèrent dans la meilleure fourchette homéostatique possible, la cartographie neurale des états connexes est vécue avec la qualité que nous avons finie par appeler plaisir et récompense.

Les agents impliqués dans l'orchestration de ces états des tissus sont des hormones et des neuromédiateurs qui étaient aussi très présents même dans des organismes simples ne comptant qu'une seule cellule. Et nous savons comment opèrent ces molécules. Par exemple, dans un organisme doté d'un cerveau, lorsqu'un tissu donné voit sa santé mise en péril par un niveau dangereusement faible de nutriments, le cerveau détecte le changement qui survient et note le besoin et l'urgence avec laquelle ce changement doit être corrigé. Cela se passe de façon non consciente, mais, dans les cerveaux dotés d'un esprit et d'une conscience, l'état lié à ces informations peut devenir conscient. Si et lorsque c'est le cas, le sujet ressent un sentiment négatif qui peut aller de l'inconfort à la douleur. Que ce processus soit ou non conscient, un enchaînement de réponses correctrices s'engage en termes chimiques et neuraux, aidées par des molécules qui accélèrent le processus. Dans le cas des cerveaux conscients, toutefois, la conséquence de ce processus moléculaire n'est pas simplement une correction du déséquilibre : il y a aussi atténuation de la douleur et expérience de plaisir/récompense. Cette dernière provient en partie de l'état favorable à la vie auquel le tissu est alors parvenu. L'action des molécules favorisantes a alors des chances de placer l'organisme dans la configuration fonctionnelle associée aux états désirables.

L'apparition de structures cérébrales capables de détecter ce qui pourrait être « bon » et ce qui pourrait être

« dangereux » pour l'organisme a également été important. En particulier, en plus de sentir ce qui est bon et ce qui est dangereux, les cerveaux ont commencé à s'appuyer sur des indices pour *prédire* leur survenue. Par exemple, ils signalaient l'apparition de bonnes choses en libérant une molécule comme la dopamine ou l'ocytocine, ou encore celle de dangers en libérant de la prolactine notamment. Cette libération optimisait en retour le comportement nécessaire pour obtenir le stimulus qui survenait ou pour l'éviter. De même, ils se servaient de molécules pour signaler une méprise (une erreur de prédiction) et se comporter en fonction de cela ; ils différenciaient l'apparition d'un item attendu ou inattendu par des différences de degré d'allumage des neurones et de degré correspondant de libération d'une molécule (la dopamine, par exemple). Les cerveaux sont aussi devenus capables de se servir de la structure des stimuli – par exemple, leur *répétition* ou *altération* – pour prédire ce qui allait arriver ensuite. Quand deux stimuli apparaissaient de façon proche l'un de l'autre, cela marquait la possibilité qu'un troisième survienne.

Qu'est-ce qu'apporte toute cette machinerie ? Premièrement, une réponse plus ou moins urgente selon les circonstances ; autrement dit, une réponse *différentielle*. Deuxièmement, des réponses optimisées par la prédiction.

Le schéma homéostatique et ses dispositifs associés d'incitation et de prédiction protégeaient l'intégrité du tissu vivant au sein de l'organisme. Curieusement, une machine très semblable a été couplée pour permettre à l'organisme de s'engager dans des comportements reproducteurs favorisant la transmission des gènes. L'attirance et le désir sexuels, les rituels d'accouplement, par exemple. En surface, les comportements associés à la régulation de la vie et à la reproduction se sont séparés, mais le but plus profond est resté le même, et il n'est pas surprenant que les mécanismes l'aient été aussi.

Quand les organismes ont évolué, les programmes sous-jacents à l'homéostasie sont devenus plus complexes, en termes de conditions déclenchant leur engagement et d'étendue des résultats obtenus. Ces programmes plus complexes sont petit à petit devenus ce que nous connaissons désormais : des pulsions, des motivations et des émotions (voir chapitre 5).

En résumé, l'homéostasie a besoin de l'aide des pulsions et des motivations, abondantes dans les cerveaux complexes. Celles-ci se déploient avec l'aide de l'anticipation et de la prédiction, et jouent dans l'exploration de l'environnement. Ce sont à coup sûr les êtres humains qui disposent du système de motivation le plus avancé, complété par une curiosité sans limites, une pulsion d'exploration, et des systèmes d'alarme sophistiqués quant à leurs besoins futurs. Tout cela vise à nous maintenir sur les bons rails.

Homéostasie, valeur et conscience

Ce que nous en sommes venus à considérer comme valable, en termes de bienfaits ou d'actions, est directement ou indirectement lié à la possibilité de préserver la fourchette homéostatique à l'intérieur de l'organisme vivant. De plus, nous savons que certaines configurations et certains secteurs au sein de ce spectre sont associés à une régulation optimale de la vie, tandis que d'autres sont moins efficaces et plus proches de la zone dangereuse, zone qui peut entraîner maladie et mort. Il est donc raisonnable de considérer que les bienfaits et les actions induisant une régulation optimale sont les plus valables[9].

Nous savons comment on diagnostique le secteur optimal de la fourchette homéostatique sans mesures sanguines réalisées dans un laboratoire d'analyses médicales. Ce diagnostic ne requiert aucune expertise spéciale, mais simplement le processus fondamental de la conscience : *les fourchettes optimales s'expriment dans l'esprit conscient à travers des sentiments agréables ; les fourchettes dangereuses par des sentiments déplaisants, voire douloureux.*

Peut-on imaginer système de détection plus transparent ? Les fonctionnements optimaux de l'organisme, qui se traduisent par des états vitaux efficients et harmonieux, constituent le substrat même de nos sentiments de bien-être et de plaisir. Ce sont le fondement de l'état que, dans des conditions élaborées, nous appelons le bonheur. Au contraire, les états vitaux désorganisés, inefficients et disharmonieux, les signes avant-coureurs de la maladie et de l'échec du système, constituent le substrat des sentiments négatifs, dont, comme le notait finement Tolstoï, il existe bien plus de variantes que de la forme positive – une gamme infinie de douleurs et de souffrances, sans compter le dégoût, les peurs, la colère, la tristesse, la honte, la culpabilité et le mépris.

Comme nous le verrons, l'aspect crucial de nos sentiments émotionnels, c'est l'expression consciente de nos états corporels. C'est pourquoi les sentiments servent de baromètres à la gestion vitale. Cela explique aussi pourquoi ils ont influencé les sociétés et les cultures, et tous leurs fonctionnements et leurs productions, depuis que les êtres humains les connaissent. Mais comme nous l'avons vu plus haut, longtemps avant l'aube de la conscience humaine et l'apparition de sentiments conscients, en fait avant même l'aube de l'esprit en tant que tel, la configuration des paramètres chimiques influençait déjà les comportements individuels chez les créatures simples, même si aucun cerveau n'était là pour les représenter. C'est assez sensé : les organismes dépourvus d'esprit devaient se fier à des paramètres chimiques pour orienter les actions nécessaires pour préserver leur vie. Cette orientation « aveugle » englobait des comportements extrêmement élaborés. La croissance de différentes sortes de bactéries dans une colonie est régie par des paramètres de ce type et peut se décrire en termes sociaux : c'est ainsi que des colonies de bactéries pratiquent couramment une sorte d'évaluation de leur quorum et entrent littéralement en guerre pour conserver leur territoire et leurs ressources. Elles procèdent ainsi même au sein de notre corps quand elles mènent des batailles immobilières dans notre gorge ou nos entrailles. Toutefois, dès que des systèmes nerveux très simples sont entrés en scène, les comportements sociaux sont devenus encore plus évidents. Examinons le cas des nématodes, nom poli pour désigner une forme de ver fouisseur dont les comportements sociaux sont assez sophistiqués.

Le cerveau d'un nématode comme *C. elegans* compte simplement 302 neurones organisés comme une chaîne de ganglions. Pas de quoi se vanter. Comme toute autre créature vivante, ces nématodes doivent se nourrir pour survivre. Selon la rareté ou l'abondance de la nourriture et les menaces présentes dans l'environnement, ils peuvent s'enfoncer dans le sol de façon plus ou moins grégaire. Ils se nourrissent seuls si la nourriture est accessible et l'environnement tranquille ; mais ils se regroupent si elle est rare ou si un danger est détecté, par exemple une certaine sorte d'odeur. Inutile de préciser qu'ils ne savent pas réellement ce qu'ils font ni pourquoi. Mais s'ils le font, c'est parce que leur cerveau extrêmement simple, sans esprit et encore moins de conscience proprement dite, se sert des signaux issus de l'environnement pour consulter leur stratégie de réponse et se lancer dans telle ou telle forme de comportement.

Imaginez maintenant que j'aie résumé la situation de *C. elegans* en mentionnant le rôle des conditions de vie et leurs comportements, mais pas que c'étaient des vers, et que je vous aie demandé de raisonner en sociologue et de commenter sa situation. Je ne doute pas que vous auriez remarqué des preuves de coopération interindividuelle et même diagnostiqué des préoccupations altruistes. Vous auriez même pu penser que je parlais de créatures complexes, voire des premiers hommes. La première fois que j'ai lu la description par Cornelia Bargmann de ces découvertes, j'ai songé aux syndicats et à la sécurité que confère le fait d'être nombreux[10]. Et pourtant *C. elegans* n'est qu'un ver.

Le fait que les états homéostatiques idéaux représentent ce qu'il y a de plus valable pour un organisme vivant a pour autre implication que l'avantage fondamental qu'apporte la conscience, à tous ses niveaux, vient de ce qu'elle améliore la régulation de la vie dans des environnements toujours plus complexes[11].

La survie dans des niches écologiques nouvelles a été assez favorisée par des cerveaux complexes pour créer des esprits, développement qui, comme je l'expliquerai dans la deuxième partie, est fondé sur la construction de cartes/images neurales. Une fois l'esprit apparu, quoique pas encore nimbé de conscience, la régulation vitale automatisée s'est améliorée. Les cerveaux produisant des images ont pu disposer de davantage de détails sur les conditions internes et externes aux organismes et ainsi engendrer des réponses plus différenciées et effectives que les cerveaux dépourvus d'esprit. Cependant, lorsque l'esprit des espèces non humaines a pu devenir conscient, la régulation automatisée a gagné un puissant allié, à savoir un moyen de confier le poids de la survie au soi désormais en charge de l'organisme. Chez les êtres humains, la conscience ayant coévolué avec la mémoire et la raison pour permettre une planification décalée et une délibération réfléchie, cet allié est devenu encore plus puissant.

Fait étonnant, la régulation vitale par le soi coexiste toujours avec la machinerie de la régulation automatisée que toute créature consciente a héritée de son passé dans l'évolution. C'est vrai des êtres humains. La plus grande part de notre activité régulatrice se déroule sans conscience, ce qui est une bonne chose. Nous ne pourrions pas gérer notre système endocrinien ou immunitaire *consciemment*, car il est impossible de contrôler assez vite leurs oscillations chaotiques. Au mieux, cela reviendrait à piloter en manuel un jet moderne – ce qui n'est pas une mince affaire et exige de maîtriser tous les aléas et toutes les manœuvres pour éviter les décrochages. Au pire, ce serait comme d'investir ses cotisations sociales sur le marché boursier. Qui voudrait avoir le contrôle absolu sur quelque chose d'aussi simple que sa respiration ? Nous pouvons toujours décider de traverser la Manche en nageant sous l'eau et en retenant notre souffle, mais... nous risquerions de mourir. Heureusement, nos dispositifs homéostatiques automatisés ne nous permettront jamais une telle folie.

La conscience a amélioré l'adaptativité et a permis à ceux qui en bénéficient de créer des solutions nouvelles aux problèmes de la vie et de la survie, dans pratiquement n'importe quel environnement concevable, partout sur Terre, dans l'air et dans l'espace, sous l'eau, dans les déserts et sur les montagnes. Nous avons évolué de façon à nous *adapter* à un grand nombre de niches et nous sommes *capables d'apprendre à nous adapter* à un plus grand nombre encore. Nous ne nous sommes jamais fait pousser des ailes ni des branchies, mais nous avons inventé des machines qui ont des ailes et qui peuvent nous propulser dans la stratosphère, naviguer sur les océans ou plonger à vingt mille lieues sous les mers. Nous avons inventé les conditions matérielles nous permettant de vivre partout où nous le souhaitons. Pas l'amibe, ni le ver, le poisson, l'escargot, l'oiseau, l'écureuil, le chat et le chien, ni même nos si intelligents cousins les chimpanzés.

Lorsque le cerveau humain a commencé à concocter l'esprit conscient, le jeu a radicalement changé. Nous sommes passés d'une régulation focalisée simplement sur la survie de l'organisme à une régulation petit à petit plus délibérée, fondée sur un esprit équipé d'une identité et d'une personnalité, et ne recherchant pas simplement la survie, mais le bien-être. Quel bond en avant, même si, pour autant qu'on puisse en juger, il est fondé sur des continuités biologiques !

Si les cerveaux ont prévalu dans l'évolution parce qu'ils donnaient une plus grande ampleur à la régulation de la vie, les systèmes cérébraux qui ont conduit aux esprits conscients ont pris le pas parce qu'ils offraient les possibilités les plus larges d'adaptation et de survie grâce au mode de régulation capable de préserver et de développer le bien-être.

En bref, les organismes unicellulaires dotés d'un noyau ont une volonté de vivre sans esprit ni conscience et gèrent assez convenablement leur vie, tant que certains gènes le leur permettent. Les cerveaux ont accru les possibilités de gestion vitale même sans produire d'esprit, et encore moins d'esprit conscient. C'est pour cette raison qu'eux aussi ont prévalu. Avec le temps, l'esprit et la conscience sont venus s'ajouter ; les possibilités de régulation ont alors été encore augmentées et ont ouvert la voie au type de gestion qui n'intervient pas seulement au sein d'un seul organisme, mais entre plusieurs, dans des sociétés. La conscience a permis aux hommes de répéter le leitmotiv de la régulation vitale grâce à une collection d'instruments culturels – échange économique, croyances religieuses, conventions sociales et règles éthiques, lois, arts, science, technologie. Pour autant, l'intention de survivre de la cellule eucaryote et celle qui est implicite dans la conscience humaine ne sont qu'une seule et même chose.

Derrière l'édifice admirable mais imparfait que les cultures et les civilisations ont construit pour nous, le problème fondamental demeure la régulation de la vie. Et la motivation expliquant ce que les cultures et les civilisations humaines ont réalisé tient à ce problème bien précis et à la nécessité de gérer les comportements par lesquels les hommes le règlent. La régulation de la vie est à la racine de bien des points qu'il nous faut expliquer dans la biologie en général et à propos de l'humanité en particulier : l'existence de cerveaux, celle de la douleur, du plaisir, des émotions et des sentiments, les comportements sociaux, les religions, l'économie, les marchés et les institutions financières, les comportements moraux, le droit et la justice, la politique, l'art, la technologie et la science. Rien que ça !

Pour le dire un peu autrement, la vie et les conditions qui y participent – le mandat impératif de survivre et le travail compliqué consistant à gérer cette survie dans un organisme ne comportant qu'une seule cellule ou bien des milliards – sont à la racine de l'apparition et de l'évolution des cerveaux, lesquels représentent les dispositifs de gestion les plus élaborés qui aient été assemblés par l'évolution, ainsi qu'à celle de tout ce qui a suivi le développement de cerveaux toujours plus élaborés, au sein de corps toujours plus élaborés, vivant dans des environnements toujours plus complexes.

Si on considère la plupart des aspects des fonctions cérébrales à travers le filtre de cette idée – à savoir que le cerveau existe pour gérer la vie au sein d'un corps –, les étrangetés et les mystères de certaines des catégories traditionnelles de la psychologie – l'émotion, la perception, la mémoire, le langage, l'intelligence *et* la conscience – deviennent moins étranges et bien moins mystérieux. En réalité, leur rationalité devient limpide, et d'une logique aussi imparable que séduisante. Comment pourrait-il en être autrement, semblent nous demander ces fonctions, étant donné le travail qui doit être accompli ?

DEUXIÈME PARTIE

L'ESPRIT DANS LE CERVEAU

CHAPITRE 3

La fabrication de cartes et celle d'images

Cartes et images

Si la gestion de la vie est sans nul doute la fonction primordiale du cerveau humain, ce n'est pas le trait qui le distingue le plus. Comme nous l'avons vu, la vie peut se gérer sans système nerveux et, qui plus est, sans cerveau pleinement développé. Les organismes unicellulaires se débrouillent très bien pour tenir la maison.

Ce qui distingue un cerveau comme celui que nous possédons, c'est l'aptitude étonnante à créer des cartes. Cette activité cartographique est essentielle pour une gestion sophistiquée ; les deux vont main dans la main. Quand le cerveau produit des cartes, il s'*informe*. Les informations contenues dans ces cartes peuvent servir, sans passer par la conscience, à guider efficacement le comportement moteur, ce qui est des plus désirables si on considère que la survie dépend du fait de bien agir. Mais lorsque le cerveau fabrique des cartes, celles-ci créent aussi des images, lesquelles représentent ce qu'il y a de plus courant dans notre esprit. Enfin, la conscience nous permet de percevoir les cartes sous forme d'images, de les manipuler et de leur appliquer des raisonnements.

Ces cartes se construisent lorsque nous interagissons de l'extérieur du cerveau vers l'intérieur avec des objets, par exemple une personne, une machine, un lieu. On n'insistera jamais assez sur ce mot *interaction*. Il nous rappelle que la production de cartes, qui est essentielle pour améliorer nos actions, a souvent d'abord lieu au départ de l'action. L'action et les cartes, les mouvements et l'esprit participent d'un cycle sans fin, idée qu'a bien saisie Rodolfo Llinás quand il attribue la naissance de l'esprit au contrôle par le cerveau du mouvement organisé[1].

Des cartes se construisent aussi quand nous nous rappelons des objets, à partir des banques de souvenirs situées à l'intérieur de notre cerveau. La construction de cartes ne s'interrompt jamais, même quand nous dormons, comme le montrent les rêves. Le cerveau humain cartographie tous les objets situés à l'extérieur de lui, toutes les actions qui surviennent au-dehors et toutes les relations dans lesquelles entrent ces objets et ces actions, dans le temps et dans l'espace, relativement les uns aux autres et eu égard au vaisseau amiral qu'est l'organisme, unique propriétaire de notre corps, de notre cerveau et de notre esprit. Le cerveau humain est un cartographe né, et cette cartographie débute par celle du corps dans lequel il est installé.

Le cerveau humain est une imitation de cette variété incoercible. Tout ce qui est en dehors de lui – le corps proprement dit, bien sûr, de la peau aux entrailles, ainsi que le monde alentour, l'homme, la femme et l'enfant, les chats, les chiens, les lieux, le beau ou le mauvais temps, ce qui est lisse ou rugueux, les grands bruits ou les petits, la douceur du miel et le goût salé du poisson – doit être imité au sein de ses réseaux. En d'autres termes, il a la capacité de représenter les aspects structuraux des choses et des événements non cérébraux, y compris des actions menées à bien par notre organisme et ses composants, c'est-à-dire les membres, les éléments de l'appareil phonatoire, etc. Comment a lieu cette cartographie ? Ce n'est pas une pure et simple copie, un transfert passif de l'extérieur du cerveau vers l'intérieur. L'assemblage produit par les sens implique une contribution active de l'intérieur du cerveau, ce qui est possible dès le début du développement. L'idée selon laquelle le cerveau serait une table rase est en effet depuis longtemps dépassée[2]. Cet assemblage se produit souvent dès le début du mouvement, comme indiqué plus haut.

Quelques remarques terminologiques. Je me bornais naguère à utiliser le terme *image* strictement comme synonyme de structure ou d'image mentale, préférant réserver le terme *structure* ou *carte neurale* pour désigner une structure d'activité *dans le cerveau*, donc distincte de l'esprit. En effet, si l'esprit est bien inhérent à l'activité du tissu cérébral, il n'en mérite pas moins une description propre, du fait du caractère privé de l'expérience qu'on en a et parce que c'est précisément ce phénomène-là que nous souhaitons expliquer. Décrire les événements neuraux dans leur vocabulaire propre participait donc de l'effort pour comprendre leur rôle dans le processus mental. En séparant ces niveaux de description, je ne suggérais nullement qu'il s'agissait de substances distinctes, l'une mentale, l'autre biologique. Je ne tiens pas pour le dualisme des substances comme Descartes le faisait ou du moins essayait de nous le faire croire en prétendant que le corps avait une étendue physique, mais pas l'esprit, tous deux étant faits de substances différentes. Je me permettais simplement un dualisme des *aspects* et traitais de la façon dont les choses apparaissent, à la surface de l'expérience. Tout comme mon ami Spinoza, le chantre classique du monisme, à l'opposé du dualisme.

Mais pourquoi faire compliqué, pour moi comme pour les lecteurs, en me servant de termes distincts pour désigner deux choses que je crois équivalentes ? Tout au long de ce livre, j'utilise donc les termes *image*, *carte* et *structure neurale* de façon interchangeable. Parfois, j'estompe la démarcation entre l'esprit et le cerveau, et ce, délibérément, afin de souligner le fait que cette distinction, quoique valide, peut nous empêcher de voir ce que nous nous efforçons d'expliquer.

Descente sous la surface

Imaginez que vous tenez un cerveau dans votre main et que vous regardez la surface du cortex cérébral. Songez maintenant que vous prenez un couteau bien aiguisé et que vous procédez à des incisions *parallèles* à la surface, sur une profondeur de deux ou trois millimètres, puis que vous extrayez un mince filet de cerveau. Après avoir fixé et coloré les neurones avec une substance chimique idoine, vous pouvez déposer votre préparation sur une fine lamelle de verre et la regarder au microscope. Vous découvrirez, dans chaque couche corticale ainsi inspectée, une structure en faisceau qui ressemble à une grille carrée en deux dimensions. Ses éléments sont des neurones disposés horizontalement. Imaginez quelque chose comme le plan de Manhattan, mais sans grandes lignes obliques sur les grilles corticales. Cet agencement, vous le comprendrez immédiatement, est idéal pour une représentation topographique des objets et des actions.

Si on regarde un morceau de cortex cérébral, il est facile de comprendre pourquoi les cartes les plus détaillées que le cerveau puisse créer apparaissent dans celui-ci, alors que, comme nous le verrons dans un moment, d'autres parties peuvent en produire, mais à une résolution moindre. L'une de ces couches corticales, la quatrième, est probablement responsable d'une grande partie des cartes détaillées. On saisit aussi pourquoi l'idée de cartes cérébrales n'est pas une métaphore surfaite. On peut discerner dessus des structures semblables à une grille et, quand on laisse un peu flotter librement son imagination, on peut se figurer du parchemin, du type de celui sur lequel le prince portugais Henri le Navigateur écrivait quand il planifiait les voyages de ses capitaines. La différence est importante, toutefois : sur une carte cérébrale, les lignes ne sont pas tracées à la plume ou au stylo ; elles résultent plutôt de l'activité de certains neurones et de l'inactivité de certains autres à un moment donné. Quand certains sont réglés sur « marche », selon une certaine distribution spatiale, une ligne est « tracée », droite ou courbe, épaisse ou fine, formant ainsi une structure distincte du fond créé par les neurones qui sont en position « arrêt ». Autre grande différence : la principale couche cartographique horizontale est coincée entre les couches supérieures et inférieures ; chaque élément important de la couche fait aussi partie d'un ensemble vertical d'éléments, à savoir une colonne. Chaque colonne contient des centaines de neurones. Les colonnes apportent les informations au cortex cérébral. (Celles-ci viennent d'ailleurs dans le cerveau, de capteurs sensoriels périphériques comme les yeux et du corps.) Elles distillent aussi des informations à ces mêmes sources et assurent diverses intégrations et modulations des signaux traités en chaque emplacement.

Les cartes ne sont pas statiques comme celles de la cartographie classique. Elles sont changeantes ; elles fluctuent d'un moment à un autre, pour refléter les modifications qui se produisent dans les neurones les alimentant, ce qui en retour reflète celles qui surviennent à l'intérieur de notre corps et dans le monde environnant. Les changements affectant les cartes cérébrales traduisent aussi le fait que nous sommes nous-mêmes constamment en mouvement. Nous nous approchons d'objets et nous nous éloignons d'eux ; nous pouvons les toucher ou pas ; nous pouvons goûter un vin, mais sa saveur s'estompe ; nous entendons de la musique, mais ensuite, elle s'arrête ;

notre propre corps change, et des émotions et des sentiments différents s'ensuivent. L'environnement tout entier qui s'offre au cerveau est en perpétuel changement, spontanément ou sous le contrôle de nos activités. Les cartes cérébrales changent donc en fonction de cela.

En guise d'analogie illustrant ce qui se passe dans le cerveau en ce qui concerne une carte visuelle, on peut prendre l'image qu'on voit sur un billard électronique : sa structure est créée par les éléments lumineux actifs ou inactifs (ampoules lumineuses ou diodes émettant de la lumière). L'analogie est d'autant plus adaptée que le contenu que représentent les cartes peut rapidement changer par simple modification de la distribution des éléments actifs et inactifs. Chaque distribution d'activité crée une structure. Différentes distributions dans le même morceau du cortex visuel peuvent figurer une croix, un carré, un visage, à la suite ou même superposés. Les cartes sont rapidement dessinées, redessinées, encore et encore, à la vitesse de la lumière.

Le même type de « dessin » s'effectue aussi dans un avant-poste élaboré du cerveau qu'on appelle la rétine. Celle-ci dispose aussi d'une grille carrée se prêtant à l'inscription de cartes. Quand les particules lumineuses qu'on appelle des photons viennent toucher la rétine selon une distribution particulière qui correspond à une structure spécifique, les neurones activés par cette structure – par exemple, un cercle ou une croix – constituent une carte neurale éphémère. D'autres cartes, fondées sur l'original de la rétine, se formeront ensuite aux niveaux ultérieurs du système nerveux. Et ce, parce que l'activité en chaque point de la carte rétinienne est transmise le long d'une chaîne qui culmine dans les cortex visuels primaires, tout en préservant les relations géométriques en place sur la rétine – cette propriété est dite de rétinotopie.

Si les cortex cérébraux excellent à créer des cartes détaillées, certaines structures situées dessous savent en produire de rudimentaires. C'est le cas par exemple des corps géniculés, des collicules, du nucleus tractus solitarius et du noyau parabrachial. Les corps géniculés sont respectivement dédiés aux processus visuel et auditif. Ils ont eux aussi une structure en couches qui est idéale pour les représentations topographiques. Le collicule supérieur est un important pourvoyeur de cartes visuelles ; il a même la capacité de relier celles-ci à des cartes auditives et corporelles. Le collicule inférieur est consacré quant à lui au traitement auditif. Il se pourrait que l'activité du collicule supérieur soit un précurseur des processus de l'esprit et du soi qui s'épanouissent ensuite dans les cortex cérébraux. Quant au nucleus tractus solitarius et au noyau parabrachial, ce sont eux qui, en tout premier lieu, fournissent des cartes du corps tout entier au système nerveux central. L'activité de ces cartes, comme nous le verrons, correspond aux sentiments primordiaux.

L'activité cartographique n'est pas cantonnée aux structures visuelles. Elle s'applique à *tous* les types de structure sensorielle dans la construction desquels le cerveau est impliqué. Par exemple, la cartographie des sons débute dans l'équivalent de la rétine pour l'oreille : la cochlée, située dans notre oreille interne, de chaque côté. Elle reçoit les stimuli mécaniques résultant de la vibration de la membrane du tympan et d'un petit groupe d'os situés dessous. L'équivalent des neurones rétiniens pour la rétine sont les cellules ciliées. Celles-ci sont coiffées de filaments qui remuent sous l'influence de l'énergie sonore et déclenchent un courant électrique capturé par l'axone d'un neurone situé dans le ganglion cochléaire. Ce neurone transmet le message au cerveau en suivant six étapes distinctes qui forment une chaîne – noyau cochléaire, noyau olivaire supérieur, noyau du lemniscus latéral, collicule inférieur, noyau géniculé médian et enfin cortex auditif primaire. Ce dernier est hiérarchiquement comparable au cortex visuel primaire. Le cortex auditif est le point de départ d'une autre chaîne de signalisation au sein du cortex cérébral lui-même.

Les toutes premières cartes auditives se forment dans la cochlée, de même que les toutes premières cartes visuelles naissent dans la rétine. Comment ces cartes auditives sont-elles réalisées ? La cochlée est une rampe en colimaçon qui a la forme d'un cône. Elle ressemble à une coquille d'escargot, comme le suggère la racine latine du mot. Si vous êtes déjà allé au musée Guggenheim de New York, vous pouvez aisément vous représenter ce qui se passe à l'intérieur de la cochlée. Il suffit d'imaginer que les cercles rétrécissent à mesure que vous montez et que la forme globale du bâtiment est un cône pointant vers le haut. La rampe sur laquelle vous marchez tourne autour de l'axe central, comme celle de la cochlée. Dans ce colimaçon, les poils sont disposés selon un ordre très précis qui est déterminé par les fréquences sonores auxquelles ils réagissent. Ceux qui répondent aux plus hautes sont situés à la base de la cochlée, ce qui implique que, lorsque vous montez la rampe, les autres fréquences suivent un ordre dégressif jusqu'au sommet, où les poils réagissent aux fréquences les plus basses. On commence par les sopranos et on finit par les basses. Il en résulte une carte spatiale des tons possibles, ordonnés selon leur fréquence, une carte tonotopique. Une autre version de cette carte sonore se répète à chacune des cinq étapes ultérieures du système auditif, sur le chemin qui mène au cortex auditif, où la carte est finalement déposée dans un fourreau. Nous entendons jouer un orchestre ou chanter un vocaliste lorsque les neurones situés le long de la chaîne auditive deviennent actifs et lorsque le dessin cortical final répartit dans l'espace toutes les riches sous-structures des sons qui parviennent à nos oreilles.

Ce modèle cartographique s'applique largement aux structures ayant affaire à celles du corps, comme un membre et ses mouvements ou une rupture de la peau due à une brûlure ; ou encore aux structures qui résultent du fait de manipuler vos clés de voiture, d'examiner leur forme et la texture lisse de leur surface.

Diverses études ont démontré la proximité entre les structures cartographiques du cerveau et les objets réels qui les suscitent. Par exemple, on a découvert dans le cortex visuel du singe une corrélation forte entre la structure d'un stimulus visuel – par exemple, un cercle, une croix – et celle de l'activité qu'il suscite dans les cortex visuels. C'est Roger Tootell qui l'a montré, dans du tissu cérébral de singe. Des études de neuro-imagerie menées sur le cerveau humain commencent aussi à dégager des corrélations de ce type. Cependant, en aucun cas on ne peut « observer » l'expérience visuelle d'un singe, par exemple les images qu'il voit lui-même, non plus que nos propres expériences visuelles. Les images, qu'elles soient visuelles, auditives ou de quelque sorte qu'on le veuille, ne sont toutefois *directement* accessibles *qu'*au détenteur de l'esprit dans lesquelles elles apparaissent. Elles sont privées et ne sont pas observables par un tiers.

Les recherches visant à étudier le cerveau humain au moyen de la neuro-imagerie commencent aussi à mettre au jour des corrélations de ce type. Grâce à des analyses structurales à plusieurs variables, plusieurs groupes, dont le nôtre, ont montré que certaines structures d'activité dans les cortex sensoriels humains correspondent de façon nette à certaines classes d'objets[3].

Cartes et esprits

Cette incessante activité de cartographie dynamique a une conséquence spectaculaire : l'esprit. Les structures cartographiques constituent ce en quoi nous autres créatures conscientes en sommes venues à voir des sons, des touchers, des odeurs, des vues, des douleurs, des plaisirs, bref des images. Dans notre esprit, ce sont les cartes cérébrales temporaires de tout ce qui, dans notre corps et autour, est concret aussi bien qu'abstrait, présent ou mémorisé. Les mots dont je me sers pour exprimer ces idées se sont d'abord formés, brièvement et en gros, comme des images auditives, visuelles ou somatosensorielles de phonèmes et de morphèmes, avant que je les implémente sur la page dans leur version écrite. De même, ces mots désormais imprimés devant vos yeux, vous les traitez d'abord comme des images *verbales* (ou images visuelles du langage écrit), avant que leur action sur le cerveau ne favorise l'évocation d'autres images encore, de type *non verbal* cette fois. Les images de type non verbal sont celles qui vous servent à faire mentalement apparaître les concepts correspondant aux mots. Les sentiments qui constituent à chaque instant notre arrière-plan mental et renvoient en grande partie aux états de notre corps sont également des images. Quelle que soit la modalité sensorielle, la perception est le résultat de cette aptitude cartographique du cerveau.

Les images représentent les propriétés physiques des entités et les relations spatio-temporelles entre elles, ainsi que leurs actions. Certaines résultent probablement de la création par le cerveau de cartes de lui-même produisant des cartes ; elles sont assez abstraites. Elles décrivent les structures selon lesquelles les objets apparaissent dans le temps et l'espace, les relations spatiales et le mouvement des objets en termes de vélocité et de trajectoire, etc. Certaines d'entre elles, par exemple, deviennent des compositions musicales ou des descriptions mathématiques. Le processus de l'esprit est un flux continuel d'images de ce genre, certaines correspondant à l'activité présente hors du cerveau, d'autres étant reconstituées à partir des souvenirs dans le processus de remémoration. L'esprit est une combinaison subtile et flottante d'images présentes et d'images remémorées, dans des proportions qui changent sans arrêt. Ces images tendent à être liées logiquement, quand elles correspondent à des événements du monde extérieur ou du corps qui, en eux-mêmes, sont régis par les lois de la physique et de la biologie définissant ce que nous considérons comme logique. Bien sûr, en pleine rêverie éveillée, on produit des suites illogiques d'images ; de même quand on a le vertige – la pièce ne tourne pas réellement, non plus que la table ne pivote, même si les images que nous en avons disent le contraire. *Idem* quand on est sous l'emprise d'hallucinogènes. Les situations particulières de ce genre mises à part, le flux d'images avance dans le temps, plus ou moins vite, en ordre ou par bonds ; et parfois, il ne suit pas une seule séquence, mais plusieurs. Parfois, les séquences sont concurrentes et parallèles ; parfois, elles se croisent et se superposent. Quand l'esprit conscient est le plus concentré, la séquence d'images est comme un courant qui file droit, nous laissant à peine le temps de jeter un coup d'œil à ce qui se trouve sur ses bords.

Outre la logique imposée par le déroulement des événements dans la réalité extérieure au cerveau – disposition logique que les circuits développés par la sélection naturelle dans notre cerveau préfigurent dès les premières étapes du développement –, les images dans notre esprit prennent plus ou moins de présence dans le flux mental selon leur valeur pour l'individu. D'où vient cette valeur ? De l'ensemble des dispositions originales qui orientent la régulation de notre vie, ainsi que des évaluations attribuées à toutes les images que nous avons petit à petit acquises au cours de notre expérience, en fonction de l'ensemble des dispositions de valeur liées à notre histoire passée. En d'autres termes, l'esprit ne consiste pas qu'en une procession naturelle d'images. Des choix s'apparentant à un montage cinématographique sont effectués ; ils sont influencés par notre système général de valeur biologique. La procession mentale n'est pas de l'ordre du premier arrivé, premier servi. Elle comporte une sélection fondée sur des valeurs qui viennent avec le temps s'insérer dans un cadre logique[4].

Enfin, autre point critique, l'esprit peut être conscient *ou bien* non conscient. Des images continuent à se former, par perception ou remémoration, même quand nous n'avons pas conscience d'elles. Nombreuses sont celles qui ne gagnent jamais les faveurs de la conscience et ne sont ni vues ni entendues directement dans l'esprit conscient. Pourtant, en bien des cas, elles peuvent influencer notre pensée et nos actions. Le riche processus lié au raisonnement et à la pensée créative peut se dérouler alors que nous sommes conscients d'autre chose. Je reviendrai aux problèmes liés à l'esprit non conscient dans la quatrième partie de ce livre.

En conclusion, les images sont fondées sur les modifications survenant dans le corps et le cerveau durant l'interaction physique d'un objet avec le corps. Les signaux envoyés par les capteurs situés dans tout le corps construisent des structures neurales qui cartographient l'*interaction* de l'organisme avec l'objet. Les structures neurales se forment dans les diverses régions sensorielles et motrices du cerveau qui, en temps normal, reçoivent les signaux issus de régions spécifiques du corps. L'assemblage de ces structures neurales transitoires se fait par sélection de circuits de neurones recrutés par l'interaction. On peut voir dans ces circuits des briques préexistant dans le cerveau.

L'activité cérébrale de cartographie est un trait fonctionnel distinctif d'un système dévolu à la gestion et au contrôle du processus vital. Cette aptitude est au service de l'objectif de gestion. À un niveau simple, l'activité cartographique peut détecter la présence ou indiquer la position d'un objet dans l'esprit, ou encore la direction que prend sa trajectoire. Cela peut aider à dépister un danger ou une bonne occasion, à l'éviter ou à la saisir. C'est quand notre esprit dispose de multiples cartes, de chaque modalité sensorielle, et crée une perspective multiplex de l'univers extérieur au cerveau, qu'il est possible de réagir aux objets et événements de cet univers avec une plus grande précision. De plus, une fois que des cartes sont dévolues à la mémoire et peuvent être rappelées par remémoration imaginaire, il devient possible de planifier à l'avance et d'inventer de meilleures réponses.

La neurologie de l'esprit

Il est raisonnable de se demander quelles parties du cerveau sont compétentes pour l'esprit et lesquelles ne le sont pas. Cette question est ardue, mais légitime. Un siècle et demi de recherches menées sur les conséquences des lésions cérébrales nous fournissent les données dont nous avons besoin pour esquisser une réponse préliminaire. Malgré leur contribution importante aux grandes fonctions cérébrales, certaines régions ne sont pas impliquées dans la production élémentaire de l'esprit. Certaines le sont clairement pour donner un esprit à un niveau de base. Et d'autres assistent cette production, pour des tâches comprenant la génération et la régénération des images, ainsi que la gestion de leur flux, en les montant et en leur conférant une continuité.

Il semble que toute la moelle épinière ne soit pas essentielle pour la fabrication de l'esprit. Son absence totale se traduit par de graves handicaps moteurs, une perte profonde des sensations du corps et une atténuation des émotions et des sentiments. Cependant, tant que le nerf vague, qui est parallèle à la moelle épinière, est conservé (et il l'est presque toujours dans de tels cas), la signalisation mutuelle entre le cerveau et le corps reste assez forte pour assurer le contrôle autonome, pour produire les émotions et les sentiments de base, et pour préserver les aspects de la conscience qui exigent des informations venues du corps. La fabrication de l'esprit n'est pas définitivement oblitérée par une moelle épinière endommagée, comme nous l'a appris le cas triste de personnes ayant subi un accident, à quelque niveau que ce soit de la moelle épinière. Christopher Reeve a gardé esprit et conscience, malgré une moelle largement endommagée. De l'extérieur, comme j'ai pu le noter lorsque je l'ai rencontré, seule la subtile production de ses expressions émotionnelles était légèrement compromise. Je soupçonne ainsi que les représentations mentales des stimuli somatosensoriels issus des membres et du tronc ne s'assemblent pleinement qu'au niveau des noyaux supérieurs du tronc cérébral, avec les signaux venus à la fois de la moelle épinière et du nerf vague, ce qui place alors la moelle épinière en position périphérique par rapport à la production élémentaire de l'esprit. (Un autre positionnement consisterait à dire que ses apports ne font pas défaut au fonctionnement global même si, quand ils sont là, ils sont appréciés. Après sectionnement de la moelle épinière, des patients ne sentent pas de douleur, mais font preuve de réflexes « liés à la douleur », ce qui indique que la cartographie de la lésion tissulaire est encore réalisée, mais n'est pas transmise au tronc et au cortex cérébral.)

Une même dérogation vaut pour le cervelet, à coup sûr dans le cas des adultes. Celui-ci joue un rôle important dans la coordination du mouvement et la modulation des émotions ; il est impliqué dans l'apprentissage et le rappel des aptitudes, ainsi que dans les aspects cognitifs de leur développement. Mais, pour autant qu'on le sache, la fabrication de l'esprit n'est pas son affaire. On peut dire de même de l'hippocampe, qui est essentiel pour apprendre des faits nouveaux et qui est en règle générale impliqué dans le processus normal de remémoration. Toutefois, son absence ne compromet pas la fabrication de base de l'esprit. Cervelet et hippocampe aident aux processus de montage et de continuité, pour les images comme pour les mouvements ; ils assistent également plusieurs régions corticales dédiées au contrôle moteur, lesquelles jouent probablement aussi un rôle dans l'aménagement de la continuité du processus mental. C'est évidemment essentiel pour le fonctionnement global de l'esprit, mais pas indispensable pour la production élémentaire d'images. Les données déniant tout rôle dans la fabrication de l'esprit à l'hippocampe et aux cortex adjacents sont particulièrement convaincantes. Elles proviennent du comportement et du témoignage de patients dont l'hippocampe et le cortex temporal antérieur sont détruits des deux côtés du cerveau, par suite d'un défaut d'oxygénation, d'une encéphalite à herpès simplex ou d'une ablation chirurgicale. Leur capacité à apprendre des faits nouveaux est grandement empêchée tout, comme dans une mesure plus ou moins grande, leur aptitude à se souvenir du passé. Pourtant, leur esprit reste riche : leur perception est presque normale dans le domaine visuel, auditif et tactile, leur capacité à mobiliser leurs connaissances au niveau générique (non unique) est forte. Les aspects fondamentaux de leur conscience sont en grande partie intacts.

Quand on en vient au cortex cérébral, le panorama est radicalement différent. Plusieurs régions du cortex cérébral sont sans ambiguïté impliquées dans la création des images que nous entrevoyons et manipulons dans notre esprit. Les cortex qui ne produisent pas d'images sont plutôt impliqués dans leur enregistrement ou leur manipulation au cours du processus de raisonnement, de décision et d'action. Les cortex sensoriels de la vision, de l'ouïe, des sensations somatiques, du goût et de l'odorat, telles des îles dans l'océan du cortex cérébral, produisent des images. Ces îles sont aidées dans leur tâche par des noyaux thalamiques de deux types : les noyaux de relais (qui apportent les informations venues de la périphérie) et les noyaux associés (auxquels d'importants secteurs du cortex cérébral sont reliés de façon bidirectionnelle).

Des données très convaincantes justifient cette affirmation. Nous savons que des dégâts significatifs dans chaque île du cortex sensoriel handicapent considérablement la fonction cartographique de ce secteur en particulier. Par exemple, les victimes de dommages bilatéraux à chaque cortex visuel deviennent « corticalement aveugles ». Les patients ainsi touchés ne parviennent plus à former des images visuelles détaillées, pas seulement au cours de la perception, mais pour se remémorer aussi. Ils en sont réduits à ce qu'on appelle une « vision aveugle » résiduelle : les indices non conscients leur permettent de s'orienter visuellement quelque peu pour agir. Une situation comparable vaut pour des dommages significatifs survenus aux autres cortex sensoriels. Le reste du cortex cérébral, soit l'océan qui entoure ces îles, quoiqu'il ne soit pas primordialement impliqué dans la fabrication d'images, participe à leur construction et à leur traitement, c'est-à-dire à l'enregistrement, à la remémoration et à la manipulation des images engendrées par les cortex sensoriels, examinés au chapitre 6[5].

Toutefois, contrairement à ce que veulent la tradition et les conventions, l'esprit ne se fabrique pas dans le seul cortex cérébral. Ses premières manifestations apparaissent dans le tronc cérébral. L'idée selon laquelle le traitement mental débute au niveau du tronc cérébral est si peu conventionnelle qu'elle est même impopulaire. Parmi ceux qui l'ont défendue avec passion, je signalerai Jaak Panksepp. Cette idée et celle selon laquelle les sentiments précoces naissent dans le tronc cérébral vont ensemble[6]. Deux de ses noyaux, le nucleus tractus solitarius et le noyau parabrachial, sont impliqués dans la génération d'éléments de base de l'esprit, à savoir les sentiments suscités par les événements de la vie, lesquels comprennent ceux que l'on décrit comme douloureux ou agréables. Les cartes produites par ces structures sont simples et en grande partie dépourvues de détails spatiaux, mais elles se traduisent par des sentiments. Ces derniers sont, selon toute probabilité, les constituants primordiaux de l'esprit, fondés sur les signaux venus directement du corps proprement dit. Ce qui est intéressant, c'est que ce sont aussi des composants primordiaux et indispensables du soi et qu'ils constituent la révélation première et rudimentaire à l'esprit que l'organisme est vivant.

Variétés de cartes (images)	Objets sources
I Cartes de la structure et de l'état internes de l'organisme (cartes intéroceptives)	État fonctionnel des tissus du corps, tel que le degré de contraction/relâchement des muscles lisses ; paramètres de l'état du milieu intérieur
II Cartes des autres aspects de l'organisme (cartes proprioceptives)	Images de composants corporels spécifiques tels que les articulations, les muscles striés et certains viscères
III Cartes du monde extérieur à l'organisme (cartes extéroceptives)	Tout objet ou événement qui engage un capteur sensoriel comme la rétine, la cochlée ou les récepteurs mécaniques de la peau

Figure 3.1 : *Variétés de cartes (images) et d'objets sources.* Quand les cartes sont traitées, elles deviennent des images. Un esprit normal contient des images des trois variétés décrites ci-dessus. Les images de l'état interne de l'organisme constituent les sentiments primordiaux. Celles des autres aspects de l'organisme combinées à celles de l'état interne constituent des sentiments corporels spécifiques. Les sentiments d'émotions sont des variations sur les sentiments corporels complexes causés par un objet spécifique et référés à lui. Les images du monde extérieur s'accompagnent normalement d'images des variétés I et II.
Les sentiments sont une variété d'images rendue particulière par leur relation unique avec le corps (voir chapitre 4). Les sentiments sont des images spontanément *ressenties*. Toutes les autres images sont ressenties parce qu'elles s'accompagnent des images particulières que nous appelons des sentiments.

Ces importants noyaux du tronc cérébral ne produisent pas de simples cartes virtuelles du corps. Ils produisent des états *sentis* du corps. Si nous *sentons* douleur et plaisir, c'est d'abord grâce à ces structures, ainsi qu'aux structures motrices qu'ils forment à tout instant en boucle avec le corps, en particulier celles du gris périaqueducal.

Les commencements de l'esprit

Pour illustrer ce que j'entends lorsque je parle des commencements de l'esprit, je dois présenter brièvement trois sources de données. L'une vient des patients dont le cortex insulaire a été endommagé. Une autre des enfants nés sans cortex cérébral. La troisième a à voir avec les fonctions du tronc cérébral en général et des collicules supérieurs en particulier.

DOULEUR ET PLAISIR
APRÈS DESTRUCTION DE L'INSULA

Dans le chapitre consacré aux émotions (chapitre 5), nous verrons que les cortex insulaires sont sans ambiguïté impliqués dans le traitement d'un large éventail de sentiments, de ceux qui suivent les émotions à ceux qui marquent le plaisir ou la douleur et qu'on appelle sentiments corporels, pour faire court. Malheureusement, les données convaincantes reliant les sentiments à l'insula ont conduit à estimer que le substrat de tous les sentiments se trouvait seulement au niveau cortical, les cortex insulaires constituant alors l'équivalent rudimentaire des cortex visuel et auditif primaires. Cependant, de même que la destruction de ceux-ci n'annihile pas la vision et l'ouïe, de même, la destruction complète des cortex insulaires, d'avant en arrière et dans les deux hémisphères cérébraux, ne se traduit pas par la suppression complète des sentiments. Au contraire, les sentiments de douleur et de plaisir demeurent présents après des dommages causés aux *deux* cortex insulaires par une encéphalite à herpès simplex, par exemple. Avec mes collègues Hanna Damasio et Daniel Tranel, j'ai à maintes reprises observé que les patients concernés répondent à divers stimuli en éprouvant du plaisir ou de la douleur et continuent à ressentir des émotions, comme ils en témoignent sans équivoque possible. Ils font état d'une gêne en cas de température extrême, ils sont mécontents d'effectuer des tâches ennuyeuses et ils sont agacés quand on refuse leurs demandes. Leur réactivité sociale, qui dépend de la présence de sentiments émotionnels, n'est pas compromise. Ils éprouvent de l'attachement même à l'égard de personnes dans lesquelles ils ne peuvent voir des êtres chers et des amis, puisque, du fait de leur herpès, des dégâts collatéraux dans le secteur antérieur de leurs lobes temporaux compromettent leur mémoire autobiographique. De plus, la manipulation expérimentale des stimuli permet de démontrer des changements dans leur expérience des sentiments[7].

On peut donc estimer qu'en l'absence des deux cortex insulaires, les sentiments de douleur et de plaisir apparaissent dans les deux noyaux du tronc que j'ai mentionnés plus haut (le tractus solitarius et le parabrachial), tous deux étant de bons récepteurs des signaux issus de l'intérieur du corps. Chez les personnes normales, ces deux noyaux envoient des signaux au cortex insulaire par le biais de noyaux thalamiques dédiés (chapitre 4). En résumé, alors que les noyaux du tronc cérébral produiraient des sentiments simples de douleur et de plaisir, les cortex insulaires fourniraient une version plus différenciée de ces sentiments et, ce qui est des plus importants, parviendraient à les relier à d'autres aspects de la cognition fondés sur l'activité qui a lieu ailleurs dans le cerveau[8].

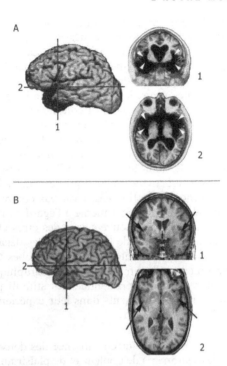

Figure 3.2 : La planche A montre l'IRM d'un patient aux cortex insulaires entièrement endommagés dans les deux hémisphères. Une reconstruction tridimensionnelle du cerveau de ce patient figure à gauche. À droite, on voit deux coupes pratiquées sur le cerveau (1 et 2) le long des lignes verticale et horizontale apparaissant à gauche et notées respectivement 1 et 2. L'aire apparaissant en noir correspond au tissu cérébral détruit par la maladie. Des flèches blanches indiquent l'emplacement où l'insula devrait se trouver. La planche B montre un cerveau normal en 3D et dans les deux coupes prélevées aux mêmes niveaux. Les flèches noires indiquent le cortex insulaire normal.

Les données circonstancielles attestant cette idée sont très parlantes. Le nucleus tractus solitarius et le noyau parabrachial reçoivent tout un assortiment de signaux décrivant l'état du milieu intérieur au sein du corps. Rien ne leur échappe. Certains viennent de la moelle épinière et du trijumeau, et d'autres des régions cérébrales « nues », comme l'area postrema toute proche, qui ne bénéficie pas de la protection de la barrière hémato-encéphalique et dont les neurones réagissent directement aux molécules qui circulent dans le sang. Ces signaux composent un tableau global du milieu intérieur et des viscères qui est l'un des principaux composants de nos états sentimentaux. Ces noyaux sont abondamment connectés les uns aux autres et tout autant au gris périaqueducal (GPA), situé au voisinage. Le GPA est un ensemble complexe de noyaux dotés de sous-unités multiples. Il est à l'origine d'un large éventail de réponses émotionnelles liées à la défense, à l'agressivité et à la gestion de la douleur. Le rire et les larmes, les expressions de dégoût et de peur, ainsi que les réactions de frisson et de course dans les situations de peur sont tous déclenchés depuis le GPA. Les connexions mutuelles entre ces noyaux conviennent bien pour produire des représentations complexes. Le diagramme des connexions de base entre ces régions montre qu'elles peuvent jouer un rôle dans la fabrication d'images, qui plus est d'un type tout à fait primordial : les sentiments. Comme ces derniers sont la première étape fondatrice dans la construction de l'esprit, cela a un sens en termes d'ingénierie (c'est-à-dire en termes évolutionnistes) de dire que cette machinerie est fondée sur des structures qui sont littéralement situées la porte à côté de celles qui régulent la vie[9].

L'ÉTRANGE SITUATION DES ENFANTS
DÉPOURVUS DE CORTEX CÉRÉBRAL

Pour diverses raisons, des enfants peuvent naître avec les structures du tronc cérébral intactes, mais presque sans structures télé-encéphaliques, c'est-à-dire sans cortex cérébral, sans thalamus et sans ganglions de la base.

Cette triste maladie est en général due à une importante attaque *in utero*, suite à laquelle presque tout le cortex cérébral est endommagé et réabsorbé, laissant ainsi la boîte crânienne se remplir de liquide céphalo-rachidien. On l'appelle hydroencéphalie, par opposition aux malformations liées au développement, en général désignées par le terme anencéphalies, qui compromettent d'autres structures en plus du cortex cérébral[10]. Les enfants qui en sont affectés peuvent survivre plusieurs années ; ils peuvent même dépasser l'adolescence. On les qualifie de « végétatifs ». Ils sont en général pris en charge dans des institutions.

Toutefois, ils sont tout sauf végétatifs. Bien au contraire, ils sont éveillés et actifs. Dans une mesure limitée mais nullement négligeable, ils peuvent communiquer avec leurs soignants et interagir avec le monde. Ils sont à l'évidence *sensés*, à la différence des patients en état végétatif ou souffrant de mutisme akinétique. Dans leur malheur, ils nous laissent entrevoir quelle sorte d'esprit peut apparaître en l'absence de cortex cérébral.

De quoi ont-ils l'air ? Leurs mouvements sont très limités par leur absence de tonus musculaire dans la moelle épinière et la paralysie de leurs membres. Mais ils remuent la tête et les yeux librement ; ils ont des expressions émotionnelles sur le visage ; ils peuvent sourire en présence de stimuli auxquels on s'attend à ce qu'un enfant normal réagisse en souriant – un jouet, un certain son ; ils peuvent même rire et exprimer une joie normale quand on les chatouille. Ils peuvent froncer les sourcils et s'écarter de stimuli douloureux. Ils peuvent bouger vers un objet ou une situation dont ils ont envie, par exemple ramper vers un coin du sol où descend un rayon de soleil afin de s'y dorer et de profiter de la chaleur. Ces enfants *ont l'air* contents, si l'on en croit la manifestation extérieure des sentiments du type de ceux qu'on escompterait qu'ils aient immédiatement après le stimulus idoine.

Ils peuvent orienter la tête et les yeux vers la personne qui s'adresse à eux ou la toucher, quoique de façon non cohérente, et révéler leurs préférences à l'égard de diverses personnes. Ils ont plutôt peur des étrangers et semblent le plus contents près de leur mère ou de leur soignant habituel. Ce qu'ils aiment et ce qu'ils n'aiment pas est évident, ce qui est surtout frappant dans les exemples musicaux. Ils préfèrent certains morceaux à d'autres et peuvent réagir à des sonorités instrumentales ou à des voix humaines différentes. Ils réagissent aussi à différents tempos et à des styles différents de composition. Leur visage reflète bien l'état de leurs émotions. En résumé, ils sont le plus joyeux quand on les touche et les chatouille, quand on leur joue les morceaux de musique qu'ils préfèrent et quand on place devant leurs yeux certains jouets. À l'évidence, ils entendent et ils voient, même si on ne peut savoir comment. Leur ouïe semble enfin supérieure à leur vision.

Nécessairement, tout ce qu'ils voient et entendent est traité au niveau sous-cortical, selon toute probabilité dans les collicules, qui sont intacts. Ce qu'ils ressentent l'est aussi, par le nucleus tractus solitarius et le noyau parabrachial, intacts également, mais en l'absence de cortex insulaire et de cortex somatosensoriels I et II pour aider à ces tâches. Les émotions qu'ils produisent doivent être déclenchées depuis les noyaux du gris périaqueducal et exécutées par ceux du nerf crânien, qui contrôle l'expression faciale des émotions (ces noyaux étant intacts). Le cours de la vie est pris en charge par l'hypothalamus, situé immédiatement au-dessus du tronc cérébral, avec l'assistance du système endocrinien et du réseau du nerf vague. Les filles hydroencéphales développent même des règles à la puberté.

Le fait que ces enfants manifestent des signes de processus mental ne souffre pas de doute. De même, leurs expressions de joie, qui durent parfois pendant plusieurs secondes, voire plusieurs minutes, et sont cohérentes avec le stimulus qui les a causées, peuvent être associées à des états sentimentaux. Je me plais à penser que le *délice* qu'ils expriment, ils le *ressentent*, même s'ils ne peuvent le verbaliser. S'il en est ainsi, ils représentent la première étape du mécanisme qui mène à la conscience, à savoir des sentiments reliés à une représentation intégrée de l'organisme (un protosoi), qui peut être modifiée par engagement objectal et constitue ainsi une expérience élémentaire.

La possibilité qu'ils aient un esprit conscient, quoique extrêmement modeste, est justifiée par une découverte étonnante. Quand ces enfants ont une syncope, les soignants peuvent facilement détecter le début de la crise, qui suspend la conscience minimale dont ils font normalement preuve. Ils peuvent aussi préciser quand elle est terminée et que « l'enfant revient à lui », comme ils disent.

Les individus hydrocéphales donnent une image des plus troublantes, qui nous révèle les limites, chez l'homme, des structures du tronc et du cortex cérébral. Cette maladie contredit l'affirmation selon laquelle la sensibilité, les sentiments et les émotions ne viendraient que du cortex cérébral. Cela ne peut être le cas, même si leur degré dans ces cas est assez limité et, surtout, sans commune mesure avec l'univers plus vaste de l'esprit que le cortex cérébral peut seul apporter. Mais, ayant passé une bonne partie de ma vie à étudier les effets de lésions du cerveau sur l'esprit et le comportement humain, je peux dire que ces enfants n'ont pas grand-chose à voir avec les patients à l'état végétatif. En effet, dans cette maladie, l'interaction avec le monde est encore plus réduite. Elle peut être causée par des dommages survenus précisément dans les régions du tronc cérébral qui *sont* intactes chez les hyrdoencéphales. Si on peut établir un parallèle, pour autant qu'on néglige les malformations motrices, ce serait entre les enfants hydroencéphales et les nouveau-nés, chez qui l'esprit fonctionne mais sans que le soi-noyau ait commencé à s'assembler. Cela cadre avec le fait que l'hydroencéphalie peut n'être diagnostiquée que des mois après la naissance, lorsque les parents notent l'incapacité de leur enfant à se développer et que des scanners révèlent une catastrophique absence de cortex. La raison de cette similitude n'est pas difficile à deviner : les bébés normaux n'ont pas un cortex cérébral complètement myélinisé ; il doit encore se développer. Ils ont déjà un tronc cérébral fonctionnel, mais leur cortex cérébral ne fonctionne que partiellement.

NOTE SUR LE COLLICULE SUPÉRIEUR

Les collicules supérieurs font partie du tectum, région qui est étroitement interconnectée avec les noyaux du gris périaqueducal et indirectement avec le nucleus tractus solitarius et le noyau parabrachial. L'implication du collicule supérieur dans le comportement lié à la vision est bien connue. Cependant, à l'exception notable des travaux de Bernard Strehler, Jaak Panksepp et Bjorn Merker, il est rare qu'on considère que ces structures peuvent jouer un rôle dans le processus de l'esprit et du soi[11]. L'anatomie du collicule supérieur est fascinante et nous invite à conjecturer ce que cette structure est supposée accomplir. Il a sept couches : les couches I à III sont dites « superficielles » ; les IV à VII « profondes ». Toutes les connexions arrivant aux couches superficielles et en partant ont à voir avec la vision. La principale couche superficielle, la II, reçoit des signaux issus de la rétine et du cortex visuel primaire. Ces couches assemblent une carte rétinotopique du champ visuel du côté opposé[12].

Les couches profondes, quant à elles, contiennent, outre une carte du monde visuel, des cartes topographiques des informations auditives et somatiques, ces dernières en provenance de la moelle épinière ainsi que de l'hypothalamus. Les trois variétés de cartes – visuelles, auditives et somatiques – sont d'ordre spatial. Cela signifie qu'elles sont compilées avec une telle précision que les informations fournies par l'une, par exemple visuelle, correspondent à celles d'une autre carte liée à l'ouïe ou à l'état du corps[13]. Nulle part ailleurs dans le cerveau les informations issues de la vision, de l'ouïe et des multiples aspects des états du corps ne sont aussi superposées, au sens littéral, ce qui favorise leur intégration. Celle-ci est d'autant plus significative que ses résultats peuvent avoir accès au système moteur (*via* les structures toutes proches du gris périaqueducal, ainsi que *via* le cortex cérébral).

L'autre jour, sur ma terrasse, un petit lézard bondissait après une mouche qui s'obstinait à voler au-dessus de lui, lentement, en vrombissant. Le lézard l'a poursuivie et a fini par l'attraper avec la langue, qu'il a dardée au bon moment. Que s'est-il passé ? Ses neurones colliculaires ont déterminé précisément la position de la mouche et ont guidé ses muscles pour que sa langue sorte lorsque sa proie s'est trouvée à sa portée. Une telle perfection dans l'adaptation du comportement visuo-moteur à l'environnement est frappante. Si on imagine l'allumage séquentiel rapide des neurones dans le colliculus supérieur du lézard, on est encore plus impressionné. Mais arrêtons-nous un instant. Qu'a-t-il *vu* ? Je n'en suis pas certain, mais je soupçonne qu'il a aperçu un point noir en mouvement qui zigzaguait dans un champ visuel par ailleurs vague. Que *savait*-il de ce qui était en train de se passer ? Rien, me semble-t-il, au sens que nous donnons au mot « savoir ». Et qu'a-t-il *ressenti* en mangeant un déjeuner qu'il avait si durement gagné ? Son tronc cérébral a enregistré l'effectuation réussie de son comportement orienté vers un but et les résultats dus à l'amélioration de son état homéostatique. Les substrats des sentiments étaient probablement en place chez le lézard, même s'il ne pouvait réfléchir sur la remarquable attitude dont il venait de faire preuve.

Cette puissante intégration de signaux sert un objectif évident et immédiat : rassembler les informations nécessaires pour guider l'action effective, mettre en mouvement les yeux, les membres et même la langue. C'est rendu possible par les riches connexions établies entre les collicules et toutes les régions du cerveau requises pour guider le mouvement, dans le tronc cérébral lui-même, dans la moelle épinière, dans le thalamus et dans le cortex cérébral lui-même. Toutefois, par-delà cette tâche de guidage du mouvement, il est possible que cet utile arrangement ait aussi des conséquences « internes », mentales. Selon toute probabilité, les cartes intégrées du collicule supérieur engendrent également des images, en aucune façon aussi riches que celles qui se forgent dans le cortex cérébral, mais des images tout de même. C'est probablement là qu'il faut rechercher certains des commencements de l'esprit, ainsi que du soi[14].

Qu'en est-il du collicule supérieur chez l'homme ? Sa destruction sélective est rare chez les êtres humains, si rare que la littérature neurologique n'en enregistre qu'un seul et unique cas, portant sur des dégâts bilatéraux, qui ont heureusement été étudiés par le grand neurologue et spécialiste de neurosciences Derek Denny-Brown[15]. La lésion était due à un traumatisme crânien et le patient a survécu plusieurs mois, dans un état de conscience gravement handicapée et proche du mutisme akinétique. Sa mentalisation était elle-même compromise. Je dois cependant ajouter que j'ai, en une occasion, rencontré un patient au collicule atteint, mais chez lequel on ne détectait qu'un bref trouble de conscience.

Voir avec les seuls collicules quand les cortex visuels sont atteints pourrait consister à sentir qu'un objet X non déterminé se déplace dans l'un des quadrants de la vision, c'est-à-dire s'écarte de moi ou s'approche. Dans aucun de ces deux cas, je ne pourrais décrire mentalement ce qu'est l'objet et il se peut que je n'en aie même pas conscience. Nous parlons ici d'un esprit très vague, rassemblant des informations partielles sur le monde, même si le fait que les images soient vagues et incomplètes ne les rend pas inutiles, comme le montre la vision aveugle. Toutefois, lorsque les cortex visuels font défaut à la naissance, comme dans le cas des hydroencéphales décrits plus haut, les collicules supérieurs et inférieurs peuvent avoir un apport substantiel au processus mental.

Il faut encore ajouter un autre fait attestant la contribution des collicules supérieurs à l'esprit. Le collicule supérieur produit des oscillations électriques de type gamma, phénomène qu'on a relié à l'activation synchronique des neurones. Le neurophysiologue Wolf Singer a suggéré que ce serait corrélé à la perception et même à la conscience. À ce jour, le collicule supérieur est la seule région du cerveau située hors du cortex cérébral dont on sait qu'elle produit des oscillations de type gamma[16].

PLUS PRÈS DE LA FORMATION DE L'ESPRIT ?

Ce qui précède indique que la fabrication de l'esprit est un travail hautement sélectif. Tout le système nerveux central n'est pas impliqué. Certaines régions non, certaines si mais sans être les acteurs principaux de ce processus, et d'autres font le gros du boulot. Parmi ces dernières, certaines fournissent des images détaillées, d'autres une forme simple mais fondamentale d'images, comme les sentiments corporels. Toutes les régions engagées dans la fabrique de l'esprit ont des structures fortement différenciées d'interconnexion, ce qui suggère une intégration très complexe des signaux.

Le fait d'opposer des régions qui contribuent à la fabrication de l'esprit à d'autres qui n'y contribuent pas suggère quelque chose quant aux neurones nécessaires pour accomplir ce travail. Cela ne nous apprend pas quel genre de signaux ils doivent produire ; cela ne précise pas la fréquence ni l'intensité de leur allumage ni les structures de coalition entre ensembles de neurones ; mais cela nous révèle certains aspects du diagramme d'allumage que les neurones doivent suivre pour être impliqués. Par exemple, les sites corticaux contribuant à l'esprit sont des bouquets de régions imbriquées les unes dans les autres et organisées autour du port d'entrée des informations venues des sondes sensorielles périphériques. Les sites sous-corticaux contribuant à l'esprit sont aussi des bouquets de régions imbriquées, des noyaux en l'occurrence, et ils sont aussi organisés autour des entrées venues d'une autre « périphérie », à savoir le corps lui-même.

Autre condition nécessaire, s'appliquant aussi bien au cortex cérébral qu'aux noyaux sous-corticaux : l'interconnexion doit être massive entre les régions contribuant à l'esprit, de sorte que la récursivité soit possible et que la signalisation croisée soit hautement complexe, aspect qui, dans le cas du cortex, est amplifié par l'imbrication avec le thalamus. (Les termes « réentrée » ou « récursivité » se réfèrent à une signalisation qui, au lieu d'aller simplement d'un point à un autre, revient aussi à son origine, ce qui ramène aux neurones où tout a commencé.) Les régions contribuant à l'esprit dans le cortex reçoivent aussi de nombreuses informations venues de divers noyaux situés sous lui, certaines dans le tronc, d'autres dans le thalamus ; elles modulent l'activité corticale par le biais de neuromodulateurs (comme les catécholamines) et de neurotransmetteurs (comme le glutamate).

Enfin, la signalisation doit respecter un certain timing, afin que les éléments d'un stimulus qui arrivent ensemble à la sonde sensorielle périphérique puissent le rester tandis que les signaux sont traités dans le cerveau. Les petits circuits de neurones doivent se comporter d'une manière très particulière pour que des états mentaux apparaissent. Par exemple, dans les petits circuits dont l'activité signifie qu'un certain élément est présent, les neurones s'allument davantage. Les ensembles de neurones qui œuvrent ensemble pour signifier une certaine combinaison d'éléments doivent *synchroniser* leur taux d'allumage. Cela a été démontré pour la première fois chez le singe par Wolf Singer et ses collègues (ainsi que par R. Eckhorn) : ils ont découvert que des régions distinctes du cortex visuel impliquées dans le traitement du même objet avaient une activité synchronisée dans les 40 Hz[17]. Cette synchronisation est probablement due aux oscillations de l'activité neuronale. Lorsque le cerveau produit des images perceptuelles, les neurones qui appartiennent à des régions distinctes contribuant à la perception ont une oscillation synchronisée dans les fréquences gamma élevées. La « liaison » de régions distinctes pourrait ainsi s'expliquer par le temps, mécanisme que j'invoquerai pour expliquer l'action des zones de convergence-divergence (chapitre 6) et l'assemblage du soi (chapitres 8, 9, 10[18]). Autrement dit, en plus de former des cartes en divers emplacements distincts, le cerveau doit les relier les unes avec les autres pour former des ensembles cohérents. Le timing pourrait être la clé de cette mise en relation.

Au total, l'idée d'entités discrètes comme les cartes cérébrales n'est qu'une abstraction utile. Elle cache le nombre extrêmement grand d'interconnexions neuronales qui sont impliquées dans chaque région distincte et qui engendrent une signalisation extraordinairement complexe. Les états mentaux dont nous faisons l'expérience ne correspondent pas seulement à l'activité d'une région discrète du cerveau ; ils sont plutôt la résultante de l'échange récursif et massif de signaux qui a lieu entre les régions. Pourtant, comme je le montrerai au chapitre 6, les aspects explicites de certains contenus mentaux – un visage en particulier, une certaine voix – s'assembleraient au sein d'une collection particulière de régions cérébrales dont la configuration se prête à l'assemblage de cartes, non sans être aidées toutefois par d'autres régions. Autrement dit, la formation de l'esprit implique une spécificité anatomique et une différenciation fonctionnelle très fine dans le maelström que représente globalement la complexité neuronale.

Quand on lutte pour comprendre les bases neurales de l'esprit, on peut se demander si ce qu'on va découvrir apportera de bonnes nouvelles ou de mauvaises. On peut répondre à cette question de deux manières. Une réaction consiste à se sentir découragé par tant de bruit et de confusion, et à désespérer qu'un jour émerge de la turbulence biologique une structure claire et évidente. L'autre réaction serait d'accueillir cette complexité avec bienveillance et de se dire que ce désordre apparent est nécessaire pour que le cerveau puisse produire quelque chose d'aussi riche, souple et adaptatif que les états mentaux. C'est cette seconde option que j'ai choisie. J'ai beaucoup de mal à croire qu'une simple série de cartes discrètes dans les seules régions du cortex puissent me permettre d'écouter les partitas de Bach ou de contempler le Grand Canal à Venise, et encore moins d'en jouir et de découvrir leur signification dans l'ordre plus vaste des choses. En matière de cerveau, moins on en dit, mieux on est compris sur l'essentiel. Mais plus on en dit, mieux cela vaut.

CHAPITRE 4

Le corps dans l'esprit

Avant que la conscience n'en arrive à être considérée comme le problème central dans les recherches portant sur l'esprit et le cerveau, une question étroitement liée à celui-ci a dominé le débat intellectuel : ce qu'on a appelé le *mind-body problem*. Sous une forme ou sous une autre, il a imprégné la pensée des philosophes et des scientifiques depuis l'époque de Descartes et de Spinoza jusqu'à aujourd'hui. L'agencement fonctionnel décrit au chapitre 3 indique clairement quelle est ma position à cet égard : l'aptitude cartographique que possède le cerveau fournit une pièce essentielle pour résoudre ce problème. En résumé, les cerveaux complexes comme le nôtre élaborent naturellement des cartes explicites des structures qui composent le corps proprement dit, en plus ou moins grand détail. Inévitablement, ils cartographient les états fonctionnels que connaissent naturellement ces composants corporels. Puisque, comme nous l'avons vu, ces cartes cérébrales explicites sont le substrat d'images mentales, les cerveaux qui cartographient ont le pouvoir de littéralement introduire le corps dans le processus mental, à titre de *contenu*. Grâce au cerveau, le corps devient naturellement l'objet de l'esprit.

Mais l'ajustement de ce corps à l'activité cartographique a un caractère très particulier qu'on néglige systématiquement : même si le corps est la chose qui est cartographiée, il ne perd jamais contact avec l'entité qui le cartographie, à savoir le cerveau. Dans des circonstances normales, ils sont amarrés l'un à l'autre de la naissance jusqu'à la mort. Tout aussi important est le fait que les images cartographiées du corps influent en permanence sur le corps même dans lequel elles s'originent. C'est une situation unique. Elle n'a pas de parallèle dans les images cartographiques des objets et des événements extérieurs au corps : celles-ci ne peuvent en effet jamais influencer directement ces objets et ces événements. Une théorie de la conscience qui n'incorporerait pas ces faits serait vouée à l'échec.

Les raisons qui expliquent la connexion entre corps et cerveau, je les ai déjà présentées. La gestion de la vie consiste à gérer un corps. Et cette activité gagne en précision et en efficacité grâce à la présence d'un cerveau – plus précisément, de circuits de neurones venant l'assister. Les neurones portent sur la vie et sa gestion dans les autres cellules du corps, et cette *orientation* exige une transmission de signaux à deux voies. Les neurones agissent sur les autres cellules par le biais de messages chimiques ou en excitant les muscles. Mais afin d'effectuer leur travail, ils doivent en quelque sorte être inspirés par le corps qu'ils sont censés animer. Dans le cas des cerveaux simples, le corps se contente pour ce faire d'envoyer des signaux aux noyaux sous-corticaux. Comme nous l'avons vu, ceux-ci sont bourrés de « savoir-faire à disposition », connaissances qui ne requièrent pas de représentations cartographiques détaillées. Au contraire, dans le cas des cerveaux complexes, le cortex cérébral en charge de la cartographie décrit le corps et ses actions en donnant suffisamment de détails pour que son propriétaire devienne capable, par exemple, d'« imager » la forme de ses membres et leur position dans l'espace ou que son coude ou son estomac a mal. Le fait que le corps soit placé dans l'esprit traduit cette orientation intrinsèque du cerveau, de son attitude *intentionnelle* à l'égard du corps, pour le formuler en des termes liés aux idées de philosophes comme Franz Brentano[1]. Ce dernier voyait dans cette attitude intentionnelle la pierre de touche des phénomènes mentaux et estimait qu'au contraire, les phénomènes physiques en étaient dépourvus. Cela ne paraît pas être le cas. Comme nous l'avons vu au chapitre 2, les cellulaires singulières *semblent* aussi avoir des intentions et une orientation en ce même sens. Pour le dire autrement, ni un cerveau entier ni des cellulaires singulières n'ont d'*intention* délibérée dans leurs comportements, mais tout se passe comme si c'était le cas. C'est une raison de plus pour rejeter l'intuition selon laquelle il y aurait un abîme entre monde mental et monde physique[2]. À cet égard du moins, il n'y en a pas.

L'orientation du cerveau sur le corps a deux autres conséquences spectaculaires, tout aussi essentielles pour la résolution du *mind-body problem* et de l'énigme de la conscience. La cartographie permanente et exhaustive du corps ne couvre pas seulement ce que nous considérons en général comme le corps proprement dit – c'est-à-dire le système musculaire et osseux, les organes internes et le milieu intérieur –, mais aussi les dispositifs particuliers de perception placés sur des sites spécifiques de ce corps et qui sont ses avant-postes de surveillance – les muqueuses de l'odorat et du goût, les éléments tactiles de la peau, les oreilles, les yeux. Ces dispositifs sont placés dans le corps à la manière du cœur et des entrailles, mais ils occupent des positions privilégiées. Ce sont en quelque sorte des diamants montés. Tous comportent une partie composée de chair « ancienne » – l'armature des diamants – et une autre faite d'une délicate et très particulière « sonde neurale » – les diamants. Exemples importants d'armature en chair « ancienne » : l'oreille externe, le canal auditif, l'oreille moyenne avec ses osselets et la membrane du tympan ; ou encore la peau et les muscles entourant les yeux, les différents composants des globes oculaires en dehors de la rétine, comme le cristallin et la pupille. Exemples de délicates sondes neurales : la cochlée dans l'oreille interne, avec ses cellules ciliées élaborées et sa capacité à cartographier le son ; la rétine au fond du globe oculaire, sur laquelle les images optiques se projettent. Cette combinaison de chair ancienne et de sonde neurale constitue un poste frontière du corps. Les signaux provenant du monde doivent franchir ce poste afin de pénétrer dans le cerveau. Ils ne peuvent y entrer directement.

C'est en vertu de ce curieux agencement que *la représentation du monde extérieur au corps ne peut arriver dans le cerveau que par le corps lui-même*, c'est-à-dire *via* sa surface. Le corps et son environnement interagissent l'un avec l'autre et les modifications causées *dans le corps* par cette interaction sont cartographiées dans le cerveau. Il est vrai que l'esprit apprend du monde extérieur par le biais du cerveau, mais il l'est tout autant que le cerveau ne peut être informé que par le biais du corps.

La seconde conséquence de l'orientation du cerveau sur le corps n'est pas moins remarquable : c'est en cartographiant son corps de façon intégrée que le cerveau réussit à créer le composant essentiel qui deviendra le soi. Nous verrons que la cartographie corporelle est la clé pour élucider le problème de la conscience.

Enfin, comme si ce qui précède n'était pas déjà assez extraordinaire, les relations étroites entre le corps et le cerveau sont essentielles pour comprendre quelque chose d'autre qui est essentiel pour notre vie : les sentiments corporels spontanés, les émotions et les sentiments d'émotions.

La cartographie corporelle

Comment le cerveau cartographie-t-il le corps ? En traitant le corps proprement dit et ses parties comme n'importe quel autre objet, dirais-je, mais ce n'est pas tout à fait juste, car, pour le cerveau, le corps proprement dit est plus qu'un objet quelconque : c'est l'objet *central* de l'activité cartographique, sur lequel elle focalise en premier ses attentions. (Quand c'est possible, j'use du terme *corps* au sens de « corps proprement dit » en laissant de côté le cerveau. Bien sûr, celui-ci est également une partie du corps, mais il jouit d'un statut particulier : c'est celle qui peut communiquer avec toutes les autres et avec laquelle elles communiquent toutes.)

William James a entrevu que le corps devait être dans l'esprit, mais il ne pouvait savoir à quel point les mécanismes responsables de ce transfert sont complexes[3]. Pour communiquer avec le cerveau, le corps recourt à des signaux chimiques et neuraux. L'éventail des informations ainsi exprimées est plus large et plus détaillé qu'il ne pouvait l'imaginer. En effet, parler simplement de communication du corps au cerveau ne convient pas. Si une partie de la transmission de signaux du corps vers le cerveau se traduit directement par des cartes – par exemple, la cartographie de la position qu'occupe un membre dans l'espace –, une portion substantielle des signaux transmis est d'abord *traitée* par les noyaux sous-corticaux, au sein de la moelle épinière et en particulier dans le tronc cérébral. Ce ne sont donc pas là de simples relais pour les signaux corporels en route vers le cortex cérébral. Comme nous le verrons dans la section suivante, quelque chose vient s'ajouter à ce stade intermédiaire. C'est assez important pour les signaux liés à l'intérieur du corps, lesquels finissent par donner les sentiments. De plus, certains aspects de la structure physique et du fonctionnement du corps sont gravés dans les circuits cérébraux, dès le début du développement ; ils engendrent des structures d'activité persistantes. En d'autres termes, l'activité cérébrale recrée en permanence une version du corps. Dans son hétérogénéité, le corps a une copie dans le cerveau, ce qui est l'une des principales marques de l'orientation de ce dernier vers lui. Enfin, le cerveau peut faire plus que de simplement cartographier les états présents, avec plus ou moins de fidélité ; il peut aussi transformer les états du corps et *simuler* ceux qui ne sont pas encore apparus.

Si on est peu familier des neurosciences, on pourrait supposer que le corps fonctionne comme une entité unique, un seul morceau de chair relié au cerveau par des branchements vivants appelés nerfs. La réalité est bien différente. Le corps comporte de nombreux compartiments distincts. Assurément, les viscères, auxquels on accorde tant d'attention, sont essentiels. La liste incomplète des viscères comprend les suspects habituels : le cœur, les poumons, les intestins, le foie et le pancréas, la bouche, la langue et la gorge ; les glandes endocrines (c'est-à-dire l'hypophyse, la thyroïde, les surrénales) ; les ovaires et les testicules. Mais elle contient aussi des suspects moins habituels : un organe tout aussi vital mais moins reconnu, la peau, qui enveloppe tout l'organisme ; la moelle osseuse ; et deux productions dynamiques qu'on appelle le sang et la lymphe. Tous ces compartiments sont indispensables à l'opération normale du corps.

Peut-être n'est-il pas étonnant que les premiers hommes, moins sophistiqués et intégrés que nous, aient su facilement percevoir la réalité fragmentaire de notre corps, comme le suggère ce qu'Homère nous a transmis. Les hommes de l'*Iliade* ne parlent en effet pas de corps entier (*soma*), plutôt de ses parties, comme les membres. Le sang, le souffle et les fonctions viscérales sont désignés par le mot *psyché*, qui ne renvoie pas encore à l'esprit ou à l'âme. Et ce qui anime le corps, probablement mêlé de pulsion et d'émotion, c'est le *thumos* et le *phren*[4].

La communication corps-cerveau est aller et retour : elle va du corps au cerveau et inversement. Cependant, les deux voies ne sont guère symétriques. Les signaux qui vont du corps au cerveau, qu'ils soient neuraux ou chimiques, permettent à ce dernier de créer et d'entretenir sa documentation multimédia sur le corps ; ils offrent au corps la possibilité de l'alerter que d'importants changements sont en cours dans sa structure et son état. Le bain qu'habitent toutes les cellules corporelles et dont les composants chimiques du sang sont une expression – le milieu intérieur – envoie aussi des signaux au cerveau, non pas par le biais des nerfs, mais *via* des molécules chimiques qui entrent directement en contact avec certaines parties du cerveau conçues pour recevoir leur message. La gamme d'informations adressée au cerveau est donc extrêmement large. Elle comprend par exemple l'état de contraction ou de dilatation des muscles lisses (ceux qui forment par exemple les parois des artères, des intestins et des bronches) ; la quantité d'oxygène et de dioxyde de carbone concentrée localement en n'importe quelle région du corps ; la température et le pH en divers emplacements ; la présence locale de molécules chimiques toxiques ; et ainsi de suite. En d'autres termes, le cerveau sait quel était l'état passé du corps et peut être tenu informé des modifications survenues. Ce dernier point est essentiel s'il doit produire des réponses correctrices aux changements qui mettent en danger la vie. D'autre part, les signaux allant du cerveau au corps, qu'ils soient neuraux ou chimiques, consistent en commandes enjoignant de modifier le corps. Celui-ci déclare au cerveau : voilà comment je suis fait et voilà dans quel état je suis maintenant. Le cerveau lui explique alors quoi faire pour préserver son équilibre. Et quand il y a lieu, il annonce aussi au corps comment construire un état émotionnel.

Toutefois, le corps n'est pas qu'organes internes et milieu intérieur. Il y a aussi les muscles, et ils sont de deux variétés : lisses et striés. Au microscope, on constate que les muscles striés ont des « bandes » (stries) caractéristiques, et pas les muscles lisses. Du point de vue de l'évolution, ces derniers sont anciens et sont cantonnés dans les viscères – nos intestins et nos bronches se contractent et se distendent grâce à eux. Les parois de nos artères se composent pour une bonne part de muscles lisses – la pression sanguine s'élève lorsqu'ils se resserrent autour de l'artère. Les muscles striés sont attachés aux os du squelette et produisent les mouvements extérieurs du corps. La seule exception concerne le cœur, qui est aussi composé de fibres musculaires striées et dont les contractions ne servent pas à mouvoir le corps, mais à pomper le sang. Les signaux décrivant l'état du cœur sont envoyés aux sites cérébraux dédiés aux viscères et non à ceux qui concernent le mouvement.

Quand les muscles du squelette sont reliés à deux os articulés par une jointure, le rétrécissement de leurs fibres engendre un mouvement. Attraper un objet, marcher, parler, respirer et manger sont des actions qui dépendent de la contraction ou de la détente des muscles du squelette. Quand il y a contraction, la configuration du corps change. Sauf dans les moments d'immobilité complète, qui sont rares à l'état de veille, la configuration du corps dans l'espace change continuellement et, en fonction de cela, la carte de celui-ci représentée dans le cerveau également.

Afin de contrôler le mouvement avec précision, le corps doit instantanément adresser au cerveau des informations sur l'état de contraction des muscles du squelette. Pour ce faire, il doit exister des voies nerveuses efficientes, lesquelles sont plus modernes du point de vue de l'évolution que celles qui transmettent les signaux issus des viscères et du milieu intérieur. Ces voies débouchent sur les régions du cerveau vouées à sentir l'état de ces muscles.

Le cerveau envoie lui aussi des messages au corps. En fait, de nombreux aspects des états corporels continuellement cartographiés dans le cerveau ont d'abord leur cause dans les signaux émis par celui-ci auprès du corps. Comme dans le cas de la communication allant du corps au cerveau, ce dernier parle au corps par des canaux neuraux et chimiques. Le canal neural utilise des nerfs dont les messages conduisent à la contraction des muscles et à l'exécution d'actions. Parmi les canaux chimiques, on trouve les hormones, comme le cortisol, la testostérone ou les œstrogènes. La libération d'hormones modifie le milieu intérieur et l'opération des viscères.

Le corps et le cerveau sont continuellement engagés dans une danse interactive. Les pensées à l'œuvre dans le cerveau peuvent induire des états émotionnels dans le corps, tandis que ce dernier peut changer le paysage cérébral et donc le substrat des pensées. Les états du cerveau, qui correspondent à certains états mentaux, font apparaître certains états corporels ; ceux-ci sont à leur tour cartographiés dans le cerveau et incorporés dans les états mentaux présents. Une petite altération du côté cérébral de ce système peut avoir de grandes conséquences sur l'état du corps (par exemple la libération d'une hormone) ; de même, un petit changement du côté du corps (une carie) peut avoir un gros effet sur l'esprit une fois que le changement est cartographié et perçu comme une douleur aiguë.

Du corps au cerveau

La physiologie européenne, qui s'est épanouie du milieu du XIXe siècle au début du XXe, a décrit avec une précision admirable les contours de la transmission de signaux du corps au cerveau, mais la pertinence de ce schéma général pour mieux comprendre le *mind-body problem* n'a pas été remarquée. Il n'est donc pas surprenant que les détails neuro-anatomiques et neurophysiologiques n'aient été découverts que ces dernières années[5].

L'état de l'*intérieur* du corps s'exprime au cerveau par des canaux neuraux dédiés conduisant à des régions cérébrales spécifiques. Certains types de fibres nerveuses – Aα et C – apportent les signaux issus de tous les recoins du corps à des parties bien précises du système nerveux central, comme la lamina I de la corne postérieure de la moelle épinière, à chaque niveau de la verticale de celle-ci, et la pars caudalis du trijumeau. Les composants de la moelle épinière gèrent les signaux venus du milieu intérieur et des viscères à l'exception de la tête, c'est-à-dire la poitrine, l'abdomen et les membres. Le noyau du trijumeau gère les signaux du milieu intérieur et des viscères de la tête, comme le visage et la peau, le cuir chevelu et la dure-mère, membrane méningée particulièrement productrice de douleur. De même, certaines régions cérébrales sont chargées de traiter les signaux une fois qu'ils ont pénétré dans le système nerveux central et que d'autres signaux gagnent les niveaux supérieurs du cerveau.

En plus des informations chimiques fournies par la circulation sanguine, ces messages neuraux informent donc le cerveau sur l'état d'une bonne partie de l'intérieur du corps – celui des composants viscéraux et chimiques du corps situés sous le périmètre de la peau extérieure.

En complément de l'activité cartographique complexe du sens intérieur décrite ci-dessus – dite *intéroception* –, des canaux allant du corps au cerveau cartographient l'état des muscles du squelette en mouvement, ce qui constitue une partie de l'*extéroception*. Les messages venus des muscles du squelette passent par différents types de fibres nerveuses à conduction rapide – Aα et Aγ –, ainsi que par différents postes du système nerveux central tout le long du chemin qui les mène aux niveaux supérieurs du cerveau. Cette transmission donne une image multidimensionnelle du corps dans le cerveau et ainsi dans l'esprit[6].

Représentation des quantités et construction des qualités

La transmission de signaux du corps au cerveau que j'ai décrite ne concerne pas seulement la représentation de la quantité de certaines molécules ou du degré de contraction des muscles lisses. Il est certain que ces canaux allant du corps au cerveau transmettent des informations concernant des quantités – combien de CO_2 ou de O_2 ; combien de sucre dans le sang, etc. Cette transmission a toutefois aussi un aspect *qualitatif*. L'état du corps est senti avec plus ou moins de plaisir ou de douleur, de relaxation ou de tension ; on peut ressentir de l'énergie ou de la lassitude, de la légèreté ou de la lourdeur physique, de l'aisance ou de la résistance, de l'enthousiasme ou du découragement. Comment cet effet d'arrière-plan qualitatif est-il produit ? D'abord en disposant les divers signaux quantitatifs arrivant dans les structures du tronc cérébral et dans les cortex insulaires de façon à ce qu'ils *composent* divers paysages des événements en cours dans le corps.

Pour saisir ce que j'entends par là, je demande au lecteur d'imaginer un état de plaisir (ou d'angoisse) et de tenter de lister ses composantes en dressant un bref inventaire des diverses parties du corps qui sont modifiées ce faisant – endocrine, cardiaque, circulatoire, respiratoire, intestinale, épidermique, musculaire. Considérez maintenant que le sentiment que vous vivez est la perception intégrée de tous ces changements tels qu'ils surviennent dans le paysage du corps. À titre d'exercice, vous pouvez tenter de *composer* ce sentiment en assignant des valeurs d'intensité à chaque composante. Pour chaque exemple que vous imaginerez, vous obtiendrez une qualité différente.

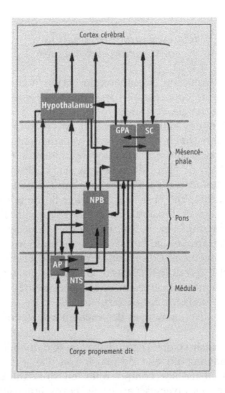

Figure 4.1 : *Schéma des noyaux clés du tronc cérébral impliqués dans la régulation vitale (homéostasie).* Trois niveaux dans le tronc cérébral sont indiqués en ordre descendant (mésencéphale, pons et médula) ; l'hypothalamus (qui est un composant fonctionnel du tronc même si, d'un point de vue anatomique, il fait partie du diencéphale) est aussi intégré. Les transferts de signaux allant vers le corps et le cortex cérébral, et en provenant, sont indiqués par des flèches verticales. Seules les interconnexions de base sont représentées et seulement les principaux noyaux impliqués dans l'homéostasie. Les noyaux réticulaires classiques ne sont pas pris en compte ; non plus que les noyaux mono-aminergique et cholinergique.
Le tronc cérébral est souvent considéré comme un simple conduit pour les signaux allant du corps au cerveau et du cerveau au corps, mais la réalité

est bien différente. Des structures comme le noyau du tractus solitarius (NTS) ou le noyau parabrachial (NPB) transmettent des signaux du corps vers le cerveau, mais ce n'est pas passif. L'organisation topographique de ces noyaux est un précurseur de celle du cortex cérébral. Ils répondent aux signaux corporels en régulant le métabolisme et surveillant l'intégrité des tissus du corps. En outre, leurs riches interactions récursives (représentées par des doubles flèches) témoignent du fait qu'à la faveur du processus de régulation vitale, de nouvelles structures peuvent être créées dans les signaux. Le gris périaqueducal (GPA) est générateur de réponses chimiques et motrices complexes (comme celles qui sont impliquées dans la réaction à la douleur et dans les émotions). Il est aussi lié de façon récursive au NPB et au NTS. Le GPA a un rôle de pivot dans la boucle de résonance entre le corps et le cerveau.

Il est raisonnable de former l'hypothèse que, dans le processus de régulation de la vie, les réseaux formés par ces noyaux donnent aussi naissance à des états neuraux composites. Le terme « sentiment » désigne les aspects mentaux de ces états.

Il est cependant d'autres façons de construire des qualités. Premièrement, comme on l'a vu plus haut, une portion significative des signaux corporels subit un traitement supplémentaire dans certains noyaux du système nerveux central. Autrement dit, les signaux sont traités aux points intermédiaires qui ne sont pas de simples postes de relais. Par exemple, la machinerie émotionnelle située dans les noyaux du gris périaqueducal peut influer sur le traitement des signaux corporels au niveau du noyau parabrachial, et ce directement ou indirectement. On ne sait exactement ce qui s'ajoute ainsi, en termes neuraux, mais cet ajout doit contribuer à la qualité vécue des sentiments. Deuxièmement, les régions qui reçoivent les signaux allant du corps au cerveau réagissent à leur tour en altérant l'état actuel du corps. J'ai déjà expliqué que ces réponses créent une boucle de résonance à deux voies entre les états du corps et ceux du cerveau. La cartographie cérébrale de l'état du corps et celui-ci ne sont jamais très éloignés l'un de l'autre. Leur frontière est floue. Ils fusionnent virtuellement. Le sentiment que quelque chose se passe dans la chair provient de ce dispositif.

Une blessure cartographiée dans le tronc cérébral (au sein du noyau parabrachial) et perçue comme une douleur suscite des réponses multiples dans le corps. Elles sont déclenchées par le noyau parabrachial et exécutées dans les noyaux tout proches du gris périaqueducal. Elles causent une réaction émotionnelle et une modification dans le traitement des signaux de douleur ultérieurs, ce qui altère immédiatement l'état du corps et, en retour, la carte suivante que le cerveau dressera de celui-ci. De plus, les réponses s'originant dans les régions consacrées aux sensations du corps altèrent l'opération d'autres systèmes perceptifs, modulant ainsi non seulement la perception actuelle du corps, mais aussi celle du contexte dans lequel a lieu la transmission de signaux corporels. Dans l'exemple de la blessure, en parallèle avec un corps modifié, le traitement cognitif sera altéré également. Il n'est plus possible de continuer à jouir de l'activité dans laquelle on était engagé tandis qu'on ressent la douleur liée à cette blessure. Cette altération cognitive est probablement due à la libération de molécules par le tronc cérébral et les noyaux neuromodulateurs du prosencéphale basal. Ces processus conduiront à l'assemblage de cartes qualitatives distinctes, contribuant au substrat des expériences de douleur et de plaisir.

Les sentiments primordiaux

Comment les cartes perceptives des états de notre corps deviennent-elles des sentiments corporels – c'est-à-dire comment sont-elles *senties* et *vécues* ? Cette question est centrale pour comprendre l'esprit conscient. L'agencement fonctionnel que je viens de décrire pour l'intéroception élucide une partie du problème. Une autre se trouve clarifiée si on comprend comment la subjectivité et le soi-noyau sont engendrés. Mais on ne peut comprendre complètement le soi-noyau si on n'en sait pas un peu plus sur les origines des sentiments. Nous devons admettre l'existence de *sentiments primordiaux*, de reflets spontanés de l'état du corps vivant. En théorie, ces sentiments primordiaux ne résultent de rien d'autre que du corps vivant et précèdent toute interaction entre la machinerie de la régulation vitale et n'importe quel objet. Les sentiments primordiaux sont fondés sur l'opération des noyaux supérieurs du tronc cérébral, qui sont parties intégrantes de la machinerie régulant la vie. Ils sont les prémices de tous les autres sentiments. Je reviendrai sur cette idée dans la troisième partie.

Cartographie et simulation des états du corps

Le fait que le corps, dans presque tous ses aspects, soit continuellement cartographié dans le cerveau et qu'une quantité variable mais considérable d'informations liées à cela pénètre dans l'esprit conscient est un fait avéré. Afin que le cerveau coordonne les états physiologiques du corps proprement dit, ce qu'il peut effectuer sans que nous soyons conscients de ce qui se passe, il doit être informé des divers paramètres physiologiques jouant en différentes régions du corps. Cette information doit être fiable et actualisée afin de permettre un contrôle optimal des réponses.

Toutefois, ce n'est pas là le seul réseau reliant corps et cerveau. Vers 1990, j'ai suggéré que, en certaines circonstances, par exemple lorsqu'une émotion se déroule, le cerveau construit rapidement des cartes du corps comparables à celles qui seraient apparues dans le corps s'il avait réellement été modifié par cette émotion. Cette construction peut intervenir avant les changements émotionnels survenant dans le corps ou même *à leur place*. En d'autres termes, le cerveau peut simuler, au sein des régions somatosensorielles, certains états du corps, *comme si* ces derniers se produisaient. Et puisque notre perception de n'importe quel état du corps est enracinée dans les cartes corporelles des régions somatosensorielles, nous percevons cet état comme s'il se produisait alors que ce n'est pas le cas[7].

À l'époque où j'ai avancé cette hypothèse de la « boucle corporelle du comme si », les données que je pouvais invoquer en sa faveur étaient circonstanciées. Que le cerveau connaisse l'état du corps qu'il va produire, voilà qui a un sens. Les avantages liés à cette « simulation par avance » sont évidents au vu des études menées sur le phénomène de copie efférente. C'est ce qui permet aux structures motrices sur le point de commander l'exécution d'un certain mouvement d'informer les structures visuelles des conséquences probables de ce mouvement futur en termes de déplacement dans l'espace. Par exemple, quand nos yeux sont en passe de se diriger vers un objet situé à la périphérie de notre vision, la région visuelle du cerveau est prévenue du mouvement qui va arriver et se tient prête à passer au nouvel objet sans créer de trouble. En d'autres termes, la région visuelle a la possibilité d'anticiper les conséquences du mouvement[8]. Le fait de simuler un état du corps sans réellement le produire réduirait le temps de traitement et économiserait de l'énergie. L'hypothèse de la « boucle corporelle du comme si » suppose que les structures cérébrales chargées de déclencher une émotion particulière seraient connectées à celles dans lesquelles serait cartographié l'état du corps correspondant. Par exemple, l'amygdale (site déclenchant la peur) et le cortex préfrontal ventromédian (site déclenchant la compassion) devraient être connectés aux régions somatosensorielles. Il s'agit d'aires comme le cortex insulaire, SII, SI et les cortex d'association somatosensorielle, où les états présents du corps sont continûment traités. De telles connexions existent, ce qui rend possible l'implémentation du mécanisme de « boucle corporelle du comme si ».

Ces dernières années, d'autres arguments penchant en faveur de cette hypothèse sont venus de plusieurs sources, dont une série d'expériences menées par Giacomo Rizzolati et ses collègues. Au cours de ces expériences, réalisées au moyen d'électrodes implantées dans le cerveau de singes, l'un d'eux regardait un chercheur accomplir diverses actions. Lorsqu'un singe voyait le chercheur déplacer sa main, les neurones des régions de son cerveau liées aux mouvements de ses propres mains s'activaient, « comme si » c'était lui, le singe, et non le chercheur qui effectuait l'action. En réalité, il demeurait immobile. Les auteurs ont baptisé « neurones miroirs » ceux qui se comportaient de cette manière[9].

Ces neurones dits miroirs sont en effet le dispositif parfait de « corps comme si ». Le réseau dans lequel ils sont pris réalise le système de « boucle corporelle du comme si » dont j'ai formé l'hypothèse : la simulation, dans les cartes corporelles du cerveau, d'un état du corps qui n'a pas réellement lieu dans l'organisme. Le fait que l'état du corps que les neurones miroirs simulent ne soit pas celui du sujet amplifie le pouvoir de cette ressemblance fonctionnelle. Si un cerveau complexe peut simuler l'état du corps de quelqu'un d'autre, on peut supposer qu'il est capable de d'abord simuler celui de son propre corps. Un état qui est déjà apparu dans l'organisme est plus facile à simuler car il a déjà été cartographié par les mêmes régions somatosensorielles qui sont alors responsables de cette simulation. Il me semble que le système du comme si appliqué aux autres ne se serait pas développé s'il n'avait d'abord existé un système du « comme si » appliqué à l'organisme correspondant au cerveau qui simule.

La nature des structures cérébrales impliquées dans ce processus renforce la ressemblance fonctionnelle entre la « boucle corporelle du comme si » et l'opération des neurones miroirs. Pour la boucle, j'ai formé l'hypothèse que les neurones des aires impliquées dans l'émotion, par exemple le cortex prémoteur/préfrontal (dans le cas de la compassion) et l'amygdale (dans celui de la peur), activeraient des régions qui, normalement, cartographient l'état du corps et, en retour, le mettent en branle. Chez l'homme, ces régions sont le complexe somatomoteur de l'opercule rolandique et pariétal, ainsi que le cortex insulaire. Toutes ces régions jouent un double rôle somatomoteur : elles peuvent porter une carte de l'état du corps – c'est leur rôle sensoriel – et elles peuvent également participer à l'action. C'est ce que les expérimentations neurophysiologiques[10] sur les singes ont permis de découvrir. Et cela cadre avec les études magnétoencéphalographiques ou par IRMf menées sur l'homme[11]. Nos propres travaux, fondés sur des lésions neurologiques, vont dans le même sens[12].

Les neurones miroirs nous permettent de comprendre les actions des autres en nous plaçant dans un état corporel comparable. Quand nous sommes témoins de l'action de quelqu'un d'autre, notre cerveau sensible au corps adopte l'état de celui que nous prendrions si nous nous déplacions nous-mêmes ; et ce, selon toute probabilité, non au moyen de structures sensorielles passives, mais en préactivant les structures motrices – prêtes à l'action, mais sans être autorisées à agir – et, dans certains cas, par une activation motrice réelle.

Comment un système physiologique aussi complexe a-t-il évolué ? Il s'est développé, me semble-t-il, à partir d'un système antérieur de « boucle corporelle du comme si » dont les cerveaux complexes se sont longtemps servis pour simuler les états de leur propre corps. Cela comportait un avantage clair et immédiat : l'activation rapide et peu coûteuse en énergie de certains états du corps, lesquels étaient en retour associés à des connaissances passées et à des stratégies cognitives pertinentes. Finalement, le système du comme si a été appliqué à autrui et a prévalu du fait des avantages sociaux tout aussi évidents qu'on peut tirer du fait de connaître les états corporels des autres, qui sont l'expression de leurs états mentaux. Bref, le système de « boucle corporelle du comme si » au sein de chaque organisme est le précurseur de l'opération des neurones miroirs.

Comme nous le verrons dans la troisième partie, le fait que le corps d'un organisme donné puisse être représenté dans le cerveau est essentiel à la création du soi. Mais la représentation cérébrale du corps a une autre implication majeure : c'est parce que nous pouvons figurer les états de notre propre corps que nous pouvons plus aisément simuler les états équivalents de celui des autres. Par suite, la connexion que nous avons établie entre les états de notre corps et la signification qu'ils ont acquise pour nous peut être transférée aux états simulés du corps des autres, à partir de quoi nous pouvons attribuer une signification comparable à la simulation. La gamme de phénomènes désignés par le mot *empathie* doit beaucoup à cet agencement.

À la source d'une idée

C'est au cours d'un étrange et mémorable épisode que je suis tombé, il y a bien des années, sur l'éventualité décrite ci-dessus. Une après-midi d'été que je travaillais au labo, je me suis levé de ma chaise et j'ai traversé mon bureau. Et soudain, je me suis mis à penser à mon collègue B. Je n'avais pas de raison particulière de songer à lui – je ne l'avais pas vu récemment, je n'avais pas besoin de lui parler, je n'avais rien lu à son propos, je ne prévoyais nullement d'aller le voir. Et pourtant, il était présent à mon esprit, au cœur de mon attention. On pense tout le temps à d'autres personnes, mais c'était différent car sa présence était inattendue et exigeait une explication. Pourquoi pensais-je à ce moment-là au Dr B. ?

Presque instantanément, une succession rapide d'images m'a appris ce que je voulais savoir. J'ai mentalement rejoué mes mouvements et j'ai compris que, pendant un petit moment, je m'étais déplacé *à la manière de* mon collègue. C'était dû à une certaine façon d'allonger les bras et d'arquer les jambes. Maintenant que j'avais découvert pourquoi je m'étais mis à penser à lui, je pouvais me figurer distinctement sa démarche dans mon regard intérieur. Les images visuelles que j'avais formées avaient été déclenchées et même façonnées par l'image de mes muscles et de mes os adoptant les structures motrices caractéristiques de mon collègue B. Bref, j'avais marché *comme* le Dr B. ; je m'étais représenté mon squelette en esprit (techniquement, j'avais engendré une image somatosensorielle) ; et finalement, je m'étais rappelé un équivalent visuel de cette image musculaire et osseuse qui s'était révélée être celle de mon collègue.

Une fois l'identité de l'intrus établie, j'ai touché quelque chose d'étonnant à propos du cerveau humain : je pouvais adopter le mouvement caractéristique de quelqu'un d'autre par pur hasard. (Ou presque, puisque, en rejouant la scène, je me suis rappelé avoir vu B. marcher devant la fenêtre de mon bureau un peu plus tôt. Cette image, je l'avais traitée presque sans y faire attention et en grande partie de façon non consciente.) Je pouvais transformer le mouvement représenté en une image visuelle correspondante et me souvenir de l'identité d'une personne ou de plusieurs qui cadraient avec cette description. Tout cela témoignait des étroites interconnexions entre le mouvement réel du corps, les représentations de ce mouvement en termes musculaires, osseux et visuels, et les souvenirs qui peuvent être évoqués en relation avec certains aspects de ces représentations.

Enrichi par des observations supplémentaires et d'autres réflexions, cet épisode m'a fait comprendre que notre connexion avec autrui passe non pas seulement par des images visuelles, du langage et des inférences logiques, mais aussi par quelque chose de plus profond dans notre chair : les actions par lesquelles nous pouvons représenter les mouvements des autres. Nous pouvons effectuer quatre formes de traduction : 1) mouvement réel, 2) représentations somatosensorielles du mouvement, 3) représentations visuelles du mouvement et 4) souvenir. Cet épisode a joué un rôle dans le développement de la notion de simulation corporelle et son application à la « boucle corporelle du comme si ».

Les bons acteurs, bien sûr, utilisent à la pelle ces procédés. La façon dont les grands expriment certaines personnalités dans leurs compositions repose sur ce pouvoir de représenter les autres, visuellement et auditivement, et de leur donner vie dans le corps de l'acteur. C'est cela habiter un rôle, et lorsque ce processus de transfert est agrémenté de détails inattendus et inventés, la performance dramatique touche au génie.

Le corps dans l'esprit

La situation qui ressort des faits et des réflexions qui précèdent est étrange, surprenante, mais assez libératrice.

Nous pouvons tous avoir notre corps en esprit, tout le temps, ce qui procure un arrière-plan de sentiment disponible potentiellement à tout instant, mais qu'on ne remarque que lorsqu'il s'écarte significativement des états d'équilibre relatif et commence à enregistrer du plaisir et du déplaisir dans une mesure notable. Si nous avons notre corps en esprit, c'est parce que cela nous aide à gouverner le comportement en toutes sortes de situations qui pourraient mettre en danger l'intégrité de notre organisme et compromettre notre vie. Ce fonctionnement repose sur le type le plus ancien de régulation vitale par le cerveau. Il revient à une transmission simple de signaux du corps à l'esprit, au déclenchement élémentaire de réponses régulatrices automatisées qui sont censées aider à gérer la vie. Mais nous ne pouvons que nous émerveiller de ce qui a été accompli à partir de débuts si humbles. Une activité cartographique corporelle des plus raffinées sous-tend *à la fois* le processus du soi qui se déroule dans l'esprit conscient *et* les représentations du monde extérieur à l'organisme. Le monde intérieur a ouvert la voie à notre aptitude à *connaître* non seulement lui, mais aussi le monde qui nous entoure.

Le corps vivant est central. La régulation vitale est son besoin et sa motivation. L'activité cartographique du cerveau est l'aide, le moteur qui transforme la régulation simple en régulation mentale et finalement en régulation mentale consciente.

CHAPITRE 5

Émotions et sentiments

Nombreux sont ceux qui ont tenté de négliger l'émotion dans leur quête pour comprendre le comportement humain. En vain. Le comportement et l'esprit, qu'ils soient conscients ou non, ainsi que le cerveau qui les engendre refusent de livrer leurs secrets lorsque l'émotion et les nombreux phénomènes qui se cachent sous ce nom ne sont pas pris en compte comme il se doit.

Toute discussion sur le thème de l'émotion nous ramène au problème de la vie et de la valeur. On ne peut manquer de mentionner les récompenses et les punitions, les pulsions et les motivations et, nécessairement, les sentiments. Pour analyser les émotions, il convient donc d'examiner les dispositifs extrêmement variés de régulation vitale qu'offre le cerveau, en n'oubliant pas qu'ils s'inspirent de principes et d'objectifs apparus antérieurement au cerveau et qu'ils fonctionnent de façon automatique et aveugle, tant que l'esprit conscient n'en a pas connaissance sous forme de sentiments. Les émotions sont les exécuteurs et les serviteurs zélés du principe de valeur, le produit le plus intelligent à ce jour de la valeur biologique. D'un autre côté, le produit des émotions, à savoir les sentiments d'émotions qui colorent toute notre vie du berceau à la tombe, pèse sur l'humanité et ne peut être ignoré.

Dans la deuxième partie de ce livre, où je traiterai des mécanismes neuraux sous-jacents à la construction du soi, j'évoquerai souvent les phénomènes émotionnels et sentimentaux, car c'est leur machinerie qui sert à forger le soi. Le but de ce chapitre-ci est d'introduire brièvement à cette machinerie et non de donner une présentation générale des émotions et des sentiments.

Comment les définir ?

Les discussions sur l'émotion se heurtent à deux grands problèmes. L'un vient du fait qu'on néglige l'hétérogénéité des phénomènes méritant ce label. Comme nous l'avons vu au chapitre 2, le principe de valeur opère grâce à des dispositifs de récompense et de punition, ainsi qu'au moyen de pulsions et de motivations qui appartiennent à la famille des émotions. Quand on parle des émotions proprement dites – par exemple, la peur, la colère, la tristesse ou le dégoût –, il faut nécessairement évoquer aussi tous les autres dispositifs qui sont constitutifs de chacune de ces émotions et sont impliqués indépendamment les uns des autres dans la régulation de la vie. Les émotions proprement dites sont le joyau de la régulation vitale.

L'autre important problème tient à la distinction entre émotion et sentiment. On peut distinguer ces processus, même s'ils forment un cycle très étroitement lié. Peu importent les mots qu'on choisit pour distinguer ces processus distincts, si on admet que l'essence de l'émotion et celle du sentiment *sont* différentes. Les mots « émotion » et « sentiment » n'ont rien d'erroné, et ils conviennent bien à notre propos. Commençons donc par définir ces termes clés à la lumière de la neurobiologie actuelle.

Les émotions sont des programmes complexes et en grande partie automatisés d'*action* qui ont été concoctés par l'évolution. Les actions sont réalisées par un programme *cognitif* qui comporte certaines idées et certains modes de cognition, mais le monde émotionnel est en grande partie un monde d'actions menées à bien par notre corps, de l'expression du visage et des postures aux changements qui interviennent dans les viscères et le milieu intérieur.

Les sentiments émotionnels, d'autre part, sont des *perceptions* composites de ce qui se passe dans notre corps et notre esprit quand nous éprouvons des émotions. Ce sont des images d'actions, et non pas celles-ci elles-mêmes ; le monde des sentiments est celui des perceptions exécutées dans des cartes cérébrales. Il convient cependant d'ajouter une précision. Les perceptions que nous appelons sentiments d'émotions contiennent un ingrédient particulier qui correspond aux sentiments primordiaux. Ceux-ci sont fondés sur la relation unique entre le corps et l'esprit qui privilégie l'*intéroception*. D'autres aspects du corps sont bien sûr représentés dans les sentiments d'émotions, mais l'intéroception domine souvent ce processus et est responsable de ce que nous appelons le *ressenti* de ces perceptions.

La distinction générale entre émotions et sentiments est assez claire. Alors que les premières sont des actions accompagnées d'idées et de modes de pensée, les sentiments d'émotions sont surtout des perceptions de ce que fait notre corps pendant qu'il a des émotions, ainsi que des perceptions de l'état de notre esprit pendant le même laps de temps. Il s'ensuit que, dans les organismes simples qui sont capables d'avoir un comportement sans processus mental, les émotions sont bien présentes, mais sans qu'il s'ensuive nécessairement des états de sentiment.

Les émotions se mettent en branle lorsque les images traitées par le cerveau font entrer en action un certain nombre de régions déclenchantes, par exemple l'amygdale ou certaines régions du lobe frontal du cortex. Une fois ces régions activées, il s'ensuit certaines conséquences – des molécules chimiques sont sécrétées par les glandes endocrines et par les noyaux sous-corticaux avant d'être expédiées dans le cerveau et le corps (par exemple, le cortisol dans le cas de la peur), certaines actions sont entreprises (par exemple, fuir ou trembler, avoir un nœud dans le ventre, toujours dans le cas de la peur) et certaines expressions sont adoptées (par exemple, un visage et une posture de terreur). Ce qui est important, du moins dans le cas des êtres humains, c'est que certaines idées et certains plans viennent aussi à l'esprit. Par exemple, une émotion négative comme la tristesse suscite le souvenir d'idées concernant des faits négatifs ; une émotion positive produit l'inverse ; les plans d'action imaginés en pensée correspondent aussi au signal général de l'émotion. Certains styles de traitement mental sont rapidement institués lorsqu'une émotion se développe. La tristesse ralentit la pensée et peut conduire à se fixer sur la situation qui l'a déclenchée ; la joie peut l'accélérer et réduire l'attention aux événements inattendus. L'agrégat de toutes ces réponses constitue un « état émotionnel », se déroulant dans le temps, assez rapidement, puis persistant, jusqu'à ce que de nouveaux stimuli capables de causer des émotions s'introduisent dans l'esprit et initient une autre réaction émotionnelle en chaîne.

Les sentiments d'émotions représentent l'étape suivante, qui survient très rapidement sur les talons de l'émotion ; ils sont le résultat légitime, nécessaire et ultime du processus émotionnel, la perception composite de tout ce qui s'est passé pendant l'émotion – les actions, les idées, le style dans lequel elles s'écoulent –, rapidement ou lentement, en se fixant sur une image ou en passant vite de l'une à l'autre.

Du point de vue neural, le cycle émotion-sentiment commence dans le cerveau par la perception et l'évaluation d'un stimulus potentiellement capable de causer une émotion et le déclenchement subséquent d'une émotion. Ce processus s'étend ensuite ailleurs dans le cerveau et dans le corps proprement dit, créant ainsi l'état émotionnel. À la fin, le processus revient au cerveau pour la partie sentimentale du cycle, mais dans des régions différentes de celles où tout a commencé.

Les programmes émotionnels comprennent tous les composants de la machinerie servant à la régulation de la vie qui est apparue au cours de l'évolution, par exemple, la sensibilité aux maladies et leur détection, la mesure du niveau des besoins internes, le processus d'incitation par récompense et punition, les dispositifs de prédiction. Les pulsions et les motivations sont des constituants plus simples de l'émotion. C'est pourquoi le bonheur ou la tristesse altèrent l'état de nos pulsions et de nos motivations, et changent immédiatement nos appétits et nos désirs.

Le déclenchement et l'exécution des émotions

Comment les émotions sont-elles déclenchées ? Assez simplement par des images d'objets ou d'événements qui apparaissent sur le moment ou qui, étant arrivés dans le passé, sont désormais remémorés. La situation dans laquelle on se trouve fait une différence pour l'appareil émotionnel. On peut vivre réellement une scène et répondre à un concert de musique ou être en présence d'un ami ; on peut aussi être seul et se souvenir d'une conversation agaçante qui a eu lieu la veille. Qu'elles soient *live*, reconstruites à partir de la mémoire ou bien créées en imagination, les images déclenchent une chaîne d'événements. Les signaux venant des images traitées sont dispensés à plusieurs régions du cerveau. Certaines sont impliquées dans le langage, d'autres dans le mouvement, d'autres enfin dans les manipulations qui constituent le raisonnement. L'activité de ces régions donne lieu à diverses réponses : des mots grâce auxquels qualifier un certain objet ; l'évocation rapide d'autres images qui permettent de conclure quelque chose à propos d'un objet, et ainsi de suite. Point important : les signaux issus des images qui représentent un certain objet gagnent aussi des régions aptes à déclencher des types spécifiques de réaction émotionnelle en chaîne. C'est le cas de l'amygdale, par exemple, dans les situations de peur, ou du cortex préfrontal ventromédian, dans les situations causant de la compassion. Les signaux sont accessibles à tous ces sites. Cependant, certaines configurations de signaux activent plutôt un site en particulier – s'ils sont suffisamment intenses et si le contexte est adapté – et pas d'autres qui y ont pourtant accès. Tout se passe presque comme si certains stimuli avaient la bonne clé pour ouvrir une certaine serrure – mais cette métaphore ne rend pas compte de la dynamique et de la flexibilité du processus concerné. C'est le cas des stimuli qui entraînent la peur : ils activent souvent l'amygdale et réussissent à déclencher une cascade de peur. Le même ensemble de stimuli activera moins d'autres sites. Parfois, cependant, certains sont assez ambigus pour stimuler plus d'un site, donnant ainsi lieu à un état émotionnel composite. Il en résulte une expérience douce-amère, un sentiment « mêlé » venant d'une émotion elle-même mêlée.

À bien des égards, c'est la stratégie qu'utilise le système immunitaire pour réagir aux intrus venus de l'extérieur du corps. Les globules blancs, ou lymphocytes, portent à leur surface un énorme répertoire d'anticorps correspondant à un nombre tout aussi important d'antigènes qui peuvent devenir des envahisseurs. Quand l'un de ces antigènes pénètre dans la circulation sanguine et entre en contact avec des lymphocytes, il se lie avec l'anticorps qui correspond le mieux à sa forme. L'antigène correspond à l'anticorps comme une clé à une serrure. Il en résulte une réaction : le lymphocyte va produire cet anticorps dans une quantité qui aidera à détruire cet antigène envahissant. J'ai suggéré le terme « stimulus émotionnellement compétent » en écho au système immunitaire et pour souligner la similitude formelle entre le dispositif émotionnel et un autre procédé basique de régulation de la vie.

Ce qui se passe lorsque « la clé entre dans la serrure » est rien moins que perturbant, au sens propre, car cela correspond à un bouleversement de l'état vital en cours, à des niveaux multiples de l'organisme, du cerveau lui-même à la plupart des divisions du corps proprement dit. De nouveau dans le cas de la peur, voici les bouleversements qui se produisent.

Les noyaux de l'amygdale transmettent des commandements à l'hypothalamus et au tronc cérébral qui se traduisent par plusieurs actions parallèles. Le rythme cardiaque change, de même que la pression du sang, la structure de la respiration et l'état de contraction des entrailles. Les vaisseaux sanguins de la peau se contractent. Du cortisol est sécrété dans le sang, ce qui modifie le profil métabolique de l'organisme en prévision d'une consommation d'énergie en surplus. Les muscles du visage bougent et adoptent un masque caractéristique de peur. Selon le contexte dans lequel les images effrayantes apparaissent, on peut se figer sur place ou bien se mettre à courir loin de la source de la peur. Se figer ou courir : voilà deux réponses spécifiques qui sont très finement contrôlées à partir de régions distinctes du gris périaqueducal (GPA), dans le tronc cérébral, et chaque réponse a sa routine motrice particulière et son accompagnement physiologique. L'option consistant à se figer induit automatiquement une quiescence, un souffle retenu et une baisse du rythme cardiaque, ce qui a un avantage quand on s'efforce de ne pas bouger et de ne pas se faire remarquer par un assaillant ; l'option de courir augmente automatiquement le rythme cardiaque et accentue la circulation du sang dans les jambes, parce qu'il faut des muscles bien nourris pour courir loin. De plus, si le cerveau sélectionne la course, le GPA atténue automatiquement les voies de traitement de la douleur. Pourquoi ? Pour mieux réduire le risque qu'une blessure reçue lors de la course ne paralyse le coureur par une intense douleur.

Le mécanisme est si raffiné qu'une autre structure encore, le cervelet, œuvrera pour moduler l'expression de la peur. C'est pourquoi, si on a subi un entraînement de commando, les réactions liées à la peur joueront différemment de ce qui se passe chez quelqu'un qui a été élevé sous cloche.

Enfin, le traitement des images dans le cortex cérébral est lui-même affecté par l'émotion présente. Par exemple, les ressources cognitives comme l'attention et la mémoire de travail s'y ajustent. Certains sujets d'idéation deviennent improbables – on ne pense guère au sexe ou à la nourriture quand on fuit un homme armé.

En quelques centaines de millisecondes, la cascade émotionnelle réussit à transformer l'état de plusieurs viscères, le milieu intérieur, les muscles striés du visage et de la posture, ainsi que le cours de l'esprit et les thèmes de nos pensées. Voilà qui perturbe, tout le monde en conviendra, j'en suis sûr. Lorsque l'émotion est assez forte, on pourrait même parler de chambardement, terme qu'utilise la philosophe Martha Nussbaum[1]. Tout cet effort, compliqué dans son orchestration et coûteux par la quantité d'énergie qu'il consomme – c'est pourquoi être émotif est terriblement épuisant –, tend à avoir un but utile, et c'est souvent le cas. Mais pas toujours. La peur peut n'être rien qu'une fausse alerte induite par une distorsion culturelle. Dans certains cas, plutôt que de sauver la vie, c'est un agent de stress et, avec le temps, ce dernier devient lui-même destructeur, mentalement et physiquement. Ce chambardement a des conséquences négatives[2].

Une version de toute la série de modifications émotionnelles survenant dans le corps s'exprime dans le cerveau par le biais des mécanismes présentés au chapitre 4.

L'étrange affaire William James

Avant d'en venir à la physiologie des sentiments, je crois qu'il convient d'invoquer William James et d'analyser la situation que ses propos sur le phénomène de l'émotion et du sentiment ont créée, pour lui-même et pour les spécialistes de la question qui sont apparus depuis.

Commençons par une citation lapidaire de James qui résume la question sans ambages. « Notre manière naturelle de penser à propos de ces émotions est que la perception mentale de certains faits excite l'affection mentale appelée émotion et qu'ensuite, cet état d'esprit donne lieu à l'expression corporelle. Ma thèse est au contraire que les modifications corporelles suivent directement la PERCEPTION du fait excitant et que c'est notre sentiment de ces mêmes changements, lorsqu'ils surviennent, qui EST l'émotion[3]. » C'est mot pour mot ce qu'écrivait James en 1884, y compris les capitales à « perception » et « est ».

On ne soulignera jamais assez l'importance de cette idée. James a inversé la succession traditionnelle d'événements liés au processus émotionnel et il a interposé le corps entre le stimulus causal et l'expérience de l'émotion. Plus d'« affection mentale » appelée émotion et « donnant lieu à l'expression corporelle ». Plutôt la perception d'un stimulus causant certains effets corporels. C'est une proposition audacieuse, mais il est juste de dire que les recherches modernes la justifient entièrement. Cette citation pose toutefois un problème majeur. Après s'être référé sans ambiguïté à « notre sentiment de ces mêmes changements », il jette de la confusion en disant que le sentiment « EST l'émotion ». Cela revient à confondre émotion et sentiment. James nie que l'émotion soit une affection mentale qui cause des bouleversements corporels, mais il concède que c'est une affection mentale faite de sentiments de modifications corporelles, position entièrement différente de celle que j'ai présentée plus haut. Est-ce une formule malheureuse ou bien l'expression précise de ce qu'il pensait réellement ? On ne sait. En tout cas, ma conception des émotions comme programmes d'action ne correspond pas à celle de James telle qu'elle s'exprime dans ce texte. Sa vision du sentiment n'est pas équivalente à la mienne. Cependant, l'idée qu'il se faisait du mécanisme du sentiment est très semblable à mon mécanisme de « boucle corporelle » du sentiment. (Il n'admettait pas de mécanismes du comme si, même si une note de son texte suggère qu'il en entrevoyait la nécessité.)

La plus grande partie des critiques que la théorie de l'émotion de James a reçues au XXe siècle est venue de la formulation de ce paragraphe. D'éminents physiologistes comme Charles Sherrington et Walter Cannon se sont appuyés sur la littéralité de ses propos pour conclure que leurs données expérimentales étaient incompatibles avec le mécanisme postulé par James. Ni Sherrington ni Cannon n'avaient raison, mais on ne peut leur imputer la totalité de la faute pour leur méprise[4].

D'un autre côté, certaines critiques à l'égard de la théorie de l'émotion de James sont valides. Par exemple, il a complètement laissé de côté l'évaluation du stimulus et a limité l'aspect cognitif de l'émotion à la perception de celui-ci et de l'activité corporelle. Pour lui, il y avait la perception du fait excitant – équivalente à mon stimulus émotionnellement compétent – et les modifications corporelles s'ensuivaient directement. Or nous savons aujourd'hui que, si les choses peuvent réellement se passer ainsi, de la perception rapide d'un stimulus au déclenchement d'une émotion, des étapes d'évaluation ont tendance à s'interposer. Elles filtrent et canalisent le stimulus quand il chemine à travers le cerveau pour arriver finalement à la région déclenchante. L'évaluation peut être très brève et non consciente, mais elle compte néanmoins, il faut le reconnaître. La conception de James à cet égard devient caricaturale : le stimulus parvient toujours au bouton rouge et active l'explosion. Plus important encore, la cognition engendrée par un état émotionnel n'est nullement limitée aux images du stimulus et des modifications du corps, comme il le pensait. Chez les êtres humains, nous l'avons vu, le programme émotionnel déclenche aussi certains changements cognitifs qui accompagnent ceux du corps. On peut y voir les derniers composants de l'émotion ou même des composants anticipés et relativement stéréotypés du sentiment d'émotion à venir. Aucune de ces réserves ne diminue cependant l'apport extraordinaire de James.

Les sentiments d'émotions

Donnons d'abord une définition de travail des sentiments d'émotions : ce sont des perceptions composites (1) d'un état particulier du corps lors d'une émotion réelle ou simulée ; et (2) d'un état des ressources cognitives altérées et du déploiement de certains scripts mentaux. Dans notre esprit, ces perceptions sont connectées à l'objet qui les a causées.

Une fois qu'il est bien clair que les sentiments d'émotions sont principalement des perceptions de l'état de notre corps durant un état émotionnel, il est raisonnable de dire que tous les sentiments d'émotions contiennent une variation sur le thème des sentiments primordiaux, quoi qu'ils soient sur le moment, plus d'autres aspects de la modification du corps qui peuvent ou non être liés à l'intéroception. Il est aussi évident que le substrat de tels sentiments dans le cerveau est à trouver dans ses régions cartographiques, en particulier dans les régions somatosensorielles de deux secteurs distincts, le tronc cérébral supérieur et le cortex cérébral. Les sentiments sont des états de l'esprit fondés sur un substrat spécial.

Au niveau du cortex cérébral, la principale région impliquée dans les sentiments est le cortex insulaire, qui représente une partie assez volumineuse mais bien cachée du cortex cérébral, située sous les opercules frontal et pariétal. L'insula – qui, comme son nom l'indique, ressemble à une île – comporte plusieurs gyrus. Sa partie avant est ancienne, est liée au goût et à l'odorat, et, comme pour compliquer encore un peu plus les choses, est une plateforme non seulement pour les sentiments, mais aussi pour le déclenchement de certaines émotions. Elle sert de déclencheur à une émotion des plus importantes : le *dégoût*. C'est l'une des plus anciennes du répertoire des émotions. Elle a commencé comme moyen automatique de rejeter de la nourriture potentiellement toxique et de l'empêcher de pénétrer le corps. Les êtres humains peuvent être dégoûtés non seulement par de la nourriture avariée et la mauvaise odeur qui l'accompagne, mais aussi par diverses situations dans lesquelles la pureté des objets ou le comportement sont compromis et où il y a « contamination ». Ils sont aussi dégoûtés par la perception d'actions moralement répréhensibles. Par suite, de nombreuses actions figurant dans le programme humain du dégoût, dont ses expressions du visage typiques, ont été cooptées par une émotion sociale : le *mépris*. C'est souvent une métaphore du dégoût moral.

La partie arrière de l'insula se compose du néocortex moderne et sa partie médiane est d'un âge phylogénétique intermédiaire. On sait depuis longtemps que le cortex insulaire est associé au fonctionnement des viscères : il les représente et participe à leur contrôle. Avec les cortex somatosensoriels primaire et secondaire (SI et SII), l'insula produit des cartes corporelles. Par rapport aux viscères et au milieu intérieur, l'insula est l'équivalent des cortex visuel et auditif primaires.

À la fin des années 1980, j'ai formé l'hypothèse que les cortex somatosensoriels joueraient un rôle dans les sentiments et j'ai indiqué que l'insula pouvait en produire. Je voulais m'écarter de l'idée, me semblait-il sans espoir, consistant à attribuer l'origine des états de sentiment aux régions régulant l'action, comme l'amygdale. À l'époque, le fait de parler d'émotion suscitait une sympathie amusée et celui de suggérer que les sentiments avaient un substrat distinct créait un froid[5].

Depuis 2000, nous savons toutefois que l'activité de l'insula est un important corrélat de tous les types concevables de sentiments, de ceux qui sont associés aux émotions à ceux qui correspondent à toutes les formes de plaisir ou de douleur, induites par une large gamme de stimuli – entendre de la musique qu'on aime ou qu'on déteste ; voir des images qu'on aime, y compris érotiques ; être à court de drogue et se sentir en manque ; etc.[6]. L'idée selon laquelle le cortex insulaire est un substrat important des sentiments est certainement correcte.

L'insula n'est pourtant pas le fin mot de l'histoire quand il s'agit des corrélats des sentiments. Le cortex cingulaire antérieur devient actif en parallèle avec l'insula quand nous ressentons des sentiments. Ce sont des régions étroitement imbriquées, toutes les deux unies par des connexions mutuelles. L'insula a une double fonction sensorielle et motrice, quoiqu'elle soit plutôt orientée sur l'aspect sensoriel du processus, alors que le cortex cingulaire antérieur opère comme structure motrice[7].

Ce qui est le plus important, bien sûr, c'est le fait que, comme mentionné dans les deux précédents chapitres, plusieurs régions sous-corticales jouent un rôle dans la construction des états sentimentaux. Au premier abord, on pouvait considérer que des régions comme le nucleus tractus solitarius et le noyau parabrachial transportaient les signaux issus de l'intérieur du corps, qu'ils véhiculaient vers un secteur dédié du thalamus, lequel en retour les transmettait au cortex insulaire. Toutefois, comme indiqué plus haut, il est probable que les sentiments commencent à émerger à partir de l'activité de ces noyaux, étant donné leur statut spécial – ces noyaux sont les premiers réceptacles des informations venues des viscères et du milieu intérieur, dans la mesure où ils sont aptes à intégrer les signaux de tout l'intérieur du corps ; dans le chemin qui mène de la moelle épinière à l'encéphale, ces structures sont les premières à pouvoir intégrer les signaux de tout le paysage interne, poitrine et abdomen, viscères, ainsi que les aspects viscéraux des membres et de la tête.

Dire que les sentiments naissent sous le cortex est plausible au regard des données présentées plus haut : une destruction des cortex insulaires alors que les structures du tronc cérébral sont intactes est compatible avec un large éventail d'états sentimentaux ; les enfants hydrocéphales qui n'ont pas de cortex insulaire ni d'autres cortex somatosensoriels mais conservent des structures intactes dans le tronc cérébral ont des comportements témoignant d'états de sentiment.

Tout aussi important dans la génération des sentiments est un agencement physiologique central dans ma conception de l'esprit et du soi : le fait que les régions cérébrales impliquées dans la production de cartes corporelles et sous-jacentes aux sentiments forment une boucle de résonance avec la source même des signaux qu'elles cartographient. Dans le tronc cérébral supérieur, la machinerie chargée de la cartographie corporelle interagit directement avec la source même des cartes qu'elle forme, ce qui crée un lien étroit, une quasi-fusion entre le corps et le cerveau. Les sentiments émotionnels proviennent d'un système physiologique qui est sans parallèle dans l'organisme.

Je voudrais conclure cette section en rappelant une autre composante des états sentimentaux qui correspond à toutes les pensées suscitées par l'émotion présente. Certaines, je l'ai mentionné, sont parties intégrantes du programme émotionnel ; elles sont évoquées lorsque l'émotion se déploie de sorte que le contexte cognitif cadre avec elle. Toutefois, d'autres, loin d'être des composants stéréotypés du programme émotionnel, sont des réactions cognitives tardives à l'émotion en cours. Les images évoquées par ces émotions finissent par participer du sentiment perçu, ainsi que de la représentation de l'objet qui a causé en premier l'émotion, de la composante cognitive du programme émotionnel et de la perception de l'état du corps.

Comment ressentons-nous une émotion ?

Il existe essentiellement trois façons d'engendrer un sentiment d'émotion. La première et la plus évidente consiste en ce qu'une émotion modifie le corps. C'est ce que toute émotion accomplit consciencieusement et rapidement, car c'*est* un programme d'action dont le résultat est une modification de l'état du corps.

Si le cerveau engendre en continu un substrat pour les sentiments, c'est parce que les signaux portant sur l'état présent du corps sont continuellement rapportés aux sites cartographiques adaptés. Lorsqu'une émotion se déroule, un ensemble spécifique de changements survient et des *cartes de sentiment émotionnel* résultent de l'enregistrement d'une *variation* superposée aux cartes présentes. Les cartes constituent le substrat d'une image composite et multisites[8].

Pour que l'état de sentiment soit en connexion avec l'émotion, il est important qu'on fasse convenablement attention à l'objet cause et à la relation temporelle entre son apparition et la réponse émotionnelle. C'est remarquablement différent de ce qui se passe pour la vision, l'ouïe ou l'odorat. Parce que ces autres sens sont polarisés sur le monde extérieur, les régions respectives qui produisent les cartes correspondantes peuvent tout effacer et construire une infinité de structures. Il n'en va pas ainsi pour les sites sensibles au corps, qui sont obligatoirement tournés vers l'intérieur et prisonniers de ce que leur prodigue à l'infini le corps. Le cerveau qui a le corps en esprit est captif du corps et des signaux qu'il transmet.

La première façon d'engendrer des sentiments exige donc ce que j'appelle une « boucle corporelle ». Mais il existe au moins deux autres manières. L'une repose sur la « boucle corporelle du comme si », introduite au chapitre 4. Comme son nom l'indique, c'est un tour de passe-passe. Les régions cérébrales qui initient la cascade émotionnelle type commandent aussi celles qui sont chargées de cartographier le corps, comme l'insula, auxquelles elles ordonnent d'adopter la structure qu'elles prendraient si les états émotionnels lui avaient été signalés depuis le corps. En d'autres termes, les régions déclenchantes demandent à l'insula de configurer son allumage « comme si » elle recevait des signaux décrivant l'état émotionnel X. L'avantage de ce mécanisme de dérivation est évident. Puisque monter un état émotionnel plein et entier prend un temps considérable et consomme beaucoup d'énergie précieuse, pourquoi ne pas emprunter un raccourci ? Ce mécanisme est sans doute apparu dans le cerveau précisément du fait des économies de temps et d'énergie qu'il a introduites et parce que les cerveaux intelligents sont aussi extrêmement paresseux. Dès qu'ils peuvent en faire moins, ils ne s'en privent pas : voilà la philosophie minimaliste qu'ils suivent religieusement.

Il n'y a qu'un hic au mécanisme du « comme si ». Comme dans le cas de n'importe quelle autre simulation, ce n'est *pas* tout à fait comme la chose réelle. Les états sentimentaux sur le mode du comme si sont courants en nous et réduisent assurément le coût de notre émotivité, mais ce ne sont que des versions atténuées des émotions en boucle avec le corps. Les structures du « comme si » ne peuvent se ressentir comme les états sentimentaux en boucle avec le corps, car ce sont des simulations, et non des authentiques, et aussi parce qu'il est probablement plus difficile pour les structures du « comme si », plus faibles, de rivaliser avec les structures présentes que pour les versions normales en boucle avec le corps.

L'autre manière de construire des états de sentiment consiste à modifier la transmission des signaux corporels vers le cerveau. Par suite d'une analgésie naturelle ou de l'administration de médicaments qui altèrent la transmission des signaux corporels (antidouleur, anesthésiques), le cerveau reçoit une vue distordue de ce qu'est réellement l'état du corps. Nous savons que, dans les situations de peur dans lesquelles il choisit l'option de courir plutôt que de se figer, le tronc cérébral désengage une partie des circuits de transmission de la douleur – un peu comme s'il débranchait le téléphone. Le gris périaqueducal, qui contrôle ces réponses, peut aussi commander la sécrétion d'opioïdes naturels et accomplir ainsi ce que permettrait la prise d'analgésiques : éliminer les signaux de douleur.

Au sens strict, nous sommes ici en présence d'une *hallucination* du corps, car le cerveau l'enregistre dans ses cartes et ce que l'esprit ressent ne correspond pas à la réalité qu'on pourrait percevoir. Dès que nous ingérons des molécules qui ont le pouvoir de modifier la transmission ou la cartographie des signaux corporels, nous jouons sur ce mécanisme. C'est ce que produit l'alcool, et de même les analgésiques et les anesthésiques, ainsi que nombre d'abus de drogues. Il est patent que, si les êtres humains sont attirés par de telles molécules, c'est parce que, outre par effet de curiosité, ils désirent engendrer en eux des sentiments de bien-être, des sentiments dans lesquels les signaux de douleur sont oblitérés et ceux du plaisir induits.

Le timing des émotions et des sentiments

Au cours de recherches récentes, mon collègue David Rudrauf a étudié, par magnéto-encéphalographie, le cours du temps que suivent les émotions et les sentiments dans le cerveau humain[9]. La magnéto-encéphalographie (MEG) est bien moins précise que la résonance magnétique fonctionnelle en termes de localisation spatiale de l'activité cérébrale, mais elle permet une remarquable estimation du temps que prennent certains processus dans des portions assez larges du cerveau. C'est précisément pour cette raison que nous l'utilisons dans ces recherches.

Au sein du cerveau, Rudrauf a suivi le temps mis par l'activité liée aux réactions émotionnelles et sentimentales face à des stimuli visuels plaisants ou déplaisants. Les chiffres parlent d'eux-mêmes. Du moment où les stimuli étaient traités dans les cortex visuels à celui où les sujets faisaient pour la première fois part de leur sentiment, près de 500 millisecondes s'écoulaient, soit environ une demi-seconde. Est-ce peu ? Est-ce beaucoup ? Tout dépend du point de vue. En « temps cerveau », c'est un intervalle énorme quand on songe qu'un neurone peut s'allumer en 5 millisecondes environ. En « temps d'esprit conscient », cependant, ce n'est pas beaucoup. Cela se situe entre les 200 millisecondes qu'il nous faut pour être conscients d'une structure perçue et les 7 à 800 dont nous avons besoin pour traiter un concept. Au-delà de ce niveau de 500 millisecondes, cependant, il faut noter que les sentiments peuvent persister de quelques secondes à quelques minutes et, bien évidemment, se réitérer en vertu d'une sorte de boucle réverbérante, en particulier s'ils sont importants.

Les variétés d'émotions

Les tentatives menées pour décrire toute la gamme des émotions humaines ou pour les classer ne sont pas particulièrement intéressantes. Les critères utilisés par les classifications traditionnelles sont entachés de défauts et tout tableau peut être critiqué au motif qu'il n'en inclut pas certains et accorde trop d'importance à d'autres. À vue de nez, on doit réserver le terme *émotion* pour désigner un programme assez complexe d'actions (qui doit comporter plus d'une ou deux réponses de type réflexe) qui est déclenché par un objet ou un événement identifiable, un stimulus émotionnellement compétent. On peut estimer que ce qu'on appelle les émotions universelles (peur, colère, tristesse, joie, dégoût et surprise) satisfont ces critères, même si j'ai mis du temps à admettre la présence de la surprise dans cette liste. Ces émotions sont à coup sûr produites dans toutes les cultures et elles sont faciles à reconnaître car une partie de leur programme d'action – les expressions du visage – sont très caractéristiques. Elles sont présentes même dans des cultures dépourvues des noms distinctifs pour les désigner. On doit à Charles Darwin d'avoir le premier reconnu cette universalité non seulement chez les êtres humains, mais aussi chez les animaux.

L'universalité des expressions émotionnelles révèle bien que le programme émotionnel d'action n'est pas acquis et est automatisé. Chaque fois, l'émotion peut par exemple être modulée, moyennant de petits changements dans l'intensité ou la durée des mouvements qui le composent. Cependant, la routine du programme de base est stéréotypée, à tous les niveaux corporels auxquels il est exécuté – mouvements externes, modifications viscérales dans le cœur, les poumons, les entrailles et la peau, changements endocriniens. L'exécution de la même émotion peut varier selon les occasions, mais pas assez pour qu'elle ne soit plus reconnaissable par le sujet ou autrui. Elle varie autant que l'interprétation de *Summertime* de Gershwin peut changer selon les interprètes ou même chez le même en différentes occasions. Elle est toujours parfaitement identifiable en vertu du contour général que conserve le comportement.

Le fait que les émotions soient des programmes d'action qui ne sont pas acquis et sont automatisés et stables trahit leur origine dans la sélection naturelle et les instructions fournies par le génome qui en résulte. Ces dernières se sont conservées à travers l'évolution et se traduisent par le fait que le cerveau est assemblé d'une façon particulière de sorte que certains circuits de neurones peuvent traiter des stimuli émotionnellement compétents et inciter les régions déclenchant les émotions à élaborer des réponses émotionnelles accomplies. Les émotions, ainsi que les phénomènes qui leur sont sous-jacents, sont si essentielles pour l'entretien de la vie et la maturation subséquente de l'individu qu'elles se sont certainement déployées précocement au cours du développement.

Le fait que les émotions ne soient pas acquises, soient automatisées et soient définies par le génome éveille le spectre du déterminisme génétique. N'y a-t-il donc rien de personnel et d'appris dans nos émotions ? Bien des choses, au contraire. Le mécanisme essentiel des émotions dans un cerveau normal est assez similaire entre les individus, ce qui est un bienfait car cela procure à l'humanité, au sein de cultures diverses, un fonds commun de préférences fondamentales en matière de douleur et de plaisir. Mais il semble bien que, si ces mécanismes sont très semblables, les circonstances dans lesquelles certains stimuli sont devenus émotionnellement compétents pour le lecteur ne sont pas tout à fait les mêmes que pour moi. Il existe des choses que le lecteur craint et pas moi, et *vice versa* ; des choses que le lecteur aime et pas moi, et *vice versa*, et bien d'autres que nous redoutons l'un et l'autre. En d'autres termes, la customisation des réponses émotionnelles est considérable au regard du stimulus qui les déclenche. Influencés par la culture au sein de laquelle on nous a élevés ou par suite de notre éducation individuelle, nous avons la possibilité de contrôler en partie l'expression de nos émotions. Nous savons tous à quel point les manifestations du rire et des larmes sont différentes selon les cultures et comment elles sont façonnées, même au sein d'une même classe sociale. Les expressions émotionnelles se ressemblent, mais ne sont pas équivalentes. Elles peuvent se moduler et devenir propres à un groupe social.

Sans doute l'expression des émotions peut-elle se moduler de façon volontaire. Cependant, rien ne prouve que le degré de contrôle de ces modulations émotionnelles va au-delà des manifestations extérieures. Comme les émotions incluent bien d'autres réponses, dont plusieurs sont internes et invisibles à l'œil nu pour autrui, le gros du programme émotionnel est encore exécuté, quelle que soit la puissance de volonté qu'on met à l'inhiber. Surtout, les sentiments émotionnels, qui résultent de la perception de tout le concert des changements émotionnels, interviennent encore même si les expressions émotionnelles extérieures sont en partie inhibées. Quand vous êtes face à une personne stoïque qui fait à peine la moue quand on lui annonce un drame, ne croyez pas qu'elle ne ressent pas d'angoisse ni de peur. Un vieil adage portugais dit ainsi : « Voir un visage, ce n'est jamais voir le cœur[10]. »

Du haut en bas de la gamme des émotions

À côté des émotions universelles, on trouve deux groupes bien identifiés d'émotions qui méritent une mention spéciale. Il y a quelques années, j'ai attiré l'attention sur l'un d'eux et je lui ai donné un nom – émotions d'arrière-plan. Ce sont par exemple l'*enthousiasme* et le *découragement*, qui peuvent être déclenchés par diverses circonstances factuelles de la vie, mais aussi par des états intérieurs comme la maladie et la fatigue. Encore plus que pour les autres émotions, le stimulus émotionnellement compétent des émotions d'arrière-plan peut opérer en coulisse : il déclenche l'émotion sans qu'on ait conscience de sa présence. Réfléchir à une situation qui s'est déjà produite ou en envisager une qui est possible peut déclencher de telles émotions. Les émotions d'arrière-plan sont très proches des sentiments primordiaux, mais elles en diffèrent par leur profil temporel plus circonscrit et leur identification plus nette d'un stimulus.

L'autre grand groupe est celui des émotions sociales. Ce label est un peu étrange, puisque toutes les émotions peuvent être sociales et le sont souvent, mais il se justifie par le cadre social impliqué dans ces phénomènes en particulier. Les exemples principaux sont la *compassion*, l'*embarras*, la *honte*, la *culpabilité*, le *mépris*, la *jalousie*, l'*envie*, l'*orgueil* et l'*admiration*. Ces émotions sont bien déclenchées par des situations sociales et elles jouent assurément un rôle majeur dans la vie des groupes sociaux. L'opération physiologique des émotions sociales n'est en rien différente de celle des émotions mentionnées plus haut. Elles nécessitent un stimulus émotionnellement compétent ; elles reposent sur des sites déclencheurs spécifiques ; elles sont constituées de programmes d'action élaborés qui impliquent le corps ; et elles sont perçues par le sujet sous la forme de sentiments. Cependant, on note certaines différences. La plupart des émotions sociales sont récentes en termes d'évolution et certaines seraient même exclusivement humaines. Cela semble être le cas de l'admiration et de la variété de compassion qui se polarise sur la douleur mentale et sociale plutôt que physique. Bien des espèces, et surtout les primates et les grands singes en particulier, font preuve de précurseurs de certaines émotions sociales. La compassion pour les difficultés physiques, l'embarras, l'envie et l'orgueil sont de bons exemples. Les singes capucins paraissent réagir à la perception d'injustices. Les émotions sociales impliquent un certain nombre de principes moraux et forment le fondement naturel des systèmes éthiques[11].

Digression sur l'admiration et la compassion

Les actes et les objets que nous admirons définissent la qualité d'une culture, tout comme nos réactions face à ceux qui en sont responsables. Sans récompenses, les comportements admirables auraient peu de chances d'être imités. De même pour la compassion. Les difficultés de toutes sortes abondent dans la vie de tous les jours. Si les individus ne se comportaient pas avec compassion pour ceux qui y sont confrontés, la possibilité d'une société saine se trouverait grandement affaiblie. La compassion aussi doit être récompensée si on veut la stimuler.

Que se passe-t-il dans le cerveau quand nous ressentons admiration ou compassion ? Les processus cérébraux correspondant à ces émotions et à ces sentiments ressemblent-ils d'une quelconque manière à ceux que nous avons identifiés pour des émotions à l'évidence plus élémentaires, comme la peur, la joie ou la tristesse ? Sont-ils différents ? Ces émotions sociales sont si dépendantes de l'environnement dans lequel nous nous développons et si liées aux facteurs éducatifs qu'il est raisonnable de se demander si ce ne sont pas simplement un placage cognitif ajouté à la surface du cerveau. Il est également important de se demander si le traitement de telles émotions et de tels sentiments, qui implique clairement le soi, engage ou non les structures cérébrales que nous avons commencé à associer aux états du soi.

J'ai entrepris de répondre à ces questions avec Hanna Damasio et Mary Helen Immordino-Yang, qui s'attache à marier neurosciences et pédagogie, et qui a donc été attirée par ce problème. Nous avons imaginé une étude au cours de laquelle nous examinerions, en utilisant l'IRMf, comment certaines histoires peuvent induire, chez des êtres humains normaux, des sentiments d'admiration ou de compassion. Nous voulions engendrer des réponses d'admiration ou de compassion évoquées par certains types de comportement, organisés sous forme de récit. Nous ne nous préoccupions pas que les sujets d'expérience reconnaissent l'admiration ou la compassion quand ils en étaient témoins chez autrui. Nous voulions qu'ils *vivent* ces émotions. Au début, nous savions que nous voulions au moins quatre conditions distinctes, deux pour l'admiration, deux pour la compassion. Les premières étaient l'admiration pour des actes vertueux (la vertu admirable d'un grand acte de générosité) ou bien pour des actes virtuoses (ceux des athlètes stars ou des musiciens solistes étonnants, par exemple). Les secondes comprenaient la compassion pour la souffrance physique (celle qu'on éprouve pour l'infortunée victime d'un accident de la circulation) ou pour des difficultés mentales et sociales (celle qu'on ressent pour une personne qui a perdu sa maison dans un incendie ou dont le grand amour est décédé d'une maladie incompréhensible).

Les contrastes étaient très clairs, d'autant plus que Mary Helen a fait preuve de beaucoup d'invention dans la façon d'assembler des histoires réelles et d'une méthode très efficace pour les présenter à des sujets volontaires au cours d'une expérience recourant à l'IRMf[12].

Nous avons testé trois hypothèses. La première concernait les régions engagées dans le sentiment d'admiration et de compassion. Le résultat de l'expérience a été sans ambiguïté : c'étaient les mêmes que celles impliquées dans les émotions de base. L'insula s'allumait avec force, comme le cortex cingulaire antérieur, dans les quatre conditions. Des régions supérieures du tronc cérébral étaient aussi impliquées, comme on pouvait s'y attendre.

Ce résultat dément l'idée selon laquelle les émotions sociales n'engageraient pas la machinerie de la régulation vitale dans la même mesure que leurs homologues de base. L'engagement du cerveau est au contraire profond, ce qui corrobore le fait que les expériences que nous faisons de telles émotions sont profondément marquées par les événements du corps. Le travail comportemental de Jonathan Haidt sur le traitement d'émotions sociales comparables révèle en effet très clairement que le corps est engagé dans de telles situations[13].

La deuxième hypothèse que nous avons testée concernait le thème central de ce livre : le soi et la conscience. Nous avons découvert que ressentir ces émotions engageait les cortex postéro-médians (CPM), région dont nous pensons qu'elle joue un rôle essentiel dans la construction du soi. Cela corrobore le fait que la réaction à n'importe laquelle des histoires servant de stimuli nécessitait que le sujet devienne spectateur et juge de la situation, en toute empathie avec la difficulté du protagoniste, dans les cas de compassion, et en émule potentiel de sa bonne action, dans le cas de l'admiration.

Nous avons aussi découvert quelque chose que nous n'avions pas prévu : la partie des CPM qui était la plus active dans les situations d'admiration pour du talent ou de compassion pour de la douleur physique était très distincte de celle qui était la plus impliquée dans l'admiration pour des actes vertueux et dans la compassion pour de la douleur mentale. La séparation était frappante, d'autant que la structure d'activité des CPM liée à une paire d'émotions collait à la structure liée à l'autre, telle la pièce manquante d'un puzzle.

Le trait commun à une paire de conditions – talent et douleur physique – était l'implication du corps dans ses aspects extérieurs et orientés vers l'action. Celui de l'autre paire – souffrance psychologique et acte vertueux – était un état mental. Les résultats portant sur les CPM nous apprenaient que le cerveau avait reconnu ces traits communs – le physique pour une paire, des états mentaux pour l'autre – et y prêtait bien davantage garde qu'au contraste élémentaire entre admiration et compassion.

L'explication probable de ce beau résultat vient des allégeances différentes que les deux parties des CPM entretiennent dans le cerveau de chaque sujet avec son propre corps. Un secteur est lié très étroitement aux aspects musculaires et osseux, tandis que l'autre l'est à l'intérieur du corps, c'est-à-dire au milieu intérieur et aux viscères. Le lecteur attentif aura probablement deviné ce qui va avec quoi. Le trait physique (talent, douleur physique) va avec la composante liée aux muscles et au squelette. Le trait mental (douleur mentale, vertu) va avec le milieu intérieur et les viscères. Comment pourrait-il en être autrement ?

Il restait cependant une autre hypothèse à tester et un autre résultat à relever. Nous supposions que la compassion pour la douleur physique étant une réponse cérébrale plus ancienne du point de vue de l'évolution – elle est présente chez plusieurs espèces non humaines –, elle devait être traitée plus vite par le cerveau que la compassion pour la douleur mentale, ce qui requiert le traitement plus compliqué d'une difficulté moins immédiatement évidente et ce qui doit impliquer des connaissances plus larges.

Les résultats ont confirmé cette hypothèse. La compassion pour la douleur physique, par exemple, suscite dans le cortex insulaire des réponses plus rapides que pour la douleur mentale. Non seulement elles apparaissent plus rapidement, mais elles se dissipent plus vite.

Les réponses à la douleur mentale mettent plus longtemps à s'établir, mais elles mettent aussi plus de temps à se dissiper.

Malgré la nature préliminaire de cette étude, elle nous laisse entrevoir la façon dont le cerveau traite l'admiration et la compassion. Comme on pouvait s'y attendre, la racine de ces processus plonge profondément dans le cerveau et dans la chair. Comme on pouvait l'escompter aussi, ces processus sont grandement affectés par l'expérience individuelle.

CHAPITRE 6

Une architecture pour la mémoire

D'une certaine manière, quelque part

« Quelqu'un parmi vous verra-t-il jamais partir un train sans entendre des coups de feu ? » Voilà ce que Dick Diver, le personnage principal de *Tendre est la nuit* de Scott Fitzgerald, demande à son entourage, venu dire au revoir à leur ami Abe North, dans le petit matin parisien. Diver et les autres viennent d'assister à une scène inattendue : une jeune femme au désespoir a sorti de son sac à main un petit revolver à la crosse de nacre et a abattu son amoureux alors que le train quittait la gare Saint-Lazare en sifflant.

La question posée par Diver est un bon exemple de l'aptitude spectaculaire que possède notre cerveau à acquérir des informations composites et à les reproduire plus tard, qu'il le souhaite ou non, avec une fidélité remarquable et selon diverses perspectives. Diver et les autres, quand ils se retrouveront dans une gare, *entendront* toujours en pensée des coups de feu imaginaires, et toujours, ce sera une approximation affaiblie mais bien reconnaissable des sons perçus ce matin-là, une tentative involontaire pour reproduire les images auditives vécues ce matin-là. Parce que les souvenirs composites d'événements peuvent être remémorés à partir de la *re*-présentation de n'importe laquelle des parties les composant, il se peut aussi qu'ils entendent ces coups de feu lorsque quelqu'un évoquera simplement des trains sur le départ, en n'importe quel lieu et pas seulement lorsqu'ils en verront un quitter une gare. Peut-être aussi les entendront-ils quand quelqu'un mentionnera Abe North (c'est à cause de lui qu'ils se trouvaient là) ou encore la gare Saint-Lazare (c'est là que cela s'est passé). C'est aussi ce qui arrive à ceux qui, s'étant trouvés dans une zone de guerre, revivent à jamais les sons et les images des batailles auxquelles ils ont assisté. Leurs flash-back involontaires les hantent. Le syndrome du stress post-traumatique est l'une des retombées néfastes de cette aptitude par ailleurs magnifique.

En général, comme dans cette histoire, le fait que l'événement à se rappeler ait été émotionnellement fort, qu'il ait affolé les échelles de valeur peut aider. Si une scène a de la valeur, s'il y avait alors assez d'émotion, le cerveau acquerra des vues, des sons, des touchers, des sensations, des odeurs multimédias, et il les ranimera. Avec le temps, ce rappel peut devenir plus vague. Avec le temps et l'imagination d'un fabuliste, ce matériau pourra aussi se prêter à ce qu'on brode dessus, à ce qu'on le découpe et le recombine pour en faire un roman ou une pièce de théâtre. Pas à pas, ce qui formait au début des images cinématographiques non verbales se transformera en un compte rendu verbal fragmentaire, dont on se souviendra autant pour les mots qui le rapportent que pour ses éléments visuels et auditifs.

Considérez maintenant la merveille qu'est la remémoration et songez aux ressources que le cerveau doit posséder pour le produire. Au-delà des images perçues relevant de divers domaines sensoriels, il doit disposer d'un mode de stockage des structures respectives, d'une certaine manière, quelque part, et il doit garder une voie d'accès pour les retrouver, d'une certaine manière, quelque part, afin de réussir à les reproduire, d'une certaine manière, quelque part. Dès que cela se produit et qu'on y ajoute le soi, nous *savons* que nous sommes en train de nous rappeler quelque chose.

Notre aptitude à manœuvrer dans le monde complexe qui nous entoure dépend de cette capacité d'apprendre et de se remémorer – si nous reconnaissons des personnes et des lieux, c'est parce que nous enregistrons à quoi ils ressemblent et nous en rappelons en partie au bon moment. L'aptitude à imaginer des événements possibles dépend aussi du fait d'apprendre et de se souvenir ; c'est le fondement du raisonnement, de l'orientation dans l'avenir et, plus généralement, de la création de solutions à un problème donné. Pour comprendre comment tout cela peut se produire, il nous faut découvrir dans le cerveau les secrets qui entourent ce « d'une certaine manière » et situer ce « quelque part ». C'est l'un des problèmes complexes dont traitent les neurosciences contemporaines.

La façon d'aborder le problème de l'apprentissage et de la remémoration dépend du niveau d'opération qu'on choisit d'étudier. Nous comprenons de mieux en mieux ce qui est requis, au niveau des neurones et des petits circuits, pour que le cerveau apprenne. Nous savons comment les synapses apprennent et nous connaissons même, au niveau des microcircuits, certaines des molécules et des mécanismes d'expression des gènes qui sont impliqués dans l'apprentissage[1]. De même pour les parties spécifiques du cerveau qui jouent un rôle important dans l'apprentissage des différents types d'informations – par exemple, des objets comme des visages, des lieux ou des mots, d'une part, et des mouvements, de l'autre[2]. Bien des questions continuent toutefois à se poser avant que nous puissions élucider pleinement le « d'une certaine manière » et le « quelque part ». Mon but ici est d'esquisser l'architecture cérébrale qui éclairera le problème.

La nature des souvenirs

Il n'est pas douteux que le cerveau enregistre les entités – ou plutôt à quoi une entité ressemble, quel bruit elle fait et comment elle agit – et les préserve pour s'en souvenir par la suite. C'est vrai également des événements. On en déduit en général que le cerveau est un instrument d'enregistrement passif, comme du celluloïd, sur lequel les caractéristiques d'un objet, une fois analysées par des détecteurs sensoriels, peuvent être fidèlement cartographiées. Si l'œil est la caméra passive et innocente, le cerveau est la pellicule passive et vierge. Or c'est là pure fiction.

L'organisme (c'est-à-dire le corps et son cerveau) interagit avec les objets, et le cerveau réagit à cette interaction. Au lieu d'enregistrer la structure d'une entité, en réalité, le cerveau *enregistre les conséquences multiples des interactions de l'organisme avec l'entité concernée*. Ce que nous mémorisons de notre rencontre avec un objet donné, ce n'est pas seulement sa structure visuelle cartographiée dans les images optiques de la rétine. Il faut aussi : premièrement, les structures sensorimotrices associées à la vision de l'objet (comme les mouvements des yeux et du cou, ou ceux de tout le corps, s'il y a lieu) ; deuxièmement, la structure sensorimotrice associée au toucher et à la manipulation de l'objet (s'il y a lieu) ; troisièmement, la structure sensorimotrice résultant de l'évocation de souvenirs préalablement acquis et pertinents à l'égard de l'objet ; quatrièmement, les structures sensorimotrices liées au déclenchement des émotions et des sentiments relatifs à l'objet.

Ce que nous appelons en temps normal le souvenir d'un objet, c'est *le souvenir composite des activités sensorielles et motrices liées à l'interaction entre l'organisme et l'objet* pendant un certain laps de temps. L'éventail des activités sensorimotrices varie selon la valeur de l'objet et des circonstances. Et son étendue fluctue aussi en fonction d'eux. Nos souvenirs de certains objets sont régis par notre connaissance passée d'objets comparables ou de situations similaires à celle que nous vivons. C'est pourquoi nos souvenirs sont *sujets aux préjugés*, au sens plein de ce terme, lesquels sont liés à notre histoire passée et à nos croyances. Une mémoire parfaitement fiable est un mythe qui ne vaut que pour des objets triviaux. L'idée selon laquelle le cerveau pourrait avoir un « souvenir de l'objet » isolé ne semble pas tenable. Il garde un souvenir de ce qui s'est passé pendant une interaction, et cette dernière comprend notre passé, ainsi que souvent celui de notre espèce biologique et de notre culture.

Le fait que nous percevions par engagement et non par réceptivité passive est le secret qui explique l'« effet proustien » de la mémoire. C'est pourquoi nous nous souvenons souvent de contextes plutôt que de choses isolées. Voilà qui est pertinent pour comprendre aussi comment la conscience apparaît, nous le verrons.

Les dispositions d'abord, les cartes ensuite

La pierre de touche des cartes cérébrales est la connexion relativement transparente entre la chose représentée – forme, mouvement, couleur, son – et les contenus de la carte. La structure de la carte a une correspondance évidente avec la chose cartographiée. En théorie, s'il était possible à un observateur intelligent de tomber sur la carte au cours de ses explorations scientifiques, il devinerait immédiatement ce dont elle est supposée tenir lieu. Mais nous savons que ce n'est pas encore possible, quoique les nouvelles techniques d'imagerie fassent de grands pas dans cette direction. Dans les études reposant sur l'IRMf et portant sur l'homme, des analyses de structures à variables multiples démontrent la présence de certaines structures spécifiques dans l'activité cérébrale concernant certains objets vus ou entendus par le sujet. Dans une recherche récente menée par notre groupe (Meyer *et al.*, 2010), nous avons pu détecter dans le cortex auditif des structures qui correspondent à ce que les sujets entendent « en pensée » (sans qu'aucun son ne soit perçu). Ces résultats concernent directement la question posée par Dick Diver.

Le développement biologique de l'aptitude cartographique et de ses conséquences directes – images et esprit – constitue une transition insuffisamment reconnue dans l'évolution. Transition à partir de quoi ? À partir d'un mode de représentation neurale qui avait peu de lien explicite avec la chose représentée. Prenons un exemple. Premièrement, imaginez un ensemble de neurones qui s'allumeraient en réponse à un objet venant frapper un organisme. Peu importerait qu'il soit pointu ou émoussé, gros ou petit, tenu par une main ou bougeant tout seul, en plastique, en acier ou en chair. Tout ce qui compterait, c'est qu'il *frappe* l'organisme en un point de sa surface à propos duquel un ensemble de neurones réagirait au coup en devenant actif, mais sans réellement représenter les propriétés de celui-ci. Imaginez maintenant un autre ensemble de neurones s'allumant à réception d'un signal venant du premier ensemble, puis faisant bouger l'organisme en position stationnaire. Aucun de ces ensembles ne représenterait le *lieu* où l'organisme se trouvait au début ni celui où il arriverait ; et aucun ne représenterait les *propriétés physiques* de l'objet. Il suffirait qu'il y ait détection du coup, un dispositif de commande et l'aptitude à se déplacer, c'est tout. Ce que ces ensembles paraissent représenter, ce ne sont pas des cartes, mais plutôt des *dispositions*, des savoir-faire qui codent pour quelque chose comme : si un coup d'un côté, bouger dans l'autre direction pendant X secondes, quel que soit l'objet qui donne un coup et le lieu où on se trouve.

Au cours de l'évolution, le cerveau a très longtemps fonctionné sur la base de dispositions, et certains des organismes ainsi équipés se sont particulièrement bien débrouillés dans des environnements idoines. Le réseau de dispositions permettait beaucoup de choses et est devenu de plus en plus compliqué et large dans ses applications. Toutefois, quand des cartes sont devenues possibles, les organismes ont pu aller au-delà des réponses toutes prêtes et réagir plutôt sur la base des informations plus riches désormais fournies par ces cartes. La qualité de la gestion de la vie s'en est trouvée améliorée. Au lieu d'être génériques, les réponses se sont individualisées en fonction des objets et des situations et sont devenues aussi plus précises. Par la suite, les réseaux non cartographiques de dispositions ont joint leurs forces à celles qui créaient des cartes et, ce faisant, les organismes sont parvenus à plus de flexibilité dans la gestion vitale.

Ce qui est fascinant, c'est que le cerveau ne s'est pas débarrassé de son bon vieux procédé (les dispositions) en faveur de cette invention (les cartes et les images). La nature a maintenu en fonction les deux systèmes avec cette contrepartie : elle les a mêlés et les a fait fonctionner en synergie. Par suite de cette combinaison, le cerveau est devenu plus riche, et c'est ce type de cerveau dont nous autres humains sommes dotés à la naissance.

Les hommes incarnent l'exemple le plus compliqué de ce mode d'opération hybride et synergique, quand il s'agit de percevoir le monde, d'apprendre à son propos, de nous souvenir de ce que nous avons appris et de manipuler avec créativité des informations. Nous avons hérité de multiples espèces antérieures des réseaux de dispositions qui font marcher nos mécanismes élémentaires de gestion vitale. Ce sont les noyaux qui contrôlent notre système endocrinien et ceux qui servent aux mécanismes de récompense et de punition, ainsi qu'au déclenchement et à l'exécution des émotions. Une nouveauté bienvenue a cependant été introduite : ces réseaux de dispositions ont été mis en contact avec les nombreux systèmes cartographiques chargés de figurer le monde en nous et autour de nous. Par conséquent, les mécanismes de base de la gestion vitale influencent l'opération des régions cartographiques du cortex cérébral. Mais la nouveauté ne s'arrête pas là et le cerveau des mammifères est allé alors encore plus loin.

Quand le cerveau humain a décidé de créer d'énormes fichiers d'images enregistrées, alors qu'il ne disposait pas de tout l'espace du monde pour les stocker, il a emprunté la stratégie des dispositions pour résoudre ce problème d'ingénierie. Il a donc pu avoir le beurre et l'argent du beurre : il a pu faire entrer de nombreux souvenirs dans un espace limité, tout en conservant la capacité de les retrouver rapidement et avec une fidélité remarquable. Nous autres humains ainsi que les mammifères proches de nous ne devons pas photographier sur microfilm des images et les stocker dans des fichiers en dur ; il nous suffit simplement de stocker une formule rapide pour les reconstruire et nous servir de la machinerie perceptive existante pour les réassembler du mieux que nous pouvons.

La mémoire au travail

Voici donc le problème. En plus de créer des représentations cartographiques se traduisant par des images perçues, le cerveau réussit une performance tout aussi remarquable : il a la capacité de créer des enregistrements mémoriels des cartes sensorielles et de rejouer une approximation de leur contenu original. C'est ce processus qu'on appelle la remémoration. Pour se souvenir d'une personne ou d'un événement, ou encore pour raconter une histoire, le processus de remémoration nous est nécessaire ; et aussi pour reconnaître des objets et des situations autour de nous ; penser à des objets avec lesquels on a interagi et à des événements qu'on a perçus dépend également de ces aptitudes, tout comme le processus d'imagination grâce auquel nous planifions l'avenir.

Pour comprendre comment fonctionne la mémoire, il nous faut saisir de quelle manière le cerveau enregistre une carte et à quel emplacement. Crée-t-il un fac-similé de la chose à mémoriser, une sorte de copie en dur placée dans un fichier ? Ou bien réduit-il l'image à un code, la numérise-t-il ? Comment ? Et où ?

Il y a encore un autre « où ». Où donc l'enregistrement est-il rejoué au cours de la remémoration, de sorte que les propriétés essentielles de l'image originale soient récupérées ? Quand Dick Diver entend à nouveau les coups de feu, où dans son cerveau sont-ils rejoués ? Quand vous pensez à l'ami que vous avez perdu et à la maison dans laquelle vous viviez, vous évoquez une collection d'images de ces entités. Assurément, elles sont moins vives qui si vous regardiez la chose réelle ou en photographie. Les images remémorées conservent les propriétés de base de l'original, ce qui explique que l'ingénieux spécialiste des neurosciences cognitives Steve Kosslyn soit parvenu à estimer la taille relative d'un objet remémoré et examiné en pensée[3]. Mais où donc les images sont-elles reconstruites de façon à ce que nous puissions les examiner dans nos rêveries ?

Les réponses traditionnelles – « présupposés » serait un meilleur terme – à cette question s'inspirent d'une conception conventionnelle de la perception sensorielle.

Selon elle, différents noyaux sensoriels antérieurs (en grande partie situés dans les sections arrière du cerveau) amènent les composants des informations perceptives par des voies cérébrales à ce qu'on appelle les cortex multimodaux (en grande partie dans les sections avant) pour qu'ils les intègrent. La perception fonctionnerait sur la base d'une cascade de processeurs allant dans une seule direction. Et cette cascade extrairait pas à pas des signaux de plus en plus raffinés, d'abord dans les cortex sensoriels d'une seule et unique modalité, par exemple visuelle, puis dans les cortex multimodaux, lesquels reçoivent les signaux de plus d'une modalité, par exemple visuelle, auditive et somatique. Cette cascade suivrait en général une direction caudo-rostrale (d'arrière en avant) et culminerait dans le cortex temporal antérieur et le cortex frontal, où les représentations les plus intégrées de l'appréhension multisensorielle présente de la réalité sont présumées apparaître.

Ces présupposés sont bien résumés par l'idée de « cellule grand-mère ». Il s'agirait d'un neurone proche du haut de la cascade de processeurs (par exemple le lobe temporal antérieur) dont l'activité par elle-même représenterait complètement notre grand-mère quand nous la *percevons*. Ce type de cellules uniques (ou de petits ensembles de cellules) porterait une représentation globale des objets et des événements au cours de la perception. Mais ce n'est pas tout. Elles porteraient aussi un *enregistrement* de ces contenus perçus. Les enregistrements mémoriels se trouveraient donc là où sont les cellules grands-mères. De façon encore plus grandiose et en réponse directe à la question posée ci-dessus, quand elles seraient réactivées, les cellules grands-mères permettraient de repasser les mêmes contenus perçus dans leur entièreté. Bref, l'activité de ces neurones rendrait compte du ressouvenir d'images diverses et bien intégrées, le visage de votre grand-mère ou les coups de feu à la gare pour Dick Diver. Voilà donc pour le « où » de la remémoration.

Sauf que cette conception est encore une fiction. D'après elle, on pourrait s'attendre à ce que des lésions dans le cortex temporal antérieur et le lobe frontal, régions antérieures du cerveau, empêchent *à la fois* la perception normale *et* la remémoration normale. La première disparaîtrait car les neurones capables de créer la représentation pleinement intégrée d'une expérience perceptive cohérente ne seraient plus fonctionnels. Quant à la seconde, elle s'effondrerait parce que les mêmes cellules supportant la perception intégrée supportent aussi les souvenirs intégrés.

Hélas pour la vision traditionnelle, cette prédiction n'est pas justifiée par la réalité des découvertes neuropsychologiques. Voici ce qui ressort de cette réalité bien différente : les patients aux régions cérébrales antérieures – frontales et temporales – endommagées rapportent avoir une perception normale et ne manifestent que des déficits sélectifs dans la remémoration et la reconnaissance d'objets et d'événements uniques.

Ils peuvent décrire en grand détail les contenus d'une image qu'on leur montre et même la décrire correctement – celle d'une fête, par exemple (anniversaire, mariage) ; pourtant, ils ne réussissent pas à reconnaître que c'était leur fête. Une lésion antérieure ne compromet pas la perception intégrée de la scène entière ni l'interprétation de son sens. Cela n'entrave pas non plus la perception des nombreux objets qui composent l'image et l'identification de leur sens – personnes, chaises, tables, gâteau d'anniversaire, bougies, parure de fête, etc. Une lésion antérieure permet une vision intégrée et celle de parties. Il faut qu'une lésion intervienne à un endroit complètement différent pour qu'elle compromette l'accès à des souvenirs distincts, ceux qui correspondent à divers objets ou aux aspects de ces objets, comme la couleur ou le mouvement. Cet accès est compromis, mais seulement par des lésions qui concernent des secteurs du cortex cérébral positionnés plus en arrière du cerveau, près des régions sensorielles et motrices principales.

En conclusion, une lésion aux cortex intégrateurs et associatifs n'empêche pas la perception intégrée ni la remémoration des parties qui constituent un ensemble ni celle du sens d'ensembles non uniques d'objets ou d'aspects. De telles lésions font une seule grande entaille spécifique au processus de remémoration : *elles empêchent de se remémorer le caractère unique et spécifique des objets et des scènes*. Une fête d'anniversaire unique reste une fête d'anniversaire, mais ce n'est pas la fête d'anniversaire de quelqu'un *en particulier*, à un certain endroit et un certain moment. Seules les lésions aux cortex sensoriels antérieurs contribuant à l'esprit et à leur proximité empêchent de se ressouvenir des informations qui ont un jour été traitées par ces cortex et enregistrées peu après.

Brève digression sur les types de mémoire

Les distinctions qu'on peut faire entre les différents types de mémoire sont liées non seulement au sujet sur lequel se polarise la remémoration, mais aussi à toute l'étendue des circonstances entourant cette polarisation, comme on le voit dans une situation particulière de remémoration. Dès lors, les multiples étiquettes traditionnelles communément attribuées aux mémoires – *générique/ unique*, *sémantique/épisodique* – ne rendent pas justice à la richesse du phénomène. Par exemple, si on m'interroge sur une maison en particulier où j'ai vécu, soit verbalement soit au moyen d'une photographie, j'aurai tendance à me rappeler de multiples souvenirs liés à mes expériences personnelles de cette maison ; cela implique la reconstruction de structures sensorimotrices de diverses modalités ou types, de sorte que même des sentiments personnels peuvent être ranimés. Si, au contraire, on me demande d'évoquer le concept général de maison, il se peut que je me rappelle cette même maison unique, par vision intérieure, puis que je développe le concept générique de maison. Cependant, dans ces circonstances, la nature de la question altère le cours du processus de remémoration. L'objectif de la seconde requête inhibe probablement l'évocation des riches détails personnels qui étaient dominants dans la première. Plutôt qu'un souvenir personnel, je traiterai simplement un ensemble de faits qui satisfont mon besoin du moment : définir « maison ».

Les distinctions entre le premier et le second exemple tiennent au degré de complexité du processus du ressouvenir. Cette complexité peut se mesurer au nombre et à la variété des éléments qu'on se rappelle en liaison avec une cible ou un événement en particulier. En d'autres termes, *plus le contexte sensorimoteur qui est rappelé relativement à une entité ou à un événement en particulier est large, plus la complexité est grande*. La mémoire des entités et des événements uniques, particulièrement ceux qui sont à la fois uniques et personnels, exige des contextes très complexes. On peut discerner une progression hiérarchique dans cette complexité : les entités et événements uniques et personnels requièrent la plus forte ; les entités et événements uniques mais non personnels moins ; les entités et événements non uniques encore moins.

On peut dire qu'un terme donné est remémoré à l'un de ces niveaux – non unique ou unique et personnel. Cette distinction est en gros comparable aux distinctions *sémantique/épisodique* ou *générique/contextuelle*.

Il est utile aussi de conserver la distinction entre mémoire *factuelle* et mémoire *procédurale*, car elle traduit une division fondamentale entre les « choses » – ou entités ayant une certaine structure, au repos – et le « mouvement » de celles-ci dans l'espace et le temps. Cependant, même ici, la distinction est risquée.

Enfin, la validité de ces catégories de mémoire dépend du fait que le cerveau respecte ou non la distinction. En général, il respecte les distinctions entre les niveaux de traitement unique et non unique au plan du ressouvenir et entre les types factuel et procédural de mémoire, à la fois dans la formation du souvenir et dans sa remémoration.

Une solution possible au problème

Le fait de réfléchir à ces observations m'a conduit à proposer un modèle d'architecture neurale visant à rendre compte de la remémoration et de la reconnaissance[4]. En voici un aperçu.

On peut faire l'expérience d'images pendant la perception ou pendant la remémoration. Il serait impossible de stocker les cartes sous-tendant toutes les images dont on a fait l'expérience dans leur format original. Par exemple, les cortex sensoriels primaires construisent continuellement des cartes de l'environnement présent et n'ont pas les ressources pour stocker les cartes éliminées. Toutefois, dans un cerveau tel que le nôtre, grâce aux connexions réciproques entre l'espace cartographique cérébral et celui des dispositions, des cartes peuvent être stockées sous forme dispositionnelle. Dans un tel cerveau, les dispositions représentent aussi un mécanisme de stockage d'informations qui économise de l'espace. Enfin, elles peuvent servir à reconstruire les cartes des cortex sensoriels primaires, dans le format dans lequel on en a d'abord fait l'expérience.

Mon modèle prend en compte les découvertes neuropsychologiques décrites plus haut et stipule que les ensembles de cellules situés aux niveaux supérieurs des hiérarchies de traitement ne comportent pas de représentations explicites des cartes des objets et des événements.

Au lieu de cela, ces ensembles recèleraient un savoir-faire, c'est-à-dire des *dispositions* pour la reconstruction des représentations explicites, si nécessaire. Autrement dit, je me sers du procédé simple des dispositions introduit plus haut, mais cette fois, plutôt que de commander un mouvement trivial[2], les dispositions *commandent le processus de réactivation et d'assemblage des aspects de la perception passée*, là où ils ont été traités, puis enregistrés localement. En particulier, les dispositions agissent sur quantité de cortex sensoriels antérieurs engagés par la perception. Et ce, grâce à des connexions revenant du site de disposition aux cortex sensoriels antérieurs. Finalement, le lieu où les enregistrements mémoriels sont réellement repassés n'est pas différent de celui de la perception originale.

Les zones de convergence et de divergence

L'élément principal du schéma que je propose est une architecture neurale de connexions corticales dont le mode de transmission de signaux a la propriété de converger et de diverger relativement à certains nœuds. J'appelle ces derniers *zones de convergence-divergence* (ZCD). Les ZCD enregistrent la *coïncidence* d'activité entre des neurones appartenant à différents sites dans le cerveau, neurones rendus actifs par exemple par la cartographie d'un certain objet. Aucune partie de la carte globale de l'objet n'a à être représentée en permanence dans les ZCD pour être placée en mémoire. Seule la coïncidence des signaux venant des neurones liés à la carte doit l'être. Pour reconstituer la carte originale et ainsi rappeler un souvenir, je propose le mécanisme de *rétroactivation à temps bloqué*. Le terme « rétroactivation » souligne le fait que ce mécanisme exige un processus de « retour » pour induire une activité ; « temps bloqué » attire l'attention sur une autre exigence : il est nécessaire de rétroactiver les composants d'une carte approximativement dans le même intervalle de temps, de sorte que ce qui s'est produit simultanément (ou presque) dans la perception puisse faire de même (ou presque) dans la remémoration.

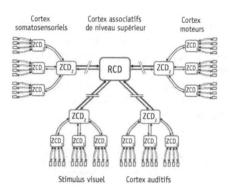

Figure 6.1 : *Schéma de l'architecture de convergence-divergence*. Quatre niveaux hiérarchiques sont représentés. Le niveau cortical primaire apparaît dans les petits rectangles et les trois niveaux de convergence-divergence (boîtes plus grosses) sont notés ZCD1, ZCD2 et RCD. Entre les niveaux des ZCD et ceux des RCD (flèches en pointillés), de nombreuses ZCD intermédiaires sont possibles. Notez que, dans tout le réseau, chaque projection aller est réciproquée par une projection retour (flèches).

L'autre élément critique de ce schéma consiste à poser une division du travail entre deux types de systèmes cérébraux, l'un gérant les cartes/images et l'autre les dispositions. En ce qui concerne les cortex cérébraux, je suggère de considérer que l'*espace des images* consiste en plusieurs îles ou cortex sensoriels antérieurs – par exemple, l'ensemble des cortex visuels qui encerclent le cortex visuel primaire (aire 17 ou V1) et de même pour l'ensemble des cortex auditifs, somatosensoriels, etc.

L'*espace dispositionnel* cortical comprend tous les cortex associatifs supérieurs des régions temporales, pariétales et frontales, plus un ensemble ancien de dispositifs dispositionnels situés sous le cortex cérébral dans le prosencéphale basal, les ganglions de la base, le thalamus, l'hypothalamus et le tronc cérébral.

En résumé, l'espace des images est celui dans lequel les images explicites de tous les types sensoriels apparaissent, y compris à la fois celles qui deviennent conscientes et celles qui restent non conscientes. Il est localisé dans le cerveau cartographique, dans le vaste territoire formé par l'agrégat de tous les cortex sensoriels antérieurs, des régions du cortex cérébral situées au point d'entrée des signaux visuels, auditifs et autres au cerveau et autour de ce point. Il inclut aussi les territoires du nucleus tractus solitarius, du noyau parabrachial et des collicules supérieurs, qui ont une aptitude cartographique.

L'*espace dispositionnel* est celui dans lequel les dispositions conservent les connaissances ainsi que les dispositifs pour reconstruire ces connaissances dans le ressouvenir. C'est la source des images participant au processus de l'imagination et du raisonnement ; et il sert aussi à engendrer le mouvement. L'espace dispositionnel est localisé dans les cortex cérébraux qui ne sont pas occupés par l'espace des images (les cortex supérieurs, certaines parties des cortex limbiques) et dans nombre de noyaux sous-corticaux, de l'amygdale au tronc cérébral. Quand les circuits dispositionnels sont activés, ils envoient des signaux aux autres circuits et sont la cause de l'engendrement d'images ou d'actions.

Les contenus de l'espace des images sont *explicites*, alors que ceux de l'espace dispositionnel sont *implicites*. On peut accéder aux contenus des images, si on est conscient, mais on ne peut jamais accéder directement à ceux des dispositions. Nécessairement, *les contenus des dispositions sont toujours non conscients*. Ils existent sous forme codée et dormante.

Les dispositions produisent des résultats divers. Au niveau élémentaire, ils peuvent engendrer des actions de toutes sortes et de tous niveaux de complexité – la libération d'une hormone dans la circulation sanguine ; la contraction des muscles des viscères ou de ceux d'un membre ou du tract vocal. Mais les dispositions corticales portent aussi les enregistrements d'une image qui a été réellement perçue antérieurement et participent à l'effort pour en reconstruire une esquisse à partir de la mémoire. Les dispositions assistent aussi le traitement de l'image perçue actuellement, par exemple, en influant sur le degré d'attention qu'on lui accorde. Nous n'avons jamais conscience des connaissances nécessaires pour effectuer ces tâches, non plus que nous ne le sommes des étapes intermédiaires qui sont suivies. Nous sommes seulement conscients des résultats, par exemple un état de bien-être ; le rythme cardiaque ; le mouvement d'une main ; un fragment de son dont nous nous souvenons ; la version montée de la perception d'un paysage.

Nos souvenirs des choses et de leurs propriétés, des personnes et des lieux, des événements et des relations, de nos capacités, des processus de gestion de la vie – bref, tous nos souvenirs, qu'ils nous aient été légués par l'évolution, qu'ils soient de naissance ou bien qu'ils aient été acquis ensuite – existent dans notre cerveau sous forme dispositionnelle, en attente de devenir des images ou des actions explicites. *Notre base de connaissances est implicite, cachée, non consciente.*

Les dispositions ne sont pas des mots ; ce sont des enregistrements abstraits de potentialités. La base de la mise en jeu des mots ou des signes existe aussi comme dispositions avant qu'ils ne prennent vie sous forme d'images et d'action, comme dans la production de parole ou de langage des signes. Les règles qui permettent de mettre ensemble mots et signes, la grammaire d'une langue, existent aussi en nous à titre de dispositions.

Un peu plus sur les zones de convergence et de divergence

Une zone de convergence-divergence (ZCD) est un ensemble de neurones au sein duquel des boucles de feedforward/feedback font contact. Une ZCD reçoit des connexions « feedforward » venues des aires sensorielles situées « plus avant » dans les chaînes de transmission qui commencent au point d'entrée des signaux sensoriels dans le cortex cérébral. Une ZCD envoie des projections réciproques en « feedforward » aux régions situées au niveau de connexion suivant dans la chaîne et reçoit en retour les projections venant d'elles.

Les ZCD sont microscopiques et sont localisées dans les régions de convergence/divergence (RCD), lesquelles sont macroscopiques. Le nombre de ZCD est de l'ordre de plusieurs milliers. Celui des RCD est de quelques dizaines. Les ZCD sont des micronœuds ; les RCD des macronœuds.

Les RCD sont situées dans des aires stratégiques des cortex associatifs, vers lesquelles plusieurs importantes voies convergent. On peut se les représenter comme des « moyeux » sur une carte aérienne : par exemple, Chicago, Washington DC, New York, Los Angeles ou San Francisco, Denver ou Atlanta. Les moyeux reçoivent les avions par leurs barreaux et en renvoient par eux. Ce qui est important, c'est que les moyeux sont interconnectés, même si certains sont plus périphériques que d'autres. Enfin, certains sont plus gros que d'autres, ce qui implique qu'un plus grand nombre de ZCD est placé sous leur égide.

Des expériences neuro-anatomiques nous ont appris qu'on trouve ce type de structures de connexion dans le

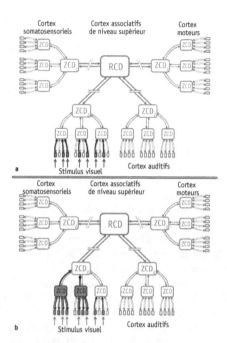

Figure 6.2 : *Recours à l'architecture CD pour se remémorer des souvenirs déclenchés par un stimulus visuel spécifique.* Sur les planches a et b, un certain stimulus visuel (ensemble sélectif de petites boîtes pleines) déclenche l'activité vers l'avant dans des ZCD de niveaux 1 et 2 (flèches en gras et boîtes remplies).

cerveau des primates[5]. Grâce à l'IRMf, nous savons aussi qu'il en existe chez l'homme[6]. Comme nous le verrons dans les prochains chapitres, les RCD jouent un rôle important pour produire et organiser les contenus essentiels de l'esprit conscient, dont ceux qui forment le soi autobiographique.

Les RCD comme les ZCD paraissent être sous contrôle génétique. Lorsque l'organisme interagit avec l'environnement, pendant le développement, un renforcement ou un

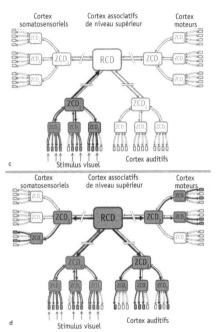

Sur la planche c, l'activité vers l'avant active des RCD et, sur la planche d, une rétroactivation à partir des RCD déclenche de l'activité dans les cortex somatosensoriels, auditifs, moteurs et visuels antérieurs (flèches en gras et boîtes remplies). Cette rétroactivation crée des manifestations dans l'« espace d'images » ainsi que du mouvement (ensemble sélectif de petites boîtes pleines).

affaiblissement synaptique modifient les RCD de façon significative et les ZCD de façon massive. Un renforcement synaptique se produit lorsque les circonstances extérieures correspondent aux besoins de l'organisme pour sa survie.

En résumé, le travail que je propose de considérer qu'accomplissent les ZCD consiste à recréer des ensembles distincts d'activité neurale qui étaient approximativement simultanés pendant la perception, c'est-à-dire qui coïncidaient pendant la fenêtre de temps nécessaire pour que nous y prêtions attention et en soyons conscients. Pour y parvenir, les ZCD déclencheraient une séquence extrêmement rapide d'activations qui mettraient en liaison des régions neurales distinctes, selon un certain ordre, cette séquence étant imperceptible pour la conscience.

Dans cette architecture, la récupération des connaissances serait fondée sur l'activité relativement simultanée de nombreuses régions corticales antérieures, engendrée par plusieurs réitérations de ce type de cycles de réactivation. Ces activités distinctes seraient à la base des représentations reconstruites. Le niveau auquel les connaissances sont récupérées dépendrait de l'ampleur de l'activation multirégionale. À son tour, cela dépendrait du niveau des ZCD qui est activé[7].

Le modèle à l'œuvre

Qu'est-ce qui prouve que ce modèle de convergence-divergence correspond à la réalité ? Récemment, mon collègue Kaspar Meyer et moi-même avons passé en revue un grand nombre d'études portant sur les aires de la perception, de l'imagerie et du traitement en miroir ; et nous avons examiné leurs résultats du point de vue du modèle de convergence-divergence[8]. Nombreux sont ceux qui constituent d'intéressants tests. Voici ce qu'il en est.

Au cours d'une conversation avec une autre personne, nous entendons la voix de celui qui parle et voyons ses lèvres remuer en même temps. Selon le modèle ZCD, lorsqu'un certain mouvement des lèvres se produit en même temps qu'une contrepartie sonore spécifique, les deux événements neuraux, respectivement dans les cortex visuel et auditif antérieurs, sont associés dans une ZCD commune. À l'avenir, quand nous serons confrontés à une seule partie seulement de cette scène, par exemple quand nous regarderons un mouvement spécifique des lèvres dans un clip vidéo muet, la structure d'activité induite dans les cortex visuels antérieurs déclenchera la ZCD commune et celle-ci rétroactivera, dans les cortex auditifs antérieurs, la représentation du son qui accompagnait originellement le mouvement des lèvres.

D'après le schéma des ZCD, lire visuellement sur les lèvres en l'absence de sons induit une activité dans les cortex auditifs. Les structures d'activité ainsi évoquées viennent chevaucher celles qui sont suscitées par la perception de mots parlés[9]. La carte auditive du son devient partie intégrante de la représentation du mouvement des lèvres. Le modèle explique comment on peut entendre un son, en pensée, lorsqu'on reçoit le bon stimulus visuel, ou *vice versa*.

Si vous considérez que, pour le cerveau, synchroniser ce qui est visuel et ce qui est sonore est une performance banale, songez à l'inconfort et à l'irritation qu'on ressent quand la qualité de la projection d'un film n'est pas bonne et que bande-son et images ne sont pas synchrones. Ou pis encore, quand on doit regarder un grand film italien mal doublé. Diverses autres études sur la perception concernent les autres modalités sensorielles (l'odorat, le toucher). Des études neuropsychologiques menées sur des primates autres que les hommes ont donné des résultats que le modèle des ZCD explique assez bien[10].

Un autre intéressant ensemble de données provient de recherches menées sur l'imagerie mentale. Le processus d'imagination, comme son nom l'indique, consiste à se rappeler des images et ensuite à les manipuler – à les couper, à les élargir, à les réordonner, et ainsi de suite. Quand on se sert de l'imagination, l'imagerie prend-elle la forme d'« images », visuelles, auditives ou autres, ou bien repose-t-elle sur des descriptions mentales ressemblant à celles du langage[11] ? Le modèle des ZCD penche pour la première option. Il stipule que des régions comparables sont activées lorsque des objets ou des événements sont perçus et lorsqu'on s'en souvient. Les images construites pendant la perception sont *re*-construites durant le processus d'imagerie. Ce sont des approximations plutôt que des répliques, des tentatives pour revenir à la réalité passée ; elles ne sont donc pas aussi vives et précises.

Un grand nombre d'études indique sans ambiguïté que les tâches d'imagerie concernant des modalités comme la vision et l'audition suscitent en général des structures d'activité cérébrale qui recoupent dans une mesure considérable celles qu'on observe pendant la perception[12], alors que les résultats présentés par les études portant sur des lésions semblent plaider pour le modèle des ZCD et la conception picturale de l'imagination. Une infection du cerveau entraîne souvent des déficits simultanés de la perception et de l'imagerie. C'est le cas par exemple de l'incapacité à percevoir et à imaginer des couleurs qui est entraînée par une lésion survenant dans la région occipito-temporale. Les patients voient le monde en noir et blanc, par nuances de gris. Et ils sont incapables d'« imaginer » en pensée des couleurs. Ils savent parfaitement que la couleur du sang est le rouge, mais ils ne peuvent pas plus se le figurer en pensée que le voir quand ils regardent un jeton coloré en rouge.

Les données obtenues au moyen de l'IRMf et de recherches effectuées sur des lésions suggèrent que le ressouvenir d'objets et d'événements repose, du moins en partie, sur l'activité proche des points où les signaux sensoriels pénètrent dans le cortex, ainsi qu'aux sites de sortie motrice. Ce n'est sûrement pas une coïncidence si ce sont les sites engagés dans la perception originale des objets et des événements.

Les recherches portant sur les neurones miroirs montrent que l'architecture de convergence-divergence est un bon moyen d'expliquer certains comportements et certaines opérations mentales complexes. La découverte clé en la matière (chapitre 4) veut qu'une simple observation d'une action entraîne une activité dans les aires liées au mouvement[13]. Le modèle des ZCD est idéal pour expliquer cette observation. Considérons ce qui se passe quand nous agissons. Une action ne consiste pas simplement en une séquence de mouvements engendrés par les régions motrices du cerveau. Elle englobe simultanément des représentations sensorielles qui apparaissent dans les cortex somatosensoriels, visuels et auditifs. Le modèle des ZCD suggère que la co-occurrence répétée des diverses cartes sensorimotrices décrivant une action spécifique donne lieu à des signaux convergents répétés en direction d'une ZCD particulière. Par la suite, lorsque la même action est perçue, par exemple visuellement, l'activité engendrée dans les cortex visuels active la ZCD pertinente. Subséquemment, la ZCD se sert de rétroprojections divergentes vers les cortex sensoriels antérieurs pour réactiver les associations de l'action pour des modalités somatosensorielles ou auditives. La ZCD peut aussi envoyer des signaux aux cortex moteurs et engendrer un mouvement en miroir. Selon notre point de vue, les neurones miroirs sont les neurones des ZCD impliqués dans le mouvement[14].

Selon le modèle des ZCD, les neurones miroirs ne permettraient pas à eux seuls à des observateurs de saisir le sens d'une action. Les ZCD ne contiennent pas le sens des objets et des évènements eux-mêmes ; ils le reconstruisent par rétroactivation multirégionale à temps bloqué des divers cortex antérieurs. Comme les neurones miroirs pourraient être les ZCD, le sens d'une action ne peut être subsumé par eux seulement. Une reconstruction des diverses cartes sensorielles préalablement associées à l'action doit être réalisée sous le contrôle des ZCD dans lesquelles un lien avec les cartes originales a été enregistré[15].

Le comment et le où de la perception et de la remémoration

La perception ou le ressouvenir de la plupart des objets et des événements dépend de l'activité qui a lieu dans diverses régions cartographiques du cerveau et implique souvent des parties de celui-ci qui sont également liées au mouvement. La structure d'activité est donc extrêmement dispersée, mais elle intervient au sein de l'*espace des images*. C'est cette activité, plutôt que celle qu'on trouve dans les neurones situés au début des chaînes de traitement, qui nous permet de percevoir des images explicites des objets et des événements. D'un point de vue fonctionnel comme anatomique, l'activité qui se déroule au bout des chaînes de traitement occupe l'*espace dispositionnel*. Celui-ci est fait de ZCD et de RCD, dans les cortex associatifs qui ne sont pas des cortex cartographiques. L'espace dispositionnel oriente la cartographie, mais n'est pas impliqué dans celle-ci.

En ce sens, l'espace dispositionnel contient des « cellules grands-mères », définies comme des neurones dont l'activité est corrélée à la présence d'un objet spécifique, et non comme des neurones dont l'activité permettrait par elle-même d'avoir des images explicites des objets et des événements. Les neurones situés dans les cortex temporaux médians antérieurs peuvent réagir à des objets uniques, dans la perception comme dans la remémoration, avec une forte spécificité, ce qui suggère qu'ils reçoivent des signaux convergents[16]. Mais leur simple activation, sans rétroactivation à sa suite, ne nous permettrait pas de reconnaître notre grand-mère ou de nous en souvenir. Pour cela, nous devons réinstaurer une partie substantielle de la collection de cartes explicites qui, dans leur entièreté, représentent son sens. Comme dans le cas des

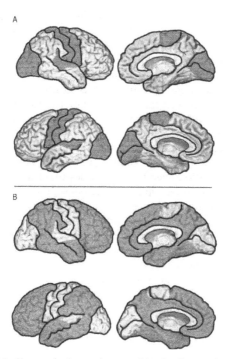

Figure 6.3 : *L'espace des images (cartographique) et l'espace dispositionnel (non cartographique) dans le cortex cérébral.* L'espace des images est représenté par les zones ombrées des quatre planches A, montrant aussi le cortex moteur primaire. L'espace dispositionnel est représenté en ombré également sur les planches B.
Les composants distincts de l'espace d'images ressemblent à des îles dans l'océan de l'espace dispositionnel sur les quatre planches du dessous.

neurones miroirs, ce qu'on appelle les neurones grands-mères sont des ZCD. Ils permettent la rétroactivation multirégionale à temps bloqué de cartes explicites dans les cortex sensorimoteurs antérieurs.

En conclusion, le schéma des ZCD postule deux « espaces cérébraux » distincts. L'un construit des cartes explicites des objets et des événements pendant la perception et les reconstruit dans la remémoration. Dans les deux cas, il y a correspondance manifeste entre les propriétés de l'objet et la carte. L'autre espace contient des dispositions plutôt que des cartes, c'est-à-dire des formules implicites commandant la façon de reconstruire les cartes dans l'espace des images.

Ce dernier est constitué par l'agrégat des cortex sensorimoteurs antérieurs. Quand je parle d'« espace de travail » en relation avec les sites où les images sont assemblées, c'est à un tel espace que je pense, qui est le terrain de jeu des marionnettes que nous agitons dans notre esprit conscient. L'espace des dispositions implicites est constitué par l'agrégat des cortex associatifs. C'est là que les montreurs, sans le vouloir, tirent les fils invisibles de leurs marionnettes.

Ces deux espaces renvoient à des âges différents dans l'évolution du cerveau, l'un auquel les dispositions suffisaient à commander le comportement adéquat et l'autre auquel les cartes donnaient naissance aux images. Aujourd'hui, ils sont indissolublement intégrés.

TROISIÈME PARTIE

ÊTRE CONSCIENT

CHAPITRE 7

La conscience observée

Comment définir la conscience ?

Si vous ouvrez un dictionnaire classique en quête d'une définition de la conscience, vous aurez des chances de trouver une variante de ceci : « La conscience (*consciousness*) est l'état d'être au fait (*awareness*) de nous-mêmes et de ce qui nous entoure. » Remplacez « être au fait » (*awareness*) par « connaissance » et « nous-mêmes » par « notre existence », et vous obtiendrez un énoncé qui résume certains aspects essentiels de la conscience : c'est *un état de l'esprit dans lequel intervient une connaissance de notre existence et de celle de ce qui nous entoure*. La conscience est un *état de l'esprit* – donc, s'il n'y a pas d'esprit, il n'y a pas non plus de conscience. C'est un état *particulier* de l'esprit, enrichi par le sentiment (*sense*) de l'organisme en particulier dans lequel l'esprit est à l'œuvre. Cet état de l'esprit comprend également une connaissance du fait que ladite existence est *située*, que des objets et des événements l'entourent. La conscience est un état de l'esprit auquel s'ajoute un processus du soi.

L'état conscient de l'esprit est vécu exclusivement à la première personne pour chacun de nos organismes ; il n'est jamais observable par quelqu'un d'autre. Cette expérience appartient en propre à chacun de nos organismes et non à d'autres. Mais le fait qu'elle soit exclusivement privée n'implique pas que nous ne puissions adopter un point de vue relativement « objectif » sur elle. Par exemple, c'est celui que je prends quand je tente de discerner les bases neurales du soi-objet, du moi matériel. Un moi matériel riche peut aussi procurer des connaissances à l'esprit. En d'autres termes, le soi-objet peut aussi être en position de propriétaire.

Nous pouvons étendre la définition présentée ci-dessus en disant que les états conscients de l'esprit ont toujours un contenu (ils portent sur quelque chose) et que certains d'entre eux tendent à être perçus comme des collections intégrées de parties (ce qui est le cas, par exemple, quand nous voyons et entendons à la fois une personne nous parler et s'approcher de nous) ; en disant que les états conscients de l'esprit ont des propriétés qualitatives distinctes qui sont relatives aux différents contenus qu'on connaît (il est qualitativement différent de voir ou d'écouter, de toucher ou de goûter) ; et en disant que les états conscients de l'esprit contiennent obligatoirement un aspect lié au *sentiment* : on les sent. Enfin, notre définition provisoire doit préciser que les états conscients de l'esprit ne sont possibles que lorsque nous sommes éveillés, même si une exception partielle à cette définition vaut pour la forme paradoxale de conscience qui apparaît quand nous dormons : à savoir dans le rêve. En conclusion, sous sa forme classique, la conscience est un état de l'esprit qui survient lorsque nous sommes éveillés et dans lequel se manifeste une connaissance privée et personnelle de notre existence, située relativement à ce qui l'entoure et à un moment donné. Nécessairement, les états conscients de l'esprit manipulent des connaissances fondées sur différents matériaux sensoriels – corporels, visuels, auditifs, etc. – et manifestent des propriétés qualitatives diverses pour les différentes voies sensorielles. Les états conscients de l'esprit sont *sentis*.

Quand je parle de la conscience, je ne me réfère pas seulement à la veille, confusion courante qui vient du fait qu'en son absence, il n'y a plus de conscience (j'aborderai ce point plus loin). La définition précise aussi que le terme *conscience* ne se réfère *pas* à un simple processus mental, sans soi. Malheureusement, confondre conscience et simple processus mental est une autre confusion courante. On se réfère souvent à « quelque chose qu'on a sur la conscience » pour dire qu'on a quelque chose « à l'esprit » ou que quelque chose domine les contenus mentaux, par exemple que « la question du réchauffement global a fini par pénétrer la conscience des nations occidentales ». Un nombre significatif de recherches en la matière traite la conscience comme l'esprit. Conscience (*consciousness*), tel que j'utilise ce terme dans ce livre, ne veut pas dire « conscience de soi » (*self-consciousness*), comme dans « Jean a pris de plus en plus conscience de lui-même à mesure qu'il réfléchissait sur lui », non plus que « conscience morale » (*conscience*), en tant que fonction complexe qui exige une conscience mais va bien au-delà et implique la responsabilité morale. Enfin, la définition ne renvoie pas à la conscience au sens ordinaire qu'elle prend dans l'expression de James « courant de conscience ». Cette formule est souvent censée désigner les simples contenus de l'esprit qui défilent dans le temps, comme l'eau dans le lit d'une rivière, plutôt que le fait que ces contenus incorporent des aspects subtils ou non de la subjectivité. Les références à la conscience dans le contexte des monologues de Shakespeare ou de Joyce utilisent souvent cette vision plus simple. Il est évident cependant que les auteurs originaux exploraient ce phénomène dans son sens plein, dans la perspective du soi d'un personnage, au point que Harold Bloom a suggéré que c'était Shakespeare qui avait introduit le phénomène de la conscience en littérature. (Cependant, James Wood a soutenu de façon tout aussi plausible qu'elle a pénétré la littérature par le monologue, mais bien plus tôt, dans la prière, par exemple, et dans la tragédie grecque[1].)

La conscience isolée

Conscience et veille ne sont pas la même chose. Pour être conscient, il faut d'abord être éveillé. Qu'on s'endorme naturellement ou bien qu'on y soit forcé sous l'effet d'une anesthésie, la conscience disparaît sous sa forme normale, à la seule exception partielle de l'état conscient particulier qui accompagne les rêves et qui ne contredit nullement cette condition nécessaire de la veille, car la conscience du rêve n'est pas une conscience normale.

Nous avons tendance à voir dans la veille un phénomène binaire : zéro pour le sommeil, un pour l'état de veille. C'est juste dans une certaine mesure, mais cette approche tranchée cache des gradations que nous connaissons tous bien. Le fait d'avoir sommeil et de somnoler réduit certainement la conscience, mais ne l'annule pas abruptement. Le fait d'éteindre la lumière n'est pas une bonne analogie ; baisser très lentement un variateur serait plus proche du compte.

Que nous révèlent les lumières quand on les allume, soudain ou graduellement ? Le plus souvent, elles nous dévoilent quelque chose que nous décrivons couramment comme un « esprit » ou des « contenus mentaux ». Et de quoi cet esprit est-il fait ? De structures cartographiées dans l'idiome de tous les sens possibles – visuel, auditif, tactile, musculaire, viscéral –, selon des merveilles de nuances, de tons, de variations et de combinaisons, qui s'écoulent en ordre ou de façon embrouillée, bref d'*images*. J'ai présenté plus haut ma vision de l'origine des images (chapitre 3) et il suffit ici de nous rappeler qu'elles sont la monnaie de base de notre esprit et que ce terme se réfère à des structures relevant de toutes les modalités sensorielles, pas seulement visuelles, ainsi qu'à des structures abstraites aussi bien que concrètes.

Le simple acte physiologique d'allumer la lumière – de réveiller quelqu'un de sa sieste – se traduit-il nécessairement par un état de conscience ? Ce n'est pas le cas. Pas besoin d'aller très loin pour en trouver la preuve. Tout le monde s'est déjà réveillé épuisé et décalé, au-delà des mers et dans un pays lointain. Il faut alors deux ou trois secondes, pour comprendre exactement où on se trouve. Pendant ce court intervalle, l'esprit est bien là, mais pas encore organisé avec toutes les propriétés de la conscience. Et cela semble long, même si cela ne dure guère. Quand on perd conscience après avoir reçu un coup à la tête, il s'écoule aussi un délai dieu merci bref, mais tout de même mesurable, avant qu'on ne « revienne à soi ». C'est en fait un raccourci pour dire « revenir à la conscience », retrouver un esprit orienté sur soi. L'expression n'est pas très élégante, mais elle rend justice à la sagesse populaire. Dans le jargon neurologique, reprendre conscience après un traumatisme crânien peut prendre un bon moment, pendant lequel la victime n'est pas pleinement orientée, relativement à l'espace, au temps et à sa personne.

Ce qui se passe dans ces situations nous montre que les fonctions mentales complexes ne sont pas monolithiques et ne peuvent se morceler. Oui, la lumière est allumée et vous êtes réveillé (un point pour la conscience). Oui, l'esprit est là, des images se forment de ce qui se trouve devant vous, et des images revenant du passé s'intercalent entre elles (un demi-point pour la conscience). Mais non, rien ou presque n'indique qui est le propriétaire de cet esprit chancelant ; il n'y a pas de soi pour le revendiquer (pas de point pour la conscience). Au total, la conscience n'a pas gagné. Morale de l'histoire : pour qu'elle l'emporte, il est indispensable 1) d'être éveillé,

2) d'avoir un esprit qui fonctionne et 3) d'avoir dans cet esprit un sentiment automatique, spontané et immédiat de soi, en tant que protagoniste de l'expérience qu'on vit, quelle que soit la subtilité de ce sentiment de soi-même. Étant donné la présence de la veille et de l'esprit – tous deux nécessaires pour être conscient –, on pourrait dire, non sans lyrisme, que le trait distinctif de la conscience, c'est la pensée de soi-même. Sauf que, pour être plus précis, il faudrait dire « la pensée *sentie* de soi-même ».

Le fait que veille et conscience ne soient pas la même chose est évident lorsqu'on considère une maladie neurologique qu'on appelle état végétatif. Les patients ne montrent aucun signe de conscience. Comme dans la situation plus grave du coma, à laquelle il ressemble, les patients végétatifs ne parviennent à répondre à aucun message de la part de ceux qui les examinent et ne manifestent aucun signe spontané de conscience d'eux-mêmes ni de ce qui les entoure. Pourtant, leur électroencéphalogramme ou EEG (structures d'ondes électriques produites continuellement par un cerveau vivant) révèle une alternance de structures caractéristiques du sommeil ou de la veille. Quand, à l'EEG, ils ont une structure de veille, les patients ont souvent les yeux ouverts, même s'ils regardent dans le vide, sans diriger leur regard vers un objet en particulier. On ne note aucune structure électrique chez ceux qui sont dans le coma, situation dans laquelle tous les phénomènes associés à la conscience (veille, esprit et soi) semblent absents[2].

Cette troublante maladie qu'est l'état végétatif fournit aussi des informations de valeur sur un autre aspect des distinctions auxquelles je suis en train de procéder. Dans une étude qui a beaucoup attiré l'attention, à juste titre, Adrian Owen a réussi à déterminer, grâce à l'IRMf, que le cerveau d'une femme en état végétatif avait des structures d'activité congruentes avec les questions que celui qui l'examinait lui posait et avec les requêtes qu'il lui adressait. Inutile de préciser qu'outre le diagnostic formel d'état végétatif, la patiente avait été diagnostiquée inconsciente. Elle ne répondait pas aux questions ou aux directions proposées, et elle ne manifestait pas spontanément de signe d'activité mentale. Et pourtant, l'étude à l'IRMf montrait que les régions auditives de ses cortex cérébraux devenaient actives lorsqu'on lui posait des questions. Leur structure d'activation ressemblait à ce qu'on peut voir chez un sujet conscient normal répondant à une question comparable. Plus impressionnant encore était le fait que, lorsqu'on demandait à la patiente d'imaginer qu'elle visitait sa maison, les cortex cérébraux de la région pariétale droite de son cerveau manifestaient une structure d'activité du type de ce qu'on peut trouver chez des sujets conscients normaux effectuant la même tâche. Si elle n'a pas fait preuve de la même structure, en d'autres occasions, un petit nombre d'autres patients ont été étudiés depuis, et on a observé une structure comparable, quoique pas à tous les coups[3]. L'un de ces patients, en particulier, était capable de susciter des réponses associées au « oui » ou au « non » après un entraînement répété[4].

Cette étude indique que, même en l'absence complète de signes comportementaux de conscience, on en trouve du type d'activité cérébrale couramment corrélée avec les processus mentaux. En d'autres termes, l'observation directe du cerveau fournit des données compatibles avec une certaine préservation de la veille et de l'esprit, alors que les observations comportementales ne révèlent pas que la conscience, au sens décrit plus haut, accompagne de telles observations. Ces importants résultats peuvent s'interpréter avec parcimonie dans le contexte des nombreuses preuves selon lesquelles les processus mentaux opèrent de façon non consciente (comme on le montre au chapitre 11 et dans celui-ci). Ces découvertes sont certainement compatibles avec la présence d'un processus mental et même d'un processus minimal du soi. Quelle que soit leur importance, scientifiquement et en termes de soins médicaux, je ne considère pas toutefois qu'elles prouvent une communication consciente et qu'elles justifient d'abandonner la définition de la conscience présentée plus haut.

Plus de soi, mais toujours un esprit

Les preuves peut-être les plus convaincantes en faveur de la dissociation entre la veille et l'esprit, d'un côté, et le soi, de l'autre, viennent d'une autre affection neurologique, la paralysie épileptique, qui peut faire suite à certaines crises d'épilepsie. Dans ce cas, le comportement du patient est interrompu soudainement pendant un bref laps de temps durant lequel l'action se fige complètement. Vient ensuite une période, en général tout aussi brève, pendant laquelle il reprend un comportement actif, mais ne donne pas de signe d'un état de conscience normal. Il peut se déplacer en silence, mais ses actions, comme de dire au revoir ou de quitter une pièce, semblent dépourvues de but. Elles peuvent cependant recéler un « mini-objectif », comme de prendre un verre d'eau et de le boire, mais il ne paraît pas s'intégrer à un contexte plus vaste. Aucune tentative n'est effectuée pour communiquer avec l'observateur et aucune réponse n'est donnée à celles de ce dernier.

Si vous vous rendez dans le bureau d'un médecin, votre comportement s'inscrit dans un contexte général qui a à voir avec les buts spécifiques de cette visite, le plan global que vous avez pour la journée, le lieu de cette visite, ainsi que les intentions et les plans plus larges que vous nourrissez dans votre vie, à diverses échelles de temps, relativement auxquels votre visite peut avoir ou non une signification. Tout ce que vous faites durant cette « scène » dans le bureau est informé par ces multiples niveaux de connaissance, même s'il n'est pas indispensable que vous ayez en tête tous ces contenus explicites pour vous comporter de façon cohérente. De même pour le médecin, eu égard à son rôle dans la scène. En état de conscience atténuée, tout cet arrière-fond qui vous influence normalement se trouve réduit à presque rien. Le comportement est désormais contrôlé par des signaux immédiats, qui ne sont pas insérés dans le contexte plus large. Par exemple, prendre un verre et le boire a du sens si vous avez soif, mais il n'est pas nécessaire que cette action soit liée au contexte plus général.

Je me rappelle le tout premier patient dans cet état que j'ai pu observer parce que son comportement était nouveau, inattendu et gênant pour moi. Au milieu de notre conversation, il a cessé de parler et a suspendu tout mouvement. Son visage a perdu son expression et ses yeux se sont mis à regarder à travers moi le mur derrière. Il est resté immobile pendant plusieurs secondes. Il n'est pas tombé de sa chaise, ne s'est pas endormi, n'a pas été pris de convulsions ni de tics. Quand j'ai prononcé son nom, il n'a pas répondu. Quand il a recommencé à bouger, un petit peu, ses lèvres se sont décollées. Son regard a glissé pour se concentrer momentanément sur une tasse de café qui se trouvait posée sur la table, entre nous. Elle était vide, mais il l'a tout de même attrapée et a tenté de la boire. Je me suis adressé à lui, encore et encore, mais il n'a pas répondu. Je lui ai demandé ce qui se passait : pas de réponse. Son visage était toujours inexpressif et il ne me regardait pas. Je l'ai appelé par son nom : pas de réponse non plus. Finalement, il s'est dressé sur ses pieds, s'est tourné et s'est mis à lentement marcher vers la porte. Quand je l'ai appelé, il s'est arrêté et m'a regardé, d'un air perplexe. Je l'ai appelé à nouveau et, cette fois, il a dit : « Quoi ? »

Ce patient avait souffert d'une absence (l'un des divers types de crises d'épilepsie), suivie d'une période de paralysie. Il était là et pas là, éveillé et en action, en partie attentif, présent par le corps, mais ce n'était plus une personne. Des années plus tard, j'ai écrit qu'il était « absent mais toujours là », et cette description est toujours valable[5].

Cet homme était sans nul doute éveillé au sens plein du terme. Ses yeux étaient ouverts et son tonus musculaire lui permettait de se déplacer. Il pouvait assurément reproduire des actions, mais sans qu'elles possèdent un plan organisé. Il n'y avait pas d'objectif global, pas de prise en compte des conditions propres à la situation, pas de pertinence. Ses actes n'étaient cohérents qu'à un niveau minimal. Sans nul doute aussi son cerveau formait-il des images mentales, quoiqu'on ne parierait pas sur leur abondance ni sur leur cohérence. Afin qu'il atteigne la tasse, la saisisse, la porte à ses lèvres et la replace sur la table, son cerveau a dû former des images, et même beaucoup, du moins visuelles, kinesthésiques et tactiles, sans lesquelles il n'aurait pu exécuter correctement ces mouvements. Mais si cela plaide en faveur de la présence d'un esprit, cela ne prouve pas qu'il y avait un soi. Rien ne prouve que cet homme était au fait de qui il était, d'où il se trouvait ou de pourquoi il se trouvait en face de moi.

En réalité, non seulement rien ne témoignait d'une telle connaissance explicite, mais rien n'indiquait non plus une orientation implicite de son comportement, du type du pilotage automatique non conscient qui nous permet de rentrer chez nous sans évoquer consciemment la route à suivre. De plus, son comportement ne manifestait aucun signe d'émotion, ce qui témoignait d'une conscience sérieusement handicapée.

De tels cas fournissent la preuve convaincante, peut-être même la seule qui soit définitive, du fait qu'il existe une coupure entre les deux fonctions qui restent possibles, la veille et l'esprit, et une autre, le soi, qui, quel que soit le critère qu'on choisisse, n'est pas disponible. Cet homme n'avait pas le sentiment de son existence et avait un sens affaibli de ce qui l'entourait.

Comme souvent lorsqu'on analyse le comportement humain complexe qui est détruit par une maladie du cerveau, les catégories dont on se sert pour élaborer des hypothèses concernant le fonctionnement du cerveau et donner un sens à ses observations sont trop rigides. La veille et l'esprit ne sont pas des « choses » binaires. Le soi lui-même, évidemment, n'est pas une chose ; c'est un processus dynamique, maintenu à un niveau assez stable durant nos heures de veille, mais qui est sujet à des variations, grandes ou petites, pendant cette période, tout particulièrement à ses extrémités. La veille et l'esprit, tels qu'ils sont compris ici, sont également des processus, jamais des choses rigides. Faire de processus des choses : c'est là un simple artefact de notre besoin de communiquer aux autres de façon rapide et efficace des idées compliquées.

Dans le cas décrit ci-dessus, on peut supposer avec une certaine confiance que la veille était intacte et que l'esprit n'était pas absent. Mais on ne peut préciser ce qu'il en était de la richesse du processus mental, seulement qu'il était suffisant pour s'orienter dans l'univers limité auquel cet homme faisait face. Quant à la conscience, on peut dire avec confiance qu'elle n'était pas normale.

Comment interpréter la situation de cet homme au regard de ce que je sais aujourd'hui ? L'assemblage de la fonction soi était gravement compromis, je crois. Il avait perdu la capacité à engendrer, instant par instant, la plupart des opérations du soi qui lui auraient donné automatiquement une position de propriétaire ayant une perspective sur son esprit. Ces opérations auraient aussi inclus des éléments de son identité, de son passé récent et de l'avenir qu'il visait. Les contenus mentaux qu'un processus du soi auraient examinés étaient probablement appauvris. Dans ces circonstances, notre homme était confiné à un maintenant sans but ni situation. En tant que moi matériel, le soi avait disparu, ainsi que, encore plus certainement, le soi qui connaît.

Être éveillé, avoir un esprit et avoir un soi sont des processus cérébraux différents, élaborés par l'opération de différents composants du cerveau. Ils se font jour ensemble, chaque jour, dans un remarquable continuum temporel au sein de notre cerveau, permettant et révélant ainsi différentes manifestations comportementales. Mais ce ne sont pas des « compartiments ». Ce ne sont pas des pièces divisées par des murs rigides, car les processus biologiques ne sont pas du tout semblables aux artefacts fabriqués par les êtres humains. Cependant, à leur façon chaotique, floue et biologique, ils sont séparables. Et si nous ne nous efforçons pas de découvrir en quoi ils diffèrent et où se trouvent les subtiles transitions entre eux, il est inutile d'espérer comprendre comment fonctionne l'ensemble.

À l'état de veille et en présence de contenus mentaux, la conscience est le résultat de l'adjonction à l'esprit d'une fonction du soi, en vertu de laquelle les contenus mentaux deviennent orientés sur les besoins de l'organisme et acquièrent ainsi de la subjectivité, dirais-je. Cette fonction du soi n'est pas un homoncule omniscient, mais plutôt une émergence, au sein du processus virtuel de projection que nous appelons l'esprit, d'un autre élément virtuel : un *protagoniste* en image de nos événements mentaux.

Une définition de travail plus aboutie

Les réponses émotionnelles sont absentes lorsque des problèmes neurologiques altèrent la conscience, et de même pour les sentiments correspondants. Les patients souffrant de troubles de conscience ne montrent pas de signes d'émotion. Leur visage reste neutre, et leur expression est vide. Les signes mineurs d'animation musculaire sont absents, trait remarquable dans la mesure où ce qu'on appelle un visage impassible est émotionnellement activé et trahit des signes subtils d'attente, de désinvolture, de mépris, etc. Les patients dans divers états akynétiques ou végétatifs, sans compter le coma, n'ont presque pas d'expression émotionnelle. La même chose est vraie pour l'anesthésie profonde, mais pas pour le sommeil, au cours duquel des expressions émotionnelles peuvent apparaître quand le stade du sommeil autorise une conscience paradoxale.

Du point de vue comportemental, l'état mental conscient d'autrui est marqué par un comportement éveillé, cohérent et visant un but qui inclut aussi des signes de réactions émotionnelles. Très tôt dans notre vie, sur la base des comptes rendus verbaux que nous entendons directement, nous apprenons à confirmer que de telles réactions émotionnelles sont systématiquement accompagnées de sentiments. Par la suite, nous nous appuyons sur cette connaissance pour supposer, quand nous regardons les êtres humains qui nous entourent, qu'ils ressentent certains sentiments même s'ils n'en disent rien et si nous ne leur parlons pas. En réalité, même les plus subtiles expressions émotionnelles peuvent trahir, pour un esprit attentif, sensible et empathique, la présence de sentiments, même s'ils sont très atténués. Ce processus d'attribution de sentiments n'a rien à voir avec le langage. Il est fondé sur l'observation exercée des postures et des visages qui bougent.

Pourquoi les émotions sont-elles un signe si révélateur de la conscience ? Parce que l'exécution réelle de la plupart des émotions est assurée par le gris périaqueducal (GPA) en coopération étroite avec le nucleus tractus solitarius (NTS) et le noyau parabrachial (NPB), structures qui engendrent ensemble les sentiments corporels – comme les sentiments primordiaux – et leurs variations, que nous appelons les sentiments émotionnels. Cet ensemble est souvent endommagé par des lésions neurologiques qui causent une perte de conscience et dysfonctionne suite à la prise de certains anesthésiques qui le prennent pour cible.

Nous verrons au chapitre suivant que, de même que les signes d'émotion participent de l'état de conscience observable extérieurement, de même l'expérience des sentiments corporels est une partie profonde et vitale de ce que c'est que d'être conscient selon une perspective introspective, à la première personne.

Les formes de conscience

La conscience fluctue. Il existe un seuil en dessous duquel elle n'est pas à l'œuvre et des niveaux auxquels ce processus opère de la façon la plus efficace qui soit. Appelons cela l'échelle d'« intensité » de la conscience et précisons ces niveaux très différents. À certains moments, vous avez sommeil et vous êtes sur le point de tomber dans les bras de Morphée ; à d'autres, vous participez à un débat intense qui exige d'être au fait des détails qui ne cessent de se présenter. L'échelle d'intensité va du trouble au net, avec toutes les nuances intermédiaires.

Outre l'intensité, toutefois, nous pouvons noter la conscience selon un autre critère. Il a à voir avec sa *portée*. Cela va de la portée minimale qui permet d'avoir le sentiment de soi-même, par exemple en train de boire une tasse de café chez vous, quelle que soit la provenance de la tasse ou du café, ce que cela entraînera pour votre rythme cardiaque ou ce que vous avez à faire dans la journée. Vous êtes tranquillement présent à ce moment. Et c'est tout. Opposez maintenant cela au fait d'être assis devant une tasse de café semblable, mais dans un restaurant où vous devez rencontrer votre frère, lequel souhaite discuter de l'héritage parental et de ce qu'il convient de faire avec votre demi-sœur qui a agi bizarrement. Vous êtes toujours dans le coup, comme on dit à Hollywood, mais il y a quelque chose de plus. Vous êtes transporté en bien d'autres endroits où vous vous êtes trouvé, en compagnie de bien d'autres gens que votre frère ; et vous êtes transporté aussi vers des lieux et des situations dont vous n'avez pas encore fait l'expérience et qui sont le produit de votre imagination riche et bien informée. Ce qu'a été votre vie, par bribes, vous est rapidement accessible, par le souvenir, et des bribes de ce que votre vie pourrait ou non devenir, imaginées un peu plus tôt ou bien juste maintenant, surgissent aussi dans l'instant que vous vivez. Vous êtes à la fois là et à de nombreuses autres époques de votre vie, passées ou futures. Mais vous, c'est-à-dire le *moi* en vous, vous ne le perdez pas de vue. Tous ces contenus sont inextricablement liés à une référence singulière. Même quand vous vous concentrez sur un événement lointain, cette connexion demeure. Le centre reste là. C'est la conscience à longue portée, l'une des grandes réalisations du cerveau humain et l'un des aspects qui définit l'humanité. C'est le type de processus cérébral qui nous a amenés là où nous en sommes en termes de civilisation, pour le meilleur ou pour le pire ; la forme de conscience qu'illustrent romans, films, morceaux de musiques et que consacre la réflexion philosophique.

Je donne des noms à ces deux types de conscience. Celle qui est de portée minimale, je l'appelle conscience-*noyau*, au sens du « ici et maintenant », qui ne s'encombre guère du présent et de l'avenir. Elle revient au soi-noyau. Elle porte sur la personnalité, pas nécessairement sur l'identité. Celle qui est de longue portée, je la nomme conscience *étendue* ou *autobiographique*, dans la mesure où elle se manifeste puissamment lorsqu'une partie substantielle de notre vie entre en jeu et que le passé que nous avons vécu et le futur que nous anticipons dominent son cours. Elle porte sur la personnalité et l'identité. Elle est présidée par un soi autobiographique.

Souvent, quand nous pensons à ce qu'est la conscience, nous avons à l'esprit la conscience à large portée associée à un soi autobiographique. C'est lorsque l'esprit s'élargit et embrasse sans effort des contenus réels aussi bien qu'imaginaires. Les hypothèses concernant la façon dont le cerveau produit les états conscients doivent prendre en compte ce niveau élevé de conscience aussi bien que celui du noyau.

Aujourd'hui, les changements qui interviennent dans la portée de la conscience, je les estime bien plus volatiles que je ne le pensais au début : la portée se déplace vers le haut ou le bas de l'échelle, comme sous l'effet d'un curseur très souple. Elle peut monter ou descendre *au sein* d'un événement donné, et assez rapidement, si nécessaire. Cette fluidité et ce dynamisme dans la portée de la conscience ne sont pas très différents de la variation rapide qui affecte son intensité, dont nous savons qu'elle évolue toute la journée et à laquelle nous avons déjà porté attention. Quand vous vous ennuyez lors d'une conférence, votre conscience s'engourdit et vous pouvez vous assoupir et la perdre. J'espère bien que ce n'est pas le cas maintenant !

Ce qui est de loin le plus important, c'est que les niveaux de conscience fluctuent selon la situation. Par exemple, lorsque, ayant détourné les yeux de la page pour réfléchir, mon attention a été attirée par les dauphins qui nageaient tout près, toute la portée de mon soi autobiographique ne s'est pas trouvée engagée, car ce n'était pas indispensable ; cela aurait gaspillé de ma capacité de traitement cérébral, sans compter de l'énergie, vu les besoins du moment. Il n'était pas non plus nécessaire que mon soi autobiographique évoque les pensées qui avaient précédé l'écriture des phrases ci-dessus. Cependant, lorsque je dois répondre à un interviewer assis devant moi qui veut savoir pourquoi et comment je suis devenu neurologue et spécialiste de sciences cognitives plutôt qu'ingénieur ou cinéaste, en ce cas, je dois bel et bien mobiliser mon soi autobiographique. Et mon cerveau se plie à ce besoin.

Le niveau de conscience change aussi rapidement quand, en pleine rêverie, on laisse son esprit vagabonder, comme on dit. On devrait dire que c'est le soi qui vagabonde, car la rêverie exige de redescendre du soi autobiographique au soi-noyau. Ce n'est pas simplement une dérive par rapport aux contenus d'activité présents. Les contenus de l'imagination viennent sur le devant de la scène – plans, occupations, fantasmes, toutes les images qui se bousculent quand on est bloqué sur l'autoroute. Mais, même ramenée au niveau du soi-noyau et détournée vers un autre thème, la conscience est encore normale. On ne peut en dire autant de celle des somnambules et des personnes qui se trouvent sous hypnose ou qui ont décidé d'expérimenter des substances altérant l'esprit. À cet égard, le catalogue des états de conscience anormale qui en résultent est long et très varié ; il comprend les aberrations les plus inventives de l'esprit et du soi. La veille finit par cesser également, et le sommeil ou l'hébétude sont le point final trop courant de telles aventures.

En conclusion, le degré de présence du soi protagoniste dans notre esprit varie grandement selon les circonstances : il va d'un tableau aux riches détails et pleinement situé de qui nous sommes à un délicat indice que nous possédons notre esprit, nos pensées et nos actions. Mais j'insiste : même sous sa forme la plus subtile et légère, le soi est une présence nécessaire dans l'esprit. Dire, quand on grimpe une montagne ou que j'écris cette phrase, que nulle part on ne peut trouver le soi n'est pas juste. Dans ces cas, il n'est pas en évidence et il convient qu'il se retire à l'écart et laisse la place, dans notre cerveau producteur d'images, à toutes les autres choses qui demandent de l'espace de traitement – comme la face de la montagne ou les pensées que je veux exprimer sur la page. Mais si le processus du soi disparaissait complètement, l'esprit perdrait son orientation, sa capacité à rassembler ses parties. Les pensées iraient en roue libre, sans détenteur pour les revendiquer. Notre efficience dans le monde réel serait réduite à presque rien et nous ne serions plus là pour ceux qui nous observent. De quoi aurions-nous l'air ? Nous paraîtrions non conscients.

S'il n'est pas aisé de traiter du soi, c'est, je le crains, parce qu'il peut être beaucoup de choses selon le point de vue qu'on adopte. Il peut être « objet » de recherche pour les psychologues et les spécialistes de neurosciences ; il peut fournir des connaissances à l'esprit dans lequel il apparaît ; il peut rester, subtil et discret, derrière le rideau ou être sous les projecteurs ; il peut se limiter à l'ici et maintenant ou bien englober l'histoire d'une vie ; enfin, certains de ces registres peuvent se mêler lorsqu'un soi qui connaît est à la fois subtil et pourtant autobiographique, très présent, mais seulement concerné par l'ici et maintenant. Le soi est à coup sûr mouvant.

Conscience humaine et conscience non humaine

De même que la conscience n'est pas une chose, de même, les formes noyau et étendue/autobiographique de la conscience ne sont pas des catégories rigides. J'ai toujours pensé qu'il existait différents paliers entre les extrêmes de l'échelle que représentent le soi-noyau et le soi autobiographique. Si on isole ces différentes formes de conscience, cela a une contrepartie pratique : suggérer que les crans inférieurs de la conscience ne sont pas uniquement humains. Selon toute probabilité, ils sont présents dans de nombreuses espèces non humaines au cerveau assez complexe pour les élaborer. Le fait que la conscience humaine, à son sommet, est extrêmement compliquée, développée et donc *distinctive* est évident. Toutefois, le lecteur serait surpris de constater à quel point des remarques telles que les miennes, par le passé, ont choqué, parce que j'attribuais trop peu de conscience aux espèces non humaines ou bien parce que je minimisais la nature exceptionnelle de la conscience humaine en incluant des animaux. Souhaitez-moi donc bon courage.

Nul ne peut prouver de façon satisfaisante qu'un être non humain et dépourvu de langage a une conscience, noyau ou autre, même si on peut raisonnablement trianguler que c'est hautement probable des données dont on dispose.

Cette triangulation serait la suivante : 1) si une espèce a des comportements qui s'expliquent mieux en postulant un cerveau doté de processus mentaux qu'en présupposant un cerveau ne disposant que de dispositions à l'action (comme des réflexes ; et 2) si l'espèce en question a un cerveau possédant les composants décrits dans les chapitres précédents comme nécessaires pour rendre l'esprit conscient chez les humains ; alors 3), cher lecteur, cette espèce est consciente. Au bout du compte, je suis prêt à prendre toute manifestation de comportement animal qui me fait songer à la présence de sentiments pour un signe que la conscience n'est pas bien loin.

Le langage n'est pas indispensable à la conscience-noyau, laquelle a dû le précéder, à l'évidence dans les espèces non humaines et aussi chez les êtres humains. Le langage n'aurait pas évolué chez des individus dépourvus de conscience-noyau. Pourquoi en auraient-ils eu besoin ? À l'opposé, aux niveaux les plus élevés de l'échelle, la conscience autobiographique, quant à elle, repose sur le langage.

Ce que la conscience n'est pas

Comprendre la signification de la conscience et les mérites liés à son émergence chez les êtres vivants requiert de prendre la pleine mesure de ce qui est advenu auparavant et de saisir ce qu'étaient capables d'accomplir les êtres vivants dotés d'un cerveau normal et d'un esprit totalement opérationnel avant que leur espèce n'acquière la conscience et que celle-ci ne domine la vie mentale de ceux qui en étaient pourvus. Le fait de regarder ce que donne la dissolution de la conscience chez un patient épileptique ou une personne en état végétatif peut susciter chez un observateur qui ne s'y attend pas l'idée erronée que les processus normalement sous-jacents à la conscience sont triviaux ou d'un effet limité. Toutefois, il est clair que, dans notre esprit, l'espace non conscient contredit cette idée. Je ne me réfère pas seulement ici au célèbre (et si décrié) inconscient freudien, identifié à des types particuliers de contenus, de situations et de processus. J'ai plutôt en vue le vaste inconscient qui est composé de deux ingrédients : l'un est actif et constitué de toutes les images qui se forment sur tous sujets, de toutes nuances, lesquelles ne peuvent rivaliser pour jouir des faveurs du soi et restent donc largement inconnues ; l'autre est dormant et est constitué du réceptacle des enregistrements codés à partir desquels des images explicites peuvent être formées.

Un phénomène typique des cocktails révèle la présence du non-conscient. Vous êtes en pleine conversation avec votre hôte, et pourtant, techniquement parlant, vous *entendez* d'autres discussions, un fragment ici, un fragment là, à la frange de votre courant de conscience – ou plutôt du courant *principal*. Mais entendre ne veut pas dire écouter, nécessairement, et encore moins écouter avec attention et établir un lien avec ce qu'on entend. Vous percevez donc bien des choses qui n'exigent pas les services de votre soi. Et puis, tout à coup, il se produit un déclic : une pièce du puzzle dont vous ne saviez même pas qu'elle existait se joint à d'autres pièces, et une structure émerge dans les choses que vous perceviez de façon si atténuée. À cet instant, vous formez un sens qui « attire » le soi et vous détourne littéralement de la dernière phrase prononcée par votre hôte. Lui note votre distraction momentanée, d'ailleurs. Luttant pour repousser le thème qui est venu s'immiscer dans le flux de votre conscience, vous revenez à ce que disait cet homme, et maladroitement, tout confus, vous lui demandez de vous excuser et de répéter.

Ce phénomène est la conséquence de plusieurs conditions. Premièrement, le cerveau produit constamment une surabondance d'images. Ce qu'on voit, entend et touche, ainsi que ce qu'on se rappelle – sous l'effet de nouvelles images perçues sans raison identifiable – est responsable d'un grand nombre d'images explicites, accompagnées d'un tout aussi gros cortège d'autres images, liées quant à elles à l'état du corps tandis que cette formation d'images se déroule.

Deuxièmement, le cerveau tend à organiser cette profusion de matériel à la façon d'un monteur de films : il lui donne une sorte de structure narrative cohérente dans laquelle est attribué à certaines actions le rôle de cause pour certains effets. Les bonnes images sont ainsi *sélectionnées* et *ordonnées* en un défilé d'unités de temps et de cadres spatiaux. La tâche n'est pas aisée, car toutes les images ne sont pas du même type, du point de vue de leur détenteur. Certaines sont davantage que d'autres liées à ses besoins et s'accompagnent donc de sentiments différents. Les images prennent des valeurs différentes. Incidemment, quand j'écris que « le cerveau tend à organiser » plutôt que « le soi organise », c'est à dessein. En certaines occasions, le montage se fait naturellement, sans grand contrôle de la part du soi. Tout dépend alors de l'« éducation » que notre soi mûr a donnée à nos processus non conscients. J'y reviendrai au dernier chapitre.

Troisièmement, seul un petit nombre d'images peuvent s'exprimer clairement à un moment donné, car l'espace de formation d'images est une ressource rare : à un instant précis, seule une certaine quantité d'images peuvent être actives et être objets d'attention. Cela veut dire que les « écrans », au sens métaphorique, sur lesquels notre cerveau projette les images qu'il a sélectionnées et ordonnées dans le temps sont assez limités. En jargon informatique d'aujourd'hui, il existe une limite au nombre de « fenêtres » qu'on peut ouvrir sur son écran. (Voilà qui doit nous rappeler que les limites supérieures de l'attention dans le cerveau humain s'élèvent rapidement dans la génération qui a été habituée au multitâche, avec l'ère numérique – ce qui pourrait changer certains aspects de la conscience dans un avenir pas si éloigné, si ce n'est déjà fait. Les avantages qu'on pourrait tirer du franchissement du plafond de verre de l'attention et des aptitudes associatives engendrées par le multitâche sont fantastiques, mais ils ont une contrepartie en termes d'apprentissage, de consolidation de la mémoire et d'émotion. Nous n'avons aucune idée du prix à payer en échange.)

Ces trois contraintes (abondance d'images, tendance à les organiser en récits cohérents, rareté de l'espace de projection explicite) ont longtemps prévalu au cours de l'évolution et ont rendu nécessaires des stratégies de gestion efficace visant à les empêcher d'endommager l'organisme dans lequel elles apparaissaient. Étant donné que la formation d'images a été naturellement sélectionnée par l'évolution car elles permettaient une évaluation plus précise de l'environnement et de meilleures réactions vis-à-vis de celui-ci, il est probable que la gestion stratégique des images a évolué de bas en haut et très tôt, bien avant la conscience. La stratégie a consisté à sélectionner automatiquement les images ayant le plus de valeur pour la gestion de la vie courante, c'est-à-dire précisément le même critère présidant à la sélection naturelle des dispositifs de formation des images. Cela a été rendu possible par le fait que les images particulièrement valables, vu leur importance pour la survie, étaient « soulignées » par des facteurs émotionnels. Le cerveau procéderait ainsi en engendrant un état émotionnel qui accompagne l'image sur une piste parallèle. Le degré d'émotion servirait alors de « marqueur » indiquant l'importance relative de l'image concernée. C'est le mécanisme que décrit l'« hypothèse des marqueurs somatiques[6] ». Il n'est pas indispensable que le marqueur somatique soit une émotion pleinement formée, un sentiment explicitement ressenti (« viscéral »). Ce peut être un signal implicite et lié aux émotions dont le sujet n'a pas connaissance, ce qui en fait un biais. La notion de marqueurs somatiques s'applique à ces premières étapes de l'évolution, et seulement aux niveaux supérieurs de la cognition. L'hypothèse des marqueurs somatiques fournit un mécanisme expliquant comment le cerveau effectue une sélection des images en fonction de valeurs et comment cette sélection se traduit par un montage en continu de ces images. En d'autres termes, il existait un principe de sélection des images qui était lié aux besoins de la gestion vitale. Ce même principe présidait, me semble-t-il, à la conception de structures narratives primordiales, lesquelles impliquaient le corps de l'organisme, son statut, ses interactions, ses déplacements dans l'environnement.

Toutes ces stratégies auraient commencé à évoluer longtemps avant la conscience, lorsque assez d'images ont commencé à se former et que des esprits véritables se sont pour la première fois épanouis. Le non-conscient a probablement participé à l'organisation de la vie pendant une longue, très longue période et, fait curieux, il est toujours là en nous, tel un immense souterrain situé sous notre existence consciente limitée.

Pourquoi, une fois présentée aux organismes comme une option possible, la conscience a-t-elle prévalu ? Pourquoi les mécanismes cérébraux la produisant ont-ils été naturellement sélectionnés ? Une réponse possible, que nous envisagerons à la fin de cet ouvrage, consisterait à dire que la production, l'orientation et l'organisation d'images du corps et du monde extérieur en termes de besoins de l'organisme ont augmenté la probabilité d'une gestion efficace de la vie et donc amélioré les chances de survie. La conscience a ajouté la possibilité de *connaître* l'existence de l'organisme et ses combats pour rester en vie. Bien sûr, ce savoir ne dépendait pas seulement de la création et de la projection d'images explicites, mais de leur stockage dans des enregistrements implicites. Une fois ces connaissances mémorisées, elles ont pu se lier à d'autres faits enregistrés et le savoir portant sur l'existence de l'individu a pu commencer à s'accumuler. À leur tour, les images contenues dans ce savoir ont pu être rappelées et manipulées dans un processus de raisonnement qui a ouvert la voie à la réflexion et à la délibération. La machinerie traitant les images a alors pu être guidée par la réflexion et être utilisée pour *anticiper efficacement les situations, prévoir les conséquences possibles, s'orienter dans un futur possible et inventer des solutions de gestion.*

La conscience a permis à l'organisme d'être au fait de son état. Il n'avait plus seulement des sentiments qu'il pouvait ressentir ; il en avait qu'il pouvait *connaître*, dans un contexte particulier. Savoir, par opposition à être et faire, a ainsi marqué une rupture critique.

Avant l'apparition du soi et de la conscience classique, les organismes avaient perfectionné une machine de régulation vitale sur les épaules de laquelle la conscience est venue se construire. Avant que les prémices de ce qui était en jeu ne soient connues par l'esprit conscient, ils étaient déjà présents et la machine de la régulation vitale avait évolué autour. La différence entre la régulation vitale avant et après la conscience tient au passage de l'automation à la délibération. Avant la conscience, la régulation de la vie était entièrement automatisée ; après, elle le reste, mais elle développe petit à petit un potentiel de délibération de plus en plus grand.

Les fondements des processus conscients sont ainsi les processus non conscients qui sont chargés de la régulation de la vie – c'est-à-dire les dispositions aveugles qui régulent les fonctions métaboliques et sont abritées par les noyaux du tronc cérébral et l'hypothalamus ; les dispositions qui délivrent récompenses et punitions, et développent pulsions, motivations et émotions ; enfin, l'appareil cartographique qui fabrique les images, dans la perception et le ressouvenir, et peut les sélectionner et les monter pour former ce film qu'on appelle l'esprit. Pour la gestion de la vie, la conscience n'est pas seulement arrivée en dernier ; elle lui a fait faire un pas de plus. Et, non sans intelligence, elle garde en place les vieux trucs et leur laisse accomplir les basses besognes.

L'inconscient freudien

La contribution la plus intéressante de Freud à propos de la conscience se trouve dans son tout dernier article, écrit dans la seconde moitié de 1938 et resté incomplet à sa mort[7]. Je ne l'ai lu que récemment, à la suite d'une invitation à faire une conférence sur Freud et les neurosciences. C'est le genre de mission qu'on devrait décliner, mais je me suis laissé tenter et j'ai fini par accepter. J'ai donc dû consacrer plusieurs semaines à passer en revue les articles de Freud, en alternant irritation et admiration comme toujours quand je le lis. À la fin de ce labeur, je suis tombé sur ce texte final, écrit à Londres et en anglais, où Freud adopte sur la question de la conscience la seule position que je crois plausible. L'esprit résulte naturellement de l'évolution et est en grande partie non conscient, intérieur et caché. On ne le connaît que par l'étroite fenêtre de la conscience. C'est précisément ainsi que je la vois. Elle nous procure une expérience directe de notre esprit, mais celle-ci passe par le soi, qui est un informateur intérieur et imparfait, et non un observateur extérieur et fiable. La cérébralité de l'esprit ne peut être saisie par l'observateur intérieur naturel ni par le scientifique à l'extérieur. Elle doit être imaginée dans une quatrième perspective. Des hypothèses doivent être formulées sur la base de cette vision imaginaire. Des prédictions, à leur tour, doivent se fonder sur ces hypothèses. Et un programme de recherche est indispensable pour aller plus loin.

Même si la conception qu'avait Freud de l'inconscient était dominée par la sexualité, il est évident qu'il avait l'idée de l'étendue et de la puissance énorme des processus mentaux se déroulant sous le niveau de la mer de la conscience. Il n'était d'ailleurs pas le seul, puisque l'idée de processus non conscient était très populaire dans la pensée psychologique au dernier quart du XIXe siècle. Et il n'était pas non plus le seul à s'immiscer dans le domaine de la sexualité, dont la science commençait aussi à être explorée à cette époque[8].

Freud a assurément mis le doigt sur une précieuse source de données concernant l'inconscient quand il s'est penché sur les rêves. Cela servait bien ses objectifs, en lui fournissant du matériel pour ses études. Cependant, ils ont aussi été exploités par des artistes, des compositeurs, des écrivains et toutes sortes de créateurs soucieux de se libérer des entraves de la conscience pour inventer de nouvelles images. On note là une tension très intéressante : des créateurs très conscients se sont mis consciemment en quête de l'inconscient en tant que source et parfois en tant que méthode pour leurs tentatives conscientes. Cela ne contredit nullement l'idée que la créativité n'aurait pu naître, et encore moins s'épanouir en l'absence de conscience. Cela souligne seulement à quel point notre vie mentale est hybride et flexible.

Dans les rêves agréables comme dans les cauchemars, la logique est pour le moins relâchée. Et si la causalité peut être respectée, l'imagination se déchaîne et la réalité en prend un coup. Cependant, les rêves présentent des signes évidents de processus mentaux ne bénéficiant pas de l'assistance de la conscience. La profondeur du traitement inconscient qu'ils exploitent est considérable. Pour ceux qui répugneraient à l'admettre, les exemples les plus convaincants viennent des rêves traitant de problèmes tout bêtes relevant de la régulation de la vie. C'est le cas de quelqu'un qui fait des rêves très élaborés où il est question d'eau et de soif après avoir mangé des aliments très salés au dîner. J'entends déjà le lecteur dire : « Qu'entendez-vous quand vous dites que l'esprit rêve en "ne bénéficiant pas de l'assistance de la conscience" ? » Si on peut se rappeler un rêve, cela ne signifie-t-il pas qu'on était conscient de ce qui se passait ? Oui, c'est bien le cas, dans de nombreux exemples. Pendant les rêves, une sorte de conscience non classique est présente, qu'on peut qualifier de « paradoxale ». Mais le processus d'imagination qui apparaît dans les rêves n'est pas commandé par un soi normal et fonctionnant bien, du type de celui que nous déployons quand nous réfléchissons et délibérons. (Une exception, toutefois : ce qu'on appelle les « rêves conscients », durant lesquels des rêveurs exercés réussissent à diriger eux-mêmes leurs rêves, dans une certaine mesure.) Le monde extérieur, dont les informations nous viennent avec l'organisation de contenus, *donne le ton* à notre esprit. Privé de ce pacemaker extérieur, il est facile à l'esprit de rêver à son gré[9].

Le fait que nous puissions nous souvenir de nos rêves pose un problème délicat. Nous rêvons à profusion, plusieurs fois par nuit, quand nous sommes en état de sommeil à mouvements oculaires rapides (*rapid eye movement sleep* ou REM), et nous rêvons aussi, mais moins, même quand nous sommes plongés dans un sommeil à ondes lentes (*slow-wave sleep* ou N-REM). Il semble toutefois que nous nous rappelions le mieux nos rêves quand ils interviennent tout près du moment où nous reprenons conscience, quand, petit à petit ou pas, nous remontons au niveau de la mer.

Je fais de gros efforts pour me souvenir de mes rêves. Malheureusement, sauf quand je les écris, ils disparaissent sans laisser de trace. Toujours. Ce n'est pas très surprenant quand on songe que, lorsque nous nous réveillons, l'appareil de consolidation de la mémoire n'est guère en marche, tel le four d'une boulangerie quand le jour est à peine levé.

Le seul type de rêve que je me rappelle souvent un peu mieux, parce qu'il est fréquent sans doute, c'est un cauchemar récurrent que j'ai fait la nuit précédant une conférence que j'étais censé donner. Avec des variations, l'histoire est en gros celle-ci : je suis en retard, extrêmement en retard, et il me manque quelque chose d'essentiel. Mes chaussures ont disparu ; j'ai une barbe de deux jours et je ne trouve nulle part mon rasoir ; l'aéroport est fermé à cause du brouillard et je me retrouve bloqué au sol. On me torture ou bien parfois je suis très embarrassé, comme lorsque (dans mon rêve, bien sûr) je me retrouve réellement à devoir monter sur l'estrade pieds nus (mais en costume Armani). C'est la raison pour laquelle, depuis, je ne laisse jamais mes chaussures à cirer devant la porte de ma chambre d'hôtel.

CHAPITRE 8

Comment se construit l'esprit conscient

Une hypothèse de travail

Il va sans dire que la construction de l'esprit conscient est un processus très complexe, résultat d'adjonctions et de suppressions de mécanismes cérébraux sur des millions d'années d'évolution biologique. Il n'existe pas un seul et unique dispositif ou mécanisme qui rendrait compte de la complexité de l'esprit conscient. Le puzzle que représente la conscience comporte des pièces différentes ; il est donc indispensable de les traiter à part, en rendant à chacune ce qui lui est dû, avant de tenter d'esquisser une description globale.

Il est cependant utile de débuter par une hypothèse générale de travail. Celle-ci se décompose en deux parties. La première stipule que le cerveau construit la conscience en engendrant un processus du soi au sein de l'esprit quand il se trouve à l'état de veille. Le soi tient par essence à la concentration de l'esprit sur l'organisme matériel qu'il habite. La veille et l'esprit sont des composantes indispensables de la conscience, mais le soi constitue l'élément distinctif.

Selon la seconde partie de l'hypothèse, le soi se forme par étapes. La plus simple émerge de la portion du cerveau qui rend compte de l'organisme (*protosoi*) et consiste à rassembler des images décrivant des états relativement stables du corps et engendrant des sentiments spontanés du corps vivant (sentiments primordiaux). La deuxième étape résulte de l'établissement d'une relation entre l'*organisme* (représenté par le protosoi) et toute partie du cerveau qui représente un *objet à connaître*. Il en résulte le soi-noyau. La troisième étape permet à de multiples objets, préalablement enregistrés en tant qu'expérience vécue ou qu'anticipation de l'avenir, d'interagir avec le protosoi et de produire une abondance de pulsations dans le soi-noyau. Il en sort le soi autobiographique. Ces trois étapes s'élaborent dans des espaces de travail cérébraux qui sont séparés mais coordonnés. Ce sont les espaces d'images qui constituent le terrain sur lequel s'exerce l'influence à la fois de la perception présente et des dispositions contenues dans les régions de convergence-divergence.

Pour contextualiser notre propos et avant de présenter les divers mécanismes hypothétiques nécessaires à mon hypothèse générale de travail, disons que, du point de vue de l'évolution, les processus du soi ne commencent qu'*après* que l'esprit et l'état de veille sont établis en tant qu'opérations cérébrales. Les processus du soi étant efficaces pour orienter et organiser l'esprit autour des besoins homéostatiques de l'organisme et ainsi accroître ses chances de survie, il n'est pas surprenant qu'ils aient été sélectionnés et aient prévalu dans l'évolution. Au tout début, ils n'ont sans doute pas engendré une conscience au sens plein du terme et étaient confinés au niveau du protosoi, comme je l'expliquerai plus loin dans ce chapitre. Au cours de l'évolution, des niveaux plus complexe du soi – le soi-noyau et au-delà – ont commencé à créer de la subjectivité dans l'esprit et à le préparer à la conscience. Plus tard encore, des constructions encore plus complexes ont servi à acquérir et à accumuler d'autres connaissances portant sur les organismes individuels et leur environne-

> **Première étape : le protosoi**
>
> Le protosoi est une description neurale des aspects relativement stables de l'organisme.
> La principale production du protosoi consiste en sentiments spontanés du corps vivant (*sentiments primordiaux*).
>
> **Deuxième étape : le soi-noyau**
>
> Une pulsation du soi-noyau est engendrée lorsque le protosoi est modifié par une interaction entre l'organisme et un objet, et quand, par suite, les images de cet objet sont aussi modifiées.
> Les images modifiées de l'objet et de l'organisme sont temporairement reliées pour former une structure cohérente. La relation entre l'organisme et l'objet est décrite dans une séquence narrative d'images, dont certaines sont des sentiments.
>
> **Troisième étape : le soi autobiographique**
>
> Le soi autobiographique apparaît lorsque les objets de la biographie de quelqu'un engendrent des pulsations du soi-noyau qui sont, ensuite, temporairement reliées pour former une structure cohérente à grande échelle.

Figure 8.1 : *Les trois étapes du soi.*

ment. Ce savoir s'est déposé dans les mémoires contenues dans le cerveau, conservées dans les régions de convergence-divergence, et dans des mémoires enregistrées à l'extérieur et recueillies dans les instruments fournis à cet effet par la culture. La conscience au sens plein du terme est apparue une fois que ce savoir s'est trouvé catégorisé et symbolisé sous des formes diverses (dont celle que nous appelons le langage récursif). Il a pu ainsi être manipulé par l'imagination et la raison.

Deux précisions s'imposent. Premièrement, les niveaux distincts de traitement – esprit, esprit conscient et esprit conscient capable de produire de la culture – sont apparus séquentiellement. Toutefois, cela ne doit pas donner l'impression que, lorsque l'esprit a acquis un soi, il a cessé d'évoluer en tant qu'esprit ou que le soi lui-même n'a plus évolué. Bien au contraire, le processus évolutif s'est poursuivi (et il se poursuit encore) ; il s'est enrichi et accéléré sous l'effet de la pression créée par la connaissance de soi. Et nulle fin n'est en vue. La révolution numérique actuelle, la mondialisation des informations culturelles et l'arrivée de l'ère de l'empathie représentent des exemples de pressions pouvant conduire à des modifications structurelles de l'esprit et du soi frappant le processus cérébral qui façonne l'esprit et le soi.

Deuxièmement, à partir du point où nous en sommes dans ce livre, le problème de la construction de l'esprit conscient sera abordé dans la perspective des êtres humains, même si, quand ce sera possible et s'il y a lieu, on fera référence à ce qu'il en est dans d'autres espèces.

Comment aborder le cerveau conscient ?

La neuroscience de la conscience est souvent abordée par sa composante mentale plutôt que par le soi[1]. Si on choisit de l'aborder par le soi, ce n'est pas pour minimiser et encore moins pour négliger la complexité et la portée du simple esprit. Cependant, le fait d'accorder la place d'honneur au processus du soi est conforme à la perspective adoptée dès le départ, laquelle veut que la raison pour laquelle l'esprit conscient a prévalu au cours de l'évolution tient au fait que la conscience optimisait la régulation de la vie. Dans chaque esprit conscient, le soi est le premier représentant des mécanismes de régulation vitale, le gardien et le conservateur de la valeur biologique. Dans une large mesure, l'immense complexité cognitive qui est la marque de l'esprit conscient actuel chez les êtres humains est motivée et orchestrée par le soi ; elle est au service de la valeur biologique.

Quoi qu'on puisse préférer étudier dans la triade veille-esprit-conscience, il est évident que le mystère qui entoure la conscience ne tient pas à l'état de veille. Au contraire, les connaissances neuro-anatomiques et neurophysiologiques concernant le processus de veille ne manquent pas. Et ce n'est sans doute pas une coïncidence si l'histoire des recherches portant sur le cerveau et la conscience a commencé par la question de la veille[2].

L'esprit est la deuxième composante de notre triade. Ses bases neurales ne sont pas non plus obscures. Nous avons fait des progrès, comme nous l'avons vu au chapitre 3, même si de nombreuses interrogations demeurent. Il ne reste donc que la troisième composante, qui est centrale : le soi. Son étude est souvent retardée au motif qu'il est trop compliqué à saisir en l'état actuel de nos connaissances. Ce chapitre et le suivant sont largement consacrés au soi et présentent les mécanismes qui l'engendrent et l'insèrent dans l'esprit éveillé. L'objectif est d'identifier les structures neurales et les mécanismes qui pourraient être capables de produire les processus du soi allant du soi simple qui oriente le comportement adapté au soi plus complexe, lequel est capable de savoir que son organisme existe et de régler sa vie en fonction de cela.

Un aperçu de ce qu'est l'esprit conscient

Parmi les niveaux du soi, les plus complexes tendent à cacher à la vue les plus simples et dominent notre esprit par l'abondance des connaissances qu'ils nous procurent. Nous pouvons toutefois essayer de dépasser cette vision naturelle obscurcie et de nous élever à plus de complexité. Comment faire ? En demandant aux niveaux complexes du soi d'*observer* ce qui se passe aux plus simples. C'est un exercice difficile et qui ne va pas sans risques. Comme nous l'avons vu, l'introspection peut nous égarer. En prendre le risque vaut toutefois la peine, car c'est l'introspection qui nous offre la seule vue directe de ce que nous souhaitons expliquer. De plus, si les informations ainsi collectées conduisent à des hypothèses erronées, les examens empiriques futurs le révéleront. Ce qui est intéressant aussi, c'est que l'introspection se révèle être une traduction, au sein de l'esprit, d'un processus dans lequel les cerveaux complexes se sont engagés depuis longtemps au cours de l'évolution : se parler à eux-mêmes, littéralement et dans le langage de l'activité neuronale.

Regardons donc dans notre esprit conscient et essayons d'observer à quoi il ressemble, à la base des couches qui le composent et débarrassé de tout le bagage que lui apporte l'identité, le passé vécu, l'anticipation du futur, l'esprit conscient. Je ne peux évidemment pas parler pour tout le monde, mais voici ce que je peux dire. Pour commencer, tout en bas, l'esprit conscient simple n'est guère différent du courant semé d'objets que décrivait William James. Mais ces objets ne ressortent pas tous autant. Certains sont comme grandis, d'autres pas. Ils ne sont pas non plus tous arrangés de la même manière par rapport à moi. Certains sont placés dans une certaine perspective par rapport au moi matériel que, une bonne partie du temps, je peux localiser non seulement dans mon corps mais, plus précisément, dans un espace situé derrière mes yeux et entre mes oreilles. Fait tout aussi remarquable, certains objets au moins s'accompagnent d'un sentiment qui les relie sans ambiguïté à mon corps et à mon esprit. Et ce sentiment m'apprend – sans qu'aucun mot ne soit prononcé – que je possède ces objets, pour une certaine durée et que je peux agir sur eux si je le souhaite. C'est littéralement le « sentiment de ce qui est », sentiment lié aux objets sur lequel j'ai écrit par le passé. Toutefois, quant aux sentiments dans l'esprit, j'ajouterai ceci : *le sentiment de ce qui est n'est pas tout*.

Un sentiment plus profond se dessine et se manifeste dans les profondeurs de l'esprit conscient. C'est le sentiment que mon corps existe et est présent, indépendamment de tout objet avec lequel il interagit, tel un roc solide, telle l'affirmation brute que je suis vivant. Ce sentiment fondamental, auquel je n'ai pas assez rendu justice quand j'ai abordé naguère ce problème, me semble désormais être un élément essentiel du processus du soi. Je l'appelle *sentiment primordial*, et il a une *qualité* bien définie, une *valence*, qui se situe quelque part entre le plaisir et la douleur. C'est le précurseur qui se trouve sous tous les sentiments d'émotion et donc à la base de tous les sentiments causés par les interactions entre les objets et l'organisme. Comme nous le verrons, les sentiments primordiaux sont produits par le protosoi[3].

En résumé, quand je plonge dans les profondeurs de l'esprit conscient, ce que je découvre, c'est un composé d'images différentes. Une partie d'entre elles décrit les objets dont j'ai conscience. D'autres *me* décrivent, et ce *moi* comprend : 1) la *perspective* dans laquelle les objets sont cartographiés (le fait que mon esprit voit, touche, entend, etc., d'un certain point, à savoir mon corps) ; 2) le sentiment que les objets sont représentés dans un esprit qui m'appartient à moi et à personne d'autre (*possession*) ; 3) le sentiment d'avoir un certain *contrôle* (*agency*) de ces objets et que les actions effectuées par mon corps sont commandées par mon esprit ; et 4) des *sentiments primordiaux*, qui expriment l'existence de mon corps vivant indépendamment de savoir si les objets l'impliquent ou non et comment.

L'agrégat des éléments 1 à 4 constitue un soi dans sa version simple. Quand les images de l'agrégat du soi se déploient en même temps que celles des objets du non-soi, il en résulte un esprit conscient.

Cette connaissance est là, bien présente. On n'y parvient pas par inférence ni par interprétation. Elle n'est pas non plus verbale. Elle est faite d'impressions et d'intuitions, de sentiments qui apparaissent *relativement au corps vivant* et *relativement à un objet*.

Le soi simple qui est à la base de l'esprit est comme une musique ; ce n'est pas encore de la poésie.

Les ingrédients de l'esprit conscient

Les ingrédients de base entrant dans la construction de l'esprit conscient sont l'*état de veille* et les *images*. Quant au premier, nous savons qu'il dépend de l'opération de certains noyaux du tegmentum du tronc cérébral et de l'hypothalamus. Par des voies à la fois neurales et chimiques, ces noyaux exercent une influence sur le cortex cérébral. Par suite, la vigilance se trouve diminuée (ce qui donne sommeil) ou bien accrue (ce qui produit un état de veille). Le travail des noyaux du tronc cérébral est assisté par le thalamus, même si certains noyaux influent directement sur le cortex cérébral. Quant à ceux du thalamus, ils œuvrent en grande partie en libérant des molécules chimiques qui agissent ensuite sur les circuits neuraux et altèrent leur comportement.

L'équilibre délicat de la veille dépend du jeu de l'hypothalamus, du tronc cérébral et du cortex cérébral. La fonction du premier est étroitement liée à la quantité de lumière disponible ; c'est la partie du processus de veille dont le dérangement cause un décalage quand nous franchissons plusieurs fuseaux horaires. À son tour, cette opération est étroitement couplée avec les structures de sécrétion hormonale liées en partie aux cycles du jour et de la nuit. Les noyaux de l'hypothalamus contrôlent l'action des glandes endocrines dans tout l'organisme – hypophyse, thyroïde, surrénales, pancréas, testicules, ovaires[4].

Le rôle que joue le tronc cérébral dans le processus de veille est liée à la valeur naturelle de chaque situation présente. Spontanément et inconsciemment, le tronc cérébral répond à des questions que nul ne se pose, du type : jusqu'à quel point la situation compte-t-elle pour celui qui la vit ? La valeur détermine l'émission et le degré de réponses émotionnelles à une situation et à quel point nous devons être éveillés et attentifs. L'ennui exerce des ravages sur la veille, mais les niveaux métaboliques aussi. Nous savons bien ce qui se passe pendant la digestion d'un gros repas, en particulier s'il comporte certains ingrédients chimiques, comme le tryptophane, libéré par les viandes rouges. L'alcool augmente l'état de veille, pour ensuite induire une somnolence, à mesure que s'élève l'alcoolémie. Les anesthésiques interrompent complètement la veille.

Une dernière remarque en guise d'avertissement à propos de celle-ci : le secteur du tronc cérébral qui est impliqué dans l'état de veille est distinct, en termes neuro-anatomiques et neurophysiologiques, de celui du tronc cérébral qui engendre les fondations du soi, à savoir le protosoi, étudié dans la section suivante. Les *noyaux de la veille dans le tronc cérébral* sont proches d'un point de vue anatomique des *noyaux du protosoi dans le tronc cérébral* pour une très bonne raison : ces deux ensembles participent à la régulation de la vie. Cependant, ils contribuent de manière différente au processus régulateur[5].

Sur la question des *images*, il pourrait sembler que nous en savons assez puisque nous avons étudié leurs bases neurales aux chapitres 3 à 6. Il est cependant nécessaire d'en dire plus. Les images sont assurément la source des *objets à connaître* qui se trouvent dans l'esprit conscient, que ce soient des objets du monde alentour (extérieurs à mon corps) ou intérieurs au corps (comme mon coude douloureux ou le doigt que vous vous êtes brûlé par inadvertance). Les images sont de toutes variétés sensorielles ;

elles ne sont pas seulement visuelles. Et elles se rapportent à *toute action ou tout objet traités dans le cerveau*, réellement présents ou objets de souvenir, concrets aussi bien qu'abstraits. Cela recouvre toutes les structures qui ont leur origine *hors du cerveau*, au sein du corps ou bien dans le monde qui lui est extérieur, mais aussi les structures engendrées dans le cerveau par suite de la conjonction d'autres structures. La propension vorace qu'a le cerveau de former des cartes le conduit à cartographier ses propres œuvres – en quelque sorte à se parler à lui-même. Les cartes de ses propres actions sont probablement la principale source d'images abstraites qui décrivent, par exemple, la position et le déplacement d'objets dans l'espace, les relations entre objets, la vélocité et le parcours dans l'espace d'objets en mouvement, les structures d'apparition des objets dans le temps et dans l'espace. Ce type d'images peut être converti en descriptions mathématiques aussi bien qu'en compositions et en exécutions musicales. Les mathématiciens et les compositeurs excellent pour former ce genre d'images.

L'hypothèse de travail avancée précédemment suggère que l'esprit conscient dérive de l'établissement d'une *relation* entre l'*organisme* et un *objet à connaître*. Mais comment l'organisme, l'objet et leur relation sont-ils implantés dans le cerveau ? Ces trois composantes sont toutes formées d'images. L'objet à connaître est cartographié à titre d'image. De même l'organisme – même si ses images sont spéciales. Quant à la connaissance qui constitue un état du soi et qui permet l'émergence de la subjectivité, elle est aussi faite d'images. L'esprit conscient est tout entier fait de la même étoffe – des *images engendrées par les aptitudes cartographiques du cerveau*.

Malgré le fait que tous les aspects de la conscience sont créés avec des images, toutes ne sont pas équivalentes en termes d'origine neurale ou de caractéristiques physiologiques (voir figure 3.1). Celles qui servent à décrire la plupart des objets à connaître sont conventionnelles, au sens où elles résultent des opérations cartographiques que nous avons présentées pour les sens externes. Quant aux images qui rendent compte de l'organisme, elles constituent une classe particulière. Elles ont pour origine l'intérieur du corps et représentent des aspects du corps en action. Elles ont un statut particulier et produisent quelque chose de spécial : on les *sent*, spontanément et naturellement, d'emblée, avant toute opération impliquée dans la construction de la conscience. Ce sont des images *senties* du corps, des sentiments corporels primordiaux, précurseurs de tous les autres sentiments, y compris tous les sentiments d'émotion. Plus loin, nous verrons que les images qui décrivent la *relation entre l'organisme et l'objet* puisent dans ces deux types d'images – images sensorielles conventionnelles et variations sur les sentiments corporels.

Enfin, toutes les images apparaissent dans un espace de travail agrégé qui est formé par les différentes régions sensorielles primaires des cortex cérébraux et, dans le cas des sentiments, par des régions sélectionnées du tronc cérébral. Cet espace de travail est contrôlé par un grand nombre de sites corticaux et sous-corticaux dont les circuits contiennent le savoir dispositionnel enregistré sous forme dormante dans l'architecture neurale de convergence-divergence présentée au chapitre 6. Ces régions peuvent fonctionner consciemment ou non, mais, dans les deux cas, précisément dans les mêmes substrats neuraux. La différence entre les modes d'opération conscients et non conscients dans les régions impliquées dépend des degrés de veille et du niveau de traitement du soi.

En termes d'implantation neurale, la notion d'espace d'images avancée ici diverge considérablement de celles qu'on trouve dans les travaux de Bernard Baars, Stanislas Dehaene et Jean-Pierre Changeux. Baars a lancé cette notion d'espace de travail global, en termes purement psychologiques, pour attirer l'attention sur l'intense communication croisée qui intervient entre les différentes composantes du processus mental. Dehaene et Changeux l'ont utilisée en termes neuronaux pour désigner l'activité neurale fortement distribuée et interrelationnelle qui sous-tend la conscience. Ils font du cortex cérébral le fournisseur de contenus à la conscience et privilégient les cortex associatifs, en particulier préfrontaux, en tant qu'éléments nécessaires pour accéder à ces contenus. Le travail mené par la suite par Baars place aussi la notion d'espace de travail global au service de l'*accès* aux contenus de conscience.

Pour ma part, je cantonne l'espace de travail aux régions cartographiques qui forment la scène où s'agitent les marionnettes. Les marionnettistes et les fils se trouvent hors de l'espace de travail, dans l'espace dispositionnel situé dans les cortex associatifs des secteurs frontaux, temporaux et pariétaux. Cette perspective est compatible avec les études d'imagerie et d'électrophysiologie qui décrivent le comportement de ces deux secteurs distincts – espace des images et espace dispositionnel – en relation avec les images conscientes ou non conscientes, comme dans les travaux de Nikos Logothetis ou de Giulio Tononi sur la vision binoculaire, ou encore ceux de Dehaene et Naccache sur le traitement verbal. Les états conscients exigent un engagement sensoriel primaire *et* celui des cortex associatifs, car, selon moi, c'est de là que les maîtres des marionnettes peuvent diriger le spectacle[6]. Ma vision du problème ajoute à l'approche par l'espace de travail, plutôt que d'être en opposition avec elle, je crois.

Le protosoi

Le protosoi est la pierre angulaire de la construction du soi-noyau. C'est *une collection intégrée de structures neurales séparées qui cartographient, à chaque instant, les aspects les plus stables de la structure physique de l'organisme.* Les cartes du protosoi sont particulières en ce qu'elles n'engendrent pas simplement des images du corps, mais aussi des images *senties* de celui-ci. Ce sont les sentiments primordiaux du corps, et ils sont spontanément présents dans le cerveau lorsqu'il se trouve normalement à l'état de veille.

Les contributeurs au protosoi comprennent les *cartes maîtres intéroceptives*, les *cartes maîtres de l'organisme* et les *cartes des portails sensoriels dirigés vers l'extérieur*. D'un point de vue anatomique, ces cartes proviennent du tronc cérébral et des régions corticales. L'état de base du protosoi est une moyenne de sa composante intéroceptive et de sa composante liée aux portails sensoriels. L'intégration de toutes ces cartes diverses et distribuées

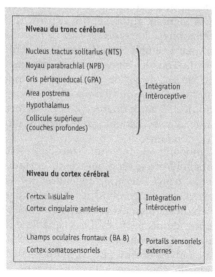

Figure 8.2 : *Les composants principaux du protosoi.*

dans l'espace se fait par émission de signaux croisés au sein d'une même fenêtre de temps. Elle ne nécessite pas un seul et unique site cérébral où ces diverses composantes seraient recartographiées. Examinons individuellement chacun de ces contributeurs au protosoi.

LES CARTES INTÉROCEPTIVES MAÎTRES

Ce sont les cartes et les images dont les contenus sont assemblés à partir de signaux intéroceptifs venant du milieu intérieur et des viscères. Les signaux intéroceptifs renseignent le système nerveux central sur l'état actuel de l'organisme, lequel peut aller de l'optimal au routinier et au problématique, ce qui se produit lorsque l'intégrité d'un organe ou d'un tissu a été violée et que des dommages sont survenus dans le corps – je me réfère ici aux signaux nociceptifs, qui sont à la base des sentiments de douleur. Les signaux intéroceptifs expriment le besoin de corrections physiologiques, ce qui se matérialise dans notre esprit, par exemple, sous la forme de sentiments de faim et de soif. Tous les signaux qui expriment la température ainsi qu'une foule de paramètres comptant dans l'opération du milieu intérieur sont placés sous cette égide. Enfin, les signaux intéroceptifs participent aussi à la production d'états hédoniques et aux sentiments de plaisir correspondants.

À un moment donné, un sous-ensemble de ces signaux, assemblés et modifiés dans certains noyaux supérieurs du tronc cérébral, engendre des sentiments primordiaux. Le tronc cérébral n'est pas simplement un corridor menant les signaux du corps au cortex cérébral. C'est un centre de décision, et il est capable de sentir les changements et d'y répondre de façon prédéterminée mais modulée, à ce niveau même. Le travail de cette machinerie décisionnelle contribue à la *construction* des sentiments primordiaux, de telle sorte qu'ils soient davantage

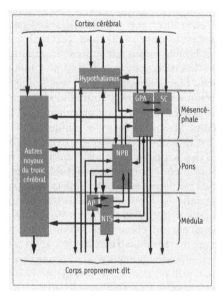

Figure 8.3 : *Les noyaux du tronc cérébral impliqués dans la production du soi-noyau*. Comme on le voit sur la figure 4.1, plusieurs noyaux du tronc cérébral œuvrent ensemble à assurer l'homéostasie. Cependant, les noyaux liés à l'homéostasie se projettent avec d'*autres* groupes de noyaux du tronc cérébral (*autres noyaux du tronc cérébral*, dans cette figure). Ces derniers sont regroupés par familles fonctionnelles : les noyaux classiques de la formation réticulée, comme le noyau pontis oralis et le noyau cunéiforme, qui influent sur le cortex cérébral par le biais des noyaux intralaminaires du thalamus, les *noyaux mono-aminergiques*, qui libèrent directement des molécules comme la noradrénaline, la sérotonine et la dopamine dans des régions très étendues du cerveau ; et les *noyaux cholinergiques*, qui libèrent de l'acétylcholine.

Dans l'hypothèse avancée ici, les noyaux homéostatiques engendrent le « sentiment de savoir » que contient le soi-noyau. À son tour, l'activité neurale qui sous-tend ce processus recrute les autres noyaux non homéostatiques du tronc cérébral afin de produire la « saillance de l'objet ». (Les abréviations sont expliquées figure 4.1.)

que de simples « portraits » du corps. Ils sont plus élaborés que des cartes directes. Ainsi, les sentiments primordiaux sont engendrés par les circonstances particulières dans lesquelles les noyaux du tronc cérébral sont organisés et par la boucle indissoluble qu'ils forment continuellement avec le corps. Les caractéristiques fonctionnelles des neurones bien particuliers qui sont impliqués dans cette opération contribuent à la qualité ressentie.

Les sentiments primordiaux précèdent tous les autres. Ils se réfèrent spécifiquement et uniquement au corps vivant qui est interconnecté avec son tronc cérébral spécifique. Tous les sentiments émotionnels sont des variations des sentiments primordiaux actuels. Tous les sentiments causés par l'interaction des objets avec l'organisme sont des variations des sentiments primordiaux actuels. Les sentiments primordiaux et leurs variations émotionnelles engendrent un chœur qui accompagne toutes les autres images agitées dans l'esprit.

On ne soulignera jamais assez l'importance du système intéroceptif pour l'esprit conscient. Les processus relevant de ce système sont en grande partie *indépendants* de la taille des structures dans lesquelles ils apparaissent et constituent une forme particulière d'entrées présente très tôt au cours du développement et durant toute l'enfance et l'adolescence. En d'autres termes, l'intéroception est une bonne source pour l'*invariance* relative qui est requise afin d'établir une sorte d'échafaudage stable pour ce qui constituera le soi.

La question de l'invariance relative est essentielle, car le soi est un processus singulier, et il nous faut bien identifier un moyen biologique plausible d'asseoir cette singularité. C'est le corps unique de l'organisme qui doit apporter cette singularité biologique des plus nécessaires. Nous vivons dans un seul et unique corps, pas dans deux (les siamois ne le nient même pas). Il n'est donc pas étonnant que nous n'ayons qu'un seul esprit allant avec ce corps et un seul soi allant avec les deux. (Les soi multiples et les personnalités multiples ne sont pas des états normaux de l'esprit.) Cependant, la plateforme unique sur laquelle s'appuie le soi ne peut correspondre au corps tout entier, car, dans son ensemble, il effectue en continu des actions différentes et change de forme en fonction d'elles, sans compter qu'il grandit de la naissance à l'âge adulte. La plateforme unique du soi doit être recherchée ailleurs, dans une partie du corps qui se trouve *au sein* de celui-ci, et non dans le corps pris en tant qu'unité. Elle doit correspondre aux secteurs du corps qui changent le moins ou pas du tout. Le milieu interne et les nombreux paramètres viscéraux qui lui sont associés fournissent les aspects les plus invariants de l'organisme, à n'importe quel âge et au fil de la vie, non parce qu'ils ne changent pas, mais parce que leurs opérations exigent que leur état ne varie que dans une marge extrêmement étroite. Les os grandissent au cours du développement, et de même les muscles qui bougent avec eux ; mais l'essence du bain chimique dans lequel se déroule la vie – la moyenne de ses paramètres – est approximativement la même qu'on ait 3, 50 ou 80 ans. Qu'on mesure 50 cm ou 1,50 m, l'essence biologique d'un état de peur ou de joie est probablement la même du point de vue de la façon dont il se construit à partir de la chimie du milieu intérieur et de l'état de contraction ou de dilatation des muscles lisses des viscères. Il convient de noter que les causes d'un état de peur ou de joie – c'est-à-dire les pensées qui le causent – peuvent être différentes au cours de la vie, mais pas le profil de la réaction émotionnelle à ces causes.

Où donc opère le système intéroceptif maître ? Sur ce point, les réponses se sont affinées ces dix dernières années, grâce à des travaux qui vont d'enregistrements physiologiques au niveau cellulaire et d'études expérimentales de neuro-anatomie pratiquées sur des animaux à des IRMf réalisées sur l'homme. Ces recherches (passées en revue au chapitre 4) ont abouti à une connaissance extraordinairement détaillée des voies qui transportent de tels signaux vers le système nerveux central[7]. Les signaux neuraux et chimiques qui décrivent les états du corps pénètrent dans le système nerveux central à différents niveaux de la moelle épinière, du trijumeau dans le tronc cérébral et des collections spéciales de neurones se trouvant à la marge des ventricules du cerveau. À partir de tous ces points d'entrée, les signaux sont relayés vers les grands noyaux intégrateurs du tronc cérébral, surtout le nucleus tractus solitarius, le noyau parabrachial et l'hypothalamus. De là, après avoir été traités localement et utilisés pour réguler le processus vital et engendrer des sentiments primordiaux, ils sont *aussi* relayés vers le secteur le plus clairement identifié à l'intéroception, le cortex insulaire, après un petit arrêt bien venu dans les noyaux de relais du thalamus. Nonobstant l'importance de la composante corticale de ce système, celle du tronc cérébral me semble être fondatrice pour le processus du soi. On obtient un protosoi opérationnel, comme précisé dans notre hypothèse, même lorsque la composante corticale est fort compromise.

LES CARTES MAÎTRES DE L'ORGANISME

Les cartes maîtres de l'organisme décrivent un schéma moyen de tout le corps avec ses grands composants, la tête, le tronc et les membres. Les mouvements du corps sont cartographiés d'après cette carte maître. À la différence des cartes intéroceptives, les cartes maîtres de l'organisme changent radicalement pendant le développement parce qu'elles dépeignent le système musculo-squelettique et ses mouvements. Nécessairement, ces cartes suivent l'augmentation de la taille du corps et l'étendue et la qualité de son mouvement. Elles ne peuvent évidemment être semblables chez un tout-petit, un adolescent et un adulte, même si on peut trouver une sorte de stabilité temporaire. Par suite, les cartes maîtres de l'organisme ne sont pas la source idéale pour la singularité requise afin de constituer le protosoi.

Le système intéroceptif maître doit correspondre au cadre général créé par le schéma maître de l'organisme, à chaque phase de la croissance de celui-ci. Une esquisse grossière représenterait le système intéroceptif maître *au sein* du périmètre du cadre maître de l'organisme. Mais ils sont distincts. Le fait que l'un des systèmes cadre avec l'autre n'implique pas un transfert réel des cartes, mais plutôt une coordination permettant que ces deux ensembles de cartes puissent être évoqués en même temps. Par exemple, la cartographie d'une région spécifique de l'intérieur du corps serait transmise au secteur du cadre maître de l'organisme dans la région qui cadre le mieux avec le schéma anatomique général. Quand nous ressentons de la nausée, nous la sentons souvent en relation avec une région du corps, l'estomac, par exemple. Bien que vague, cette carte intéroceptive est faite pour coller avec la carte globale de l'organisme.

LES CARTES DES PORTAILS SENSORIELS
DIRIGÉS VERS L'EXTÉRIEUR

J'ai évoqué au chapitre 4 les portails sensoriels, armature dans laquelle sont pris les capteurs sensoriels – comme des diamants montés. Je les place ici au service du soi. La représentation des divers portails sensoriels du corps, par exemple les régions englobant les yeux, les oreilles, la langue et le nez, constitue un cas particulier et bien distinct des cartes de l'organisme maître. Les cartes des portails sensoriels « collent » avec celles de l'organisme maître à la manière du système des sentiments, par coordination temporelle plutôt que par un véritable transfert cartographique. La question de savoir où se trouvent exactement ces cartes fait encore l'objet de recherches.

Les cartes des portails sensoriels jouent un rôle double, tout d'abord pour donner une perspective – aspect majeur de la conscience – et ensuite pour construire les aspects qualitatifs de l'esprit. L'une des curiosités propres à notre conscience d'un objet tient à la relation ténue que nous établissons entre les contenus mentaux qui décrivent cet objet et ceux qui correspondent à la partie du corps engagée dans la perception concernée. Nous savons que nous voyons avec nos yeux, mais nous nous sentons aussi nous-mêmes en train de voir avec eux. Nous savons que nous entendons avec nos oreilles, et non avec nos yeux ou notre nez. Nous sentons des sons dans notre oreille externe et notre tympan. Nous touchons avec nos doigts, nous sentons avec notre nez, etc. C'est peut-être trivial, mais ce n'est pas rien. Nous savons tout de cette « localisation des organes des sens », et ce depuis notre âge tendre, probablement avant de la découvrir par inférence, en reliant une certaine perception à un mouvement donné, et peut-être même avant que d'innombrables comptines et chansons, à l'école, ne nous enseignent d'où nos sens tirent leurs informations. Pour autant, cette sorte de savoir est étrange. Les images visuelles proviennent des neurones de la rétine ; elles ne sont pas censées nous dire dans quel secteur du corps nos rétines sont situées – dans nos globes oculaires, au sein de leurs cavités, à un endroit spécifique du visage. Comment avons-nous découvert que nos rétines se trouvent là ? Bien sûr, un enfant remarquera que la vision cesse lorsqu'il ferme les yeux et que se boucher les oreilles réduit l'audition. Mais ce n'est pas vraiment la question. Nous « sentons » que des sons nous pénètrent les oreilles et nous « sentons » que nous regardons autour de nous et voyons avec nos yeux. Devant un miroir, un enfant confirmerait ce qu'il a déjà appris grâce à quantité d'informations complémentaires provenant des structures corporelles « entourant » la rétine. L'ensemble de celles-ci constitue ce que j'appelle un *portail sensoriel*. Dans le cas de la vision, il comprend la musculature de l'œil avec laquelle nous le remuons, ainsi que tout l'appareil grâce auquel nous nous concentrons sur un objet en ajustant la taille du cristallin, plus l'appareil d'ajustement à l'intensité de la lumière qui augmente ou diminue le diamètre des pupilles (l'obturateur de nos yeux) et ensuite les muscles qui *entourent* les yeux, avec lesquels nous pouvons froncer, cligner ou exprimer de la gaieté. Les mouvements des yeux et leur clignement jouent un rôle essentiel dans le montage de nos images visuelles et aussi dans le montage réaliste des images de cinéma.

Voir ne se borne pas à avoir la bonne structure lumineuse sur la rétine. Voir embrasse toutes les autres coréponses dont certaines sont indispensables pour engendrer une structure claire sur la rétine, dont certaines accompagnent d'habitude le processus visuel et dont d'autres sont déjà des réactions rapides au traitement de la structure elle-même.

Le cas de l'audition est comparable. La vibration du tympan et des minuscules os de l'oreille moyenne peut se transmettre au cerveau en parallèle avec le son lui-même, qui apparaît dans l'oreille interne, au niveau de la cochlée, où les fréquences, le temps et le timbre sont cartographiés.

L'opération complexe des portails sensoriels peut contribuer aux erreurs que les enfants aussi bien que les adultes commettent quant à la source d'une perception donnée – par exemple, le fait de se souvenir qu'on a d'abord vu puis entendu un certain objet, lors d'un événement donné, alors que c'est l'inverse qui s'est produit. Ce phénomène est dit erreur d'attribution de source.

Ces portails sensoriels méconnus jouent un rôle crucial pour définir la *perspective* qui est celle de l'esprit vis-à-vis du reste du monde. Je n'entends pas par là la singularité biologique due au protosoi. Je me réfère plutôt à un effet dont nous faisons tous l'expérience dans notre esprit : le fait d'avoir un *point de référence* pour tout ce qui se produit hors de notre esprit. Il ne s'agit pas d'un simple « point de vue », même si, pour les voyants qui constituent la majorité des êtres humains, la vue domine bien les activités de l'esprit. Mais nous avons aussi un point de référence pour les sons du monde extérieur, un point de référence pour les objets que nous touchons et même un point de référence pour ceux que nous ressentons dans notre corps – le coude et sa douleur, les pieds avec lesquels nous marchons sur le sable.

Ce n'est pas seulement que nous n'imaginons pas que nous voyons avec notre nombril ou entendons avec nos aisselles, si fantaisistes ces éventualités puissent-elles être. C'est aussi que les portails sensoriels près desquels les données servant à former des images sont rassemblées offrent à l'esprit le point de référence d'après lequel l'organisme se situe par rapport à un objet. Il dérive de l'ensemble des régions corporelles dont proviennent les perceptions. Ce point de référence n'est rompu que dans des conditions anormales (expériences extracorporelles) qui peuvent résulter de maladies neurologiques, d'un traumatisme psychologique ou de manipulations expérimentales utilisant des procédés de réalité virtuelle[8].

La perspective de l'organisme me semble reposer sur diverses sources. La vue, l'ouïe, l'équilibre dans l'espace, le goût et l'odorat dépendent tous de portails sensoriels peu éloignés les uns des autres et tous situés à la tête. Celle-ci est un dispositif de surveillance multidimensionnelle, prêt à englober le monde. Le toucher, dans toute son extension, a un portail sensoriel plus large, mais la perspective liée à lui pointe sans ambiguïté vers l'organisme singulier qui tient lieu de superviseur et identifie un endroit à sa surface. La perception de notre mouvement, lié à tout le corps, mais s'originant toujours dans l'organisme singulier, est tout aussi étendue.

Dans le cortex cérébral, la plupart des données fournies par les portails sensoriels doivent aboutir au système somatosensoriel – SI et SII de préférence à l'insula. Dans le cas de la vision, les données sont aussi transmises à ce qu'on appelle les « champs oculaires frontaux », situés dans l'aire 8 de Brodmann, en haut et sur les côtés du cortex frontal. Là encore, ces régions géographiquement séparées doivent être fonctionnellement réunies par un mécanisme d'intégration.

Une dernière remarque s'impose en ce qui concerne la situation exceptionnelle des cortex somatosensoriels. Ils transmettent des signaux venus du monde extérieur, comme les cartes du toucher, du corps, comme dans le cas de l'intéroception, et des portails sensoriels. Ce dernier aspect relève de la structure de l'organisme et ainsi du protosoi.

Le contraste est donc remarquable entre deux ensembles distincts de structures. D'un côté, on trouve la variété infinie des structures décrivant les objets conventionnels (certains extérieurs au corps, comme les vues et les sons, les goûts et les odeurs, d'autres étant de vraies parties du corps, comme les articulations ou des fragments de peau). De l'autre côté, on trouve la répétition infinie de la gamme restreinte des structures liées à l'intérieur du corps et à sa régulation étroitement contrôlée. La différence est fondamentale entre les aspects strictement contrôlés du processus vital présent dans notre organisme et toutes les choses et événements possibles et imaginables dans le monde extérieur et le reste de notre corps. Cette différence est cruciale pour comprendre la base biologique des processus du soi.

Un même contraste entre variété et répétition se retrouve au niveau des portails sensoriels. Les changements que ces derniers subissent en passant de leur état de base à celui qui est associé à la vue ne sont pas forcément énormes, même si c'est le cas parfois. Ils signifient cependant qu'un engagement de l'organisme et de l'objet a eu lieu. Il n'est toutefois pas indispensable qu'ils expriment quoi que ce soit quant à l'objet engagé.

En résumé, la combinaison du milieu intérieur, de la structure des viscères et de l'état de base des portails sensoriels dirigés vers l'extérieur fournit un îlot de stabilité sur une mer de mouvements. C'est ce qui préserve la cohérence relative de l'état fonctionnel au sein d'un environnement fait de processus dynamiques dont les variations sont assez prononcées. On peut se représenter cette situation fonctionnelle en se figurant une foule nombreuse marchant dans une rue et en découvrant, en observant mieux, qu'un petit groupe, en plein milieu, se déplace en formation serrée, alors que le reste des gens déambule selon un mouvement brownien, certains traînant derrière, d'autres dépassant le cœur du groupe, etc.

Ajoutons un autre élément à l'échafaudage fourni par la relative invariance du milieu intérieur. Il tient au fait patent, mais systématiquement négligé que le corps proprement dit reste inséparablement et pour toujours attaché au cerveau. Cet attachement est derrière l'engendrement de sentiments primordiaux et aussi la relation unique que le corps, en tant qu'objet, entretient avec le cerveau qui le représente. Quand nous formons des cartes des objets et des événements du monde extérieur, ils y restent. Quand nous cartographions les objets et les événements de notre corps, les cartes demeurent au sein de notre organisme et ne vont nulle part ailleurs. Elles agissent sur le cerveau, mais on peut agir dessus à n'importe quel moment en formant une boucle de résonance qui s'apparente à une fusion corps-esprit. Elles constituent un substrat animé procurant un contexte à tous les autres contenus de l'esprit. Le protosoi n'est pas un simple ensemble de cartes du corps comparable à la jolie collection d'images de peintures expressionnistes abstraites que je transporte dans mon esprit. Le protosoi est une collection de cartes qui restent connectées de façon interactive à leur source, racine en profondeur qui ne peut s'aliéner. Hélas, les images des peintures expressionnistes abstraites que je véhicule dans mon esprit ne se connectent pas physiquement à leurs sources, elles. J'aimerais bien, mais elles ne se trouvent que dans mon cerveau.

Enfin, je dois souligner que le protosoi ne se confond pas avec un homoncule, de même non plus que le soi résultant de sa modification. L'idée traditionnelle d'homoncule correspond à celle d'un petit personnage sis dans le cerveau, omniscient et plein de sagesse, capable de répondre à toute question portant sur ce qui se passe dans l'esprit et d'en donner des interprétations. Le problème bien connu de l'homoncule tient à la régression à l'infini qu'il crée. Le petit personnage dont le savoir nous rendrait conscients devrait lui aussi avoir un autre petit personnage à l'intérieur de lui-même, capable à son tour de lui fournir les connaissances dont il a besoin, et ainsi de suite, à l'infini. Or cela ne fonctionne pas. Les connaissances qui rendent notre esprit conscient doivent donc se construire de bas en haut. Rien n'est plus éloigné de la notion de protosoi présentée ici que l'idée d'homoncule. Le protosoi est une plateforme relativement stable et ainsi une source de continuité. Nous l'utilisons pour inscrire les changements causés par le fait d'avoir un organisme interagissant avec ce qui l'entoure – comme lorsque nous regardons un objet et le saisissons – ou pour inscrire la modification de la structure ou de l'état de l'organisme, comme lorsque nous souffrons d'une blessure ou avons une glycémie trop basse. Ces changements sont *enregistrés dans l'état présent du protosoi*. La perturbation qui s'ensuit déclenche des événements physiologiques, mais le protosoi ne contient aucune information hormis celles qui sont fournies par ses cartes. Le protosoi n'est pas un sage assis à Delphes auquel nous allons demander qui nous sommes.

Comment se construit le soi-noyau

Si on veut réfléchir à la stratégie permettant de construire le soi, il convient de commencer par ce que requiert le soi-noyau. Le cerveau doit introduire dans l'esprit un élément qui n'était pas présent auparavant : à savoir un protagoniste. Une fois qu'on en a un au milieu des autres contenus mentaux et une fois qu'il est lié de façon cohérente aux contenus mentaux présents, la subjectivité commence à être inhérente au processus. Nous devons donc nous pencher d'abord sur le seuil auquel apparaît le protagoniste, c'est-à-dire sur le point auquel les éléments de connaissance indispensables s'agglutinent pour, si l'on peut dire, produire la subjectivité.

Se pourrait-il qu'une fois que nous ayons un îlot unifié de relative stabilité correspondant à une partie de l'organisme, le soi émerge d'un coup ? Si c'était le cas, c'est dans l'anatomie et la physiologie des régions cérébrales sous-tendant le protosoi qu'il faudrait rechercher le fin mot de l'histoire. Le soi dériverait de l'aptitude qu'a le cerveau à accumuler et à intégrer des connaissances concernant les aspects les plus stables de l'organisme. Point final. Le soi correspondrait à la représentation *sentie* et brute de la vie au sein du cerveau, expérience uniquement liée au corps. Il consisterait dans le sentiment primordial que procure le protosoi, dans son état naturel, spontanément et sans relâche, instant après instant.

Cependant, quand on en vient à la vie mentale complexe dont le lecteur comme l'auteur font l'expérience en ce moment même, le protosoi et le sentiment primordial ne suffisent pas à rendre compte du phénomène du soi que nous engendrons. Le protosoi et ses sentiments primordiaux sont les fondements probables du moi matériel et, selon toute probabilité, ils représentent une manifestation importante et maximale de la conscience chez nombre d'espèces vivantes. Un processus du soi intermédiaire doit se trouver entre le protosoi et ses sentiments primordiaux, d'une part, et le soi autobiographique qui nous procure le sentiment de notre personnalité et de notre identité, de l'autre. Quelque chose d'essentiel doit changer dans l'état du protosoi pour qu'il devienne un soi au sens propre, c'est-à-dire un *soi-noyau*. Le profil mental du protosoi doit d'abord s'élever et *se détacher*. Il doit aussi *se lier* aux événements dans lesquels il est impliqué. Il doit *se protagoniser*. Ce changement essentiel vient de son engagement à tous moments causé par tout objet perçu. Cet engagement se produit dans une grande proximité temporelle par rapport au traitement sensoriel de l'objet. Chaque fois que l'organisme rencontre un objet, n'importe lequel, le protosoi est modifié par cette rencontre. Parce que, afin de cartographier cet objet, le cerveau doit ajuster le corps de la façon qui convient et parce que les résultats de ces ajustements, ainsi que le contenu de l'image cartographiée, sont transmis au protosoi.

Les modifications du protosoi inaugurent la création du soi-noyau et initient une chaîne d'événements. Le premier d'entre eux est une transformation du sentiment primordial qui se traduit par le « sentiment de connaître l'objet », sentiment qui différencie cet objet des autres. Le deuxième événement de cette chaîne est une conséquence de ce sentiment de savoir. C'est l'engendrement d'une « saillance » de l'objet engageant l'esprit, processus en général subsumé sous le terme d'attention, qui attire les ressources de traitement vers un objet en particulier plus que vers les autres. Le soi-noyau, alors, est créé par le lien entre le protosoi modifié et l'objet cause de cette modification, objet qui est désormais marqué par un sentiment et rehaussé par l'attention.

À la fin de ce cycle, l'esprit recèle des images concernant une séquence simple et très courante d'événements : un objet a engagé le corps quand il a été regardé, touché, entendu dans une perspective spécifique ; cet engagement a causé un changement du corps ; la présence de cet objet a été ressentie ; celui-ci est devenu saillant.

Le récit non verbal de ce type d'événements se produisant perpétuellement représente spontanément dans l'esprit le fait qu'il existe un protagoniste auquel certains événements arrivent, protagoniste qui est le moi matériel. Dans ce récit non verbal, cette représentation crée et révèle simultanément le protagoniste, relie les actions produites par l'organisme à celui-ci et, en même temps que le sentiment engendré par l'engagement vis-à-vis de l'objet, engendre un sens de la possession.

Ce qui vient s'ajouter au processus mental simple, produisant ainsi un esprit conscient, c'est une série d'images, à savoir une *image* de l'organisme – fournie par le truchement du protosoi modifié ; l'*image* d'une réponse émotionnelle liée à l'objet, c'est-à-dire un sentiment ; et une *image* de l'objet cause, pour un moment rehaussée. Le soi vient à l'esprit sous forme d'images, qui racontent sans relâche l'histoire de ce type d'engagements. Il n'est pas nécessaire que les images du protosoi modifié et du sentiment de savoir soient spécialement intenses. Il suffit qu'elles soient là dans l'esprit, même subtilement, à peine plus que comme des traces, pour créer un lien entre l'objet et l'organisme. Après tout, c'est l'objet qui compte le plus dans le processus d'adaptation.

Ce récit silencieux raconte ce qui transpire, dans la vie comme dans le cerveau, mais n'est pas encore une interprétation. C'est une description brute d'événements, le cerveau se chargeant de répondre aux questions que personne n'a posées. Michael Gazzaniga a avancé l'idée d'« interprète » pour expliquer l'engendrement de la conscience. Il l'a relié, très finement, à la machinerie de l'hémisphère gauche et aux processus langagiers qui s'y enracinent. J'aime beaucoup son idée (elle semble bien contenir une part de vérité), mais je crois qu'elle ne s'applique pleinement qu'au niveau du soi autobiographique et pas à celui du soi-noyau[9].

Dans les cerveaux dotés de mémoire, de langage et de capacité de raisonnement, les récits ayant cette même origine et ce même contour simples sont enrichis et comportent encore plus d'informations, ce qui produit un protagoniste bien défini, un soi autobiographique. Des inférences peuvent venir s'ajouter et des interprétations de ce qui se passe peuvent être produites. Cependant, comme nous le verrons au chapitre suivant, le soi autobiographique ne peut se construire que grâce au mécanisme du soi-noyau. Ancré dans le protosoi et ses sentiments primordiaux, celui-ci est le mécanisme central produisant l'esprit conscient. Les procédés complexes qui sont requis pour étendre le processus au soi autobiographique dépendent de l'opération normale du mécanisme du soi-noyau.

Le mécanisme reliant le soi et l'objet s'applique-t-il seulement aux objets réellement perçus et pas à ceux dont on se souvient ? Ce n'est pas le cas. Dans la mesure où, lorsque nous apprenons à connaître un objet, nous effectuons des enregistrements non seulement de son apparence, mais aussi de notre interaction avec lui – les mouvements de nos yeux et de notre tête, ceux de notre main, etc. –, s'en souvenir englobe de se rappeler d'interactions motrices mémorisées qui sont très variées. Comme dans le cas des interactions motrices avec un objet, les interactions motrices rappelées ou imaginaires peuvent modifier instantanément le protosoi. Si cette idée est juste, elle explique pourquoi nous ne perdons pas conscience quand nous nous abandonnons à des rêveries dans une pièce silencieuse, les yeux fermés – ce qui est plutôt réconfortant, je trouve.

En conclusion, la production de pulsations du soi-noyau relatives à un grand nombre d'objets interagissant avec l'organisme garantit la production de sentiments liés à l'objet. À leur tour, de tels sentiments construisent un solide processus du soi qui contribue à entretenir l'état de veille. Les pulsations du soi-noyau confèrent aussi un certain degré de valeur aux images de l'objet cause, lui conférant ainsi plus ou moins de saillance. Cette différenciation dans les images qui s'écoulent organise le paysage de l'esprit et façonne sa relation avec les besoins et les objectifs de l'organisme.

L'état du soi-noyau

Comment le cerveau implémente-t-il l'état du soi-noyau ? Pour répondre à cette question, il faut tout d'abord se tourner vers les processus locaux qui impliquent un nombre limité de régions cérébrales, puis vers les processus cérébraux plus étendus qui mettent en jeu simultanément de nombreuses régions. Les étapes liées au protosoi ne sont pas difficiles à concevoir d'un point de vue neural. La composante intéroceptive du protosoi est fondée sur le tronc cérébral supérieur et l'insula ; la composante liée aux portails sensoriels a ses bases, quant à elle, dans les cortex somatosensoriels conventionnels et les champs oculaires frontaux.

Le statut de certaines de ces composantes doit changer pour qu'émerge le soi-noyau. Nous avons vu que, lorsqu'un objet perçu précipite une réaction émotionnelle et altère les cartes maîtres intéroceptives, il s'ensuit une modification du protosoi, ce qui altère les sentiments primordiaux. De même, les composantes du soi-noyau liées aux portails sensoriels changent lorsqu'un système perceptif est engagé par un objet. En conséquence, les régions impliquées dans la fabrication des images du corps sont inévitablement modifiées aux sites du protosoi – tronc cérébral, cortex insulaire et cortex somatosensoriels. Ces divers événements engendrent des microséquences d'images qui s'introduisent dans le processus mental, c'est-à-dire dans l'espace de travail des images des cortex sensoriels primaires et des régions sélectionnées du tronc cérébral ; c'est là que les états de sentiment sont engendrés et modifiés. Les microséquences d'images se succèdent les unes aux autres comme les battements d'une pulsation, de façon irrégulière mais dépendante, tant que des événements continuent à se produire et que le niveau de veille est maintenu au-dessus du seuil.

Jusque-là, dans les cas les plus simples d'état du soi-noyau, un dispositif de coordination centrale n'est pas indispensable, non plus qu'un seul et unique écran pour projeter les images. Les fragments (les images) vont là où ils le doivent (dans les régions de formation des images) et pénètrent à leur façon le courant mental, au bon moment et en bon ordre.

Pour que la construction de l'état du soi soit complète, le protosoi modifié doit toutefois être connecté aux images de l'objet cause. Comment est-ce possible ? Et comment l'ensemble des groupes disparates d'images est-il organisé pour constituer une scène cohérente et ainsi une pulsation aboutie du soi-noyau ?

Le timing joue probablement ici aussi un rôle, lorsque l'objet cause commence à être traité et que des changements dans le protosoi commencent à se produire. Ces étapes interviennent dans une proximité temporelle étroite, sous la forme d'une séquence narrative imposée par ce qui se passe dans le temps réel. Le premier niveau de connexion entre le protosoi modifié et l'objet émerge naturellement de la séquence temporelle au cours de

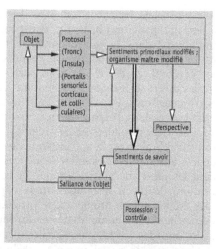

Figure 8.4 : *Schéma des mécanismes du soi-noyau*. L'état du soi-noyau est composite. Ses principaux composants sont les *sentiments de savoir* et la *saillance* de l'objet qui les a engendrés. La *perspective* et le sentiment de *possession* et de *contrôle* en sont d'autres importants.

laquelle les images respectives sont engendrées et incorporées dans le cortège de l'esprit. Bref, le protosoi doit être prêt à se mettre au travail – il doit être assez éveillé pour produire le sentiment primordial d'existence né de son dialogue avec le corps. Ensuite, le traitement de l'objet doit modifier les divers aspects du protosoi et ces événements doivent être connectés les uns avec les autres.

Est-il besoin de procédés de coordination neurale pour créer le récit cohérent qui définit le protosoi ? La réponse dépend de la complexité de la scène en jeu et de la quantité d'objets qu'elle implique. Quand elle mobilise de multiples objets et même si sa complexité n'est en rien proche du niveau que nous envisagerons au chapitre suivant à propos du soi autobiographique, des dispositifs de coordination sont nécessaires, je crois, pour assurer une cohérence. Et il existe de bons candidats pour jouer ce rôle, au niveau sous-cortical.

Le premier est le colliculue supérieur. Cela peut faire sourire, même si ses capacités de coordination ne peuvent être remises en question. Pour les raisons indiquées au chapitre 3, les couches profondes du colliculue supérieur sont faites pour exercer ce rôle. Offrant la possibilité de superposer des images d'aspects différents des mondes intérieur et extérieur, elles représentent un modèle de ce que le cerveau fabriquant l'esprit et le soi est finalement devenu[10]. Cependant, leurs limites sont évidentes. On ne peut attendre du colliculue qu'il soit le coordinateur en chef des images corticales quand on en arrive à la complexité du soi autobiographique.

Le second candidat à ce rôle est le thalamus, en particulier ses noyaux associatifs dont la situation est idéale pour établir des liaisons fonctionnelles entre des groupes distincts d'activité corticale.

Visite guidée du cerveau construisant l'esprit conscient

Imaginez la scène suivante : je regarde des pélicans donner leur petit-déjeuner à leurs petits. Ils volent avec grâce au-dessus de l'océan, parfois tout près de la surface, parfois très haut. Quand ils aperçoivent un poisson, ils plongent soudainement sous la surface de la mer, leur bec de Concorde en position d'atterrissage et leurs ailes repliées pour former un beau delta. Ils disparaissent dans l'eau pour émerger une seconde plus tard, triomphants, avec le poisson qu'ils ont attrapé.

Mes yeux sont occupés à suivre ces pélicans. Quand ils se déplacent, pour s'approcher ou s'éloigner, le cristallin de mes yeux modifie leur distance focale, mes pupilles s'ajustent à la variation lumineuse et mes muscles oculaires travaillent pour suivre les mouvements rapides des oiseaux ; mon cou aide à effectuer les bons ajustements et ma curiosité et mon intérêt sont positivement récompensés par l'observation d'un rituel si remarquable ; j'apprécie le spectacle.

Par suite de tout cet affairement dans la vie réelle et dans mon cerveau, des signaux arrivent à mes cortex visuels, tout frais émoulus des cartes rétiniennes qui dessinent les pélicans et définissent leur apparence en tant qu'objet à connaître. Une profusion d'images changeantes apparaît. Sur des chemins parallèles, des signaux sont aussi traités dans diverses régions cérébrales : dans les champs oculaires frontaux (dans l'aire 8, qui est concernée par les mouvements des yeux, mais pas par les images visuelles en soi) ; dans les cortex somatosensoriels latéraux (qui dessinent l'activité musculaire de la tête, du cou et du visage) ; dans les structures liées aux émotions qui se trouvent dans le tronc cérébral, le prosencéphale de la base, les ganglions de la base et les cortex insulaires, dont l'activité combinée aide à engendrer mes sentiments agréables vis-à-vis de cette scène ; dans les collicules supérieurs, dont les cartes reçoivent les informations portant sur la scène visuelle, les mouvements des yeux et l'état du corps ; et dans les noyaux associés du thalamus qui sont engagés dans toute la circulation de signaux qui a lieu dans le cortex et les régions du tronc cérébral.

Qu'est-ce qui ressort de tous ces changements ? Les cartes qui dessinent l'état des portails sensoriels et celles qui concernent l'état intérieur de l'organisme enregistrent une perturbation. Le sentiment primordial du protosoi est modifié au profit de sentiments différentiels de savoir concernant l'objet qui engage l'esprit. Par suite, les cartes visuelles récentes de l'objet à connaître (les pélicans en train de donner à manger) ressortent davantage que les autres matériaux traités de façon non consciente dans mon esprit. Ce matériel peut rivaliser pour recevoir un traitement conscient, mais il n'y parvient pas, car, pour diverses raisons, les pélicans sont très intéressants pour moi ; ils ont de la valeur. Les noyaux de récompense situés dans des régions comme l'aire tegmentale ventrale du tronc cérébral, le noyau accumbens et les ganglions de la base effectuent ce traitement spécial des images des pélicans en libérant sélectivement des neuromodulateurs dans les aires produisant des images. Un sentiment de possession de ces images ainsi que de contrôle (*agency*) dérive de ces sentiments de savoir. Dans le même temps, les changements survenus dans les portails sensoriels ont placé l'objet à connaître dans une perspective bien définie relativement à moi[11].

De cette image cérébrale globale émergent des états du soi-noyau, à la façon d'une pulsation. Mais soudain le téléphone sonne et le charme est rompu. Ma tête et mes yeux se déplacent avec réticence mais inexorablement vers le combiné. Je me lève. Et tout le cycle de production de l'esprit conscient recommence, cette fois polarisé sur le téléphone. Les pélicans sont désormais hors de ma vue et de mon esprit ; il a pris leur place.

CHAPITRE 9

Le soi autobiographique

Une autobiographie se compose de souvenirs personnels et représente la somme totale de ce qu'ont été les expériences de notre vie, y compris celles des plans, précis ou même un peu vagues, que nous avons formés pour l'avenir. Le soi autobiographique est une autobiographie rendue consciente. Il englobe toute l'histoire dont on se souvient, récente aussi bien que lointaine. Les expériences sociales auxquelles on a participé ou qu'on a souhaité vivre sont incluses dedans, et de même les souvenirs décrivant les expériences émotionnelles les plus raffinées, celles qu'on pourrait qualifier de spirituelles.

Alors que le soi-noyau palpite sans relâche, alors qu'il est toujours « en ligne », de l'allusion presque devinée à la présence criante, le soi autobiographique mène une double vie. D'un côté, il peut être à découvert, et c'est alors que l'esprit conscient se présente sous sa forme la plus développée et la plus humaine ; de l'autre, il peut rester à l'état dormant, la foule de ses composants attendant leur tour de devenir actifs. Cette autre vie du soi autobiographique a lieu hors champ, à l'écart de la conscience accessible ; et c'est probablement en cet endroit et en ces moments que le soi mature, grâce à la sédimentation graduelle et aux révisions de la mémoire. Lorsque les expériences vécues se reconstruisent et se rejouent, par réflexion consciente ou bien par traitement non conscient, leur substance est réévaluée et inévitablement réarrangée, qu'elle soit beaucoup ou peu modifiée, en termes de composition factuelle et d'accompagnement émotionnel. Ce faisant, les entités et les événements acquièrent un poids émotionnel nouveau. Certains schémas mémoriels, sur la table de montage de l'esprit, sont abandonnés, tandis que d'autres sont restaurés et rehaussés ; d'autres encore sont si adroitement combinés par nos désirs ou par les aléas du hasard qu'ils créent de nouvelles scènes qui n'ont jamais été tournées. C'est ainsi, à mesure que passent les années, que notre histoire se réécrit subtilement. Et c'est pourquoi des faits peuvent prendre une nouvelle signification et la musique de la mémoire se jouer de façon différente aujourd'hui que l'an dernier.

En termes neurologiques, ce travail de construction et de reconstruction s'effectue en grande partie par traitement non conscient et, pour autant que nous le sachions, même dans les rêves, ce qui n'empêche pas, occasionnellement, qu'il se réalise dans la conscience. Il s'appuie sur l'architecture de convergence-divergence pour transformer les images codées contenues dans l'espace dispositionnel en images apparaissant explicitement dans celui des images.

Heureusement, vu l'abondance des souvenirs que nous détenons du passé que nous avons vécu et de l'avenir que nous avons anticipé, il ne nous est pas nécessaire de nous les rappeler tous et même la plupart lorsque notre soi opère en mode autobiographique. Même Proust n'avait pas besoin de puiser dans toute la richesse des détails liés à son lointain passé pour élaborer un instant pleinement proustien. Dieu merci, nous nous appuyons sur des épisodes clés de notre vie, toute une collection même ; et en fonction des besoins du moment, nous nous rappelons simplement un certain nombre d'entre eux et les braquons sur l'épisode présent. Dans certaines situations, évidemment, le nombre d'épisodes ainsi convoqués peut être très élevé ; c'est alors un véritable flot de souvenirs qui afflue, porteur des émotions et des sentiments qui les accompagnaient à l'origine. (On peut compter sur Bach pour susciter une telle situation.) Même lorsque le nombre d'épisodes est limité, la complexité de ce dont il faut se souvenir pour structurer le soi est très grande, c'est là un euphémisme. Voilà tout le problème que pose la construction du soi autobiographique.

Comment se construit le soi autobiographique

La stratégie adoptée par le cerveau pour édifier le soi autobiographique est la suivante. Premièrement, des ensembles substantiels de souvenirs définissant une biographie doivent être regroupés de sorte que chacun puisse facilement être traité comme un objet individuel. Chacun de ces objets est autorisé à modifier le protosoi et à donner sa pulsation au soi-noyau, avec, à la remorque, les sentiments de savoir respectifs et la saillance de l'objet qui leur correspond. Deuxièmement, les objets de notre biographie étant innombrables, le cerveau a besoin de procédés capables de coordonner l'évocation des souvenirs, de les procurer au protosoi pour l'interaction qui est requise et de placer les résultats de celle-ci dans une structure cohérente qui soit reliée aux objets qui en sont les causes. Ce problème est loin d'être simple. En effet, les niveaux complexes du soi autobiographique, lesquels incluent par exemple des aspects sociaux substantiels, englobent tant d'objets biographiques qu'ils exigent d'innombrables pulsations du soi-noyau. En conséquence, pour construire le soi autobiographique, il faut un appareillage neural capable de produire de multiples pulsations du soi-noyau, dans une fenêtre de temps réduite, pour un nombre substantiel de composants. Par-dessus le marché, il doit pouvoir rassembler les résultats de façon transitoire.

Du point de vue neural, le processus de coordination est spécialement compliqué par le fait que les images constituant une autobiographie sont en grande partie implantées dans les espaces d'images du cortex cérébral, lesquels sont fondés sur le rappel des souvenirs issus des cortex dispositionnels. Pourtant, afin de devenir conscientes, ces mêmes images doivent interagir avec la machinerie du protosoi. Or elle est en grande partie située au niveau du tronc cérébral. La construction du soi autobiographique fait alors appel à des mécanismes de coordination très élaborés, ce que la construction du soi-noyau peut procurer.

En guise d'hypothèse de travail, on peut donc considérer que le soi autobiographique dépend de deux mécanismes conjoints. Le premier est annexe au mécanisme du soi-noyau et garantit que chaque ensemble biographique de souvenirs est traité comme un objet et rendu conscient dans une pulsation du soi-noyau. Le second accomplit dans tout le cerveau une opération de coordination qui comprend les étapes suivantes : 1) certains contenus sont évoqués à partir de la mémoire et exprimés en images ; 2) ces images sont autorisées à interagir de façon ordonnée avec un autre système, situé ailleurs dans le cerveau : à savoir le protosoi ; 3) les résultats de cette interaction sont maintenus cohérents dans une certaine fenêtre de temps.

Les structures impliquées dans la construction du soi autobiographique incluent toutes celles qui sont requises pour le soi-noyau, dans le tronc cérébral, le thalamus et le cortex cérébral, plus celles qui sont impliquées dans les mécanismes de coordination évoqués ci-dessus.

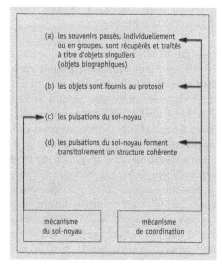

Figure 9.1 : *Le soi autobiographique : mécanismes neuraux.*

La question de la coordination

Avant d'en dire plus sur cette coordination, j'aimerais m'assurer que mes idées ne soient pas mal interprétées. Les dispositifs de coordination que je postule ne sont *pas* des théâtres cartésiens (pas de pièce à jouer sur leur scène) ; ce ne sont *pas* des centres de conscience (cela n'existe pas) ; ce ne sont *pas* des homoncules interprètes (ils ne savent rien, ils n'interprètent rien). Ce sont seulement ce que mon hypothèse postule, rien de plus. Ce sont les *organisateurs* spontanés d'un processus. Les résultats de toute l'opération *ne se matérialisent pas au sein des dispositifs de coordination*, mais plutôt *ailleurs*, en particulier dans les structures qui forment les images et engendrent l'esprit, lesquelles sont situées à la fois dans le cortex cérébral et le tronc cérébral.

La coordination n'est pas menée par un agent mystérieux qui serait extérieur au cerveau, mais plutôt par des facteurs naturels comme l'ordre d'introduction des contenus iconiques dans le processus mental et la valeur qui leur est accordée. Comment s'effectue cette attribution de valeur ? Toute image traitée par le cerveau est automatiquement appréciée et marquée d'une valeur à la faveur d'un processus fondé sur les dispositions originales du cerveau (son système de valeur biologique), ainsi que sur celles qui sont acquises par apprentissage tout au long de la vie. Cette estampille est ajoutée durant la perception originelle et est enregistrée avec l'image, mais elle est aussi ravivée à chaque remémoration. En résumé, face à certaines séquences d'événements et à la richesse des connaissances passées qui ont été filtrées et marquées d'une certaine valeur, les dispositifs cérébraux de coordination assistent l'organisation des contenus actuels. De plus, ils apportent les images au système du protosoi et enfin assurent la cohérence transitoire des résultats de l'interaction (pulsations du soi-noyau).

Les coordinateurs

Sur la base de l'hypothèse de travail présentée ici, la première étape dans l'implémentation neurale du soi autobiographique nécessite les structures et les mécanismes déjà examinés pour le soi-noyau. Mais les structures et mécanismes indispensables pour implémenter la deuxième étape de ce processus, à savoir la coordination ayant lieu dans tout le cerveau que j'ai décrite plus haut, exigent quelque chose de distinct.

Quels sont les candidats au rôle de coordinateur à grande échelle ? Plusieurs structures possibles viennent à l'esprit, mais seules quelques-unes peuvent être sérieusement envisagées. Le thalamus représente un candidat important ; il est toujours évoqué dans les discussions portant sur les bases neurales de la conscience, en particulier sa collection de noyaux associatifs. La position intermédiaire des noyaux du thalamus, entre le cortex cérébral et le tronc cérébral, est en effet idéale pour échanger des signaux et jouer un rôle de coordination. Si le thalamus associatif est très actif pour élaborer l'arrière-plan de toute image, il joue un rôle très important, mais pas du tout principal quand il s'agit de coordonner les contenus qui définissent le soi autobiographique. J'en dirai davantage à ce propos au chapitre suivant.

Quels sont les autres candidats probables ? Une collection composite de régions situées dans les deux hémisphères cérébraux et se distinguant par l'architecture de leur connectique constitue un favori. Chacune est un nœud macroscopique localisé à un grand carrefour du réseau signalétique de convergence-divergence. J'ai déjà décrit ces régions de convergence-divergence (RCD) au chapitre 6 et indiqué qu'elles sont formées d'un grand nombre de zones de convergence-divergence. Les RCD sont situées de façon stratégique dans les cortex associatifs supérieurs, mais pas dans les cortex sensoriels servant à la formation d'images. Elles affleurent dans des sites tels que la jonction temporo-pariétale, les cortex temporaux latéraux et médians, les cortex pariétaux latéraux, les cortex frontaux latéraux et médians, et les cortex postéromédians. Ces RCD recèlent les enregistrements des connaissances acquises précédemment concernant les thèmes les plus divers. L'activation de n'importe laquelle de ces régions promeut la reconstruction, par divergence et rétroactivation dans les aires formant les images, des aspects divers des connaissances passées, dont celles qui touchent à la biographie ainsi que celles qui décrivent le savoir génétique non personnel.

Les principales RCD pourraient être également intégrées par des connexions cortico-corticales de longue portée, du type de celles identifiées pour la première fois par Jules Déjerine il y a un siècle. Ces connexions introduiraient encore un autre niveau de coordination entre les aires cérébrales.

L'une des RCD, les cortex postéromédians (CPM), semble occuper une position fonctionnelle hiérarchique

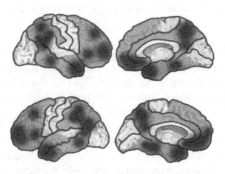

Figure 9.2 : *Les principales régions de convergence-divergence*. La tâche consistant à coordonner les diverses images engendrées par la perception présente et la remémoration est assistée par les régions de convergence-divergence (RCD), qui sont situées à l'intérieur des cortex associatifs non cartographiques. L'emplacement approximatif des principales RCD est suggéré dans le diagramme : les cortex temporaux polaire et médian, les cortex préfrontaux médians, les jonctions temporo-pariétales et les cortex postéromédians (CPM). Selon toute probabilité, il existe d'autres régions de ce type. La plupart des RCD représentées dans la figure font aussi partie du « réseau par défaut » de Raichle, discuté plus loin dans ce chapitre.
Voir chapitre 6 et figures 6.1 et 6.2 pour l'architecture de ces régions.
Voir figure 9.4 pour les détails de connexion d'une des RCD, les CPM.

élevée par rapport aux autres et se caractériser par plusieurs traits anatomiques et fonctionnels qui la distinguent. Il y a une dizaine d'années, j'ai suggéré que les CPM étaient liés au processus du soi, mais pas dans le rôle que j'envisage désormais qu'ils jouent. Les données obtenues ces dernières années suggèrent que la région des CPM est impliquée dans la conscience, tout particulièrement dans les processus liés au soi. Nous avons en effet rassemblé des informations sur sa neuro-anatomie et sa physiologie dont nous ne disposions pas auparavant (voir la fin de ce chapitre).

Le dernier candidat, enfin, est un cheval noir, une mystérieuse structure appelée claustrum, qui est étroitement liée aux RCD. Situé entre le cortex insulaire et les ganglions de la base de chaque hémisphère, il possède des connexions corticales qui pourraient jouer un rôle de coordination. Francis Crick était persuadé que le claustrum était une sorte de directeur des opérations sensorielles, chargé de lier les composantes disparates d'un percept multisensoriel. Les données issues d'expériences neuro-anatomiques révèlent bien des connexions avec des régions sensorielles variées, ce qui rend assez plausible ce rôle de coordinateur. Fait intrigant, le claustrum est doté d'une solide projection vers l'importante RCD mentionnée plus haut : les CPM. La découverte de ce lien fort entre eux n'est intervenue qu'après la mort de Crick et n'a donc pas été mentionnée dans l'article, publié de façon posthume, qu'il a écrit avec Cristof Koch et dans lequel il défend son point de vue[1]. Le problème que pose la candidature du claustrum au titre de coordinateur tient à sa petite échelle au regard du travail à accomplir. D'un autre côté, puisqu'on ne peut attendre d'aucune des structures discutées plus haut qu'elle effectue à elle seule ce travail de coordination, il n'y a aucune raison pour que le claustrum ne contribue pas à la construction du soi autobiographique.

Le rôle possible des cortex postéromédians

D'autres recherches seront nécessaires pour déterminer le rôle spécifique que jouent les CPM dans la construction de la conscience. Plus loin dans ce chapitre, je présente les données issues de diverses sources – recherches sur l'anesthésie, le sommeil, certaines affections neurologiques (qui vont du coma et de l'état végétatif à la maladie d'Alzheimer) et études par IRMf sur les processus liés au soi. Mais, tout d'abord, évoquons les données concernant les CPM qui semblent les plus solides et les plus interprétables – elles proviennent d'expériences neuro-anatomiques – et spéculons sur leur possible activité ainsi que sur les raisons incitant à mener des recherches sur elles.

Quand j'ai suggéré que les CPM pouvaient jouer un rôle dans la production de la subjectivité, il y avait derrière cette idée deux enchaînements de pensée. L'un venait des réflexions sur le comportement et le statut mental présumé des patients suivis en neurologie qui souffrent d'une lésion focale dans cette région, causée par un stade avancé de la maladie d'Alzheimer, ainsi que par des accidents vasculaires extrêmement rares et des métastases cancéreuses au cerveau. L'autre était lié à la recherche théorique d'une région cérébrale dont la physiologie lui permettrait de rassembler des informations à la fois sur l'organisme *et* sur les objets et événements avec lesquels il interagit. La région des CPM était l'un de mes candidats à cet égard, car elle paraissait située à une intersection entre les voies associées aux informations qui sont issues des viscères (intéroception), du système musculo-squelettique (proprioception et kinésthésie) et du monde extérieur (extéroception). L'enchaînement factuel n'est pas en question, mais je ne ressens plus le besoin de postuler le rôle fonctionnel que j'envisageais. Pour autant, cette hypothèse a déclenché des investigations qui ont apporté des informations nouvelles, comme on le verra plus loin.

Avancer dans cette hypothèse n'était pas facile, le principal problème étant que les informations neuroanatomiques disponibles sur cette région étaient très limitées. Certaines études de valeur avaient commencé à cartographier la connectivité de certaines parties des CPM[2], mais le diagramme global de câblage de cette région n'avait pas été étudié. En fait, elle n'était même pas désignée sous un terme générique, mais par celui de ses composantes, à savoir le cortex cingulaire postérieur, le cortex rétrosplénial et le précunéus. Les CPM, quel que fût leur nom, n'étaient pas encore sous le radar des aires cérébrales notables.

Afin d'explorer l'hypothèse selon laquelle les CPM étaient impliqués dans la conscience, il était nécessaire d'acquérir au préalable des connaissances inédites sur la neuro-anatomie de leurs connexions. C'est pour cette raison que notre groupe a entrepris une expérimentation sur des primates non humains. Ces expériences ont été menées dans le laboratoire de Josef Parvizi et en collaboration avec Gary Van Hoesen. Il s'agissait de procéder sur des macaques à de nombreuses injections de traceurs biologiques dans tous les territoires dont nous avions besoin d'étudier les connexions neurales. Une fois injectés dans une certaine région, ces traceurs biologiques sont absorbés par les neurones individuels et transportés le long de leur axone jusqu'à leur destination naturelle, à laquelle les neurones sont connectés. C'est ce qu'on appelle des traceurs antérogrades. Un autre type, rétrograde cette fois, est capté par le terminal des axones et transporté en sens inverse de là où se trouvent ces terminaux jusqu'au corps cellulaire des neurones, à leur point d'origine. Tous ces déplacements permettent de cartographier, pour chaque région cible, les sites d'origine des connexions qu'elle reçoit, ainsi que ceux vers lesquels elle envoie ses messages.

Les CPM sont constitués de plusieurs sous-régions. (Sur la carte cytoarchitectonique de Brodmann, il s'agit des aires 23a/b, 29, 30, 31 et 7m.) L'interconnectivité de ces sous-régions est si imbriquée qu'il est raisonnable, dans une certaine mesure, de les traiter comme une unité fonctionnelle. Certaines affiliations distinctes dans les connexions entre sous-secteurs offrent la possibilité que certains d'entre eux jouent un rôle fonctionnel distinct. Le terme générique que nous avons forgé pour cet ensemble semble toutefois justifié, du moins pour l'instant.

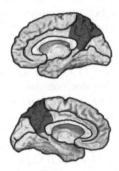

Figure 9.3 : *Emplacement des cortex postéromédians dans le cerveau humain.*

La structure des connexions des CPM qui est rapportée dans la première publication parue sur ces longues et laborieuses recherches[3] est résumée dans la figure 9.4. On peut la décrire comme suit.

1. Les informations issues des cortex associatifs pariétaux et temporaux, des cortex entorhinaux et des cortex frontaux convergent dans les CPM, tout comme celles qui provien-

nent du cortex cingulaire antérieur (principal récepteur des projections de l'insula), le claustrum, le prosencéphale de la base, l'amygdale, la région prémotrice et les champs oculaires frontaux. Les noyaux intralaminaires et dorsaux du thalamus se projettent aussi dans les CPM.
2. À de rares exceptions près, les sites à l'origine des informations convergeant vers les CPM reçoivent aussi d'eux des informations divergentes, sauf le cortex préfrontal ventromédian, le claustrum et les noyaux intralaminaires du thalamus. Certains sites qui ne se projettent pas vers les CPM en reçoivent des projections, à savoir le caudé et le putamen, le noyau accumbens et le gris périaqueducal.
3. Relativement aux cortex sensoriels antérieurs ou aux cortex moteurs primaires, il n'existe pas de connexions vers les CPM ou venant d'eux.
4. Des résultats décrits en 1 et 2, il appert que les CPM constituent une région de convergence-divergence supérieure. Ils sont un membre éminent du club des RCD que je considère comme de bons candidats pour coordonner les contenus dans l'esprit conscient et ils possèdent même une importante connexion avec un autre coordinateur potentiel, le claustrum, qui se projette de façon significative vers les CPM, mais avec peu de réciproque.

Une étude récente menée sur l'homme a corroboré l'idée que les CPM sont distincts du point de vue neuroanatomique[4]. Cette recherche, conduite par Olaf Sporns, s'appuyait sur une technique moderne d'imagerie par résonance nucléaire, l'imagerie par spectre de diffusion, qui produit des images des connexions neurales et de leur distribution approximative dans l'espace. Les auteurs ont ainsi pu construire des cartes de la disposition des connexions dans tout le cortex cérébral humain. Ils ont identifié plusieurs centres de connexion dans tout le cortex cérébral, dont plusieurs correspondent aux RCD que j'ai présentées. Ils concluent aussi que la région des CPM

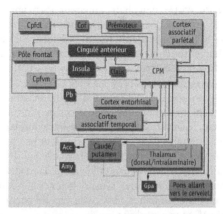

Figure 9.4 : *Structure des connexions neurales partant des cortex postéromédians (CPM) et y arrivant, telle qu'elle a été déterminée dans une étude menée sur le singe.* (Abréviations : cpfdl : cortex préfrontal dorso-latéral ; cof : champs oculaires frontaux ; cpfvm : cortex préfrontal ventromédian ; pb : prosencéphale de la base ; claus : claustrum ; acc : noyau accumbens ; amy : amygdale ; gpa : gris périaqueducal.)

constitue un centre unique, plus fortement interrelié aux autres que n'importe lequel autre.

Les CPM au travail

Nous sommes maintenant en bonne position pour expliquer comment les CPM contribuent à l'esprit conscient. Même s'ils représentent une fraction importante du cortex cérébral, leur puissance ne tient pas au territoire qu'ils occupent, mais à leurs relations. Les CPM reçoivent en effet des signaux de la plupart des régions d'association sensorielle supérieure et des régions motrices, et ils leur rendent la pareille. Les régions du cerveau riches en zones de convergence-divergence, qui détiennent la clé de composés d'informations multimodales, sont ainsi capables d'envoyer des signaux aux CPM et d'en recevoir. Les CPM en reçoivent aussi des noyaux sous-corticaux impliqués dans l'état de veille et, à leur tour, en émettent vers diverses régions sous-corticales liées à l'attention, aux récompenses (dans le tronc cérébral et le prosencéphale de la base), ainsi que vers celles qui sont aptes à produire des routines motrices (comme les ganglions de la base et le gris périaqueducal).

Sur quoi portent les signaux reçus et qu'en font les CPM ? Nous ne le savons pas avec certitude, mais la forte disproportion entre la profusion et la force des projections vers les CPM et le territoire auquel elles aboutissent suggère une réponse. Les CPM représentent des territoires anciens dont on peut penser qu'ils détiennent des dispositions plutôt que des cartes explicites. Les CPM ne sont pas des cortex sensoriels antérieurs comme ceux de la vision ou de l'audition, où des cartes détaillées de choses et d'événements peuvent être assemblées. Disons qu'il n'y a pas assez d'espace mural dans la galerie des CPM pour exposer de grands tableaux ou, pour cette raison, pour présenter des spectacles de marionnettes. Mais ce n'est pas grave, car les cortex qui envoient des signaux aux CPM ne sont pas non plus semblables aux cortex sensoriels antérieurs ; ils ne peuvent pas plus que les CPM exposer de grands tableaux ni présenter des spectacles de marionnettes ; eux aussi sont en grande partie des zones de convergence-divergence dispositionnelles, détentrices d'informations enregistrées.

Dès lors, les CPM dans leur ensemble comme dans les sous-modules qui les composent se comportent sans doute eux-mêmes comme des régions de convergence-divergence. Il me semble que les informations détenues par eux ainsi que par leurs partenaires ne peuvent être rappelées que par rétrotransmission dans les autres RCD du club, lesquelles, à leur tour, peuvent transmettre des signaux aux cortex sensoriels antérieurs. Il s'agit des cortex où les images peuvent être formées et projetées, c'est-à-dire où on peut montrer de grands tableaux et présenter des spectacles de marionnettes. Par rapport aux autres RCD interconnectées avec elles, les CPM occupent une position hiérarchique spéciale. Cette région se situe plus en haut du totem capable de transmissions interactives avec les autres RCD.

Comment donc la conscience assiste-t-elle les CPM ? En contribuant à l'assemblage des états du soi autobiographique. Voici ce que j'envisage : les activités sensorielles et motrices distinctes qui sont liées à l'expérience personnelle auraient à l'origine été cartographiées dans les régions cérébrales adaptées, corticalement et sous-corticalement, et les données auraient été enregistrées dans les ZCD et les RCD. À leur tour, les CPM auraient constitué une RCD de niveau plus élevé interconnectée avec les autres RCD. Cet agencement aurait permis à l'activité des CPM d'accéder à des groupes de données très distribués, l'avantage étant que la commande de cet accès serait venu d'un territoire relativement petit et ainsi spatialement gérable. Les CPM pouvaient ainsi supporter l'établissement de connaissances momentanées et cohérentes dans le temps.

Si la structure des connexions neuro-anatomiques des CPM est remarquable, leur emplacement anatomique l'est aussi. Ils sont situés près de la commissure, la gauche des CPM regardant la droite à travers la division entre les hémisphères. Au sein du volume du cerveau, cette position géographique est intéressante pour les connexions à la fois convergentes et divergentes avec la plupart des régions du manteau cortical et idéale pour recevoir les signaux issus du thalamus et les renvoyer. Curieusement, cet emplacement apporte aussi une protection contre les impacts extérieurs et, parce qu'ils sont alimentés par trois gros vaisseaux sanguins distincts, immunise relativement les CPM contre les dommages ou traumatismes vasculaires qui pourraient les détruire radicalement.

J'ai souligné précédemment le fait que les structures liées à la conscience ont en commun plusieurs traits anatomiques. Premièrement, au niveau cortical ou sous-cortical, elles sont plutôt anciennes. Cela ne doit pas surprendre, dans la mesure où, si la conscience est apparue tard au cours de l'évolution biologique, elle n'est pas du tout le produit le plus récent de celle-ci. Deuxièmement, les structures corticales et sous-corticales sont plutôt placées à la commissure ou près d'elle ; comme les CPM, elles ont tendance à regarder leurs homologues de l'autre côté de la commissure du cerveau – c'est le cas des noyaux du thalamus et de l'hypothalamus, ainsi que des noyaux tegmentaux du tronc cérébral. Leur ancienneté évolutive et l'intérêt de leur emplacement eu égard à la distribution généralisée de signaux sont étroitement corrélés.

Les CPM joueraient comme un partenaire du réseau de RCD corticales. Mais le rôle des autres RCD et l'importance du système du protosoi sont tels que la conscience peut être affectée, mais nullement anéantie suite à la destruction hypothétique de toute la région des CPM, si toutes les autres RCD et le système du protosoi restent intacts. Quoique pas de façon optimale, elle pourrait être restaurée. La situation en cas de maladie d'Alzheimer avancée, que je décris dans la section suivante, est différente au sens où les dégâts causés dans les CPM sont virtuellement le dernier coup porté par le processus de dégradation progressive qui a déjà handicapé d'autres RCD et le système du protosoi.

Autres considérations sur les cortex postéromédians

LES RECHERCHES SUR L'ANESTHÉSIE

À certains égards, une anesthésie générale constitue un moyen idéal pour étudier la neurobiologie de la conscience.

C'est l'une des avancées les plus spectaculaires de la médecine et elle a sauvé la vie de millions de personnes qui, sans cela, n'aurait pu subir d'interventions chirurgicales. On imagine souvent que l'anesthésie générale endort la douleur, puisque ses effets empêchent de ressentir celle que des incisions chirurgicales provoqueraient. À vrai dire, elle l'empêche de la façon la plus radicale possible : en général, elle suspend complètement la conscience, pas simplement la douleur, mais tous les aspects de l'esprit conscient.

Des niveaux superficiels d'anesthésie atténuent légèrement la conscience, laissant la place pour un certain apprentissage conscient et des « bouffées » occasionnelles de traitement conscient. Des niveaux profonds, au contraire, entament profondément le processus conscient et sont en fait des variantes contrôlées de façon pharmacologique de l'état végétatif ou même du coma. C'est ce dont votre chirurgien a besoin s'il veut travailler tranquillement sur votre cœur ou votre hanche. Vous devez être loin, très loin, si profondément endormi que votre tonus musculaire soit mou comme de la gelée et que vous ne soyez plus capable de vous mouvoir. Le stade III remporte la palme : à ce point, vous n'entendez rien, ne ressentez rien, ne pensez à rien. Si le chirurgien vous parle, vous ne répondez pas.

L'histoire de l'anesthésie a apporté aux chirurgiens un grand nombre d'agents pharmacologiques avec lesquels travailler et les recherches continuent pour trouver de molécules les plus efficaces pour un minimum de risques et une faible toxicité. Les anesthésiques font leur travail en augmentant les inhibitions dans les circuits neuraux. Cela s'effectue en renforçant l'action du GABA (acide gamma-aminobutyrique), principal transmetteur de l'inhibition dans le cerveau. Les anesthésiques agissent en hyperpolarisant les neurones et en bloquant l'acétylcholine, molécule importante pour la communication neuronale dans les neurones normaux. On pensait en général que les agents anesthésiants agissaient en réduisant systématiquement le fonctionnement du cerveau, c'est-à-dire en atténuant l'activité des neurones presque partout. Des études récentes ont toutefois montré que certains agissent sélectivement, en exerçant un effet dans certains sites spécifiques du cerveau. C'est le cas du propofol. Comme on l'a montré par IRMf, il agit principalement sur trois sites : les cortex postéromédians ; le thalamus et le tegmentum du tronc cérébral. Si l'importance relative de chacun dans la production de la conscience n'est pas connue, les baisses du niveau de conscience sont corrélées avec celle de l'afflux sanguin local dans les cortex postéromédians[5]. Mais les données ne se limitent pas du tout au propofol. D'autres agents anesthésiants semblent avoir des effets comparables, comme le montre une étude globale. Trois territoires cérébraux paramédians qui servent à élaborer la conscience sont sélectivement déprimés par une anesthésie au propofol.

LES RECHERCHES SUR LE SOMMEIL

Le sommeil est un cadre naturel pour l'étude de la conscience et les études portant sur lui ont été les premières à contribuer à nous faire mieux comprendre ce problème. On a bien établi que des rythmes électroencéphalographiques, qui sont les structures d'activité électrique engendrées par le cerveau, sont associés à des stades spécifiques du sommeil. Il est notoirement difficile d'imputer l'origine des structures électroencéphalographiques à des régions particulières du cerveau, mais la localisation spatiale des techniques d'IRMf est venue compléter le tableau. Grâce à elles, il est devenu possible, ces dix dernières années, d'examiner plus précisément des régions spécifiques aux divers stades du sommeil.

Par exemple, la conscience est profondément affaiblie pendant le sommeil à ondes lentes, dit aussi sommeil à mouvements oculaires non rapides (N-REM). C'est le sommeil profond du juste, dont seule nous tire l'injuste sonnerie du réveil. On l'appelle aussi « sommeil sans rêve », même si l'absence complète de rêves ne s'applique qu'à la première partie de la nuit. L'IRMf montre que, durant le sommeil à ondes lentes, l'activité est réduite dans un grand nombre de régions du cerveau, surtout dans certaines parties du tegmentum du tronc cérébral (le pons et le mésencéphale), le diencéphale (le thalamus et l'hypothalamus/prosencéphale de la base), les parties médianes et latérales du cortex préfrontal, le cortex cingulaire antérieur, le cortex pariétal latéral et les CPM. La structure de réduction fonctionnelle que l'on note dans le sommeil à ondes lentes est moins sélective que dans l'anesthésie générale – il n'y a pas de raison pour qu'elle soit la même –, mais, comme dans l'anesthésie, cela ne suggère pas un affaiblissement général du fonctionnement. La structure inclut surtout les trois corrélats de la formation de la conscience – le tronc cérébral, le thalamus et les CPM ; tous trois sont affaiblis.

La conscience est aussi réduite pendant le sommeil à mouvements oculaires rapides (REM), stade pendant lequel les rêves dominent le plus. Mais ce sommeil permet aux contenus de rêve de pénétrer la conscience, par apprentissage et remémoration ultérieure, ou bien par ce qu'on appelle une « conscience paradoxale ». Les régions du cerveau dont l'activité est diminuée de la façon la plus marquée pendant le sommeil à mouvements oculaires rapides sont le cortex préfrontal dorso-latéral et le cortex pariétal latéral ; la baisse d'activité des CPM est bien moins marquée, comme on peut s'y attendre[6].

En résumé, le niveau d'activité des CPM est plus élevé pendant l'état de veille et moins pendant le sommeil à ondes lentes. Pendant le sommeil à mouvements oculaires rapides, les CPM opèrent aux niveaux intermédiaires. Cela a un sens. La conscience est surtout suspendue pendant le sommeil à ondes lentes ; dans le sommeil avec rêves, des choses arrivent à un « soi ». Le soi du rêve n'est pas le soi normal, bien sûr, mais l'état du cerveau qui va avec semble mobiliser les CPM.

L'IMPLICATION DES CPM
DANS LE RÉSEAU PAR DÉFAUT

Grâce à toute une série de recherches par imagerie fonctionnelle recourant à la tomographie par émission de positrons et à la résonance magnétique fonctionnelle, Marcus Raichle a attiré l'attention sur le fait que, lorsque les sujets sont au repos et ne sont pas engagés dans une tâche exigeant de concentrer leur attention, un sous-ensemble sélectif de régions cérébrales semble actif de façon cohérente. Quand l'attention est dirigée vers une tâche spécifique, l'activité de ces régions diminue légèrement, mais jamais jusqu'au degré remarqué dans l'anesthésie, par exemple[7]. Ce sous-ensemble de régions comprend le cortex préfrontal médian ; la jonction temporo-pariétale ; les structures du cortex temporal médian et antérieur ; et les CPM – toutes régions dont nous savons désormais qu'elles sont fortement interconnectées. La plus grande partie de l'attention portée aux CPM vient en réalité de leur appartenance à ce club.

Raichle a suggéré que l'activité de ce réseau représente un « mode par défaut » d'opération, mode qui est interrompu par les tâches impliquant une attention dirigée vers l'intérieur. Dans celles qui exigent une attention dirigée vers l'intérieur et orientées sur soi, comme dans le fait de devoir retrouver des informations autobiographiques et comme dans certains états émotionnels, nous avons avec d'autres démontré que la diminution de l'activité dans les CPM est moins prononcée ou même absente. En fait, il peut même y avoir augmentation[8]. C'est le cas par exemple de la remémoration de souvenirs

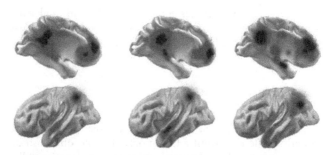

Figure 9.5 : Les CPM, ainsi que d'autres RCD, sont surtout activés dans diverses tâches d'imagerie fonctionnelle impliquant une référence à soi. Elles comprennent la remémoration de souvenirs autobiographiques, l'anticipation d'événements futurs et la formation de jugements moraux.

autobiographiques, de celle de plans formés pour un avenir possible, de nombre de théories de tâches mentales ou encore de quantité de tâches impliquant de juger des personnes ou bien des situations dans un cadre moral[9]. Il existe alors un autre site significatif d'activité, quoiqu'il ne soit ni important ni intense : c'est un autre territoire médian, situé antérieurement dans le cortex préfrontal. Cette RCD fait aussi partie du réseau par défaut. Nous savons, d'un point de vue neuro-anatomique, que c'est aussi une région de convergence-divergence.

Raichle a souligné l'aspect intrinsèque du mode par défaut d'opération et l'a relié, assez astucieusement, à la très forte consommation d'énergie associée à une telle activité – selon toute probabilité, les CPM forment en effet la région la plus métabolique de tout le cortex cérébral[10]. Voilà qui est aussi compatible avec le rôle que j'attribue aux CPM dans la conscience, celui de maître intégrateur/coordinateur restant actif toutes les fois qu'il s'agit de faire tenir des ensembles fortement disparates d'activité cérébrale dans une structure cohérente. La structure de va-et-vient du mode par défaut d'opération cadre-t-elle avec l'idée qu'une région comme les CPM pourrait être au service de la conscience ? Très bien, en fait. Elle reflète la danse arrière-plan/premier plan qui est celle du soi au sein de l'esprit conscient. Quand nous avons besoin d'être attentifs à des stimuli extérieurs, notre esprit conscient place l'objet à examiner au premier plan et laisse le soi à l'arrière-plan. Quand nous ne sommes pas sollicités par le monde extérieur, notre soi s'approche du centre de la scène et peut même se mettre plus en avant lorsque l'objet à examiner est notre propre personne, seule ou dans son cadre social.

LES RECHERCHES
SUR LES MALADIES NEUROLOGIQUES

La liste des maladies neurologiques dans lesquelles la conscience est mise en péril est heureusement brève : le coma et les états végétatifs ; certaines formes d'état épileptique ; ce qu'on appelle les états de mutisme akinétique qui peuvent être causés par certains accidents vasculaires cérébraux, certaines tumeurs et le stade avancé de la maladie d'Alzheimer. Dans le coma et l'état végétatif, la dégradation est radicale, comme si on avait donné un coup de marteau de forgeron précisément et fortement sur un territoire cérébral.

La maladie d'Alzheimer. Maladie uniquement humaine, c'est aussi l'un des plus graves problèmes de santé publique à l'époque moderne. Cependant, tandis que nous nous efforçons de la comprendre, elle aussi est devenue une source d'informations de valeur sur l'esprit, le comportement et le cerveau – ce qui représente tout de même une note positive. Les apports de la maladie d'Alzheimer à la compréhension de la conscience ne sont évidents que depuis peu.

À partir des années 1970, j'ai eu l'occasion de suivre de nombreux patients souffrant de cette affection et le privilège d'étudier leur cerveau *post mortem*, au niveau grossier comme au plan microscopique. Durant ces années, une partie de notre programme de recherche était consacrée à la maladie d'Alzheimer et mon collègue et proche collaborateur Gary W. Van Hoesen était grand expert en neuro-anatomie du cerveau Alzheimer. Notre principal objectif était alors de comprendre comment des changements de circuits dans le cerveau Alzheimer peuvent causer les troubles de mémoire caractérisant cette maladie.

La plupart des patients concernés n'ont pas de troubles de conscience en début de maladie ou dans ses stades intermédiaires. Les premières années sont marquées par des défauts progressifs dans l'apprentissage de nouvelles informations factuelles et dans la remémoration d'informations factuelles précédemment acquises. Des difficultés de jugement et de navigation sont aussi courantes. Au début, l'impact de la maladie est si léger que la sociabilité est préservée et qu'un semblant de vie normale perdure un moment.

Au début des années 1980, notre groupe de recherche, qui comprenait alors Brad Hyman, a établi la cause raisonnable des défauts de mémoire factuels dans la maladie d'Alzheimer : il s'agit des vastes changements neuropathologiques survenant dans le cortex entorhinal et dans les champs adjacents des cortex du lobe temporal antérieur[11]. L'hippocampe, structure cérébrale nécessaire pour enfermer de nouveaux souvenirs factuels ailleurs dans le cerveau, était en réalité déconnecté des cortex du lobe temporal entorhinal/antérieur. En conséquence, il devenait impossible d'apprendre de nouveaux faits. En outre, à mesure que la maladie progressait, les cortex du lobe temporal antérieur étaient eux-mêmes tellement endommagés qu'ils empêchaient d'accéder aux informations factuelles uniques qui avaient été acquises précédemment. Le soubassement des souvenirs autobiographiques était donc érodé et même balayé chez les patients dont le lobe temporal était massivement détruit par suite d'un herpès à encéphalite simplex, infection virale dont le choc met aussi en péril sélectivement les régions temporales antérieures. La spécificité cellulaire de la maladie d'Alzheimer était mystérieuse. Presque tous les neurones des couches II et IV du cortex entorhinal étaient changés en pierres tombales, meilleure description de ce qui reste de neurones une fois que la maladie les a transformés en enchevêtrements fibrillaires. Cette attaque sélective donnait une sorte de coup de rasoir dans les connexions vers l'hippocampe, qui passent par la couche II. Et, afin de rendre la rupture plus complète, elle coupait aussi les connexions venant de l'hippocampe, relayées par la couche IV. Pas étonnant alors que la mémoire factuelle soit dévastée chez les patients Alzheimer.

Toutefois, à mesure que la maladie progresse, entraînant d'autres troubles sélectifs de l'esprit, l'intégrité de la conscience commence à souffrir. Tout d'abord, le problème est limité à la conscience autobiographique, comme on peut s'y attendre. Puisqu'on ne peut retrouver convenablement les souvenirs portant sur des événements personnels du passé, le lien entre les événements actuels et le passé vécu n'est plus établi. La conscience réflexive est en péril. Selon toute probabilité, une partie du trouble est encore due au dysfonctionnement du lobe temporal médian, quoique pas toujours.

Plus tard au cours de cette marche inexorable, les ravages s'étendent bien au-delà des processus autobiographiques. Aux stades avancés de la maladie d'Alzheimer, chez les patients qui sont bien traités médicalement et bien soignés, et qui survivent le plus longtemps, un état virtuellement végétatif s'installe. Les liens avec le monde se réduisent progressivement au point qu'ils ressemblent à des personnes souffrant de mutisme akynétique. Ils initient de moins en moins d'interactions avec leur environnement physique et humain, et ils répondent de moins en moins aux incitations extérieures. Leurs émotions sont en sourdine. Leur comportement est dominé par un air absent, indifférent, vide, vague, silencieux.

Qu'est-ce qui explique le tour que prend finalement la maladie d'Alzheimer ? On ne peut donner une réponse bien définie à cette question, car, au fil des années, plusieurs sites de pathologie entrent en ligne de compte dans le cerveau touché par cette affection. Cependant, contrairement à ce qu'on expliquait auparavant, elle n'est pas du tout « diffuse » et ne cause pas de dégâts n'importe où et partout. Par exemple, les sections du cerveau formant les images, à savoir les cortex sensoriels antérieurs de la vision et de l'audition, ne sont pas frappés, non plus que les régions du cortex cérébral liées au mouvement, les ganglions de la base et le cervelet. D'un autre côté, certaines des régions liées à la régulation de la vie, dont dépend le protosoi, sont progressivement endommagées. Elles ne comprennent pas seulement le cortex insulaire, mais aussi le noyau parabrachial, ce que notre groupe a aussi pu établir[12]. Enfin, d'autres secteurs riches en RCD sont aussi gravement endommagés. Les CPM figurent surtout parmi ces derniers.

Si j'accorde une attention spéciale à ces faits, c'est parce que, tôt au cours de la maladie, les CPM ont des plaques surtout neuritiques, alors que, plus tard, la pathologie est dominée par le dépôt d'enchevêtrements neurofibrillaires, les pierres tombales de neurones jadis en bonne santé auxquelles je faisais allusion plus haut. Leur présence massive dans les CPM suggère que l'opération de cette région est gravement endommagée[13].

Nous étions très au fait des importants changements pathologiques intervenant dans les CPM, que nous appelions alors simplement « le cortex cingulaire postérieur et son entourage ». Mais l'observation clinique répétée de cas de conscience handicapée en phase avancée de la

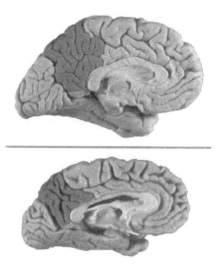

Figure 9.6 : La planche du haut montre une vue médiane de l'hémisphère cérébral gauche chez un individu âgé normal. La région des CPM est ombrée. La planche du bas montre la même vue chez un individu ayant approximativement le même âge, mais se trouvant à un stade avancé de la maladie d'Alzheimer. La région ombrée des CPM est gravement atrophiée.

maladie d'Alzheimer m'a incité à me demander, dans le contexte de ce que j'avais vu survenir dans des cas de lésions focales de cette région et au vu de son emplacement anatomique particulier, si des CPM gravement endommagés ne pouvaient pas constituer la goutte qui faisait déborder le vase[14].

Pourquoi cette région est-elle une cible de la pathologie alzheimericnne ? Il se pourrait bien que ce soit pour la même raison que celle que mes collègues et moi-même avons invoquée, il y a bien des années, pour rendre compte des importantes implications pathologiques des régions du lobe temporal médian dans cette même maladie[15]. Le cortex entorhinal et l'hippocampe ne cessent jamais de fonctionner quand on est normalement en bonne santé. Ils opèrent jour et nuit pour assister le processus de remémoration factuelle en initiant et en consolidant les enregistrements mémoriels. Dès lors, la toxicité cellulaire locale associée à une forte usure prélèverait sa dîme sur les précieux neurones de cette région. Le même raisonnement s'appliquerait aux CPM, étant donné leur opération quasi continue au sein de divers processus liés au soi[16].

En somme, les patients souffrant d'une maladie d'Alzheimer avancée et dont la conscience est à l'évidence en péril ont des lésions neuronales disproportionnées et un dysfonctionnement de deux territoires cérébraux dont l'intégrité est nécessaire à la conscience normale : les CPM et le tegmentum du tronc cérébral. Étant donné que d'autres sites dysfonctionnent aussi, il convient de rester prudent quant à l'interprétation de ces faits. Mais il serait déraisonnable de ne pas prendre en compte ces données.

Qu'en est-il des patients eux-mêmes dont, à ce stade avancé de la maladie, la bonne santé du cerveau subit encore un autre coup dur ? Dans le passé, j'estimais – et c'est encore le cas aujourd'hui – que, si ce nouvel assaut est douloureux pour ceux qui sont proches d'eux, c'est probablement un bienfait déguisé pour les patients. À ce stade et à ce degré de conscience handicapée, ils ne peuvent être au fait des ravages de la maladie. Ils ne sont plus que l'ombre de ce qu'ils étaient ; ils méritent jusqu'à la fin notre amour et nos soins, mais ils sont désormais heureusement délivrés des lois de la douleur et de la souffrance qui s'appliquent encore à ceux qui veillent sur eux.

COMA, ÉTAT VÉGÉTATIF,
CONTRASTE AVEC LE *LOCK-IN SYNDROME*

Les patients comateux ne réagissent pas aux communications avec le monde extérieur ; ils sont plongés dans un sommeil au cours duquel même la structure de leur respiration semble souvent anormale. Ils ne font pas de gestes ni n'émettent de sons dotés de sens, et encore moins ne prononcent de mots. On ne note aucune des composantes essentielles de la conscience dont j'ai dressé la liste au chapitre précédent. Plus d'état de veille ; esprit et soi ne sont plus là, au vu du comportement observable.

Les patients comateux ont souvent un tronc cérébral endommagé, et parfois les dégâts gagnent l'hypothalamus. C'est le plus souvent dû à un accident vasculaire cérébral. Nous savons que le dommage doit être localisé à l'arrière du tronc cérébral, dans le tegmentum, et plus spécifiquement dans son tiers supérieur. Cette partie abrite des noyaux impliqués dans la régulation de la vie, mais ceux-ci ne sont pas indispensables pour entretenir la respiration et l'activité cardiaque. Autrement dit, quand les dégâts impliquent également le tiers inférieur du tegmentum, c'est un décès qui en résulte, et non un coma.

Lorsqu'ils surviennent dans la partie avant, il en résulte non un coma, mais plutôt un *locked-in syndrome*, horrible maladie dans laquelle les patients sont entièrement conscients, mais presque complètement paralysés. Ils ne peuvent communiquer qu'en clignant des yeux, parfois d'un seul et parfois en en remuant un seul vers le haut. Ils peuvent parfaitement entendre et appréhendent les détails du monde. Leur emprisonnement est presque complet, et seul permet de le tolérer l'assourdissement des réactions émotionnelles d'arrière-plan qui évite d'une certaine manière de sentir ce que cette terrible situation a de douloureux.

Nous connaissons l'expérience unique que vivent ces personnes par quelques récits dictés que certains patients intelligents et très observateurs ont eu le courage d'entreprendre, avec l'aide d'experts. Leurs comptes rendus n'étaient pas vraiment dictés, mais plutôt « clignés », à raison d'un clin d'œil par lettre. La maladie de Lou Gehrig (la sclérose latérale amyotrophique) me semblait jadis la plus cruelle des maladies neurologiques. Dans cette affection cérébrale dégénérative, des patients tout aussi conscients perdent progressivement la capacité de se mouvoir, de parler et même d'avaler. Dès que j'ai vu mon premier patient souffrant de *locked-in syndrome*, j'ai toutefois compris que c'est encore pire. Les deux meilleurs livres qui lui sont consacrés sont courts et simples, mais très riches humainement. Celui de Jean-Dominique Baudy a donné un film étonnamment précis, réalisé par le peintre Julian Schnabel, *Le Scaphandre et le Papillon*. Pour les non-spécialistes, c'est un bon document sur cette maladie[17].

Le coma se transforme souvent en un état moins dur qu'on appelle végétatif. Les patients sont toujours inconscients, mais, comme je l'ai noté précédemment, cette maladie diffère du coma sur deux points. Premièrement, les patients connaissent des alternances d'état de veille et de sommeil dont la signature électroencéphalographique a des structures différentes. Leurs yeux peuvent s'ouvrir pendant la partie du cycle correspondant à la veille. Deuxièmement, ils produisent des mouvements et peuvent réagir en remuant. Mais ils ne répondent pas par la parole et les mouvements qu'ils exécutent n'ont pas de spécificité. L'état végétatif peut évoluer vers un retour à la conscience ou rester stable – on l'appelle alors état végétatif persistant. Outre un tegmentum du tronc cérébral et un hypothalamus endommagés – pathologie typique du coma –, l'état végétatif peut résulter de dégâts au thalamus et même de lésions étendues dans le cortex cérébral ou la matière blanche sous-jacente.

Étant donné que les lésions qui en sont la cause sont situées ailleurs, comment le coma et l'état végétatif influent-ils sur le rôle des CPM ? Cette question a été traitée au moyen de recherches par imagerie fonctionnelle visant à étudier la généralisation ou la limitation des modifications fonctionnelles dans le cerveau des patients concernés. On a retrouvé les suspects habituels, comme le montre le fonctionnement en forte réduction du tronc cérébral, du thalamus et des CPM, mais la baisse du taux métabolique local de glucose observable dans les CPM est particulièrement prononcée[18].

Je dois encore rapporter une découverte pertinente. Il n'est pas rare que des patients comateux ou meurent ou bien s'améliorent modestement pour passer à un état végétatif persistant. Cependant, certains ont la chance de connaître un meilleur sort. Progressivement, ils émergent de leur état de profonde non-conscience et des modifications significatives de leur métabolisme cérébral surviennent dans leurs CPM[19]. Voilà qui indique bien que le niveau d'activité dans cette aire est corrélé à celui de la conscience. Puisque les CPM sont très métaboliques, on pourrait être tenté de ne voir dans ce phénomène que le résultat d'une amélioration générale de l'activité cérébrale. Les CPM ne s'amélioreraient que du fait de leur fort métabolisme. Toutefois, cela n'expliquerait pas pourquoi, en même temps, la conscience est retrouvée.

Remarque finale sur les pathologies de la conscience

Les pathologies de la conscience ont beaucoup apporté à sa description neuro-anatomique en révélant certains aspects des mécanismes envisagés pour la construction du soi-noyau et du soi autobiographique. Il peut être utile de les passer en revue brièvement, de sorte que le lien entre la pathologie humaine et les hypothèses présentées plus haut soit plus clair.

Si on laisse de côté les altérations de la conscience qui viennent naturellement du sommeil ou sont induites sous contrôle médical par des anesthésiques, la plupart des troubles de conscience résultent de divers dysfonctionnements cérébraux profonds. Dans certains cas, le mécanisme est chimique – par exemple, pour les overdoses liées à diverses drogues, dont l'insuline prescrite pour traiter les diabètes, ainsi que pour les glycémies excessives, dues à des diabètes non traités. L'effet de ces molécules chimiques est à la fois sélectif et généralisé. Moyennant un traitement prompt et adapté, le mal est cependant réversible. D'autre part, des lésions structurelles causées par un traumatisme crânien, un accident vasculaire cérébral ou certaines maladies dégénératives produisent souvent des troubles de conscience dont on ne peut guère se remettre complètement. De plus, dans certaines situations, une lésion cérébrale peut aussi donner lieu à des malaises, pendant ou après lesquels des états de conscience altérés représentent un symptôme fréquent.

Le coma et l'état végétatif liés à une lésion du tronc cérébral compromettent à la fois le noyau-soi et le soi autobiographique. Les structures du protosoi sont détruites ou gravement endommagées et ni les sentiments primordiaux ni « le sentiment de ce qui est » ne peuvent être engendrés. Un thalamus et un cortex cérébral intacts ne suffisent pas à compenser l'effondrement du système du soi-noyau. De ces maux, on peut conclure à la préséance hiérarchique de ce dernier et à la complète dépendance du système du soi autobiographique sur celui du soi-noyau. Il est important de le remarquer, car l'inverse n'est pas vrai : le soi autobiographique peut être compromis alors que le soi-noyau demeure intact.

Les cas de coma ou d'état végétatif persistant dans lesquels le plus gros de la lésion, au lieu d'affecter le tronc cérébral, compromet le cortex, le thalamus ou la connexion de ces structures avec le tronc cérébral peuvent conduire à un dysfonctionnement du soi-noyau, sans pour autant le détruire. Cela explique l'évolution de certains de ces cas vers une conscience « minimale » et la reprise de certaines activités mentales non conscientes. Les cas de mutisme akynétique et d'automatisme faisant suite à des crises d'épilepsie causent des dégâts réversibles dans le système du soi-noyau et une altération ultérieure du système du soi autobiographique. Certains comportements adéquats restent présents, ce qui, bien qu'ils soient automatiques, suggère que les processus mentaux ne sont nullement anéantis.

Quand des troubles du soi autobiographique apparaissent de façon indépendante, alors que le système du soi-noyau est intact, la cause en est toujours le dysfonctionnement d'un aspect de la mémoire, une amnésie acquise. La cause la plus importante de l'amnésie est la maladie d'Alzheimer ; parmi les autres, on trouve l'encéphalite virale et l'anoxie aiguë (manque d'oxygénation du cerveau) qui peut apparaître en cas d'arrêt du cœur. On observe alors une perturbation considérable des souvenirs uniques qui correspondent au passé qu'a vécu et à l'avenir qu'a anticipé la personne. Évidemment, les patients aux régions hippocampales-entorhinales endommagées et dont l'aptitude à se forger de nouveaux souvenirs est compromise voient progressivement leur soi autobiographique perdre de l'ampleur parce que les événements nouveaux de leur vie ne sont pas convenablement enregistrés et intégrés dans leur biographie. Plus grave est la situation de ceux dont les lésions cérébrales embrassent non seulement les régions hippocampales-entorhinales, mais aussi celles qui entourent et dépassent les cortex entorhinaux, dans le secteur antérieur du lobe temporal. Il apparaît que de tels patients sont entièrement conscients – les opérations de leur soi-noyau sont intactes –, à tel point qu'ils le sont même de leurs remémorations ratées. Cependant, le degré auquel leur biographie peut être évoquée, ainsi que les informations qu'elle véhicule, est réduit dans une mesure plus ou moins grande. Le matériel servant à assembler le soi autobiographique est appauvri, parce qu'il ne peut être extrait des souvenirs passés ou parce que ce qui l'est ne peut être convenablement coordonné et transmis au système du protosoi, ou bien encore pour ces deux raisons. Le patient B représente un cas extrême. Sa remémoration biographique se borne en grande partie à son enfance et est assez schématique. Il sait qu'il a été marié et père de deux fils. Toutefois, il ne sait presque rien de concret sur les membres de sa famille et il ne peut les reconnaître, en photographie ou en chair et en os. On peut raisonnablement dire que son soi autobiographique est minimal. D'un autre côté, un autre patient amnésique bien connu, Clive Wearing, avait des souvenirs biographiques bien plus abondants. Non seulement il avait un soi-noyau normal, mais aussi un soi autobiographique assez nourri. La citation qui suit explique pourquoi je le crois. Elle est extraite d'une lettre que m'a écrite son épouse Deborah Wearing.

> Il parvient à décrire approximativement comment était disposée sa chambre d'enfant ; il sait que, tout petit, il chantait dans la chorale de la paroisse d'Erdington ; il dit qu'il se souvient de s'être trouvé dans un abri antiaérien pendant la guerre et se rappelle le bruit des bombes à Birmingham. Il en connaît un bout sur son enfance et sur ses parents et ses frères et sœurs ; il peut résumer son autobiographie à l'âge adulte – ses études à Cambridge, où il a dirigé une chorale ; là où il a travaillé ; le London Sinfonietta, le département musique de la BBC, sa carrière de chef d'orchestre, de musicologue et de producteur (et, lorsqu'il était plus jeune, de chanteur). Mais Clive vous dira que, s'il connaît les grandes lignes, il a « oublié tous les détails ».
>
> Ces dernières années, il est devenu plus capable d'avoir de vraies bonnes conversations que durant les dix premières, quand il était très effrayé et furieux. Il a un certain sens du passage du temps quand il parle au passé de son oncle et de ses parents. (Son oncle est décédé en 2003, et après que je le lui ai appris, ce qui l'a bouleversé car ils étaient

très proches, je ne me rappelle pas qu'il ait jamais reparlé au présent d'oncle Geoff.) Si on lui demande depuis quand il est malade, il devinera que c'est depuis au moins vingt ans (vingt-cinq, en fait), mais il n'en a toujours eu qu'une vague idée. Là encore, il n'a pas le sentiment de savoir ce qu'il en est, mais si on lui demande de deviner, en général, il tombe juste.

La maladie qu'on appelle anosognosie constitue un autre exemple de perturbation du soi autobiographique. Après une lésion à une région de l'hémisphère *droit* du cerveau qui comprend les cortex somatosensoriels et moteurs, les patients manifestent une paralysie criante des membres gauches, en particulier le bras. Ils « oublient » toutefois sans arrêt qu'ils sont paralysés. Quel que soit le nombre de fois où on leur répète que leur bras gauche ne remue pas, quand on le leur demande, ils affirmeront quand même, avec sincérité, qu'il bouge bel et bien. Ils ne réussissent pas à intégrer les informations correspondant à cette paralysie dans le cours de l'histoire de leur vie. Leur biographie n'est pas actualisée quant à ce type de faits, même s'ils savent par exemple qu'ils ont eu un accident vasculaire cérébral et ont été admis à l'hôpital. Cet oubli littéral de réalités si frappantes est responsable de l'indifférence apparente dont ils font preuve à l'égard de leur état de santé et de leur manque de motivation quand il s'agit de participer à la rééducation dont ils ont besoin.

Je dois ajouter que, lorsque des patients souffrent d'une lésion équivalente à l'hémisphère *gauche* du cerveau, il n'y a *jamais* anosognosie. En d'autres termes, le mécanisme en vertu duquel nous actualisons notre biographie relativement aux aspects de notre corps qui ont à voir avec le système musculo-squelettique *nécessite* l'agrégat de cortex somatosensoriels situés dans l'hémisphère cérébral *droit*.

Une attaque survenant au sein de ce même système peut causer un mal bizarre, mais heureusement temporaire : l'asomatognosie. Les patients conservent un certain sens d'eux-mêmes et certains aspects de la perception viscérale, mais soudainement et pour une courte période, ils sont incapables de percevoir les aspects musculosquelettiques de leur corps.

Un dernier commentaire en ce qui concerne les pathologies de la conscience. On a récemment suggéré que les cortex insulaires seraient à la base de la saisie consciente des états de sentiment et, par extension, de la conscience[20]. Il suivrait d'une telle hypothèse qu'une lésion bilatérale aux cortex insulaires causerait un trouble dévastateur de la conscience. L'observation directe nous apprend que ce n'est pas vrai et que les patients à lésion insulaire bilatérale ont un soi-noyau normal et un esprit conscient parfaitement actif.

CHAPITRE 10

Quand tout est là

En guise de résumé

Il est temps de rassembler les hypothèses et les faits en apparence disparates sur le cerveau et la conscience présentés dans les trois chapitres qui précèdent. Je propose de commencer par traiter un certain nombre de questions qui sont probablement venues à l'esprit du lecteur.

1. Dans la mesure où la conscience ne réside pas dans un centre du cerveau, les états mentaux conscients se fondent-ils surtout sur certains secteurs plutôt que sur d'autres ? Ma réponse est un oui franc. Je crois que les contenus de conscience auxquels nous pouvons accéder s'assemblent surtout dans l'espace d'images des régions corticales antérieures et dans la partie supérieure du tronc cérébral, lesquels représentent l'« espace scénique » composite du cerveau. Ce qui se passe là, cependant, est continuellement produit par les interactions avec l'espace dispositionnel qui organise spontanément les images en fonction de la perception présente et des souvenirs passés. À tout moment, le cerveau conscient travaille de façon globale, mais d'une façon *anatomiquement différenciée*.

2. Dès qu'on mentionne la conscience humaine, on pense au cortex cérébral, qui est hautement développé. Je l'ai pourtant souvent reliée au tronc cérébral, qui est plus humble. Au mépris des idées reçues, vais-je jusqu'à faire du tronc cérébral le partenaire principal du processus conscient ? Pas vraiment. La conscience humaine exige à la fois le cortex cérébral et le tronc cérébral. À lui tout seul, le premier ne suffit pas.
3. Nous comprenons de mieux en mieux comment fonctionnent les circuits de neurones. On a ainsi fait le lien entre les états mentaux et le taux d'allumage des neurones et la synchronisation des circuits neuronaux par le biais de l'activité oscillatoire. Nous savons aussi que, en comparaison des autres espèces, le cerveau humain a un plus grand nombre d'aires cérébrales et qu'elles sont davantage spécialisées, en particulier dans le cortex cérébral ; que le cortex cérébral humain (ainsi que celui des grands singes, des baleines et des éléphants) contient des neurones relativement gros qu'on appelle de Von Economo ; que, chez les primates, les branchements dendritiques de certains neurones du cortex préfrontal sont particulièrement abondants en comparaison de ceux des autres régions corticales et des autres espèces. Ces caractéristiques récemment découvertes suffisent-elles à expliquer la conscience humaine ? La réponse est non. Elles permettent d'expliquer la richesse de l'esprit humain, le vaste panorama de ce à quoi nous pouvons accéder lorsque l'esprit devient conscient par suite des divers processus du soi. En elles-mêmes, elles n'expliquent cependant pas comment le soi et la subjectivité s'engendrent, même si certaines de ces caractéristiques jouent un rôle dans les mécanismes du soi.
4. Les théories de la conscience ignorent souvent les sentiments. Peut-il y avoir conscience sans sentiments ? La réponse est non. L'introspection montre que l'expérience humaine implique toujours des sentiments. Bien sûr, les

mérites de l'introspection peuvent être remis en question mais, à cet égard, ce qu'il nous faut expliquer, c'est pour quelle raison les états conscients nous apparaissent ainsi qu'ils le font.

5. Je forme l'hypothèse que les états de sentiment sont en grande partie engendrés par les systèmes neuraux du tronc cérébral par suite de leur configuration particulière et de leur positionnement vis-à-vis du corps. Un sceptique pourrait en conclure que je n'ai pas répondu à la question de savoir pourquoi les sentiments sont ressentis ainsi qu'ils le sont, et encore moins à celle de savoir pourquoi ils sont ressentis. Je suis à la fois d'accord et pas d'accord. Je n'ai sans nul doute pas donné d'explication globale de la formation des sentiments, mais j'avance une hypothèse spécifique, dont on peut mettre les différents aspects à l'épreuve.

Ni les idées discutées dans ce livre ni celles que présentent de nombreux collègues travaillant dans ce domaine ne prétendent résoudre les mystères qui entourent le cerveau et la conscience. Les travaux actuels contiennent toutefois plusieurs hypothèses qui valent d'être explorées. Seul le temps nous dira si elles tiendront leurs promesses.

La neurologie de la conscience

La neurologie de la conscience est organisée autour des structures cérébrales impliquées pour engendrer notre grande triade veille-esprit-soi. Trois divisions anatomiques majeures – le tronc cérébral, le thalamus et le cortex cérébral – sont principalement concernées, mais on peut gager qu'il n'y a pas alignement direct entre chacune d'elles et chaque composante de la triade. Ces trois divisions contribuent toutes à certains aspects de l'état de veille, de l'esprit et du soi.

LE TRONC CÉRÉBRAL

Les noyaux du tronc cérébral illustrent bien le caractère « multitâche » de l'activité requise par chaque division. Assurément, ils contribuent à l'état de veille, en partenariat avec l'hypothalamus, mais ils sont aussi responsables de la construction du protosoi et de la production des sentiments primordiaux. Des aspects significatifs du soi-noyau sont donc implantés dans le tronc cérébral et, une fois l'esprit conscient apparu, le tronc cérébral participe à la gouvernance de l'attention. Dans toutes ces tâches, il coopère avec le thalamus et le cortex cérébral.

Pour mieux saisir comment le tronc cérébral contribue à l'esprit conscient, il nous faut examiner de plus près les composants qui entrent dans ces opérations. L'analyse de la neuro-anatomie du tronc cérébral révèle plusieurs secteurs recélant des noyaux. Celui qui est situé en bas de l'axe vertical du tronc, en grande partie dans le bulbe rachidien, contient les noyaux concernés par la régulation vitale de base, notamment la respiration et la fonction cardiaque. Une destruction significative de ces noyaux signifie la mort. Au-dessus, dans le pons et le mésencéphale, nous trouvons les noyaux qui, quand ils sont endommagés, provoquent un coma ou un état végétatif plutôt que le décès. C'est en gros le secteur qui va verticalement du niveau moyen du pons au haut du mésencéphale ; il occupe la partie arrière du tronc cérébral. Deux autres structures font aussi partie du tronc : le tectum et l'hypothalamus. Le premier est l'ensemble formé par les collicules supérieurs et inférieurs abordés au chapitre 3 ; en termes d'architecture, il constitue une sorte de toit en haut et à l'arrière du tronc cérébral. Outre leur rôle dans le mouvement lié à la perception, les collicules en joue un dans la coordination et l'intégration des images. L'hypothalamus est situé immédiatement au-dessus du tronc cérébral, mais comme il est très impliqué dans la régulation de la vie et interagit fortement avec les noyaux du tronc, on peut l'inclure dans la famille de celui-ci. Nous avons déjà traité du rôle de l'hypothalamus à propos de l'état de veille, au chapitre 8 (voir figure 8.3).

L'idée selon laquelle certains secteurs du tronc seraient essentiels pour la conscience mais pas d'autres est venue d'une observation classique effectuée par deux éminents neurologues, Fred Plum et Jerome Posner. Selon eux, seules les lésions situées au-dessus du niveau moyen du pons étaient associées au coma et à l'état végétatif[1]. J'en ai tiré une hypothèse précise qui expliquerait cette localisation : quand on envisage le tronc cérébral dans la perspective des régions cérébrales situées plus haut dans le système nerveux, on découvre que ce n'est qu'au-dessus du niveau moyen du pons que le recueil d'*informations portant sur le corps tout entier* devient complet. Aux niveaux inférieurs du tronc ou de la moelle épinière, le système nerveux ne peut accéder qu'à des informations *partielles* sur le corps. Parce que c'est au niveau moyen du pons que le trijumeau pénètre dans le tronc cérébral et apporte les informations qui concernent la portion supérieure du corps – le visage et tout ce qui se trouve derrière, le cuir chevelu, le crâne et les méninges. Ce n'est qu'au-dessus de ce niveau que le cerveau acquiert toutes les informations dont il a besoin pour créer des cartes globales du corps tout entier et pour, en leur sein, engendrer la représentation des aspects relativement invariants de son intérieur, lesquels contribuent à définir le protosoi. En dessous de ce niveau, le cerveau n'a pas encore collecté les signaux nécessaires pour créer la représentation moment par moment du corps tout entier.

Cette hypothèse, Josef Parvizi et moi-même nous l'avons testée en étudiant par résonance magnétique sur des patients comateux l'emplacement de leur lésion cérébrale. Cette recherche a révélé que le coma n'était associé qu'à des lésions situées au-dessus du niveau d'entrée du trijumeau. Elle a entièrement corroboré l'observation antérieure de Plum et Posner, qui n'était fondée que sur un matériel *post mortem*, à une époque où on ne disposait pas de l'imagerie cérébrale[2].

Dès le début de l'histoire des recherches menées sur la conscience, l'association entre des lésions survenues dans cette région et le coma et l'état végétatif a été réputée signifier que le dysfonctionnement qui en résultait interrompait la veille et la vigilance. Le cortex cérébral ne recevait plus d'énergie et n'était plus activé. Privé de la veille, l'esprit n'était plus conscient. L'identification d'un réseau de neurones en interaction locale et se projetant unitairement vers le haut en direction du thalamus et du cortex cérébral a rendu cette idée des plus plausibles. Même le nom donné à ce système de projections – le système d'activation réticulaire ascendant ou SARA – reflète bien cette conception[3]. (Voir encore la figure 8.3. Le SARA est rangé parmi les « autres noyaux du tronc cérébral » dans la légende.)

L'existence d'un tel système a été rigoureusement confirmée. Nous savons que ses projections sont dirigées vers les noyaux intralaminaires du thalamus, lequel se projette à son tour dans les cortex cérébraux, y compris les CPM. Ce n'est pas tout. En parallèle avec des noyaux classiques comme le cunéiforme et le pontis oralis, qui se trouvent là où s'origine le SARA, on trouve toute une collection d'autres noyaux comprenant ceux qui sont impliqués dans la gestion des états internes du corps. Ce sont le locus coeruleus, les noyaux tegmentaux ventraux et le noyau raphé, qui sont respectivement responsables de la libération de norépinéphrine, de dopamine et de sérotonine dans certains secteurs du cortex cérébral et des ganglions de la base. Les projections issues de ces noyaux contournent le thalamus.

Parmi les noyaux impliqués dans la gestion des états du corps, nous trouvons le nucleus tractus solitarius

(NTS) et le noyau parabrachial (NPB), dont l'importance a été analysée aux chapitres 3, 4 et 5 relativement à la création de la première forme de sentiments corporels, les sentiments primordiaux. Le tronc cérébral supérieur comprend aussi les noyaux du gris périaqueducal (GPA), dont l'activité se traduit par des réponses comportementales et chimiques qui sont parties intégrantes de la régulation de la vie et, par suite de ce rôle, exécutent les émotions. Les noyaux du GPA sont étroitement imbriqués avec ceux du NPB et du NTS, ainsi qu'avec les couches profondes des collicules supérieurs, qui jouent vraisemblablement un rôle de coordination dans la construction du soi-noyau. Cette anatomie complexe nous révèle que, si les noyaux classiques et les systèmes d'activation ascendante sont sans doute possible associés aux cycles de veille et de sommeil, le reste des noyaux du tronc cérébral participe à d'autres fonctions qui sont tout aussi importantes et qui relèvent de la conscience. Il s'agit de la détention des normes de valeur biologique, de la représentation de l'intérieur de l'organisme sur la base de laquelle le protosoi est assemblé et les sentiments primordiaux engendrés, ainsi que des premières étapes critiques dans la construction du soi-noyau, qui ont des conséquences sur la gouvernance de l'attention[4].

Ces rôles fonctionnels tenus par le tronc cérébral interviennent tous dans la régulation de la vie. Mais l'idée selon laquelle l'action de ces noyaux serait limitée à la régulation des viscères, du métabolisme et de l'état de veille ne rend pas justice aux résultats qu'ils obtiennent. Ils gèrent la vie d'une façon bien plus large. Ils représentent le siège neural de la valeur biologique, et cette dernière influe sur tout le cerveau, en termes de structures et d'opérations. Selon toute probabilité, c'est là que débute le processus de formation d'images, sous la forme de sentiments primordiaux, et il semble que le dispositif qui fait de l'esprit conscient une réalité, le soi, ait aussi son origine là. Même les efforts de coordination menés par les couches profondes des collicules supérieurs entrent en jeu et prêtent la main.

LE THALAMUS

On dit souvent que la conscience est le résultat de l'intégration massive de signaux dans le cerveau, à travers diverses régions. Et dans cette description, on attribue un rôle prééminent au thalamus. Sans doute contribue-t-il de façon importante à la création du décor de l'esprit et de cette fin de partie que nous appelons l'esprit conscient. Mais peut-on être plus précis sur les rôles qu'il joue ?

Comme dans le cas du tronc cérébral, le thalamus contribue à toutes les composantes de la triade que forme l'esprit conscient. Un ensemble de noyaux thalamiques est essentiel à l'état de veille et relie le tronc au cortex ; un autre apporte les informations avec lesquelles les cartes corticales peuvent être assemblées ; le reste assiste l'intégration sans laquelle l'esprit complexe ne serait pas concevable, et encore moins l'esprit doté d'un soi.

J'ai toujours résisté à la tentation de m'aventurer du côté du thalamus et je suis encore plus prudent aujourd'hui. Le peu de connaissances que j'ai de l'énorme collection de noyaux qu'il comporte, je les dois aux très rares spécialistes de cette structure[5]. Cependant, certains des rôles qu'elle joue ne sont pas discutés et peuvent être mentionnés ici. Le thalamus sert de gare de triage aux informations recueillies à partir du corps et destinées au cortex cérébral. Elles comprennent tous les canaux qui transportent des signaux sur le corps et sur le monde, de la douleur et de la température au toucher, à l'audition et à la vision. Tous les signaux à l'adresse du cortex s'arrêtent aux noyaux de relais du thalamus et changent pour prendre des chemins qui les emmènent à destination, dans diverses cités du cortex, et ce, par des canaux non thalamiques.

Le thalamus a aussi affaire aux signaux nécessaires pour éveiller tout le cortex cérébral ou l'endormir – grâce à des projections neuronales venant de la formation réticulaire mentionnée plus haut. Leurs signaux changent de route dans les noyaux intralaminaires et les CPM sont leur destination principale.

Toutefois – et ce n'est pas moins important, surtout quand il est question de la conscience –, le thalamus sert de coordinateur aux activités corticales, fonction qui dépend du fait que plusieurs de ses noyaux qui parlent au cortex cérébral sont payés de retour, de sorte que, à chaque instant, des boucles récursives peuvent se former. Ce type de noyaux connecte ensemble des parties du cortex cérébral qui sont éloignées aussi bien que proches. Le but de cette connectivité n'est pas de délivrer des informations sensorielles primaires, mais d'*interassocier* des informations.

Dans ce jeu entre le thalamus et le cortex, le premier faciliterait l'activation simultanée ou séquentielle d'unités séparées dans l'espace, les rassemblant pour former des structures cohérentes. De telles activations sont responsables du flot d'images qui forme un courant de pensée, images qui deviennent conscientes lorsque sont engendrées des pulsations du soi-noyau. Ce rôle de coordination dépendrait d'un aller et retour entre les noyaux associatifs du thalamus et les RCD qui sont elles-mêmes impliquées dans les activités corticales coordinatrices. En résumé, le thalamus à la fois relaie les informations destinées au cortex cérébral et interassocie massivement les informations corticales. Le cortex cérébral ne peut opérer sans le thalamus, tout deux ayant coévolué et s'étant inséparablement joints tôt au cours du développement.

LE CORTEX CÉRÉBRAL

Venons-en au pinacle actuel de l'évolution neurale : le cortex cérébral humain. En liaison avec le thalamus et le tronc cérébral, le cortex nous maintient éveillés et aide à sélectionner ce à quoi nous sommes attentifs. En liaison avec le tronc cérébral et le thalamus, il construit les cartes qui deviennent l'esprit. En liaison avec le tronc cérébral et le thalamus, il aide à engendrer le soi-noyau. Enfin, se servant des enregistrements de l'activité passée qui sont stockés dans ses immenses banques de souvenirs, il édifie notre biographie, riche de toute l'expérience des environnements physiques et sociaux dans lesquels nous nous sommes trouvés. Il nous fournit une identité et nous place au centre du spectacle merveilleux et toujours en mouvement qu'est notre esprit conscient[6].

L'assemblage de la conscience témoigne d'un tel effort de coopération qu'il ne serait pas réaliste de mettre en exergue un partenaire en particulier. On ne peut engendrer les aspects autobiographiques du soi qui définissent la conscience humaine sans évoquer le développement exubérant des régions de convergence-divergence qui dominent la neuro-anatomie et la neurophysiologie corticales. On ne pourrait avoir une autobiographie sans l'apport fondateur du tronc cérébral au protosoi, sans qu'il fraye avec le corps proprement dit ou encore sans l'intégration récursive dans tout le cerveau qu'apporte le thalamus.

Toutefois, s'il faut admettre que ces trois grands acteurs travaillent ensemble, il est sage de résister aux conceptions qui négligent la spécificité de ces contributeurs pour mettre l'accent sur les opérations neurales fonctionnellement indistinctes s'effectuant dans tout le cerveau. En termes de bases cérébrales, la nature globalisée de l'esprit conscient est indéniable. Mais grâce aux recherches neuro-anatomiques, nous pouvons en savoir davantage sur les contributions relatives des composants du cerveau au processus global.

Derrière l'esprit conscient, un goulot d'étranglement

Les trois grandes divisions dont nous venons d'esquisser les contours et leur articulation spatiale se caractérisent par des disproportions anatomiques et des alliances fonctionnelles qu'on ne peut expliquer que dans la perspective de l'évolution. Nul besoin d'être neuro-anatomiste pour saisir l'étrange déséquilibre qui règne entre la taille du cortex cérébral humain et celle du tronc cérébral humain.

Ajusté à la taille du corps, le tronc cérébral humain sous sa forme élémentaire remonte aux temps reptiliens. Le cortex cérébral humain a connu une autre histoire. Celui des mammifères s'est énormément développé, pas seulement en taille, mais aussi dans sa conception architecturale, et tout spécialement chez les primates.

En vertu de son rôle maître dans la régulation de la vie, le tronc cérébral a longtemps été le réceptacle et le processeur des informations nécessaires pour représenter le corps et contrôler sa vie. Quand il a été déchargé de ce rôle ancien et important qu'il exerçait dans des espèces n'ayant pas ou presque pas de cortex cérébral, il a aussi développé la machinerie requise pour des processus mentaux élémentaires et même une conscience, *via* le proto-soi et des mécanismes relevant d'un soi-noyau. Le tronc cérébral continue à exercer ces mêmes fonctions chez les êtres humains aujourd'hui. D'un autre côté, la complexité plus grande du cortex cérébral a permis la formation d'images détaillées, une expansion de la capacité de mémoire, l'imagination, le raisonnement et finalement le langage. Mais c'est maintenant que se pose le grand problème. Nonobstant le développement fonctionnel et anatomique du cortex cérébral, les fonctions du tronc cérébral ne se sont *pas* dupliquées dans les structures corticales. Cette division économique du travail a eu pour conséquence une interdépendance fatale et complète du tronc cérébral et du cortex. Ils sont *forcés* de coopérer l'un avec l'autre.

L'évolution du cerveau s'est heurtée à un goulot d'étranglement anatomo-fonctionnel majeur, mais la sélection naturelle l'a résolu. Dans la mesure où le tronc cérébral était toujours censé assurer pleinement la régulation de la vie *et* apporter les fondements de la conscience à tout le système nerveux, il a fallu que le tronc cérébral influe sur le cortex cérébral *et*, ce qui est tout aussi important, que les activités de ce dernier influent sur le tronc cérébral, surtout quand il s'agit de construire le soi-noyau. C'est d'autant plus important quand on songe que la plupart des objets extérieurs n'existent que sous forme d'images dans le cortex cérébral et ne sont pas complètement imagés dans le tronc cérébral.

C'est là que le thalamus est venu à la rescousse, en permettant un arrangement. Il dispense les signaux issus du tronc cérébral à un territoire très étendu du manteau cortical. En retour, le cortex cérébral, qui s'est énormément développé, directement ou avec l'assistance de noyaux sous-corticaux comme ceux de l'amygdale et des ganglions de la base, canalise les signaux vers le tronc cérébral, d'échelle plus réduite. La marieuse d'un couple mal assorti : voilà peut-être comment on pourrait finalement le mieux décrire le thalamus.

Le déséquilibre tronc cérébral/cortex a imposé des limites au développement des capacités cognitives en général et de notre conscience en particulier. Fait intrigant, vu les changements cognitifs intervenant en réponse à la pression de la révolution numérique, ce déséquilibre pourrait avoir son mot à dire dans la façon dont l'esprit humain pourrait évoluer. N'oublions pas en effet que le tronc cérébral continue à fournir ses aspects fondamentaux à la conscience, car il est encore le premier et indispensable pourvoyeur de sentiments primordiaux. Les besoins cognitifs accrus ont rendu le jeu entre le cortex et le tronc cérébral plus dur et plus brutal ou, pour le dire en termes plus doux, ont rendu l'accès à la source du sentiment plus difficile. Il a bien fallu renoncer à quelque chose.

Je disais qu'il serait déraisonnable de privilégier l'une des trois divisions dans le processus de formation de la conscience. Pourtant, il faut bien admettre que le tronc cérébral a une prééminence fonctionnelle, qu'il reste une pièce indispensable du puzzle. Pour cette raison et en vertu de son anatomie à la taille modeste mais très encombrée, c'est des trois grandes divisions la plus vulnérable aux pathologies. Il faut le dire, car, dans les guerres qui se livrent autour de la conscience, c'est le cortex cérébral qui tient le haut du pavé.

Du fonctionnement d'ensemble des grandes divisions anatomiques au travail des neurones

Jusqu'à présent, je me suis efforcé d'expliquer l'émergence de l'esprit conscient en grande partie du point de vue des composants qui peuvent être identifiés à l'œil nu. C'est vrai de pratiquement tous ceux que j'ai évoqués dans la section précédente, y compris des petits noyaux du tronc cérébral et du thalamus. Mais ce qu'on ne peut voir à l'œil nu, ce sont les millions de neurones qui contribuent aux circuits contenus dans ces structures et la contribution de nombreux petits regroupements de neurones à l'effort général pour former un esprit doté d'un soi. On ne doit pas oublier que le travail d'ensemble accompli par les grandes divisions anatomiques repose sur celui de composants qui sont de plus en plus petits à mesure qu'on en vient à de petits circuits de neurones. Plus on descend, plus les subdivisions se réduisent. Il y a par exemple les régions de plus en plus petites du cortex cérébral, avec tout le câblage qui les connecte à d'autres sites dans le cerveau ; il y a les noyaux de plus en plus petits qui sont branchés de façon particulière à d'autres noyaux et régions du cortex ; enfin, tout en bas de la hiérarchie, on trouve les petits circuits de neurones qui créent les briques microscopiques de l'esprit conscient. Celui-ci est fait de composants cérébraux emboîtés hiérarchiquement.

On admet généralement que c'est l'allumage de neurones reliés par leurs synapses au sein de circuits microscopiques qui donne naissance aux phénomènes élémentaires de la production de l'esprit qu'on appelle les « protophénomènes » de la cognition. On estime aussi que l'augmentation proportionnelle d'un grand nombre de phénomènes de ce type se traduit par la formation de cartes que nous appelons images et qu'une partie de ce processus d'augmentation dépend de la synchronisation des protophénomènes isolés, comme suggéré au chapitre 3.

Est-ce cependant suffisant pour expliquer l'esprit conscient ? Suffit-il de combiner les micro-événements de la protocognition, de les synchroniser et de les augmenter selon un emboîtage hiérarchisé distribué au sein des trois divisions neuro-anatomiques discutées plus haut ? La question est importante. Ci-dessus, j'ai décrit le passage de la protocognition des micro-événements neuraux à l'esprit conscient en omettant le sentiment. Existe-t-il un « protosentiment » équivalent, issu de micro-événements neuraux et qui augmente parallèlement à la protocognition ?

Dans toutes les propositions avancées aux chapitres précédents, le sentiment était présenté comme un partenaire obligé et fondateur de l'esprit conscient. Mais rien n'était dit de ses micro-origines possibles. Comme je l'ai suggéré plus haut, nous tirons des sentiments spontanés du protosoi ; ce sont eux qui donnent lieu, de façon hybride, à un premier battement d'esprit et de subjectivité. Ensuite, nous nous appuyons sur les sentiments de savoir pour séparer le soi du non-soi et pour aider à engendrer un soi-noyau proprement dit. Finalement, nous forgeons un soi autobiographique à partir de ces multiples composants relevant du sentiment. Ces sentiments, je les ai présentés comme l'envers de la cognition, mais leur émergence se situait au niveau des systèmes. J'ai invoqué la boucle de résonance reliant intimement le tronc cérébral au corps et la combinaison exhaustive et récursive des signaux du corps dans le tronc cérébral supérieur comme sources de sentiments du corps distincts qualitativement. Cela pourrait suffire à expliquer comment les sentiments apparaissent. Cependant, il est raisonnable de se demander s'il n'existe pas une autre explication. Si nous plaçons l'origine des images en général à un microniveau, celui des petits circuits de neurones engendrant des fragments de proto-cognition, pourquoi ne pas accorder au type particulier d'images que nous appelons des sentiments le même traitement et les faire débuter dans ces mêmes petits circuits ou tout près ? Dans la section suivante, je suggère que les sentiments pourraient bien avoir une origine aussi modeste. Les protosentiments seraient élevés selon des hiérarchies imbriquées jusqu'aux plus gros circuits, en l'occurrence ceux du tegmentum du tronc cérébral, où d'autres processus encore se traduiraient par des sentiments primordiaux.

Quand nous ressentons nos perceptions

Quiconque s'intéresse au cerveau, à l'esprit et à la conscience a entendu parler des qualia et a une opinion sur la question de savoir ce que les neurosciences peuvent faire de ce problème : faut-il le prendre au sérieux et le traiter, le considérer comme insoluble et ajourner la question ou bien l'écarter carrément ? Comme le lecteur pourra le voir, je prends la question au sérieux. Tout d'abord, étant donné que le concept de qualia est assez insaisissable, essayons d'y voir plus clair[7].

Dans ce qui suit, la question des qualia est traitée comme un composé de deux problèmes. Dans le premier, les qualia se réfèrent aux sentiments qui sont nécessaires à toute expérience subjective – une nuance de plaisir ou de son absence, un soupçon de douleur ou de gêne, de bien-être ou de son manque. Je parle alors de problème des qualia I. L'autre problème découle du premier et va plus loin. Si les expériences subjectives s'accompagnent de sentiments, comment les états de sentiment sont-ils tout d'abord engendrés ? Cela dépasse la question de savoir comment n'importe quelle expérience acquiert des qualités sensibles spécifiques dans notre esprit, comme le son d'un violoncelle, la saveur d'un vin ou le bleu de la mer. La question va plus loin. Pourquoi les cartes perceptuelles, qui sont des événements physiques, neurochimiques, doivent-elles être senties ? Pourquoi les ressent-on ? Voilà le problème des qualia II.

Les qualia I

Aucun ensemble conscient d'images de quelque type et sur quelque sujet que ce soit ne manque d'être accompagné d'un chœur d'émotions et de sentiments cohérents. Quand je regarde l'océan Pacifique au petit matin, sous un ciel légèrement gris, je ne me contente pas de voir ; je sens également cette majestueuse beauté et je ressens toute une gamme de modifications physiologiques qui, maintenant que j'y pense, se traduisent par un agréable état de bien-être. Cela ne se produit pas en vertu d'une délibération de ma part et je n'ai pas plus le pouvoir d'empêcher ces sentiments que de les déclencher. Ils viennent, ils sont là, et ils y resteront sur une modulation ou une autre tant que le même objet conscient demeurera en vue et tant que mes réflexions les réverbéreront.

J'aime à penser aux qualia comme à de la musique, comme à une partition qui accompagne le *reste* du processus mental en cours, mais qui est joué *à l'intérieur* même de celui-ci. Quand l'objet principal dont j'ai conscience n'est pas l'océan, mais un vrai morceau de musique, alors deux lignes musicales se déploient dans mon esprit, l'une qui porte la pièce de Bach jouée maintenant et l'autre, *quasi musicale*, selon laquelle je réagis à la véritable musique, mais dans le langage de l'émotion et du sentiment. Les qualia I ne sont rien d'autre qu'une exécution musicale, de la musique sur de la musique. Peut-être la polyphonie a-t-elle d'ailleurs été inspirée par l'intuition de cette accumulation de lignes « musicales » parallèles dans notre esprit.

Les situations de la vie réelle dans lesquelles l'accompagnement *nécessaire* de qualia I peut se trouver réduit, voire ne pas se matérialiser sont rares. La plus bénigne peut venir de l'effet d'une substance capable de couper la réactivité émotionnelle – songez à des tranquillisants comme le Valium, à des antidépresseurs comme le Prozac et même à un bêtabloquant comme le propranolol, tous, à une certaine dose, étouffant notre aptitude à répondre émotionnellement et, par conséquent, à ressentir des sentiments émotionnels.

Ces derniers peuvent aussi ne pas se matérialiser dans une situation pathologique courante, la dépression, où certaines formes de sentiments positifs font défaut et où même des sentiments négatifs comme la tristesse peuvent être si gravement étouffés qu'il en résulte un état de lassitude affective.

Comment le cerveau produit-il l'effet indispensable des qualia I ? Comme nous l'avons vu au chapitre 5, en parallèle avec les dispositifs perceptifs qui cartographient tous les objets qu'on veut et avec les régions qui projettent ces cartes, le cerveau est équipé de diverses structures qui *répondent* aux signaux issus de ces cartes en produisant des émotions, dont proviennent les sentiments subséquents. Ces régions sensibles comprennent les structures que nous avons rencontrées plus haut : la célèbre amygdale ; une partie presque aussi connue du cortex préfrontal qu'on appelle le secteur ventromédian ; toute une gamme de noyaux situés dans le prosencéphale de la base et le tronc cérébral.

La manière dont se déclenchent les émotions est intrigante, comme nous l'avons vu. La production d'images peut envoyer des signaux à n'importe quelle région déclenchant des émotions, directement ou après traitement ultérieur. Si la configuration de ces signaux cadre avec le profil auquel une région donnée est câblée pour répondre – c'est-à-dire si elle identifie un stimulus émotionnellement compétent –, le résultat est alors le déclenchement d'une cascade d'événements, mis en œuvre dans d'autres parties du cerveau et, subséquemment, dans le corps lui-même, ce qui donne une émotion. L'affichage perceptuel de l'émotion est un sentiment.

Le secret qui se cache derrière mon expérience composite de ce moment, c'est la capacité qu'a le cerveau de répondre au *même contenu* (par exemple, l'image de l'océan Pacifique évoquée plus haut) *en différents sites* et *en parallèle*. D'un site, je tire le processus émotionnel qui culmine dans un sentiment de bien-être ; d'autres sites, je tire plusieurs idées sur le temps qu'il fait aujourd'hui (le ciel n'a pas son uniformité marine typique, il a plutôt une apparence cotonneuse et est parsemé de nuages) ou sur la mer (le fait qu'elle peut avoir une majesté qui en impose ou une immensité qui séduit selon la lumière et le vent, sans compter notre humeur propre), et ainsi de suite.

Un état de conscience normal contient en général un certain nombre d'objets à connaître, rarement un, et il les traite de façon plus ou moins intégrée, mais presque jamais dans un style démocratique qui accorderait un espace conscient et un temps équivalent à chaque objet. Le fait que différentes images ont différentes valeurs se traduit par des renforcements différentiels et un montage des images. Le processus consistant à attribuer différentes valeurs à des images différentes repose en partie sur les émotions qu'elles provoquent et les sentiments qui assurent, à l'arrière-plan du champ conscient, la réponse subtile mais inévitable des qualia I. C'est pourquoi, même si le problème est traditionnellement considéré comme faisant partie de celui de la conscience, cette question relève plutôt de la rubrique de l'esprit, je crois. Les réponses des qualia I concernent les objets traités dans l'esprit et ajoutent un autre élément à celui-ci. Je ne considère pas que le problème des qualia I soit un mystère.

Les qualia II

Le problème des qualia II tourne autour d'une question plus dérangeante : pourquoi ressent-on les cartes perceptuelles, qui sont des événements neuraux et physiques ? Pour tenter d'y répondre de façon étayée, commençons par nous pencher sur l'état de sentiment dont j'estime qu'il est le fondement simultanément de l'esprit et du soi, à savoir les sentiments primordiaux décrivant l'état de l'intérieur du corps. Il nous faut commencer par là du fait de la solution que j'ai proposée au problème des qualia I : si les sentiments concernant l'état de l'organisme sont l'accompagnement obligé de toutes les cartes perceptuelles, alors nous devons d'abord expliquer l'origine de ces sentiments.

L'explication doit prendre en compte certains faits critiques. Les états de sentiment proviennent d'abord de l'opération de quelques noyaux du tronc cérébral qui sont fortement interconnectés entre eux et sont le réceptacle de signaux intégrés très complexes qui sont issus de l'intérieur de l'organisme. Dans le processus consistant à se servir des signaux du corps pour réguler la vie, l'activité de ces noyaux transforme ces signaux du corps. Ensuite, cette transformation est renforcée par le fait que les signaux apparaissent dans un circuit en boucle au moyen duquel le corps communique avec le système nerveux central, ce dernier répondant aux messages corporels. Les signaux ne sont pas isolables des états de l'organisme qui sont à leur origine. L'ensemble constitue une unité dynamique très liée. Selon mon hypothèse, c'est elle qui assure la fusion fonctionnelle des états du corps et des états perceptuels de telle sorte qu'on ne puisse établir de frontière entre les deux. Les neurones chargés d'exprimer au cerveau les signaux portant sur l'intérieur du corps seraient si intimement associés aux structures de l'intérieur du corps que les signaux exprimés ne porteraient plus simplement *sur* l'état de la chair, ils en seraient littéralement des extensions. Ils imiteraient la vie si précisément qu'ils y participeraient. En résumé, c'est dans l'interconnectivité complexe de ces noyaux du tronc cérébral qu'on trouverait l'explication du fait que les sentiments – en l'occurrence les sentiments primordiaux – sont ressentis.

Cependant, comme suggéré dans la section précédente, peut-être pouvons-nous tenter de pénétrer plus profondément au niveau des petits circuits de neurones. Le fait que les neurones soient fonctionnellement différents des autres cellules vivantes tout en étant semblables organiquement donne une assise à cette idée. Les neurones ne sont pas des micropuces recevant les signaux du corps. Les neurones sensoriels chargés d'intéroception sont des cellules du corps d'un type spécial qui reçoivent des signaux venus d'autres cellules du corps. De plus, certains aspects de la vie cellulaire suggèrent qu'il existe des précurseurs de la fonction de « sentiment ». Les organismes unicellulaires sont « sensibles » aux intrusions menaçantes. Poussez une amibe et elle reculera. Poussez une paramécie et elle nagera pour s'éloigner. Nous pouvons observer de tels comportements et les décrire sans problème comme des « attitudes », tout en sachant bien que les cellules ignorent ce qu'elles font au sens où nous, nous le savons quand nous fuyons un danger. Mais qu'en est-il de l'autre versant de ce comportement, à savoir l'état interne de la cellule ? Elle n'a pas de cerveau et encore moins d'esprit pour « ressentir » les petits coups qu'on lui donne ; et pourtant, elle répond car quelque chose a changé à l'intérieur d'elle. Transposez la situation aux neurones. C'est là que pourrait résider l'état physique dont la modulation et l'amplification, à travers de grands circuits de cellules, pourrait créer un *protosentiment*, digne contrepartie de la protocognition qui apparaît au même niveau.

Les neurones possèdent bien de telles aptitudes à réagir. Prenez par exemple leur « sensibilité » ou « irritabilité » inhérente. Rodolfo Llinás s'est appuyé sur cet indice pour suggérer que les sentiments proviennent des fonctions sensorielles spécialisées des neurones, mais étendus à un grand nombre de neurones participant à un circuit[8]. C'est aussi mon raisonnement, et il est semblable à l'idée que j'ai avancée au chapitre 2 à propos de la formation d'une « volonté collective de vivre », laquelle s'exprime dans le processus même du soi, à partir des attitudes de nombreuses cellules singulières coopérant dans un organisme. Cette idée repose sur celle de somme des contributions cellulaires. On en trouve un bon modèle : de grands nombres de cellules musculaires joignent leurs forces, littéralement, en se contractant simultanément et en produisant une grande force singulière et concentrée.

On doit cependant nuancer cette idée. On sait en effet que la spécialisation des neurones relativement aux autres cellules du corps vient en bonne partie du fait que, à l'instar des cellules musculaires, ils sont excitables.

Cette excitabilité est une propriété due à leur membrane cellulaire, dont la perméabilité locale aux ions chargés peut se transférer de région en région sur la distance parcourue par un axone. N. D. Cook suggère que l'ouverture temporaire mais répétée de la membrane cellulaire est une violation du sceau quasi hermétique qui protège la vie à l'intérieur du neurone ; cette vulnérabilité pourrait expliquer la création d'un protosentiment[9].

Je n'affirme nullement que c'est ainsi que les sentiments apparaissent, mais cette voie de recherche est plausible et mérite d'être explorée. Enfin, remarquons que ces idées ne doivent pas être confondues avec la tentative bien connue pour localiser les origines de la conscience au niveau des neurones grâce à des effets quantiques[10].

Une autre strate de réponse à la question de savoir pourquoi on ressent les cartes perceptuelles du corps fait appel au raisonnement évolutionniste. Si les cartes perceptuelles du corps doivent être efficaces pour guider l'organisme et l'aider à éviter la douleur et à recherche le plaisir, elles ne doivent pas seulement pouvoir être senties, elles *ont dû* réellement l'être. La construction neurale des états de douleur et de plaisir a dû s'accomplir tôt dans l'évolution et elle a dû jouer un rôle critique dans son cours. Elle s'est probablement appuyée sur la fusion corps-cerveau que j'ai soulignée. Avant l'apparition des systèmes nerveux, les organismes dépourvus de cerveau avaient des états du corps bien définis correspondant nécessairement à ce que nous en sommes venus à vivre comme de la douleur et du plaisir. L'arrivée des systèmes nerveux aurait représenté une manière de dépeindre de tels états au moyen de signaux neuraux détaillés tout en conservant les aspects neuraux et corporels étroitement liés les uns aux autres.

Un aspect connexe de la réponse à notre question tient à la division fonctionnelle entre les états de plaisir et de douleur qui sont corrélés respectivement avec les opérations de gestion optimale et douce de la vie, dans le cas du plaisir, et les opérations empêchées et problématiques, dans le cas de la douleur. Ces extrêmes sont associés à la libération de molécules chimiques particulières qui ont un effet sur le corps proprement dit (sur le métabolisme, sur la contraction des muscles) et sur le cerveau (où ils peuvent moduler le traitement des cartes perceptuelles qui viennent d'être assemblées ou bien qui sont remémorées). Entre autres raisons, le plaisir et la douleur seraient ressentis différemment parce que ce sont des cartographies d'états très différents du corps, de même qu'un certain rouge est différent d'un bleu en particulier parce qu'ils ont des longueurs d'onde différentes et de même que la voix des sopranos est différente de celle des barytons parce que sa fréquence sonore est plus élevée.

On oublie souvent que les informations issues de l'intérieur du corps s'expriment directement au cerveau par le biais de nombreuses molécules chimiques qui parcourent la circulation sanguine et viennent baigner des parties du cerveau qui ne possèdent pas de barrière hémato-encéphalique, à savoir l'area postrema du tronc cérébral et diverses régions appelées collectivement organes circumventriculaires. Dire que ces molécules potentiellement actives sont « nombreuses » n'est pas exagéré puisque leur liste élémentaire comprend des dizaines d'exemples (les suspects habituels que sont les transmetteurs/modulateurs – les inévitables norépinéphrine, dopamine, sérotonine, acétylcholine –, mais aussi une large gamme d'hormones comme les stéroïdes et l'insuline, ainsi que les opioïdes). Quand le sang atteint ces aires réceptrices, les molécules idoines activent directement les neurones. C'est ainsi par exemple qu'une molécule toxique agissant sur l'area postrema peut causer une réaction pratique comme un vomissement. Mais que finissent donc par causer les signaux qui apparaissent dans ces aires ? Ils causent ou modulent des sentiments, peut-on imaginer. Les projections issues de ces régions sont fortement concentrées sur le nucleus tractus solitarius, mais elles transitent vers d'autres noyaux du tronc cérébral, de l'hypothalamus et du thalamus, ainsi que vers le cortex cérébral.

À part la question des sentiments, le reste du problème des qualia II semble plus abordable. Prenons les cartes visuelles, par exemple. Ce sont des esquisses de propriétés visuelles, de forme, de couleur, de mouvement, de profondeur. Interconnecter de telles cartes, les enrichir mutuellement des signaux qu'elles portent est un bon moyen pour produire une scène visuelle mélangée, multidimensionnelle. Si on prend ce mélange et qu'on y ajoute encore les informations fournies par le portail visuel – la chair entourant les yeux étant alors impliquée dans le processus – et une composante de sentiment, on peut raisonnablement escompter obtenir une expérience pleine et convenablement « qualiée » de ce qui est vu.

Qu'ajouter à cette complexité pour que les qualités d'un percept soient bien distinctives ? Quelque chose qui a à voir avec les portails sensoriels impliqués dans la collecte des informations. Les modifications survenant dans les portails sensoriels jouent un rôle dans la formation de la perspective, nous l'avons vu. Mais elles contribuent aussi à la construction de la qualité perçue. Comment ? Par exemple, nous connaissons la sonorité distinctive du jeu de Yo-Yo Ma ; nous savons où les cartes sonores sont créées dans le cerveau, mais nous négligeons souvent le fait que c'est *dans* nos oreilles et *avec* elles que nous entendons. Selon toute probabilité, nous entendons des sons dans nos oreilles parce que notre cerveau cartographie activement *à la fois* les informations qui atteignent la sonde sensorielle – depuis toute la chaîne de signalisation auditive comprenant la cochlée – et celles qui viennent du tas de signaux issus concurremment de l'appareil entourant le dispositif sensoriel. Dans le cas de l'audition, cela comprend l'épithélium (peau) recouvrant les oreilles et le canal auditif extérieur, ainsi que la membrane du tympan et les tissus porteurs du système d'osselets qui transmettent les vibrations mécaniques à la cochlée. À cela, il faut ajouter les mouvements petits ou grands de la tête et du cou qu'on effectue constamment et par un effort automatique pour ajuster le corps aux sources sonores. C'est l'équivalent auditif des changements notables qui se produisent dans les globes oculaires et la peau et les muscles avoisinants quand nous nous trouvons en train de voir et de regarder, et cela ajoute une texture qualitative aux percepts.

Les sens de l'odorat, du goût ou du toucher suivent le même mécanisme. Par exemple, notre muqueuse nasale contient des terminaisons nerveuses olfactives qui réagissent assez directement à la conformation des molécules chimiques des substances odorantes – et c'est ainsi que nous cartographions les fragrances et préparons le jasmin ou Chanel n° 19 à rencontrer notre soi. Mais l'*endroit* où nous sentons l'odeur est dû à d'autres terminaisons nerveuses dans la muqueuse nasale, lesquelles sont irritées quand nous avons mis trop de wasabi dans nos sushis et que nous sommes forcés d'éternuer.

Notons enfin que des rétroprojections issues du cerveau visent la périphérie du corps, dont celle qui contient les dispositifs sensoriels spécialisés. Pour un processus sensoriel tel que l'audition, cela pourrait correspondre à une version atténuée de ce que la boucle tronc cérébral-corps accomplit pour le sentiment : une liaison fonctionnelle jetant un pont entre le cerveau et le point de départ des chaînes sensorielles à la périphérie du corps. Une telle boucle pourrait permettre un autre processus de réverbération. Les cascades d'informations entrantes allant au cerveau seraient complétées par des cascades d'informations sortantes en direction de la « chair », là où les signaux ont leur origine, contribuant ainsi à l'intégration des mondes intérieurs et extérieurs. Nous savons que de tels agencements existent bel et bien, le système auditif en est un bon exemple. La cochlée reçoit un feed-back du cerveau, de sorte que lorsque ce mécanisme n'est pas contrebalancé, ses cellules ciliées peuvent réellement *émettre* des tons au lieu de les exprimer, comme elles sont normalement censées le faire. Il nous faudrait cependant en apprendre davantage sur la circuiterie des dispositifs sensoriels[11].

Ce qui précède explique une partie substantielle du problème, je crois, car cela permet d'assembler dans l'esprit trois types de cartes : 1) celles d'un sens particulier qui sont engendrées par le dispositif sensoriel idoine, par exemple la vue, l'ouïe, l'odorat, etc. ; 2) celles de l'activité qui a lieu dans le portail sensoriel au sein duquel le dispositif sensoriel est implanté dans le corps ; et 3) celles des réactions d'émotion-sentiment aux cartes engendrées en 1 et 2, c'est-à-dire les réponses des qualia I. Ces percepts seraient ce qu'ils sont quand différents types de signaux sensoriels seraient rassemblés dans les cartes du tronc cérébral ou du cortex cérébral qui produisent l'esprit[12].

Les qualia et le soi

Comment les qualia I et les qualia II entrent-elles dans le processus du soi ? Comme ces deux aspects des qualia assurent la construction de l'esprit, les qualia font partie des contenus à connaître par le processus du soi, sa construction venant éclairer celle de l'esprit. Mais ce qui est quelque peu paradoxal, c'est que les qualia II sont aussi la base du protosoi et sont ainsi à califourchon entre l'esprit et le soi, formant une transition hybride. La configuration neurale qui permet les qualia fournit au cerveau des perceptions senties, une expérience sentie.

Lorsqu'un protagoniste vient s'ajouter à ce processus, cette expérience est revendiquée par son détenteur, qui vient d'être forgé, le soi.

Un travail qui continue

La tâche consistant à comprendre comment le cerveau rend l'esprit conscient reste inachevée. Le mystère de la conscience reste un mystère, même si le voile est un peu levé. Mais il est trop tôt pour nous avouer vaincus.

Les discussions tournant autour de la neurologie de la conscience et du *mind-body problem* souffrent en général de deux sous-estimations flagrantes. L'une consiste à ne pas reconnaître ce qui est dû à la richesse de détail et d'organisation du corps proprement dit, au fait qu'il regorge de microcoins et de microrecoins dont les micromondes, quant à leur forme et à leur fonction, peuvent envoyer des signaux au cerveau et peuvent être cartographiés, le résultat étant mobilisé pour une grande variété d'objectifs. Le but premier le plus vraisemblable de cette signalisation est de l'ordre de la régulation – il faut que le cerveau reçoive des informations décrivant l'état des systèmes du corps de façon à pouvoir organiser consciemment ou non une réponse qui convienne. Les sentiments d'émotion sont le résultat évident de cette transmission de signaux, même si les sentiments ont fini par peser sur notre vie consciente et nos relations sociales. De même, il est fort possible, ou du moins probable, que d'autres processus corporels, certains déjà connus, d'autres encore à découvrir, se révéleront influencer nos expériences conscientes à de nombreux niveaux.

L'autre sous-estimation concerne le cerveau lui-même. L'idée selon laquelle nous saisissons bien ce qu'il est et ce qu'il fait est une pure fantaisie, même si elle est justifiée par le fait que nous en savons toujours plus que l'année précédente, et plus, bien plus qu'il y a dix ans. Toutefois, des problèmes qui semblent intolérablement mystérieux et insupportablement difficiles pourraient être résolus par la biologie. La question n'est pas de savoir s'ils le seront, mais quand.

QUATRIÈME PARTIE

LONGTEMPS APRÈS L'APPARITION DE LA CONSCIENCE

CHAPITRE 11

La vie avec la conscience

Pourquoi la conscience a prévalu

Les caractères et les fonctions vont et viennent dans l'histoire de la vie selon ce qu'ils apportent à la réussite des organismes vivants. Pourquoi la conscience a-t-elle prévalu dans l'évolution ? Parce qu'elle a contribué de façon significative à la survie des espèces qui en sont équipées. La conscience est venue, a vu et a vaincu. Elle s'est épanouie. Et elle semble bien partie pour rester là.

Qu'a-t-elle apporté ? Une grande diversité d'avantages apparents et moins apparents pour la gestion de la vie. Même aux niveaux les plus modestes, elle aide à optimiser les réponses données aux conditions environnementales. Traitées dans l'esprit conscient, les images fournissent des détails sur l'environnement qui peuvent servir à augmenter la précision d'une réponse requise, par exemple le mouvement qui neutralisera un danger ou bien assurera la capture d'une proie. La précision iconique n'est qu'un des avantages de l'esprit conscient. La part du lion, je crois, revient au fait que, dans l'esprit conscient, le traitement des images environnementales est *orienté* par un ensemble particulier d'images internes, celles de l'organisme vivant du sujet, représenté dans le soi. Le soi polarise le processus mental ; il confère une motivation à l'aventure consistant à rencontrer d'autres objets et événements ; il nimbe l'exploration du monde extérieur au cerveau du *souci* du premier et principal problème auquel est confronté l'organisme : la régulation réussie de sa vie. Cette préoccupation est naturellement engendrée par le processus du soi, dont le fondement réside dans les sentiments corporels, qu'ils soient primordiaux ou modifiés. C'est le soi sentant, spontanément et intrinsèquement, qui signale directement, par suite de la valence et de l'intensité de ses états affectifs, le degré de préoccupation et de besoin qui prévaut à chaque moment.

Au fur et à mesure que la conscience est devenue plus complexe et que les fonctions liées à la mémoire, au raisonnement et au langage ont coévolué pour entrer en jeu, d'autres bénéfices dus à la conscience se sont introduits. Ils sont en grande partie liés à la planification et à la délibération. Ils sont légion. Il est ainsi devenu possible d'envisager l'avenir et de suspendre ou d'inhiber des réponses automatiques. Une gratification en suspens est un exemple de cette capacité évolutive nouvelle permettant d'échanger un bien présent contre un mieux futur – ou encore d'abandonner un bien présent quand l'examen de l'avenir suggère qu'il engendrera également un mal. C'est cette tendance de la conscience qui a permis une gestion plus astucieuse de l'homéostasie de base et qui a finalement ouvert la voie aux débuts de l'homéostasie socioculturelle (sur laquelle je reviendrai plus loin dans ce chapitre).

Une foule de comportements conscients et très utiles sont présents chez de nombreuses espèces non humaines dotées d'un cerveau assez complexe ; nous en avons des exemples autour de nous, et ils sont spectaculaires surtout chez les mammifères. Toutefois, chez l'homme, grâce à l'extension de la mémoire, du raisonnement et du langage, la conscience a atteint son sommet actuel. Il est venu du renforcement du soi connaissant et de son aptitude à révéler les difficultés et les possibilités de la condition humaine. On pourrait dire que cette révélation a signé aussi une perte tragique, celle de l'innocence, face aux imperfections de la nature et au drame que nous vivons, ainsi qu'aux tentations placées devant nos yeux. Mais nous n'avons pas le choix. De plus, la conscience a assurément permis le progrès de la connaissance et le développement de la science et de la technologie, qui représentent deux façons de tenter de gérer les difficultés et les possibilités mises à nu par la conscience humaine.

Le soi et la question du contrôle

Toute discussion sur les avantages que présente la conscience doit prendre en considération les données qui s'accumulent sur le fait que, en maintes occasions, l'exécution de nos actions est contrôlée par des processus non conscients. Cela arrive assez fréquemment, dans toutes sortes de cadres, et cela mérite attention. C'est évident dans l'exécution de savoir-faire, comme celui de conduire une voiture ou celui de jouer d'un instrument de musique, et c'est constant dans nos interactions sociales.

Les données attestant une participation non consciente à nos actions, qu'elles soient solides ou non, peuvent aisément être mal interprétées. Il est facile de minimiser la valeur du contrôle conscient orienté sur le soi, alors que de nombreuses expériences, à commencer par celles de Benjamin Libet et celle de Dan Wegner et Patrick Haggard, montrent que l'impression subjective de ce qui a initié une action et, du moment où elle l'a été, peut être fausse[1]. Il est tout aussi facile de se servir de tels faits, ainsi des données fournies par la psychologie sociale, pour justifier une révision de la conception traditionnelle de la responsabilité humaine. Si des facteurs inconnus de notre pensée consciente influencent la forme que prennent nos actes, sommes-nous vraiment responsables de nos actions ?

La situation est toutefois bien moins problématique qu'il peut sembler au regard des réactions superficielles et injustifiées face à des découvertes dont l'interprétation est encore discutée. Premièrement, la réalité du traitement non conscient et le fait qu'il peut exercer un contrôle sur notre comportement ne sont pas en question. Un tel contrôle non conscient est une réalité positive dont on peut tirer des avantages tangibles, on le verra. Deuxièmement, les processus non conscients sont, pour une partie substantielle et selon divers modes, sous commande *consciente*. En d'autres termes, il existe deux types de contrôle des actions, conscient et non conscient, mais le contrôle non conscient peut en partie être façonné par le contrôle conscient. Si l'enfance et l'adolescence humaine durent aussi longtemps, c'est justement parce qu'il faut beaucoup, beaucoup de temps pour éduquer les processus non conscients de notre cerveau et pour créer, au sein de l'espace cérébral non conscient, une forme de contrôle pouvant, de façon plus ou moins fiable, opérer en fonction d'intentions et d'objectifs conscients. Cette lente éducation est un processus en vertu duquel une partie du contrôle conscient se transfère à un assistant non conscient ; ce n'est pas un abandon du contrôle conscient aux forces inconscientes qui, assurément, peuvent semer le chaos dans le comportement humain[2]. Patricia Churchland a défendu cette position de façon très convaincante.

La conscience n'est pas dévaluée par la présence de processus non conscients. Sa portée se trouve même étendue. Et, à supposer que le cerveau fonctionne normalement, le degré de responsabilité que nous avons dans nos actions n'est pas nécessairement diminué par le fait que certaines sont exécutées de façon non consciente.

Finalement, la relation entre les processus conscients et non conscients est un exemple de plus de l'étrange partenariat fonctionnel résultant de leur coévolution. Apparus après la mise en place de l'esprit non conscient, la conscience et le contrôle conscient direct des actions mènent nécessairement la danse, ce qui donne de bons résultats, mais pas toujours. On peut faire mieux. La conscience a atteint sa maturité d'abord en imposant des contraintes aux exécutants non conscients, puis en les explorant afin de mener à bien des actions planifiées et décidées à l'avance. Les processus non conscients sont devenus de bons moyens d'exécuter des comportements et de donner à la conscience plus de temps pour analyser et planifier davantage.

Quand nous rentrons chez nous en réfléchissant à la solution d'un problème plutôt qu'au chemin à prendre, mais que nous arrivons quand même sains et saufs, cela implique que nous acceptions de tirer parti d'une aptitude non consciente que nous avons acquise auparavant, au fil de nombreux exercices conscients et en suivant un apprentissage. Pour que nous rentrions chez nous, tout ce que la conscience doit surveiller, c'est cet objectif général. Le reste de nos processus conscients est libre pour un usage créatif.

Il en va de même pour les comportements professionnels des musiciens et des athlètes. Leur traitement conscient est concentré sur les objectifs qu'ils doivent atteindre, sur certains résultats à atteindre à certains moments et sur le fait d'éviter certains périls dans l'exécution et de détecter les circonstances imprévues. Le reste, c'est de la pratique, de la pratique, et encore de la pratique ; et c'est cela qui peut nous mener jusqu'à Carnegie Hall.

Enfin, ce jeu de coopération entre le conscient et l'inconscient vaut aussi pleinement pour les comportements moraux. Ils constituent une aptitude établie et acquise au fil de séances pratiques répétées et moyennant un long temps d'apprentissage. Inspirée par des raisons et des principes consciemment articulés, cette aptitude devient une « seconde nature » inscrite dans l'inconscient cognitif.

En conclusion, ce qu'on entend par délibération consciente a peu à voir avec l'aptitude à contrôler nos actions sur le moment et tout avec celle qui consiste à planifier à l'avance et à décider quelles actions nous voulons ou non effectuer. La délibération consciente porte en grande partie sur des décisions prises pour des laps de temps très étendus, qui vont jusqu'à des jours ou des semaines dans certains cas et ne font pas moins de quelques minutes ou secondes. Elle ne porte pas sur des décisions à la seconde près. La sagesse populaire considère les choix effectués à chaud comme « inconsidérés » et « automatiques »[3]. La délibération consciente est une *réflexion sur de la connaissance*. Nous mobilisons notre réflexion et nos connaissances quand nous prenons des décisions sur des questions importantes dans notre vie. Nous recourons à la délibération consciente pour gouverner nos amours et nos amitiés, nos études, nos activités professionnelles, nos relations avec les autres. Les décisions concernant le comportement moral, au sens strict comme large, impliquent une délibération consciente et prennent un long moment. De plus, de telles décisions sont traitées dans un espace mental déconnecté et à l'écart de la perception extérieure. Le sujet qui est au centre des délibérations conscientes, le soi chargé d'envisager l'avenir est souvent distrait de la perception extérieure, indifférent à ses aléas. En termes de physiologie cérébrale, cette distraction s'explique par une bonne raison : l'espace cérébral de traitement des images, nous l'avons vu, est la somme totale des cortex sensoriels antérieurs ; ce même espace doit être commun aux processus de réflexion consciente *et* à la perception directe ; il ne peut guère assurer les deux sans favoriser l'un ou l'autre.

Sous l'égide d'un soi robuste bâti sur une autobiographie bien organisée et une identité bien définie, la délibération consciente est un apport majeur de la conscience. C'est précisément le type d'accomplissement qui contredit l'idée selon laquelle elle serait un épiphénomène inutile, un ornement sans lequel le cerveau pourrait assurer sa tâche de gestion de la vie tout aussi efficacement et sans histoires. Or nous ne pouvons mener le type de vie qui est le nôtre, dans les environnements physiques et sociaux où habitent désormais les hommes, sans délibération réfléchie et consciente. Il est vrai aussi que les productions de la délibération consciente sont limitées par une large gamme de biais non conscients, certains donnés biologiquement, d'autres culturellement acquis, et que le contrôle non conscient de l'action représente aussi un problème avec lequel nous devons nous débattre.

Toutefois, la plupart des décisions importantes sont prises longtemps avant le moment de leur exécution, au sein de l'esprit conscient, quand on peut les simuler et les tester, et quand le contrôle conscient peut minimiser les effets des biais non conscients. La prise de décision peut être affinée pour devenir une aptitude bénéficiant de l'aide du traitement mental non conscient, c'est-à-dire des opérations immergées dans notre esprit et portant sur des connaissances et des raisonnements généraux, ce qu'on appelle souvent l'inconscient cognitif. Les décisions conscientes commencent souvent par de la réflexion, des simulations et des tests dans l'esprit conscient ; ce processus peut être complété et répété dans l'esprit non conscient, à partir duquel des actions récemment sélectionnées peuvent être exécutées. Les composantes conscientes aussi bien que non conscientes de cette décision complexe et fragile, et de ce dispositif d'exécution peuvent être détournées par la machinerie des appétits et des désirs, auquel cas un veto en dernier recours a peu de chances d'être efficace. Les veto instantanés rappellent une recommandation bien connue en matière d'addiction aux drogues : « Dites non. » Cette stratégie peut convenir quand on doit s'exempter d'un inoffensif geste du doigt, mais pas quand il faut stopper une action à laquelle on est poussé par un vif désir ou un appétit fort, précisément du type imposé par toute addiction aux drogues, à l'alcool, aux mets attirants ou au sexe. Pour réussir à dire non, il faut une longue préparation consciente.

Excursus sur l'inconscient

C'est grâce au fait que notre cerveau a réussi à combiner la nouvelle gouvernance rendue possible par la conscience avec celle, plus ancienne, qui consistait en une régulation inconsciente et automatique, que les processus cérébraux non conscients sont à la hauteur de la tâche qu'ils sont censés accomplir pour le compte des décisions conscientes. Une remarquable étude menée par le psychologue néerlandais Ap Dijksterhuis le montre bien[4]. Pour apprécier l'importance des résultats obtenus, il nous faut décrire son cadre. Dijksterhuis a demandé à des sujets normaux de prendre des décisions d'achat dans deux situations différentes. Dans l'une, ils utilisaient surtout la délibération consciente ; dans l'autre, suite à une distraction provoquée par des manipulations, ils ne le pouvaient pas.

Les items étaient de deux sortes. L'un consistait en objets domestiques ordinaires, comme des grille-pain et des torchons ; l'autre en gros achats, comme des maisons ou des voitures. Pour chaque type, on fournissait aux sujets d'amples informations sur les pour et les contre de chaque item, une sorte de fiche pour consommateurs complétée par une indication de prix. Ces informations étaient accessibles dès qu'on demandait de choisir le « meilleur » objet possible à acheter. Quand le moment de la décision venait, Dijkesterhuis permettait à certains sujets d'étudier les informations pendant trois minutes avant de faire leur choix, tandis qu'il refusait ce privilège aux autres et les distrayait pendant ces mêmes trois minutes. Pour les deux sortes d'items, ordinaires ou non, les sujets étaient testés dans les deux situations, avec ou sans étude attentive de trois minutes.

Que prédire quant à la qualité des décisions prises ? Une prédiction parfaitement raisonnable consisterait à dire que, s'agissant des objets domestiques ordinaires, les sujets faisaient de bons choix avec ou sans délibération consciente, vu le peu d'importance et de complexité du problème. Même si on est très exigeant, pas besoin d'être un savant de pointe pour choisir entre deux grille-pain ! Au contraire, pour les gros achats, comme celui d'une berline, on s'attendrait à ce que les sujets ayant eu la possibilité d'étudier les informations fournies prennent les meilleures décisions.

Or les résultats ont été étonnamment différents de ces prédictions. Ce sont les décisions prises sans prédélibération qui ont été meilleures, pour les deux types d'items, mais surtout pour les gros achats ! Une conclusion rapide serait : si vous achetez une maison ou une voiture, prenez connaissance des faits, mais ne vous rongez pas à effectuer des comparaisons minutieuses sur la matrice des avantages et des inconvénients possibles. Lancez-vous. Ne vous fiez pas trop à la délibération consciente.

Inutile de dire que ces résultats étonnants ne doivent pas décourager de délibérer consciemment. Ce qu'ils suggèrent plutôt, c'est que les processus inconscients sont capables d'une forme de raisonnement qui est bien plus puissante qu'on ne le croit en général et que, si celle-ci a été convenablement formée par l'expérience passée et si on a peu de temps, elle peut donner des décisions bénéfiques. Dans les circonstances de cette expérience, la réflexion consciente et attentive, en particulier pour les gros achats, ne donne pas les résultats les meilleurs. Le nombre important de variables à prendre en considération et l'espace réduit de raisonnement conscient – réduit par le nombre limité d'items auxquels on peut prêter attention à un moment donné – diminuent la probabilité de faire le meilleur choix possible dans la fenêtre de temps limitée qui est impartie. L'espace non conscient, au contraire, a une capacité bien plus importante. Il peut contenir de nombreuses variables et les manipuler de façon à produire le meilleur choix possible dans une fenêtre de temps étroite.

Outre ce qu'elle nous apprend sur le traitement non conscient en général, l'étude de Dijksterhuis soulève d'autres points importants. L'un concerne la quantité de temps nécessaire pour prendre une décision. Il se pourrait que nous puissions choisir le restaurant le meilleur pour aller dîner le soir même si nous avions tout l'après-midi pour examiner les dernières critiques gastronomiques, le prix des plats au menu, l'emplacement et pour les comparer à nos préférences, à notre humeur et à l'état de notre compte en banque. Or nous n'avons pas tout l'après-midi ! Le temps nous est compté, et la quantité de temps que nous consacrons à chaque décision possible doit être « raisonnable ». Celle-ci dépend bien sûr de l'importance de la question à trancher. Puisque nous n'avons pas tout notre temps et plutôt que d'investir massivement dans d'énormes ordinateurs, quelques raccourcis sont nécessaires. Or il se trouve que les souvenirs émotionnels passés nous aident à cet égard et que notre inconscient cognitif nous en fournit beaucoup.

Tout cela pour dire que notre inconscient cognitif est capable de raisonnement et dispose d'un plus grand « espace » opérationnel que son homologue conscient. J'ajouterai cependant qu'un élément essentiel pour expliquer ces résultats vient de l'expérience émotionnelle passée qu'a faite le sujet d'items semblables aux gros achats de l'expérience menée par Dijksterhuis. L'espace non conscient convient bien à cette manipulation en sous-main, mais, s'il fonctionne si bien à cet égard, c'est parce que certaines options sont non consciemment affectées de biais qui sont liés à des facteurs émotionnels/affectifs acquis auparavant. Les conclusions de l'auteur sur les mérites de l'*in*conscience sont correctes, me semble-t-il, mais notre idée de ce qui se passe sous la surface de verre de la conscience s'en trouve enrichie si nous prenons en compte l'émotion et le sentiment dans les processus non conscients.

L'expérience de Dijksterhuis illustre la combinaison qui existe entre les pouvoirs non conscients et conscients. Le traitement inconscient ne pourrait à lui seul effectuer le travail. Dans ces expériences, il est juste de dire que les processus inconscients accomplissent un gros travail. Toutefois, les sujets étudiés bénéficiaient de longues années de délibération consciente pendant lesquelles leurs processus non conscients avaient été exercés de façon répétée. De plus, tandis que les processus non conscients font diligence, les sujets restent bien sûr pleinement conscients. Les patients inconscients sous l'effet d'une anesthésie ou dans le coma ne prennent pas plus de décisions sur le monde réel qu'ils n'éprouvent de plaisir sexuel. C'est l'heureuse synergie entre ce qui est caché et ce qui ne l'est pas qui l'emporte. Assez régulièrement, dans la journée, nous nous fournissons auprès de l'inconscient cognitif et, discrètement, nous lui sous-traitons un grand nombre de travaux qui relèvent de son expertise, comme l'exécution de réponses.

Bien sous-traiter à l'espace non conscient, c'est ce que nous faisons lorsque nous avons tellement affûté un savoir-faire que nous ne prenons plus conscience des étapes techniques qu'il a fallu franchir pour en être capable. Nous développons des habiletés en toute conscience, mais ensuite nous les laissons devenir clandestines, dans le vaste sous-sol de notre esprit, où elles ne viennent pas encombrer le périmètre étroit de notre espace de réflexion consciente.

L'expérience de Dijksterhuis est venue enrichir l'effort de recherche mené sur l'influence du non-conscient sur la prise de décision. Dès le début, notre groupe de recherche a présenté des données essentielles à cet égard[5]. Par exemple, nous avons montré que, lorsque des sujets normaux jouent à un jeu de cartes impliquant des gains et des pertes dans certaines conditions de risque et d'incertitude, les joueurs commencent à adopter une stratégie gagnante un peu avant d'être capables de formuler ce qu'ils font. Pendant les quelques minutes qui précèdent l'adoption de cette stratégie avantageuse, le cerveau des sujets produit des réponses psychophysiologiques différentielles dès qu'ils réfléchissent s'ils doivent prendre une carte dans l'un des mauvais jeux, à savoir ceux qui favorisent les pertes. Au contraire, la perspective de tirer une carte d'un bon jeu n'engendre pas une telle réponse. La beauté de ce résultat tient au fait que les réponses psychophysiologiques, mesurées dans l'étude originale par la conductivité de la peau, ne sont *pas* perceptibles ni par le sujet ni par un observateur à l'œil nu. Elles apparaissent sous le radar de la conscience du sujet, tout aussi subrepticement que le passage du comportement à la stratégie gagnante[6].

Ce qui se passe exactement n'est pas encore totalement clair, mais, quoi qu'il en soit, sur le moment, la conscience n'est pas indispensable. Il se pourrait que l'équivalent non conscient d'un sentiment viscéral conscient « ébranle » le processus de prise de décision, en biaisant la computation non consciente et en l'empêchant de sélectionner le mauvais item. Il est probable qu'un processus de raisonnement important se déroule non consciemment, dans les souterrains de l'esprit, et qu'il produit des résultats sans que les étapes qui sont intervenues soient connues. Quel que soit le processus, il produit une *intuition* sans le « ah oui » témoignant qu'on est arrivé à la solution, mais en la donnant tranquillement.

Les données concernant le traitement non conscient ne cessent de s'accumuler. Nos décisions économiques ne sont pas inspirées par la rationalité pure ; elles sont fortement influencées par de puissants biais comme l'aversion de perdre et le plaisir de gagner[7]. Notre façon d'interagir avec autrui est influencée par un large éventail de biais liés au genre, à la race, aux manières, à l'accent, à l'habillement. Le cadre dans lequel se nouent ces interactions pèse aussi, selon qu'il nous est plus ou moins familier et selon sa configuration. Les préoccupations et les émotions qui sont les nôtres pendant l'interaction jouent un rôle important : l'heure de la journée, par exemple, ou encore la faim ou la satiété. Nous exprimons ou donnons des signes indirects de nos préférences pour les visages humains à la vitesse de la lumière sans avoir le temps de traiter consciemment les données qui auraient pu justifier une inférence raisonnée correspondante. C'est d'ailleurs une raison de plus pour rester très prudent dans les décisions importantes que nous prenons dans notre vie personnelle et citoyenne[8]. Laisser les penchants inconscients liés à nos émotions passées nous guider dans le choix d'une maison est très bien, à condition de marquer une pause pour réfléchir attentivement à l'option proposée par l'inconscient avant de signer le contrat. Quel que soit le jugement intuitif que nous avons eu sur la situation, nous pouvons conclure que le choix proposé n'est pas valide après analyse à nouveaux frais des données car, par exemple, nos expériences passées dans le domaine sont atypiques, biaisées ou insuffisantes. C'est des plus important si on vote à une élection ou dans un jury. L'un des grands problèmes qui se posent à qui doit voter au cours d'élections politiques et lors de procès, ces dernières années, c'est la force des facteurs émotionnels et non conscients. Leur pouvoir est si évident qu'une monstrueuse machine influençant les élections s'est développée au point de devenir une véritable industrie, ainsi que des méthodes moins connues, mais tout aussi sophistiquées pour sélectionner un jury influençable.

Réfléchir, réévaluer, vérifier les faits et reconsidérer les choses s'imposent. C'est le moment d'investir plus de temps de décision, de préférence avant d'entrer dans l'isoloir ou de tendre son bulletin au président du jury.

Toutes les découvertes discutées ci-dessus sont des exemples de situations dans lesquelles les influences non conscientes, qu'elles soient ou non émotionnelles, et les étapes non conscientes du raisonnement ont un rapport avec l'issue d'une tâche. Mais les sujets sont d'autant plus conscients qu'on leur précise les prémices de la tâche concernée, ainsi que lorsque la décision survient et qu'ils sont informés des conséquences. Il est donc clair que ce sont tous des exemples de composantes non conscientes de décisions qui, autrement, seraient conscientes. Voilà qui nous ouvre à la complexité et à la variété des mécanismes cachés sous la façade que représente notre contrôle conscient soi-disant parfait. Mais cela ne contredit pas nos pouvoirs de délibération ni ne nous exempte de la responsabilité de nos actions.

Note sur l'inconscient génomique

Une courte note s'impose sur l'inconscient génomique, qui est l'une des forces cachées avec lesquelles la délibération consciente doit se battre. Qu'entendre par inconscient génomique ? Tout simplement le nombre colossal d'instructions qui sont contenues dans notre génome et qui commandent la construction de notre organisme en lui indiquant quels sont les traits distinctifs de notre phénotype, dans le corps proprement dit et le cerveau, pour ensuite l'assister dans ses opérations. La configuration de base des circuits cérébraux est dictée par le génome et elle contient le tout premier répertoire des savoir-faire non conscients qui peuvent régir notre organisme. Ces savoir-faire ont d'abord et surtout à voir avec la régulation de la vie, la question de la vie et de la mort, et celle de la reproduction, mais précisément parce que ces problèmes sont centraux, cette configuration favorise nombre de comportements qui peuvent paraître relever de la décision émanant de la cognition consciente, mais sont en fait inspirés par des dispositions non conscientes. Les préférences spontanées qu'on manifeste tôt dans la vie en ce qui concerne la nourriture, la boisson, les amours et l'habitat sont inspirées en partie par l'inconscient génomique, même si elles peuvent être modulées et modifiées par l'expérience individuelle au cours du développement.

La psychologie a depuis longtemps admis l'existence de fondements inconscients du comportement et les a étudiés sous la rubrique de l'instinct, des comportements automatiques, des pulsions et des motivations. Ce qui a changé récemment, c'est qu'on a compris que l'installation précoce de ces dispositions dans le cerveau humain est sous influence génétique et que, nonobstant tout ce que nous formons et remodelons en tant qu'individus conscients, la portée thématique de ces dispositions est très large et leur étendue étonnante. C'est tout particulièrement remarquable en ce qui concerne certaines des dispositions sur lesquelles les structures culturelles sont bâties. L'inconscient génétique a son mot à dire dans la formation précoce des arts, de la musique et de la peinture à la poésie. Il a à voir avec la structuration primordiale de l'espace social, y compris ses conventions et ses règles. Il a quelque chose à voir, comme Freud et Jung l'ont bien vu, avec de nombreux aspects de la sexualité humaine. Il contribue aux récits fondateurs des religions et à l'intrigue des pièces de théâtre et des romans qui tournent, pour beaucoup, autour de la force qui caractérise nos programmes émotionnels inspirés par notre génome. C'est une jalousie aveugle, imperméable au bon sens, aux preuves factuelles et à la raison qui pousse Othello à tuer l'innocente Desdémone et Karénine à punir l'infidèle Anna. La monumentale malveillance d'Iago n'aurait probablement pas marché sans la vulnérabilité naturelle d'Othello à la jalousie. C'est l'asymétrie cognitive de la sexualité des hommes et des femmes, dont beaucoup de paramètres sont gravés dans notre génome, qui se cache sous le comportement de ces personnages et les rend toujours modernes. L'intense agressivité masculine d'Achille, d'Hector et d'Ulysse a des racines tout aussi profondes dans l'inconscient génétique. Et de même pour deux autres, Œdipe et Hamlet, détruits pour avoir brisé le tabou de l'inceste ou pour leur penchant non déclaré à le rompre. L'interprétation freudienne de ces personnages éternels rencontre leurs origines dans l'évolution et pointe certains des traits les plus fréquents qui caractérisent la nature humaine. Le théâtre et le roman, ainsi que le cinéma, leur héritier au XXe siècle, ont grandement bénéficié de l'inconscient génomique.

L'inconscient génomique est en partie responsable des similitudes qui marquent le répertoire des comportements humains. Il est donc d'autant plus remarquable que, nous écartant en permanence de la monotonie de ces universaux, à force de talent et par la magie des rencontres humaines, nous puissions créer une gamme infinie de variations vécues qui ravissent et surprennent.

Le sentiment de volonté consciente

Quand sommes-nous guidés par notre inconscient cognitif bien entraîné, exercé sous la supervision de la réflexion consciente à observer des idéaux, des volontés et des plans que nous formons consciemment ? Et quand sommes-nous guidés par nos biais, nos appétits et nos désirs, inconscients, enfouis profondément en nous et d'évolution très ancienne ? Il me semble que, pour la plupart, pécheurs pleins de faiblesse mais tout de même très sensés, nous opérons sur les deux registres, plutôt l'un ou plutôt l'autre, selon la situation et l'heure du jour.

Quel que soit le registre sur lequel nous opérons, qu'il soit vertueux ou non, sur le moment, agir s'accompagne inévitablement de l'impression, parfois fausse, parfois pas, que nous agissons ici et maintenant sous le contrôle pleinement conscient de notre soi, plongé la tête la première dans ce que nous faisons. Cette impression, c'est un *sentiment*, un sentiment qui apparaît lorsque notre organisme s'engage dans une nouvelle perception ou initie une action nouvelle, et ce n'est rien d'autre que le sentiment de savoir dont j'ai expliqué au chapitre précédent qu'il fait partie intégrante du soi complet. Dan Wegner partage cette conception, lui qui décrit la volonté consciente comme le « marqueur somatique de l'autorité personnelle, une émotion qui certifie que le propriétaire de l'action est le soi. Avec le sentiment d'accomplir un acte, nous avons une sensation consciente de volonté attachée à l'action[9] ». En d'autres termes, nous ne sommes pas de simples « automates conscients » incapables de contrôler notre existence, comme le pensait T. H. Huxley, il y a un siècle[10]. Lorsque l'esprit est informé des actions entreprises par l'organisme, le sentiment associé à ces informations signifie que ces actions ont été engendrées par notre soi. Les informations sur les actions en cours et leur authentification sont tout aussi essentielles pour motiver la délibération sur les actions futures. Sans ces informations sensibles et validées, nous serions incapables d'endosser la responsabilité morale des actions menées par notre organisme.

L'éducation de l'inconscient cognitif

Nous ne pouvons acquérir un plus grand contrôle sur les aléas du comportement humain qu'en accumulant des connaissances et en examinant les faits ainsi découverts. Prendre le temps d'analyser les faits, évaluer l'issue de nos décisions et réfléchir à leurs résultats émotionnels : voilà la voie à suivre pour se doter d'un guide pratique qu'on pourrait appeler une sagesse. C'est en se fondant sur celle-ci que nous pouvons délibérer et espérer gouverner notre comportement dans le cadre des conventions culturelles et des règles éthiques qui ont influencé notre biographie et le monde dans lequel nous vivons. Nous pouvons aussi réagir à ces conventions et à ces règles, assumer le conflit qui s'ensuit quand nous sommes en désaccord avec elles et même tenter de les modifier. C'est le cas par exemple des objecteurs de conscience.

Mais ce qui est tout aussi important, c'est qu'il nous faut prendre conscience de la course de haies à laquelle sont confrontées nos décisions délibérées consciemment – elles doivent se frayer un chemin dans l'inconscient cognitif afin de pénétrer la machinerie de l'action – et faciliter cette influence. Une façon de transposer cette course de haies consisterait à répéter consciemment et intensément les procédures et les actions que nous voulons voir se réaliser non consciemment. Ce processus de pratique répétée se traduirait par la maîtrise d'une *habileté d'exécution*, d'un programme d'action psychologique composé consciemment et s'effectuant clandestinement.

Je n'invente d'ailleurs rien. Je ne fais que signaler un mécanisme pratique qu'on peut déduire des opérations neurales présumées de la décision et de l'action. Pendant des millénaires, les chefs avisés ont recouru à une solution comparable quand ils demandaient à leurs partisans d'observer des rituels disciplinaires ayant pour effet l'imposition graduelle de décisions volontaires conscientes sur des processus d'action non conscients. Pas étonnant donc que ces rituels aient souvent impliqué la création d'émotions fortes, et même la douleur, moyen découvert empiriquement de graver le mécanisme qu'on désire obtenir dans l'esprit humain. Cependant, ce que j'ai en vue ici va bien au-delà des rituels religieux ou civiques pour embrasser les questions de la vie de tous les jours dans divers domaines. Je pense en particulier aux questions de santé et de comportement social. L'insuffisante éducation de nos processus non conscients explique par exemple pourquoi nous sommes si nombreux à ne pas réussir à effectuer ce que nous sommes pourtant censés faire en matière de régime alimentaire et d'exercice physique. Nous *pensons* que nous avons le contrôle, mais ce n'est pas souvent le cas, les épidémies d'obésité, d'hypertension et de maladies cardio-vasculaires le montrent bien. Notre biologie nous incite à consommer ce que nous ne devrions pas, tout comme les traditions culturelles qui en proviennent et ont été façonnées par elle, ce qu'exploite la publicité. N'y voyons pas un complot. C'est naturel. Peut-être est-ce justement le lieu d'apprendre à se doter d'habiletés érigées en rituels.

La même chose vaut pour l'épidémie d'addiction à la drogue. Le fait que tant d'individus deviennent accros à toutes sortes de drogues, sans parler de l'alcool, a à voir avec la pression de l'homéostasie. Dans le cours naturel d'une journée, nous sommes inévitablement confrontés à des frustrations, à des angoisses et à des difficultés qui déséquilibrent notre homéostasie et nous font nous sentir mal, parfois angoissés, découragés ou tristes. L'un des effets de ces substances est de restaurer l'équilibre perdu, rapidement et bien sûr transitoirement. Comment ? Elles modifient l'image sensible que le cerveau se forme actuellement de son corps. L'état d'homéostasie déséquilibrée est neuralement représenté comme un paysage corporel troublé, perturbé. Après la prise de certaines drogues, à certaines doses, le cerveau se représente un organisme fonctionnant de façon plus harmonieuse. La souffrance correspondant à l'ancienne image sentie se change en plaisir temporaire. Il s'ensuit un détournement des systèmes appétitifs qui n'a pas tout à fait pour résultat le rééquilibrage attendu de l'homéostasie, du moins pas pour longtemps. Pour autant, le rejet de la possibilité de corrections rapides de la souffrance demande un énorme effort, même chez ceux qui savent déjà que cette correction n'est pas durable et que les conséquences d'un tel choix peuvent être cruelles. Dans le schéma que j'ai présenté, ce phénomène s'explique bien. Les besoins homéostatiques non conscients sont placés sous contrôle naturel et on ne peut s'y opposer qu'en faisant preuve d'une force très exercée et puissante. Spinoza semble avoir vu juste quand il disait qu'une émotion aux conséquences négatives ne peut être contrée que par une autre émotion tout aussi puissante. Cela pourrait vouloir dire qu'exercer le processus non conscient pour qu'il s'atténue poliment n'est guère une solution. Le dispositif non conscient doit être entraîné par l'esprit conscient pour apporter une contrepartie émotionnelle.

Cerveau et justice

Les conceptions du contrôle conscient et inconscient qui sont influencées par la biologie sont pertinentes pour nous faire saisir comment nous vivons et comment nous devrions vivre. Mais cette pertinence n'est nulle part aussi forte qu'à propos des questions qui regardent le comportement social – en particulier le secteur dit du comportement moral – et la rupture des contrats sociaux codifiés par les lois.

La civilisation, et en particulier l'aspect qui, en elle, a trait à la justice, tourne autour de l'idée selon laquelle les humains sont conscients d'une façon inaccessible aux animaux. Les cultures ont partout développé des systèmes judiciaires qui s'appuient sur le bon sens pour aborder les complexités de la décision et visent à protéger les sociétés de ceux qui violent les lois établies. On peut comprendre qu'à de rares exceptions près, l'importance accordée aux données issues des neurosciences et des sciences cognitives ait été négligeable.

On craint en effet de plus en plus aujourd'hui que ce qu'on sait du fonctionnement du cerveau, à mesure que ce sera plus largement répandu, puisse miner l'application des lois, ce que les systèmes judiciaires ont partout évité en ne prenant pas en compte ces données. Mais il faut nuancer. Que toute personne capable de savoir soit responsable de ses actions ne signifie pas que la neurobiologie de la conscience n'est pas pertinente dans le cours de la justice et le processus d'éducation qui est chargé de préparer les futurs adultes à mener une existence socialement adaptée. Au contraire, les avocats, les juges, les parlementaires, les politiques et les enseignants doivent se familiariser avec la neurobiologie de la conscience et de la prise de décision. C'est important pour favoriser la rédaction de lois réalistes et préparer les générations futures à contrôler leurs actions de façon responsable.

Il semble bien que, dans certains cas de dysfonctionnement cérébral, même la délibération la plus exercée puisse ne pas parvenir à contrer certaines forces, qu'elles soient de type conscient ou non, peu importe. Nous commençons à peine à entrevoir le profil de tels cas, mais nous savons, par exemple, que les patients souffrant de certaines formes de lésions préfrontales peuvent ne pas être capables de contrôler leur impulsivité. La façon dont de tels individus contrôlent leurs actions n'est pas normale. Comment alors les juger quand ils tombent sous le coup de la justice ? Comme des criminels ou comme des patients souffrant de maladies neurologiques ? Les deux peut-être. Leur affection neurologique ne doit en rien excuser leurs actions, même si elle peut expliquer certains aspects d'un crime. Mais s'ils sont malades neurologiquement, alors ce sont des patients, et la société doit les traiter comme tels. Ce qui est tragique à cet égard, c'est que nous commençons seulement à comprendre ces facettes de la maladie neurologique et que, une fois posé un diagnostic, nous avons peu de choses à offrir en termes de traitement. Mais cela ne réduit pas la responsabilité de la société quant à la compréhension des connaissances disponibles et quant au débat public à cet égard, ainsi que la nécessité de mener d'autres recherches sur ces questions[11].

Certains autres patients, chez qui la lésion préfrontale est concentrée dans le secteur ventromédian, tranchent des dilemmes moraux hypothétiques d'une manière très pratique et utilitariste qui en fait tout sauf des anges. Quand de tels patients sont confrontés par exemple à un cas hypothétique de tentative de meurtre ne se traduisant pas par un décès malgré la préméditation, ils ne jugent pas que cette situation est significativement différente de celle d'un homicide involontaire ou par accident. En fait, ils trouvent qu'une telle situation est davantage permise[12]. Leur façon de comprendre motivations, intentions et conséquences n'est pas conventionnelle, c'est le moins qu'on puisse dire, même si, dans leur vie quotidienne, ils ne feraient probablement pas de mal à une mouche. Il nous faut donc en apprendre davantage sur la façon dont le cerveau humain opère des jugements sur le comportement et contrôle les actions.

Nature et culture

L'histoire de la vie est comme un arbre doté de branches innombrables, chacune ayant donné des espèces différentes. Même celles qui ne se trouvent pas au bout d'une haute branche peuvent être magnifiquement intelligentes au sein de leur horizon zoologique. Ce qu'elles accomplissent doit être jugé en fonction de cet horizon. Cependant, quand on regarde de loin l'arbre de la vie, on ne peut manquer de reconnaître que les organismes progressent du simple au complexe. Dans cette perspective, il est raisonnable de se demander quand la conscience est apparue dans l'histoire de la vie. Qu'apporte-t-elle à la vie ? Si l'on considère l'évolution biologique comme un cheminement non prémédité vers le haut de l'arbre de la vie, la bonne réponse est que la conscience est apparue assez tard et en haut. On ne trouve pas de signe de conscience dans la soupe primordiale ou chez les bactéries, chez les organismes unicellulaires ou multicellulaires simples, chez les champignons et les plantes. Or ce sont tous des organismes intéressants qui possèdent des dispositifs élaborés de régulation vitale, précisément ceux dont la conscience améliorera les retombées à une date ultérieure. Mais aucun de ces organismes n'a de cerveau, et encore moins d'esprit. En l'absence de neurones, leur comportement est limité et l'esprit n'est pas possible. Or, sans esprit, pas de conscience en tant que telle, mais seulement des précurseurs.

Quand les neurones font leur apparition, la vie change notablement. Ils sont comme une variation sur le thème des autres cellules corporelles. Ils sont formés des mêmes composants que les autres cellules, font leur travail de la même façon, mais ils sont aussi très spéciaux. Ce sont des transporteurs de signaux, des dispositifs de traitement qui sont capables de transmettre des messages et d'en recevoir. En vertu de ces aptitudes à la transmission de signaux, les neurones s'organisent d'eux-mêmes en circuits et en réseaux complexes. À leur tour, ces circuits et ces réseaux représentent les événements qui se produisent dans les autres cellules et, directement ou indirectement, influent sur le fonctionnement de celles-ci ainsi que sur le leur. De part en part, les neurones portent *sur* les autres cellules du corps, même s'ils n'ont pas perdu leur statut de cellules corporelles parce qu'ils ont acquis la capacité à transmettre des signaux électrochimiquement, à les dispenser à divers lieux de l'organisme et à constituer des circuits et des systèmes à la complexité énorme. Ce sont des cellules corporelles, qui sont étroitement dépendantes des mêmes nutriments que toutes les cellules corporelles et qui diffèrent surtout par leur aptitude à réussir des choses que les autres cellules corporelles ne peuvent réussir et par celle de vivre longtemps, si possible autant que leur propriétaire. La séparation corps/cerveau a été quelque peu exagérée, car les neurones qui forment le cerveau sont des cellules du corps, ce qui a rapport avec le *mind-body problem*.

Une fois les neurones en place dans des organismes capables de se mouvoir, la vie change sur un mode que la nature a refusé aux plantes. Une progression incessante en complexité fonctionnelle commence, qui va de comportements toujours plus élaborés au processus mental et finalement à la conscience. Un des secrets de cette complexification est désormais clair. Elle a à voir avec le simple nombre de neurones disponibles dans un organisme donné et, ce qui est tout aussi important, avec les structures selon lesquelles ils sont organisés en circuits d'échelle de plus en plus grande, jusqu'aux régions cérébrales macroscopiques formant des systèmes dotés d'articulations fonctionnelles très intriquées. L'importance conjointe du nombre de neurones et de la structure organisationnelle explique pourquoi on ne peut aborder les problèmes du comportement et de l'esprit uniquement en étudiant des neurones pris individuellement, les molécules qui agissent sur eux ou encore les gènes impliqués dans le cours de leur vie. L'étude des neurones individuels, des microcircuits, des molécules et des gènes est indispensable afin de comprendre pleinement le problème. Mais la raison pour laquelle l'esprit et le comportement des grands singes et des hommes sont si différents, par exemple, tient au *nombre* d'éléments cérébraux en jeu et à la *structure* de leur organisation.

Les systèmes nerveux se sont développés en devenant des gestionnaires de la vie et des conservateurs de la valeur biologique, assistés d'abord par des dispositions non cérébrales, puis finalement par des images, c'est-à-dire de l'esprit. L'émergence de ce dernier a produit des améliorations spectaculaires dans la régulation de la vie, pour de nombreuses espèces, même lorsque les images n'étaient pas très détaillées et ne duraient qu'au moment de la perception, pour disparaître entièrement ensuite. Le cerveau des insectes sociaux en est un bel exemple, lui qui est étonnamment sophistiqué et pourtant non flexible, vulnérable aux interruptions de ses séquences comportementales et pas encore capable de disposer de représentations présentes dans l'espace d'une mémoire de travail temporaire. Le comportement mental est devenu très complexe chez nombre d'espèces non humaines, mais on peut soutenir que la flexibilité et la créativité qui marquent ce qu'accomplit l'homme n'auraient pu sortir seulement d'un esprit générique. L'esprit devait être « protagonisé », c'est-à-dire enrichi en son sein par un processus du soi.

Une fois le soi apparu dans l'esprit, la donne a changé, timidement d'abord. Les images des mondes intérieur et extérieur peuvent désormais s'organiser de façon cohérente autour du protosoi et être orientées selon les contraintes homéostatiques de l'organisme. C'est alors que les dispositifs de récompense et de punition, de pulsions et de motivations, qui ont conformé le processus de vie aux premiers stades de l'évolution, contribuent à développer des émotions complexes. Et c'est alors que l'intelligence sociale devient flexible. La présence d'un soi-noyau est suivie d'une expansion de l'espace de traitement mental, de la mémoire conventionnelle et de la remémoration, de la mémoire de travail et du raisonnement. La régulation vitale se concentre sur un individu petit à petit mieux identifié. Finalement, le soi autobiographique émerge et, avec son arrivée, la régulation de la vie change radicalement.

Si la nature peut être considérée comme indifférente, froide et dépourvue de raison, c'est la conscience humaine qui ouvre la possibilité de mettre en question ce qui est naturel. L'émergence de la conscience humaine est associée aux évolutions du cerveau, du comportement et de l'esprit qui ont fini par donner lieu à la création de la culture, nouveauté radicale dans le cours de l'histoire naturelle. L'apparition des neurones, qui ont permis la diversification du comportement et ont ouvert la voie à l'esprit, constitue un basculement dans cette grandiose trajectoire. Et celle de cerveaux conscients finalement capables de réflexion flexible sur eux-mêmes en est une autre. Elle ouvre la voie à une réaction rebelle quoique imparfaite aux diktats de la froide nature.

Comment cet esprit indépendant et rebelle s'est-il développé ? On ne peut à cet égard que se livrer à des spéculations. Et les pages qui suivent ne sont qu'une esquisse d'un tableau immensément complexe qu'on ne peut traiter dans un seul livre et encore moins en un seul chapitre. Pour autant, on peut être assuré que ce révolté ne s'est pas développé soudainement. L'esprit constitué par des cartes portant sur les diverses modalités sensorielles a aidé à améliorer la régulation vitale, mais même lorsque ces cartes sont devenues des images mentales senties, elles n'étaient pas indépendantes, et encore moins rebelles. Ces images senties de l'intérieur de l'organisme amélioraient la survie et créaient un spectacle, mais sans personne pour le contempler. Quand l'esprit a adjoint un soi-noyau à son stock, c'est-à-dire lorsque la conscience a vraiment débuté, la ligne d'arrivée était proche. Mais elle n'était pas encore là. Un protagoniste simple représentait clairement un avantage, car il faisait la liaison entre les besoins liés à la régulation de la vie et la profusion d'images mentales que le cerveau formait sur le monde qui l'entourait. Le gouvernement du comportement s'en est trouvé optimisé. Mais l'indépendance dont je parle n'a pu faire surface que lorsque le soi est devenu assez complexe pour faire apparaître une image pleine et entière de la condition humaine, une fois que les organismes ont pu apprendre qu'elle est faite de douleurs et de pertes, mais aussi de plaisirs, d'épanouissements et de folies, une fois que des questions ont pu être posées sur le passé et l'avenir humains, une fois que l'imagination a pu montrer comment réduire la souffrance, limiter les pertes et accroître la probabilité du bonheur et de la fantaisie. C'est alors que le révolté a commencé à emmener l'existence humaine dans des directions nouvelles, les unes rebelles, les autres accommodantes, mais toutes fondées sur la réflexion sur la connaissance, mythique d'abord, scientifique ensuite, mais connaissance tout de même.

Quand le soi vient à l'esprit

Il serait merveilleux de découvrir où et quand le soi est venu à l'esprit et a commencé à engendrer la révolution biologique qu'on appelle la culture. Mais malgré les efforts menés par ceux qui cherchent à interpréter et à dater les traces humaines qui ont survécu au temps, nous ne sommes pas capables de répondre à de telles questions. Il est certain que la maturation du soi a été lente et graduelle, mais aussi irrégulière, et que ce processus s'est déroulé en plusieurs endroits du monde et pas nécessairement au même moment. Pourtant, on sait que nos ancêtres humains les plus directs marchaient il y a

200 000 ans environ et qu'il y a 30 000 ans environ, des hommes produisaient des peintures rupestres, des sculptures, des gravures, des métaux forgés, des bijoux et peut-être même de la musique. La grotte de Chauvet, en Ardèche, daterait d'il y a 32 000 ans et celle de Lascaux de 17 000 ans était déjà une sorte de chapelle Sixtine, avec ses centaines de peintures complexes et ses milliers de gravures, mélangeant personnages et signes abstraits. Un esprit capable de symbolisme était probablement à l'œuvre. La relation exacte entre l'émergence du langage et l'explosion de l'expression artistique et la fabrication d'outils sophistiqués qui distingue *Homo sapiens* n'est pas connue. Mais nous savons que, depuis des dizaines de milliers d'années, les hommes ont pratiqué des enterrements et qu'ils étaient assez élaborés pour exiger un traitement particulier des morts et l'équivalent de pierres tombales. Il est difficile d'imaginer comment de tels comportements auraient pu apparaître en l'absence d'un souci explicite pour la vie et de premières tentatives pour l'interpréter et lui assigner une valeur, émotionnelle bien sûr, mais intellectuelle également. Or il est inconcevable que ce type de souci et d'interprétation ait pu apparaître sans un soi fermement établi.

Le développement de l'écriture, il y a 5 000 ans environ, fournit des données solides. À l'époque des poèmes homériques, il y a sans doute moins de 3 000 ans, il n'est pas douteux que le soi autobiographique était déjà présent dans l'esprit humain. Toutefois, je suis assez d'accord avec Julian Jaynes quand il soutient que quelque chose de très important a pu arriver à l'esprit humain durant le relativement bref intervalle qui s'est écoulé entre les événements racontés dans l'*Iliade* et ceux qui forment l'*Odyssée*[13]. Les connaissances s'accumulant sur les hommes et l'Univers, la réflexion a pu altérer la structure du soi autobiographique et suturer plus étroitement des aspects relativement disparates du traitement mental

– la coordination de l'activité cérébrale, commandée d'abord par la valeur biologique puis par la raison, travaillait à notre profit. Quoi qu'il en soit, le soi que j'estime capable de révolte est un développement récent, de l'ordre de milliers d'années, ce qui n'est rien au regard du temps de l'évolution. Le soi repose en effet sur des caractéristiques du cerveau humain qui ont été acquises, selon toute probabilité, durant la longue période qu'a duré le Pléistocène. Il dépend de la capacité qu'a le cerveau d'avoir des souvenirs non seulement d'aptitudes motrices, mais aussi de faits et d'événements, en particulier personnels, lesquels constituent l'étayage de la biographie et la base de la personnalité et de l'identité individuelle. Il dépend de l'aptitude à reconstruire et à manipuler des souvenirs dans un espace mental de travail parallèle à celui de la perception, zone déconnectée où le temps peut être suspendu et les décisions libérées de la tyrannie de devoir répondre immédiatement. Il dépend de la capacité qu'a le cerveau de produire non seulement des représentations mentales qui imitent servilement, mimétiquement la réalité, mais aussi d'en créer qui symbolisent les actions, les objets et les individus. Le soi rebelle dépend de l'aptitude du cerveau à communiquer des états mentaux, en particulier de sentiment, par le biais de gestes du corps et des mains, ainsi que par la voix, sous la forme de notes de musique et de langage verbal. Enfin, il implique l'invention de systèmes de mémoire externe parallèles à ceux que possède chaque cerveau, c'est-à-dire de représentations picturales telles que le permettent peintures, gravures et sculptures, outils, bijoux, architecture funéraire et, longtemps après l'émergence du langage, des enregistrements écrits, forme certainement la plus importante de mémoire externe, jusqu'à il y a peu.

Une fois que le soi autobiographique a pu opérer sur la base des connaissances gravées dans les circuits cérébraux et dans la pierre, l'argile ou le papier, les hommes sont devenus capables de faire le lien entre leurs besoins biologiques individuels et le savoir qu'ils avaient accumulé. Ainsi a commencé un long processus d'investigations, de réflexions et de réponses, exprimées tout au long de l'histoire humaine écrite dans des mythes, des religions, dans les arts et dans les diverses structures inventées pour gouverner le comportement social – morale, systèmes judiciaires, économie, politique, science et technologie. Les conséquences ultimes de la conscience sont venues de la mémoire. Acquise à travers le filtre de la valeur biologique et inspirée par la raison.

Les conséquences du soi réflexif

Imaginez les premiers hommes quelque temps après que le langage verbal fut devenu moyen de communication. Imaginez ces individus conscients au cerveau armé de nombreuses aptitudes que nous estimons humaines désormais. Ils se préoccupaient beaucoup de ce qui nous agite désormais – nourriture, sexe, habitation, sécurité, confort. Ils vivaient dans un environnement où la compétition pour les ressources représentait un problème dominant, où les conflits abondaient et où la coopération était essentielle. Ce qui inspirait leurs comportements, c'était le fait d'être récompensé ou puni, et le besoin d'apprendre. Supposons qu'ils possédaient une gamme d'émotions ressemblant aux nôtres – l'attachement, le dégoût, la peur, la joie, la tristesse, la colère étaient sans nul doute déjà présents, ainsi que les émotions gouvernant la sociabilité, comme la confiance, la honte, la culpabilité, la compassion, le mépris, l'orgueil, la crainte et l'admiration. Et supposons que ces premiers humains étaient animés d'une curiosité intense à l'égard de leur environnement physique et des autres êtres vivants, qu'ils fussent de la même espèce ou pas. S'il faut en croire les études menées au XXe siècle sur des tribus relativement isolées, ils étaient aussi curieux vis-à-vis d'eux-mêmes et disposaient d'histoires racontant leur origine et leur destinée. Le moteur d'une telle curiosité est relativement facile à deviner. Les premiers humains ressentaient de l'affection et de l'attachement pour ceux auxquels ils étaient liés, leurs conjoints et leurs enfants, et de la peine à briser ces liens, à assister aux souffrances d'autrui ou à en subir. Ils connaissaient et observaient aussi des moments de joie et de satisfaction, quand leurs efforts pour chasser, se marier, s'assurer un abri, mener des guerres et élever leurs petits étaient couronnés de succès.

Cette découverte systématique du drame qu'est l'existence humaine et de ses compensations éventuelles n'a été possible qu'une fois la conscience pleinement développée – lorsque l'esprit doté d'un soi autobiographique a pu se livrer à des délibérations réfléchies et rassembler des connaissances. Vu les capacités intellectuelles probables des premiers humains, ils s'interrogeaient sûrement déjà sur des questions comme : d'où venons-nous ? et : où allons-nous ?, lesquelles nous hantent toujours aujourd'hui, des milliers d'années plus tard. C'est alors que le soi rebelle est arrivé à maturité. C'est alors que les mythes se sont développés pour rendre compte de la condition humaine et de ce qui l'explique ; que les conventions et les règles sociales se sont élaborées, donnant lieu aux débuts de la vraie morale qui s'est établie par-dessus des comportements prémoraux comme l'altruisme à l'égard des proches et l'altruisme réciproque, comportements déjà naturels avant même l'émergence du soi réflexif ; que des récits religieux ont été créés à partir et autour de mythes, visant à expliquer les raisons du drame humain et à instaurer de nouvelles voies censées l'atténuer. Bref, la conscience réflexive a non seulement amélioré la révélation de l'existence, mais a permis aussi aux individus conscients de commencer d'interpréter leur condition et d'agir.

Le moteur de ces développements culturels est l'*impulsion homéostatique*. Voilà ce que je suggère. Les explications qui reposent seulement sur les extensions cognitives significatives que des cerveaux plus gros et plus intelligents ont produites ne suffisent pas à rendre compte des développements extraordinaires qu'a connus la culture. Sous diverses formes, les développements culturels se caractérisent par le même objectif que le type d'homéostasie que j'ai évoqué tout au long de ce livre. Ils réagissent à la détection d'un déséquilibre dans le processus vital et ils cherchent à le corriger dans le cadre des contraintes de la biologie humaine et de l'environnement physique et social. L'élaboration de règles morales et de lois, ainsi que le développement de systèmes judiciaires réagissent de même à la détection de déséquilibres causés par des comportements sociaux qui mettent en danger des individus et le groupe. Les dispositifs culturels créés en réponse à ces déséquilibres ont pour but de restaurer l'équilibre des individus et du groupe. La contribution des systèmes économiques et politiques, ainsi que, par exemple, le développement de la médecine répondent aux problèmes fonctionnels qui se font jour dans l'espace social et qui requièrent des corrections au sein de ce même espace, sauf à compromettre la régulation vitale des individus qui constituent le groupe. Les déséquilibres auxquels je me réfère ici sont définis par des paramètres sociaux et culturels ; leur détection a donc lieu au niveau supérieur de l'esprit conscient, dans la stratosphère cérébrale, plutôt qu'au niveau sous-cortical. Ce processus global, je l'appelle « homéostasie socioculturelle ». D'un point de vue neural, l'homéostasie socioculturelle commence au niveau cortical, même si les réactions émotionnelles aux déséquilibres impliquent également l'homéostasie de base, ce qui montre une fois encore que la régulation de la vie dans le cerveau humain est hybride et se joue à un niveau supérieur, puis inférieur, puis supérieur, selon des oscillations qui sont souvent proches du chaos mais l'évitent de peu. En plus de l'homéostasie automatisée, la réflexion et la planification consciente de l'action introduisent des possibilités nouvelles dans la gouvernance de la vie, ce qui crée une nouveauté physiologique. La réflexion consciente peut même mettre en question et moduler l'homéostasie automatisée et opter pour une fourchette homéostatique optimale à un niveau plus élevé que ce que requiert la survie et plus favorable au bien-être. Ce bien-être qu'on imagine, dont on rêve et qu'on anticipe est devenu une motivation très forte de l'action humaine. L'homéostasie socioculturelle est venue ajouter une nouvelle couche fonctionnelle à la gestion de la vie, mais l'homéostasie biologique est restée en place.

Une fois armés de la réflexion consciente, les organismes dont le schéma d'évolution était centré sur la régulation vitale et la tendance à l'équilibre homéostatique ont inventé des formes de consolation pour ceux qui souffrent, de récompense pour ceux qui aident les souffrants, d'injonctions pour ceux qui font du mal, de normes de comportement pour prévenir le mal et favoriser le bien, un mélange de punition et de prévention, de peine et d'approbation. Comment faire comprendre cette sagesse, la transmettre, l'imposer ou convaincre de sa pertinence ? On a trouvé une solution à ce problème. En racontant des histoires – ce que le cerveau fait naturellement et implicitement. Notre soi s'est créé par narration implicite. Il n'est donc pas surprenant que ce phénomène ait envahi tout le tissu des sociétés et des cultures humaines. On ne s'étonnera pas non plus du fait que les récits socioculturels aient tiré leur autorité d'êtres mythiques censés avoir plus de pouvoir et de savoir que les hommes, êtres dont l'existence expliquait toutes sortes de situations délicates et dont l'action pouvait porter secours et modifier l'avenir. Depuis les cieux dominant le croissant fertile ou le Valhalla, ces êtres exerçaient un fascinant empire sur l'esprit humain.

On pouvait donc s'attendre à ce que des individus et des groupes, que leur cerveau rendait capables d'inventer ou d'utiliser de tels récits pour s'améliorer eux-mêmes et les sociétés dans lesquelles ils vivaient, réussissent assez bien pour que les caractères architecturaux de ces cerveaux soient sélectionnés, individuellement et au plan des groupes, et que leur fréquence augmente au fil des générations[14].

L'idée selon laquelle il existe deux grandes classes d'homéostasie, basique et socioculturelle, n'implique pas que la première serait « biologique » alors que la seconde serait une construction purement « culturelle ». L'homéostasie socioculturelle est due à l'œuvre de nombreux esprits dont le cerveau s'est d'abord construit sous l'égide d'un génome spécifique. De plus en plus de données montrent que les développements culturels peuvent donner lieu à de profondes modifications dans le génome humain. Par exemple, l'invention de l'élevage laitier et la consommation de lait ont modifié les gènes dans le sens de la tolérance au lactose[15].

La même impulsion homéostatique qui a façonné le développement des mythes et des religions a joué pour faire émerger les arts, aidée en cela par cette même curiosité intellectuelle et cette même pulsion d'exploration. Cela peut sembler de l'ironie si l'on sait que Freud considérait les arts comme un antidote aux névroses causées par les religions, mais je ne suis nullement ironique. Les mêmes conditions ont pu donner naissance à ces deux développements. Mais si le besoin de gérer la vie a été l'une des raisons expliquant pourquoi la musique, la danse, la peinture et la sculpture sont apparues, l'aptitude à améliorer la communication et à organiser la vie sociale a aussi pesé lourdement et a conféré aux arts plus de poids pour s'imposer.

Fermez les yeux un moment et imaginez les hommes d'il y a longtemps, peut-être même avant que le langage n'ait fait son apparition ; ils étaient dotés d'un esprit et d'une conscience, ils étaient déjà équipés d'émotions et de sentiments, déjà au fait de ce que c'est que d'être triste ou joyeux, d'être en danger ou bien confortablement en sécurité, de gagner quelque chose ou de subir des pertes, de connaître le plaisir ou la douleur. Imaginez maintenant comment ils exprimaient ces états dont ils avaient l'idée. Peut-être en psalmodiant des cris d'alarme ou d'approbation, des cris de ralliement, des cris de joie, des cris de deuil. Peut-être en bourdonnant ou même en chantant, puisque le système vocal humain est un instrument de musique inné. Imaginez aussi qu'ils tambourinaient puisque la poitrine est un tambour naturel. Imaginez que tambouriner était un dispositif pour concentrer l'esprit ou un outil d'organisation sociale ou bien imaginez encore qu'ils soufflaient dans une flûte en os pour produire des enchantements magiques, pour séduire, pour consoler, pour se réjouir. Ce n'était pas encore du Mozart, ce n'était pas encore *Tristan et Isolde*, mais la voie était tracée. Rêvez encore.

À la naissance d'arts comme la musique, la danse et la peinture, l'intention était probablement de communiquer aux autres des informations sur des dangers et des bonnes occasions, sur la tristesse ou la joie qu'on éprouvait, sur la forme que devait prendre le comportement social. Mais parallèlement à cela, les arts auraient aussi apporté une compensation homéostatique. Sinon, pourquoi donc aurait-il prévalu ? Et tout cela avant même la découverte merveilleuse que, lorsque les humains arrivaient à produire des sons et à les relier pour former des phrases, tous les sons ne se ressemblaient pas. Ils avaient des accents naturels et ceux-ci pouvaient avoir des relations dans le temps. Ils pouvaient créer des rythmes, et certains d'entre eux donnaient du plaisir. Ainsi la poésie a-t-elle pu commencer et cette technique a rétroagi sur la pratique de la musique et de la danse.

Les arts n'ont pu apparaître que lorsque le cerveau a acquis certains traits mentaux qui, selon toute probabilité, se sont établis au cours d'une longue période de l'évolution, le Pléistocène de nouveau. Les exemples en sont nombreux. On trouve la réaction affective de plaisir face à certaines formes et certains pigments, présents dans les objets naturels mais qui peuvent jouer dans des objets fabriqués par l'homme ainsi que dans la décoration du corps ; la réaction de plaisir à certains aspects des sons et à certains types d'organisation des sons en relation avec les timbres, les accentuations et leurs relations, ainsi que les rythmes. De même pour la réaction affective à certains types d'organisation spatiale et de paysages découverts ou à proximité d'étendues d'eau et de végétation[16].

Il se pourrait que l'art ait d'abord été un dispositif homéostatique pour l'artiste et le récepteur, et un moyen de communication. Finalement, du côté de l'artiste comme de celui du public, les usages en ont beaucoup varié. L'art est devenu un moyen privilégié pour échanger des informations factuelles et émotionnelles censées être importantes pour les individus et pour la société, comme on le voit dans les premiers poèmes épiques, les premières pièces de théâtre et la sculpture. Il est aussi devenu un moyen de susciter des émotions et des sentiments enrichissants, ce à quoi la musique a excellé à travers les âges. Il est devenu, ce qui est tout aussi important, un mode d'exploration de l'esprit de chacun et de celui d'autrui, un moyen de répéter des aspects spécifiques de la vie, d'exercer son action et son jugement moraux. À la fin, comme les arts ont des racines profondes dans la biologie et le corps humain, mais qu'ils peuvent aussi élever les hommes aux plus hauts sommets de la pensée et du sentiment, ils sont devenus une voie pour atteindre le raffinement homéostatique dont les hommes rêvaient depuis longtemps et qui est la contrepartie biologique de la dimension spirituelle des affaires humaines.

En résumé, si les arts ont prévalu au cours de l'évolution, c'est parce qu'ils avaient une valeur pour la survie et ont contribué au développement de la notion de bien-être. Ils ont aidé à cimenter les groupes sociaux et à promouvoir l'organisation sociale ; ils ont assisté la communication ; ils ont compensé les déséquilibres émotionnels causés par la peur, la colère, le désir et la peine ; et ils ont probablement inauguré le long processus par lequel se sont créées des traces extérieures de la vie culturelle, comme on en voit à Chauvet et Lascaux.

On a suggéré que, si l'art a survécu, c'est parce que les artistes ont du succès amoureux. Il suffit de penser à Picasso pour en convenir. Mais il aurait probablement prévalu sur la seule base de sa valeur thérapeutique.

Peut-être les arts représentent-ils une compensation inadéquate à la souffrance humaine, au bonheur qui se refuse, à l'innocence perdue, mais ils ont été et sont encore tout de même une compensation. Ils sont l'un des présents majeurs que la conscience a offerts aux hommes.

Mais alors quel est le cadeau ultime qu'elle a apporté à l'humanité ? Peut-être la capacité à naviguer dans l'avenir sur les mers de l'imagination, à guider le vaisseau du soi vers un port sûr et industrieux. C'est le plus précieux de ses présents, et il dépend du rapprochement entre le soi et la mémoire. Trempée par les sentiments personnels, la mémoire est ce qui permet aux hommes d'imaginer à la fois un bien-être individuel et, conjointement, celui de toute la société, et aussi d'inventer les moyens de l'atteindre et de le magnifier. La mémoire est responsable du fait que le soi se place inlassablement dans un ici et maintenant évanescent, entre le passé vécu et le futur anticipé, perpétuellement ballotté entre hier qui n'est plus et demain qui est seulement de l'ordre du possible. Le futur nous tire en avant, depuis un point qui disparaît au loin ; c'est lui qui nous donne la volonté de continuer le voyage, dans le *présent*. Voilà sans doute ce que voulait dire T. S. Eliot quand il écrivait : « Temps passé et temps futur/ Ce qui aurait pu être et ce qui a été/Pointent vers une seule fin, qui est toujours présente[17]. »

Appendice

L'architecture du cerveau

Quand on contemple des vues en trois dimensions du cerveau humain, son agencement architectural apparaît à l'œil nu. La structure globale est la même pour tout cerveau et certains composants paraissent être dans la même position. Leur relation est semblable à celle des composants de notre visage – les yeux, la bouche, le nez. Leur forme et leur taille exactes sont quelque peu différentes selon les individus, mais l'étendue de leurs variations reste limitée. Aucun visage humain n'a les yeux carrés ou bien encore un œil plus gros que le nez ou la bouche. La symétrie est globalement respectée. Des restrictions similaires s'appliquent à la position relative des éléments. Comme nos visages, nos cerveaux sont extrêmement similaires en termes de règles grammaticales selon lesquelles les parties sont disposées dans l'espace. Et pourtant, les cerveaux sont assez individuels. Chacun est unique.

Cependant, un autre aspect de cette architecture pertinent au regard des idées présentées dans ce livre est invisible à l'œil nu. Il s'agit, sous la surface, d'un câblage massif qui est formé d'*axones* – fibres qui relient entre eux les neurones. Le cerveau contient des milliards de neurones (10^{11} environ) qui forment des milliards de milliards de connexions entre eux (10^{15} environ). Pour autant, ces liaisons respectent des *structures* et n'importe quel neurone n'est pas connecté avec n'importe quel autre. Bien au contraire, leur maillage est hautement sélectif. Vu de loin, il constitue un diagramme de branchements, voire plusieurs, selon le secteur du cerveau considéré.

Comprendre ces diagrammes permet de saisir ce qu'effectue le cerveau et comment. Ce n'est toutefois pas commode dans la mesure où les diagrammes changent considérablement pendant le développement et même ensuite. Nous sommes dotés à la naissance de certaines structures de connexion qui se mettent en place sous la commande de nos gènes. Dans le ventre maternel déjà, ces relations sont influencées par plusieurs facteurs liés à l'environnement. Après la naissance, les expériences individuelles vécues dans des environnements uniques, sous l'influence de nos activités, travaillent sur cette première structure de connexion, l'élaguent, renforcent et affaiblissent certaines liaisons, élargissent ou amincissent certains câbles du réseau. L'apprentissage et la création d'une mémoire forment tout simplement un processus consistant à ciseler, modeler, façonner, faire et refaire nos diagrammes individuels de branchement cérébral. Ce processus qui débute à la naissance se continue jusqu'à la mort ou parfois avant, lorsque la maladie d'Alzheimer vient le perturber.

Comment découvre-t-on la configuration de ces diagrammes ? Jusqu'à une date assez récente, les recherches portant sur ce problème exigeaient des spécimens de cerveau prélevés après la mort sur des êtres humains ou des animaux d'expérience. Les échantillons de tissu cérébral étaient préparés et colorés avec des teintures bien identifiables ; de très fines lamelles de tissu pouvaient alors être analysées au microscope. C'est grâce à cette tradition vénérable en neuro-anatomie expérimentale que nous avons obtenu la plupart des connaissances dont nous disposons aujourd'hui sur le câblage cérébral. Mais notre savoir neuro-anatomique reste malheureusement incomplet, de sorte qu'il est indispensable que de telles recherches se poursuivent en s'appuyant sur les progrès considérables accomplis dans le domaine des colorants et sur la puissance accrue des microscopes modernes.

Récemment, de nouvelles possibilités ont été ouvertes grâce à l'usage des méthodes de résonance magnétique sur les êtres humains vivants. Des techniques non invasives comme l'imagerie par diffusion nous permettent d'avoir une vue *in vivo* sur les réseaux humains de connexion. Si elles sont encore loin d'être satisfaisantes, elles promettent de nous offrir des révélations fascinantes.

Comment les milliards de neurones qui se trouvent à l'intérieur du cerveau humain et les milliards de milliards de synapses qu'ils forment réussissent-ils à produire non seulement les actions qui constituent nos comportements, mais aussi l'esprit – esprit dont chacun peut être conscient et qui peut donner naissance à des cultures ? Dire que ces synapses et ces neurones si nombreux effectuent ce travail grâce à leur interactivité massive et à la complexité qui s'ensuit ne représente pas une bonne réponse. L'interactivité et la complexité jouent effectivement, mais elles ne sont pas amorphes. Elles dérivent de la configuration très diverse des circuits locaux et de la façon encore plus variée dont ils créent des régions, lesquelles s'affilient pour former des systèmes. La manière dont est formée chaque région du point de vue interne détermine sa fonction. L'emplacement d'une région dans l'architecture globale est important aussi, car sa place dans le plan général décide des partenaires avec lesquels elle travaille dans le système – elle détermine les régions qui parlent à une certaine région et auxquelles celle-ci parle en retour. Pour compliquer encore les choses, l'inverse est vrai aussi : dans une certaine mesure, les partenaires avec lesquels une région interagit déterminent la place où elle doit se trouver. Mais avant d'aller plus loin, nous devons décrire brièvement les matériaux utilisés pour construire l'architecture du cerveau.

Les briques et le mortier

Le cerveau qui forme l'esprit se compose de tissu neural, et ce dernier, comme tous les autres tissus vivants, est fait de cellules. Le principal type de cellule cérébrale est le *neurone*. Pour les raisons évoquées aux chapitres 1, 2 et 3, c'est une cellule très particulière dans l'univers de la biologie. Les neurones et les axones sont *enchâssés* – « suspendus » serait un meilleur terme – dans un échafaudage formé par un autre type de cellules cérébrales, les cellules gliales. En plus de fournir un support physique aux neurones, les cellules gliales leur apportent une partie de leur nourriture. Ils ne peuvent survivre sans elles, mais tout indique que les neurones représentent l'unité cérébrale critique en ce qui concerne le comportement et l'esprit.

Quand les neurones usent de leur axone pour envoyer des messages aux fibres musculaires, ils peuvent produire des mouvements ; et lorsqu'ils sont actifs au sein des réseaux complexes que forment les régions productrices de cartes, il en résulte des images, unité de compte de l'activité mentale. Les cellules gliales, pour autant qu'on le sache, ne font rien de tel, même si leur contribution complète à l'opération des neurones n'est pas encore pleinement élucidée. Note plus triste, elles sont à l'origine des tumeurs du cerveau les plus mortelles, les gliomes, pour lesquels il n'existe encore aucun traitement. Pis encore, pour des raisons qui ne sont pas totalement claires, l'incidence des gliomes malins augmente dans le monde, à la différence de pratiquement toutes les affections malignes.

Appendice

L'autre origine courante des tumeurs du cerveau, ce sont les cellules des méninges – membranes semblables à une peau qui recouvrent le tissu cérébral. Les méningites sont plutôt bénignes, même si, du fait de leur emplacement et d'une croissance non surveillée, elles peuvent handicaper gravement le fonctionnement du cerveau et sont tout sauf inoffensives.

Chaque neurone comporte trois éléments anatomiques principaux : (1) le corps cellulaire, qui est la centrale électrique de la cellule et comprend le noyau et des organelles comme les mitochondries (le génome du neurone, son complément de gènes directeurs, est situé au sein du noyau, même si on trouve aussi de l'ADN dans les mitochondries) ; (2) la principale fibre sortante, appelée *axone*, qui part du corps cellulaire ; (3) les fibres entrantes appelées *dendrites*, qui sont accrochées au corps cellulaire comme de petites branches. Les neurones sont reliés les uns aux autres par une zone frontière appelée *synapse*. Dans la plupart des synapses, l'axone d'un neurone fait contact chimique avec les dendrites d'un autre.

Les neurones peuvent être actifs (allumés) ou inactifs (éteints), « on » ou « off ». L'allumage consiste à produire un signal électrochimique qui traverse la bordure d'un autre neurone, à la synapse, et fait s'allumer aussi celui-ci, pour autant que le signal remplisse les conditions nécessaires pour que l'autre neurone s'allume. Le signal électrochimique quitte le corps du neurone pour suivre l'axone. La frontière synaptique est située entre la fin de l'axone et le commencement d'un autre neurone, en général sur la dendrite. Il existe plusieurs variantes et exceptions mineures à cette description classique, et différents types de neurones varient par leur forme et leur taille ; mais cet aperçu est en gros acceptable. Chaque neurone est si petit qu'il faut un fort grossissement au microscope pour le voir ; et, pour apercevoir une synapse, un microscope encore plus puissant est nécessaire. Cependant, cette petitesse est relative à l'observateur. En comparaison des molécules qui les composent, les neurones sont des créatures vraiment gigantesques.

Lorsqu'ils « s'allument », le courant électrique appelé potentiel d'action se propage à partir du corps cellulaire le long de l'axone. Ce processus est très rapide, puisqu'il ne prend qu'une poignée de millisecondes, ce qui donne une idée des échelles de temps remarquablement différentes du cerveau et de l'esprit. Il nous faut des *centaines* de millisecondes pour devenir conscients d'une structure présentée à nos yeux. Nous ressentons des sentiments sur une échelle de temps de l'ordre des *secondes*, c'est-à-dire de *milliers* de millisecondes, et des *minutes*.

Lorsque le courant arrive à la synapse, il déclenche la libération de substances chimiques appelées neurotransmetteurs (du glutamate, par exemple) dans l'espace situé entre les deux cellules, la clé synaptique. Dans un neurone excitateur, l'interaction coopérative de nombreux autres neurones dont les synapses sont adjacentes et qui libèrent (ou non) leurs propres signaux transmetteurs détermine si le neurone suivant s'allumera, c'est-à-dire s'il produira son propre potentiel d'action, ce qui donnera lieu à la libération de son neurotransmetteur, et ainsi de suite.

Les synapses peuvent être fortes ou faibles. La force synaptique détermine si et comment les impulsions continueront facilement à passer au neurone suivant. Dans un neurone excitateur, une synapse forte facilite le cheminement de l'impulsion, alors qu'une synapse faible le gêne ou le bloque.

Le renforcement d'une synapse est un aspect essentiel de l'apprentissage. La force se traduit en facilité d'allumage et ainsi en facilité d'activation pour les neurones ultérieurs. La mémoire dépend de cette opération. Notre compréhension des bases neurales de la mémoire au niveau des neurones remonte aux idées fondatrices de Donald Hebb. Au milieu du XXᵉ siècle, il a le premier émis l'hypothèse que l'apprentissage dépendrait du renforcement des synapses et de la facilitation de l'allumage des neurones suivants. C'était purement théorique, mais cette possibilité s'est par la suite révélée juste. Ces dernières décennies, notre compréhension de l'apprentissage est descendue au niveau des mécanismes moléculaires et de l'expression des gènes.

En moyenne, chaque neurone parle à relativement peu d'autres, pas à la plupart et jamais à tous. En réalité, de nombreux neurones ne parlent qu'à ceux qui sont proches d'eux, dans des circuits relativement localisés ; d'autres, même si leur axone peut mesurer plusieurs centimètres, n'entrent en contact qu'avec un petit nombre d'autres neurones. Cependant, selon sa position dans l'architecture globale, un neurone peut avoir plus ou moins de partenaires.

Les milliards de neurones sont organisés en circuits. Certains sont de très petits microcircuits, dont les opérations très localisées sont invisibles à l'œil nu. Quand de nombreux microcircuits sont regroupés, ils forment cependant une région, dotée d'une certaine architecture.

Les architectures régionales élémentaires sont de deux variétés : la variété *noyau* et la variété *bande de cortex cérébral*. Dans une bande de cortex cérébral, les neurones sont disposés en faisceaux bidimensionnels formés de couches empilées. Nombre d'entre elles ont une organisation topographique très fine. C'est idéal pour les cartes détaillées. Dans un noyau de neurones (à ne pas confondre avec le noyau cellulaire qui se trouve à l'intérieur de chaque neurone), les neurones sont en général disposés comme des grappes dans une coupe, mais cette règle connaît des exceptions partielles. Les noyaux géniculés et colliculaires, par exemple, ont des couches bidimensionnelles et arrondies. Plusieurs noyaux ont également une organisation topographique, ce qui suggère qu'ils peuvent engendrer des cartes grossières.

Les noyaux contiennent un « savoir-faire ». Leurs circuits portent des connaissances concernant la façon d'agir et ce qu'il faut faire quand certains messages rendent le noyau actif. Du fait de ce savoir-faire dispositionnel, l'activité des noyaux est indispensable à la gestion de la vie chez les espèces dotées de petits cerveaux, qui n'ont pas ou peu de cortex cérébral et des aptitudes cartographiques limitées. Mais les noyaux sont aussi indispensables pour la gestion de base – le métabolisme, les réactions viscérales, les émotions, l'activité sexuelle, les sentiments *et* certains aspects de la conscience. La gouvernance des systèmes endocrine et immunitaire dépend des noyaux, et de même la vie affective. Toutefois, chez l'homme, une bonne partie de l'opération des noyaux est placée sous l'influence de l'esprit, ce qui veut dire, en grande partie mais pas totalement, sous celle du cortex cérébral.

Point important, les régions distinctes définies par les noyaux et les bandes de cortex cérébral sont interconnectées. Elles forment à leur tour des circuits plus vastes et à plus grande échelle. Les nombreuses bandes de cortex cérébral sont reliées ensemble, et ce, de façon interactive, mais chaque bande est aussi branchée aux noyaux sous-corticaux. Parfois, la bande de cortex reçoit des signaux venus d'un noyau ou bien, parfois, elle en émet ; parfois encore, elle est à la fois réceptrice et émettrice. Les interactions sont particulièrement significatives dans les relations avec la myriade de noyaux que comporte le thalamus (où les connexions avec le cortex cérébral sont plutôt à deux voies) et dans les relations avec les ganglions de la base (où soit elles descendent du cortex, soit elles y montent, mais jamais les deux à fois).

Au total, les circuits de neurones constituent des régions corticales s'ils sont disposés en faisceaux rangés en couches parallèles, comme celles d'un gâteau, ou bien des noyaux, s'ils sont regroupés en agencements dépourvus de couches (sans oublier les exceptions mentionnées plus haut). Les régions corticales et les noyaux sont interconnectés au moyen de « projections » axonales afin de former des *systèmes* et, plus le niveau de complexité augmente, des *systèmes de systèmes*. Quand les bottes de projections axonales sont assez grosses pour être visibles à l'œil, on les appelle des « voies ». En termes d'échelle, tous les neurones et les circuits locaux sont microscopiques, alors que toutes les régions, la plupart des noyaux et tous les systèmes de systèmes sont macroscopiques.

Si les neurones forment les briques, qu'est-ce qui est l'équivalent du mortier dans le cerveau ? Tout simplement les innombrables cellules *gliales* que j'ai présentées comme l'échafaudage des neurones partout dans le cerveau. Les gaines de myéline qui s'entourent autour des axones à conduction rapide sont aussi gliales. Elles protègent et isolent ces axones, comme le ferait un mortier. Les cellules gliales sont très différentes des neurones en ce qu'elles n'ont ni axones ni dendrites, et ne transmettent pas de signaux sur de longues distances. Autrement dit, elles ne sont pas orientées vers les autres cellules de l'organisme et leur rôle ne consiste ni à les réguler ni à les représenter. Les cellules gliales n'ont pas de rôle mimétique, à l'inverse des neurones. Mais leur fonction ne se borne pas à abriter simplement les neurones. Les cellules gliales interviennent dans leur alimentation en conservant et en fournissant des produits énergétiques, par exemple, et, comme suggéré plus haut, leur influence pourrait bien être plus profonde.

Un peu plus sur l'architecture à grande échelle

Le système nerveux a des divisions centrales et périphériques. Le principal composant du *système nerveux central* est le *cerveau*, qui est formé de deux *hémisphères*, le droit et le gauche, rejoints par le *corps calleux*. Selon une légende fantaisiste, le corps calleux aurait été inventé par la nature pour empêcher les hémisphères cérébraux de pendre. Mais on sait que cette épaisse collection de fibres nerveuses relie les moitiés droite et gauche dans les deux directions et joue un rôle intégrateur important.

Les hémisphères cérébraux sont recouverts par le cortex cérébral, qui est organisé en lobes (*occipital*, *pariétal*, *temporal* et *frontal*) et comprend une région appelée le *cortex cingulaire*, visible seulement sur sa surface interne (mésiale). Deux régions du cortex cérébral ne sont pas du tout visibles quand on inspecte la surface du cervelet : il s'agit du *cortex insulaire*, enterré sous les régions frontale et pariétale, et de l'*hippocampe*, structure corticale spéciale qui est cachée dans le lobe temporal.

Sous le cortex cérébral, le système nerveux central comprend aussi en profondeur des conglomérats de noyaux comme les *ganglions de la base*, le *prosencéphale basal*, l'*amygdale* et le *diencéphale* (combinaison du *thalamus* et de l'*hypothalamus*). Le cerveau rejoint la moelle épinière par le *tronc cérébral*, derrière lequel est situé le *cervelet*, avec ses deux hémisphères. Si l'hypothalamus est en général mentionné conjointement au thalamus pour former le diencéphale, en réalité, d'un point de vue fonctionnel, il est plus proche du tronc cérébral, avec lequel il partage les aspects les plus critiques de la régulation vitale.

Le système nerveux central est relié à chaque point du corps par des faisceaux d'axones qui ont pour origine les neurones. (Ces faisceaux sont appelés nerfs.) La somme totale de tous les nerfs reliant le système nerveux central à la périphérie et *vice versa* constitue le *système nerveux périphérique*. Les nerfs transmettent des impulsions du cerveau au corps et du corps au cerveau. Le *système nerveux autonome* est l'un des secteurs les plus

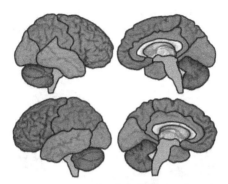

Figure A.1 : *Architecture à grande échelle du cerveau humain reconstruite en trois dimensions à partir de données obtenues par résonance magnétique.* Les vues latérales (externes) des deux hémisphères droit et gauche figurent sur les planches gauches ; les vues médianes (internes) apparaissent à droite. La structure recourbée et blanche figurant sur les planches de droite correspond au corps calleux.

anciens et les plus importants du système nerveux périphérique ; il est ainsi dénommé car son action échappe en grande partie au contrôle volontaire. Les systèmes *sympathique*, *parasympathique* et *entérique* composent le système nerveux autonome. Ce système joue un rôle dans la régulation de la vie, ainsi que dans les émotions et les sentiments. Le cerveau et le corps sont aussi interconnectés par des molécules chimiques comme les hormones, qui transitent dans la circulation sanguine. Celles qui vont du cerveau au corps ont pour origine des noyaux comme ceux du thalamus. Mais ces molécules chimiques qui se déplacent aussi dans l'autre direction influent directement sur les neurones en divers emplacements comme l'area postrema, où la barrière hémato-encéphalique de protection fait défaut. (C'est un bouclier protecteur contre certaines molécules transitant dans la circulation sanguine.) L'area postrema est située dans le tronc cérébral, très près de structures importantes pour la régulation vitale comme le noyau parabrachial et le noyau périaqueducal.

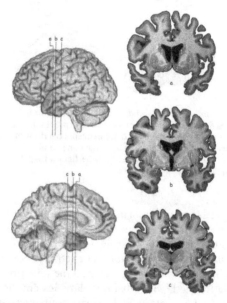

Figure A.2 : Les planches de gauche montrent des reconstructions en trois dimensions du cerveau humain vu du côté et du milieu (en haut et en bas, respectivement).
Les planches de droite représentent trois coupes du volume du cerveau. Ces coupes ont été obtenues le long des lignes notées a, b et c. Les coupes révèlent un grand nombre de structures cérébrales importantes situées sous la surface (1 : ganglions de la base ; 2 : prosencéphale basal ; 3 : claustrum ; 4 : cortex insulaire ; 5 : hypothalamus ; 6 : thalamus ; 7 : amygdale ; 8 : hippocampe). Le cortex cérébral recouvre toute la surface des hémisphères, y compris le fond de chaque scissure. Dans les coupes, le cortex cérébral apparaît comme une bordure sombre, facile à distinguer de la matière plus blanche située dessous. Les zones noires visibles au centre des coupes correspondent aux ventricules latéraux.

Quand on tranche le système nerveux central dans n'importe quel sens et qu'on regarde la coupe qu'on obtient, on note une différence entre des secteurs sombres et pâles. Ceux qui sont sombres sont appelés *matière grise* (même s'ils sont plutôt bruns) et ceux qui sont pâles *matière blanche* (même s'ils sont plutôt ocre). La matière grise tire sa teinte plus sombre de l'entassement très serré de corps cellulaires neuronaux ; la matière blanche tire son apparence plus claire des gaines isolée d'axones émanant des corps cellulaires situés dans la matière grise. Comme indiqué plus haut, leur isolation est due à la myéline et accélère la conduction du courant électrique dans les axones. L'isolation par la myéline et la conduction rapide des signaux sont la marque des axones modernes du point de vue de l'évolution. Les fibres non myélinisées sont assez lentes et anciennes.

La matière grise présente deux variétés. Celle qui comporte des couches se trouve dans le *cortex cérébral*, qui enveloppe les hémisphères cérébraux, et dans le *cortex cérébelleux*, qui enveloppe le cervelet. La variété sans couches est faite de noyaux, dont les principaux exemples ont été cités plus haut : les *ganglions de la base* (situés au fond de chaque hémisphère cérébral et formés de trois gros noyaux, le caudé, le putamen et le pallidum) ; l'*amygdale*, grosseur située au fond de chaque lobe temporal ; et plusieurs agrégats de noyaux plus petits qui forment le *thalamus*, l'*hypothalamus* et les secteurs gris du *tronc cérébral*.

Le cortex cérébral est le manteau du cerveau ; il recouvre la surface de chaque hémisphère cérébral, y compris celle qui est située au fond des fissures et des scissures, des cols qui donnent au cerveau son apparence plissée si singulière. L'épaisseur du cortex est d'environ trois millimètres et ses couches sont parallèles les unes aux autres et à la surface du cerveau. Sa partie moderne du point de vue de l'évolution est le *néocortex*. Les principales divisions sont appelées lobes : frontal, temporal, pariétal et occipital. Toutes les autres structures grises (les divers noyaux mentionnés plus haut et le cervelet) sont sous-corticales.

Dans le texte de ce livre, je me réfère souvent aux *cortex sensoriels antérieurs*, aux *cortex associatifs* ou encore aux *cortex associatifs supérieurs*. La désignation « antérieure » n'a pas de connotations temporelles ; elle renvoie à la position occupée par une région dans l'espace, ainsi que dans une chaîne de traitement sensoriel. Les cortex sensoriels antérieurs sont situés près du point d'entrée des voies sensorielles périphériques dans le cortex cérébral ou autour – par exemple, le point d'entrée pour les signaux de la vision, de l'audition ou du toucher. Les régions antérieures sont plutôt organisées de façon concentrique. Elles jouent un rôle critique dans la production de cartes détaillées utilisant les signaux véhiculés par les voies sensorielles.

Les cortex associatifs, comme leur nom l'indique, mettent en relation mutuelle les signaux venant des cortex antérieurs. Ils sont localisés dans tout le cortex cérébral, là où ne se trouvent pas de cortex sensoriels antérieurs ni de cortex moteurs. Ils sont organisés de façon hiérarchique, et les plus élevés dans la chaîne sont en général appelés cortex associatifs supérieurs. Les cortex préfrontaux et les cortex temporaux antérieurs sont des exemples de cortex associatifs supérieurs.

Les diverses régions du cortex cérébral sont traditionnellement identifiées par des numéros correspondant à la conception architecturale distincte de leurs agencements de neurones, ce qu'on appelle la cyto-architectonique. Le système de numérotation le plus connu a été proposé par Brodmann il y a un siècle ; il demeure un outil utile aujourd'hui. Les numéros de Brodmann n'ont rien à voir avec la taille ou l'importance fonctionnelle des aires numérotées.

L'importance de la localisation

La structure anatomique interne d'une région cérébrale est un déterminant important de sa fonction. L'endroit où une région est située dans le volume tridimensionnel du cerveau est un autre déterminant important. L'emplacement dans le volume cérébral global et la structure anatomique interne sont en grande partie l'effet de l'évolution, mais ils sont aussi influencés par le développement individuel. L'expérience individuelle façonne les circuits. Même si cette influence est surtout marquée au niveau des microcircuits, elle se fait inévitablement sentir au niveau macro-anatomique.

En termes d'évolution, les noyaux sont anciens ; ils remontent à une période de l'histoire de la vie au cours de laquelle les cerveaux entiers n'étaient guère plus que des chaînes de ganglions ressemblant aux perles d'un rosaire. Un ganglion est un noyau individuel qui est ensuite incorporé par l'évolution dans la masse d'un cerveau. Le cerveau des nématodes que j'ai mentionnés au chapitre 2 consiste en chaînes de ganglions.

Les noyaux compris à l'intérieur du volume tout entier du cerveau se situent en bas, toujours en dessous du manteau que procure le cortex cérébral. Ils se trouvent dans le tronc cérébral, l'hypothalamus et le thalamus, les ganglions de la base et le prosencéphale basal (qui comprend la collection de noyaux appelée amygdale). Quoique bannis du domaine du cortex, ils ont un ordre hiérarchique du point de vue de l'évolution. Plus ils sont anciens, historiquement parlant, plus ils sont proches de la ligne médiane du cerveau. Et comme tout dans le cerveau a deux moitiés, la gauche et la droite de part et d'autre de la médiane, les noyaux très anciens regardent leur jumeau de l'autre côté de la ligne médiane. C'est le cas des noyaux du tronc cérébral qui sont cruciaux pour la régulation de la vie et pour la conscience. Dans le cas de noyaux plus modernes – l'amygdale, par exemple –, les exemplaires de gauche et de droite sont davantage indépendants et clairement séparés l'un de l'autre.

Du point de vue de l'évolution, les cortex cérébraux sont plus récents que les noyaux. Ils se distinguent tous par leur structure bidimensionnelle en faisceau, qui confère à certains d'entre eux des aptitudes cartographiques. Cependant, le nombre de couches qu'on trouve dans un cortex varie de trois (pour les anciens) à six (pour les plus récents). La complexité des circuits, dans les couches et entre elles, varie également. L'emplacement général dans tout le volume cérébral est révélateur aussi du point de vue fonctionnel. En général, les cortex très modernes apparaissent au point auquel les grandes voies sensorielles – par exemple auditive, visuelle, somatosensorielle – pénètrent le manteau du cortex cérébral et autour ; ils sont donc reliés au traitement sensoriel et cartographique. Autrement dit, ils appartiennent au club des cortex sensoriels antérieurs.

Les cortex moteurs eux aussi sont apparus à différentes époques. Certains sont assez vieux et petits ; ils sont eux aussi situés à la ligne médiane, dans le cingulé antérieur et les régions motrices complémentaires, et sont clairement visibles sur la surface interne (ou médiane) de chaque hémisphère cérébral. Les autres cortex moteurs sont modernes et sophistiqués dans leur structure ; ils occupent un vaste territoire à la surface externe du cerveau (surface latérale).

Ce qu'une région apporte à l'activité globale du cerveau dépend dans une mesure significative de ses partenaires : qui parle à cette région et à qui elle parle, spécifiquement ; quelles régions projettent leurs neurones vers la région X (modifiant ainsi son état) et lesquelles reçoivent des projections de la région X (modifiée par ce qu'elle exprime). L'emplacement de la région X dans le réseau compte beaucoup. Le fait qu'elle ait ou non des aptitudes cartographiques est un autre facteur important jouant sur son rôle fonctionnel.

L'esprit et le comportement sont à chaque moment le résultat de l'opération de galaxies de noyaux et de cortex articulés par des projections neurales de convergence-divergence. Si ces galaxies sont bien organisées et travaillent dans l'harmonie, leur propriétaire peut s'adonner à la poésie. Si ce n'est pas le cas, il devient fou.

Aux interfaces entre le cerveau et le monde

Deux types de structures neurales sont situés à la frontière entre le cerveau et le monde. L'une pointe *vers l'intérieur*, l'autre *vers l'extérieur*. La première structure neurale est formée par les récepteurs sensoriels présents à la périphérie du corps – la rétine, la cochlée dans l'oreille interne, les terminaisons nerveuses de notre peau, et ainsi de suite. Ces récepteurs ne reçoivent pas de l'extérieur des projections neuronales, du moins pas naturellement (les informations électriques quasi neuronales qui sont issues d'implants fixés à des prothèses modifient cette situation). Ils reçoivent plutôt des *stimuli physiques* – lumière, vibration, contact mécanique. Les récepteurs sensoriels initient une chaîne de signaux allant de la bordure du corps à l'intérieur du cerveau, à travers de multiples hiérarchies de circuits de neurones qui pénètrent profondément sur les territoires du cerveau. Mais ces signaux ne remontent pas comme de l'eau dans un système de canalisations. À chaque nouvelle station, ils subissent un traitement et une transformation. En outre, ils renvoient des signaux là où les chaînes de projection arrivantes ont commencé. Ces traits mal étudiés de l'architecture cérébrale ont probablement une signification importante dans certains aspects de la conscience.

L'autre type de point frontalier apparaît là où finissent les projections du cerveau *vers l'extérieur* et où commence l'environnement. Les chaînes de signaux naissent dans le cerveau mais se terminent en libérant des molécules chimiques dans l'atmosphère ou bien en reliant les fibres musculaires dans le corps. C'est ce dernier phénomène qui nous permet de bouger et de parler ; c'est là qu'aboutissent les principales chaînes tournées vers l'extérieur. Au-delà des fibres musculaires vient le mouvement direct dans l'espace. Aux premiers stades de l'évolution, la libération de molécules chimiques en bordure de membrane ou de peau jouait un rôle important dans la vie de l'organisme. C'est un important moyen d'action. Chez l'homme, cette facette reste mal étudiée, même si la libération de phéromones est indubitable.

On peut voir dans le cerveau une élaboration progressive de ce qui n'était d'abord qu'un simple arc réflexe : le neurone NEU sent l'objet OB et le signale au neurone ZADIG, qui se projette vers la fibre musculaire MUSC et cause un mouvement. Plus tard au cours de l'évolution, un neurone aurait été ajouté au circuit réflexe, entre NEU et ZADIG. C'est un *interneurone*, qu'on peut appeler INT ; il se comporte de telle sorte que la réponse du neurone ZADIG n'est plus automatique. Le neurone ZADIG, par exemple, ne répond que si le neurone NEU allume tous ses feux et pas s'il reçoit un message plus faible ; l'essentiel de la décision est laissé entre les mains de l'interneurone INT.

Un aspect majeur de l'évolution du cerveau a consisté à ajouter l'équivalent d'interneurones à chaque niveau de la circuiterie cérébrale – un grand nombre d'équivalents, en fait. Les plus gros, situés dans le cortex cérébral, on pourrait les appeler *interrégions*. Ils sont pris en sandwich entre d'autres régions, dans le but bénéfique et évident de moduler les réponses simples aux divers stimuli et de rendre les réponses moins simples, moins automatiques.

Toujours pour rendre la modulation plus subtile et sophistiquée, le cerveau a développé des systèmes qui cartographient les stimuli de façon si détaillée que cela a fini par donner des images et de l'esprit. Ensuite, il a ajouté un processus du soi à cet esprit, ce qui a permis la création de réponses inédites. Finalement, chez l'homme, lorsque les esprits conscients se sont organisés en collectifs d'êtres semblables, la création de cultures est devenue possible ainsi que de leurs artefacts externes. En retour, les cultures ont influencé l'opération des cerveaux au fil des générations et l'évolution du cerveau humain.

Celui-ci est un système de systèmes. Chaque système est composé d'interconnexions élaborées entre les régions corticales et les noyaux sous-corticaux, macroscopiques mais petits, qui sont formés de circuits locaux microscopiques, lesquels se composent de neurones, tous reliés par des synapses.

Ce qu'accomplissent les neurones dépend de l'assemblage local auquel ils appartiennent ; ce que les systèmes réalisent dépend de l'influence qu'exercent les assemblages locaux sur d'autres assemblages au sein d'une architecture interconnectée ; enfin ce que chaque assemblage apporte au fonctionnement du système auquel il appartient dépend de sa place en son sein.

Note sur l'équivalence esprit-cerveau

La perspective adoptée dans ce livre contient une hypothèse qui n'est pas universellement appréciée et encore moins acceptée – à savoir l'idée que les états mentaux et ceux du cerveau sont par essence équivalents. Les raisons expliquant la répugnance à endosser une telle hypothèse méritent d'être écoutées.

Dans le monde physique, dont fait sans ambiguïté partie le cerveau, l'équivalence et l'identité sont définies par des attributs physiques tels que la masse, les dimensions, le mouvement, la charge, etc. Ceux qui rejettent l'identité entre les états physiques et les états mentaux suggèrent que, si on peut analyser en termes physiques une carte cérébrale correspondant à un objet physique particulier, il serait absurde de vouloir analyser en termes physiques la structure mentale correspondante. La raison invoquée est qu'à ce jour, la science n'est pas parvenue à déterminer les attributs physiques des structures mentales ; si ce n'est pas possible à la science, le mental ne pourrait donc pas être identifié au physique. Je crains cependant que ce raisonnement ne soit pas juste. Voici pourquoi.

Premièrement, il nous faut envisager comment nous déterminons que les états non mentaux sont physiques. Dans le cas des objets se trouvant à l'extérieur dans le monde, nous procédons en les percevant avec nos sondes sensorielles périphériques et en nous servant de divers instruments pour effectuer des mesures. Dans le cas des événements mentaux, cependant, nous ne pouvons faire de même. Pas parce que les événements mentaux ne sont pas équivalents aux états neuraux, mais parce que, vu le lieu où ils apparaissent – l'intérieur du cerveau –, ils ne sont tout simplement pas accessibles à la mesure. En réalité, les événements mentaux ne peuvent être perçus que par le processus même qui les contient – c'est-à-dire l'esprit. Cette situation est malheureuse, mais elle ne nous apprend rien du tout du caractère physique de l'esprit ou de son absence. Elle impose cependant de grandes restrictions aux intuitions qu'on peut en tirer ; il est donc prudent de remettre en doute la conception traditionnelle consistant à affirmer que les états mentaux ne peuvent *pas* être l'équivalent d'états physiques. Il n'est pas

Appendice

raisonnable d'adopter une telle conception purement sur la base d'observations introspectives. On peut recourir à la perspective personnelle et l'apprécier pour ce qu'elle nous procure directement : une expérience qui peut être rendue consciente et peut nous aider à orienter notre vie pour autant qu'une analyse réflexive poussée et menée avec recul – ce qui comprend l'examen scientifique – valide ses recommandations.

Le fait que les cartes neurales et les images correspondantes se trouvent *à l'intérieur* du cerveau et ne soient accessibles qu'à son propriétaire est un obstacle. Mais où donc pourrait-on les trouver sinon dans un secteur privé et isolé du cerveau, puisqu'elles se forment en son sein ? Ce qui serait étonnant, ce serait au contraire de les retrouver à l'extérieur, étant donné que l'anatomie cérébrale n'est pas conçue pour les externaliser.

Pour l'instant, l'équivalence état mental/état cérébral doit être considérée comme une hypothèse utile plutôt que comme une certitude. Il faudra accumuler les preuves pour l'asseoir et, pour cela, nous devrons adopter une autre perspective, influencée par les données issues de la neurobiologie de l'évolution et les neurosciences.

Pourquoi faut-il vraiment une autre perspective pour expliquer les événements mentaux ? Il y a de bonnes raisons à cela. Le fait que les événements mentaux soient corrélés avec les événements cérébraux – nul ne le discute – et que ces derniers existent à l'intérieur du cerveau et soient inaccessibles à la mesure directe justifie une approche spéciale. Dans la mesure où les événements mentaux/cérébraux sont assurément le produit de la longue histoire de l'évolution biologique, inclure les données liées à l'évolution dans leur étude a un sens. Enfin, puisque les événements mentaux/cérébraux pourraient bien être les phénomènes les plus complexes de la nature, la nécessité d'un traitement spécial ne doit pas être considérée comme exceptionnelle.

Même avec l'aide de techniques neuroscientifiques plus puissantes qu'aujourd'hui, nous avons peu de chances de jamais pouvoir cerner toute l'étendue des phénomènes neuraux associés à un état mental, même simple. Ce qui est possible et nécessaire pour l'instant, en revanche, c'est une approximation théorique graduelle assise sur des données empiriques nouvelles.

Admettre l'hypothèse de l'équivalence mental/neural nous aidera particulièrement à traiter le problème frustrant que représente la causalité descendante. Les états mentaux exercent une influence sur le comportement, comme le révèlent toutes sortes d'actions exécutées par le système nerveux et les muscles qu'il commande. Le problème, certains diront même le mystère, est de savoir comment un phénomène considéré comme non physique – l'esprit – peut exercer son influence sur le système nerveux physique qui nous met en action. Si on regarde les états mentaux et neuraux comme les deux faces d'un même processus, à la manière de Janus, la causalité descendante devient un problème moindre.

D'autre part, le rejet de l'équivalence esprit/cerveau implique un présupposé problématique : à savoir qu'il serait moins naturel et plausible pour les neurones de créer des cartographies des choses et pour celles-ci d'être des états mentaux pleinement formés qu'il ne l'est pour les autres cellules de l'organisme de créer, par exemple, la forme des parties du corps ou d'exécuter des actions corporelles. Or, quand des cellules du corps proprement dit sont placées ensemble dans une configuration spatiale particulière, d'après un plan, elles constituent un objet.

La main en est un bon exemple. Elle est faite d'os, de muscles, de tendons, de tissu conjonctif, d'un réseau de vaisseaux sanguins et d'un autre de voies nerveuses, de plusieurs couches de peau, le tout en place selon une structure architecturale spécifique. Quand un tel objet biologique se déplace dans l'espace, il accomplit une action : par exemple, votre main se tend vers moi. L'objet et l'action sont tous deux des événements physiques, dans l'espace et le temps. Quand maintenant des neurones agencés en faisceau bidimensionnel sont actifs ou inactifs selon les informations qu'ils reçoivent, ils créent une structure. Quand celle-ci correspond à un objet ou à une action, elle constitue une carte de quelque chose d'autre, une carte de cet objet ou de cette action. Fondée qu'elle est sur l'activité des cellules physiques, cette structure est aussi physique que les actions ou les objets auxquels elle correspond. La structure est temporairement *tracée* dans le cerveau, *gravée* dans le cerveau par son activité. Pourquoi les circuits de cellules cérébrales ne créeraient-ils pas une sorte de correspondance iconique avec les choses, si les cellules sont bien branchées, opèrent comme elles sont censées opérer et deviennent actives comme il le faut ? Et pourquoi les structures temporaires d'activité qui en résultent seraient-elles nécessairement moins physiques que les objets et les actions présents au début ?

Notes

CHAPITRE 1

Réveil

1. C'est à la fin des années 1980 que j'ai découvert l'opposition aux recherches menées sur la conscience, lorsque j'ai pour la première fois discuté de la question avec Francis Crick. À l'époque, Francis songeait à laisser de côté ses sujets de prédilection en neurosciences pour faire porter son effort sur la conscience. Je n'étais pas tout à fait prêt à faire de même, ce qui était sage vu l'atmosphère d'alors. Je me souviens que Francis m'a demandé, avec son air amusé si caractéristique, si je connaissais la définition de la conscience par Stuart Sutherland. Non. Ce psychologue britannique connu pour ses remarques caustiques et expéditives sur divers sujets et collègues venait de donner dans son *Dictionary of Psychology* une étonnante définition que Francis s'est mis à me lire : « La conscience est un phénomène fascinant mais insaisissable ; il est impossible de préciser ce qu'elle est, à quoi elle sert et pourquoi elle a évolué. Rien n'a été écrit à son propos qui vaille la peine d'être lu. » (S. Sutherland, *International Dictionary of Psychology*, 2ᵉ éd., New York, Continuum, 1996.)

Nous avons bien ri. Et avant d'examiner les mérites de ce chef-d'œuvre d'enthousiasme, Francis m'a lu la définition que Sutherland proposait de l'amour. La voici, pour votre curiosité : « Forme de maladie mentale qui n'est encore reconnue dans aucun traité classique de diagnostic. » Nous avons encore rigolé.

Même au regard des normes de l'époque, c'était là une déclaration extrême, mais elle traduisait bien une attitude largement répandue : le moment n'était pas encore venu pour les recherches sur la conscience, c'est-à-dire, aux yeux de tout le monde, sur la façon dont elle se fonde dans le cerveau. Si cette attitude n'a pas paralysé ce champ, elle a néanmoins, à en juger rétrospectivement, eu un effet pernicieux. Elle a conduit à séparer artificiellement le problème de la conscience de celui de l'esprit. Elle a donné licence aux spécialistes de neurosciences de continuer à explorer l'esprit sans avoir à se confronter aux obstacles posés par l'étude de la conscience. (Plusieurs années après, j'ai rencontré Sutherland et je lui ai raconté où j'en étais sur les problèmes de l'esprit et du soi. Il a paru apprécier mes idées et s'est montré extrêmement gentil à mon égard.)

L'attitude négative n'a nullement disparu. Je respecte le scepticisme des collègues qui l'adoptent encore. Toutefois, l'idée selon laquelle expliquer l'apparition de l'esprit conscient dépasserait les possibilités actuelles de l'intelligence me paraît très étrange et sans doute fausse. Tout comme celle qui veut que nous devrions attendre le nouveau Darwin ou le nouvel Einstein pour résoudre le mystère. La même intelligence qui, par exemple, peut avoir l'ambition de s'attaquer à l'évolution biologique et de déchiffrer le code génétique expliquant notre vie devrait essayer, ne serait-ce qu'essayer, de résoudre le problème de la conscience avant de jeter l'éponge. Darwin, d'ailleurs, n'estimait pas que la conscience était l'Everest de la science ; et je suis bien d'accord. Quant à Einstein, qui considérait la nature à travers les lentilles de Spinoza, si la conscience l'avait intéressé, il est difficile d'imaginer que la conscience l'aurait déconcerté si l'idée de l'élucider lui était venue.

2. Il y a une dizaine d'années environ que j'ai commencé à traiter du problème de la conscience dans des articles scientifiques et un livre. Il s'agit de : A. Damasio, « Investigating the biology of consciousness », *Transactions of the Royal Society*, 353 (B), 1998 ; A. Damasio, *Le Sentiment même de soi*, Paris, Odile Jacob, 1999 ; J. Parvizi et A. Damasio, « Consciousness and the brainstem », *Cognition*, 79, 2001, p. 135-159 ; A. Damasio, « The person within », *Nature*, 423, 2003, p. 227 ; J. Parvizi et A. Damasio, « Neuranatomical correlates of brainstem coma », *Brain*, 126, 2003, p. 1524-1536 ; D. Rudrauf et A. Damasio, « A conjecture regarding the biological mechanism of subjectivity and feeling », *Journal of Consciousness Studies*, 12, 2005, p. 236-262 ; A. Damasio et K. Meyer, « Consciousness : An overview of the phenomenon and of its possible neural basis », *in The Neurology of Consciousness : Neuroscience and Neuropathology*, S. Laureys et G. Tono éd., Londres, Academic Press, 2009.

3. W. Penfield, « Epileptic automatisms and the centrencephalic integrating system », *Research Publications of the Association for Nervous and Mental Disease*, 30, 1952, p. 513-528 ; W. Penfield et H. H. Jasper, *Epilepsy and the Functional Anatomy of the Humain Brain*, New York, Little, Brown, 1954 ; G. Moruzzi et H. W. Magoun, « Brainstem reticular formation and activation of the EEG », *Electroencephalography and Clinical Neurophysiology I*, 1949, p. 455-473.

4. Pour un aperçu de la littérature pertinente à cet égard, je recommande la dernière édition d'un classique : J. B. Posner, C. B. Saper, N. D. Schiff et F. Plum, *Plum and Posner's Diagnosis of Stupor and Coma*, New York, Oxford University Press, 2007.

5. W. James, *The Principles of Psychology*, Dover Press, 1890.

6. « Allusion presque devinée » et « don à demi saisi » sont des expressions empruntées à T. S. Eliot (*Four Quartets*, trad. fr. Claude Vigée) pour décrire ce caractère insaisissable dans *Le Sentiment même de soi*.

7. W. James, *op. cit.*, vol. 1, chap. 2.

8. A. Damasio, « The somatic marker hypothesis and the possible function of the prefrontal cortex », *Phil. Trans. R. Soc. Lon. B*, vol. 351, n° 1346, 1996, p. 1413-1420 ; A. Damasio, *L'Erreur de Descartes*, nouvelle éd., Paris, Odile Jacob, 2006.

9. J. Searle, *Le Mystère de la conscience*, Paris, Odile Jacob, 1999.

10. Aborder de préférence la conscience par la perception en ne se préoccupant pas d'abord du soi est une stratégie classique, représentée par Francis Crick et Christof Koch (F. Crick et C. Koch, « A framework for consciousness », *Nature Neuroscience*, 6, 2, 2003, p. 119-126). Une exception notable se trouve dans un volume qui traite surtout de l'émotion : J. Panksepp, *Affective Neuroscience : The Foundation of Human and Animal Emotions*, New York, Oxford University Press, 1998. Rodolfo

Llinás admet aussi l'importance du soi (R. Llinás, *I of the Vortex : From Neurons to Self*, Cambridge, MA, MIT Press, 2002). Même si ce n'est pas central dans ses hypothèses, la conception de la conscience de Gerald Edelman implique aussi la présence d'un processus du soi (G. Edelman, *The Remembered Present : A Biological Theory of Consciousness*, New York, Basic Books, 1989 ; *Biologie de la conscience*, Paris, Odile Jacob, 1992 ; *Comment la matière devient conscience*, Paris, Odile Jacob, 2000).

11. Le nœud de ce désaccord est discuté par James dans le volume 1 des *Principles* (*op. cit.*, chapitre X, p. 350-352). Voici ce que dit Hume et ce que répond James. Hume : « Pour ma part, quand je pénètre le plus intimement dans ce que j'appelle *moi*, je bute toujours sur une perception particulière ou sur une autre, de chaud ou de froid, de lumière ou d'ombre, d'amour ou de haine, de douleur ou de plaisir. Je ne peux jamais me saisir, *moi*, en aucun moment sans une perception et je ne peux rien observer que la perception. Quand mes perceptions sont écartées pour un temps, comme par un sommeil tranquille, aussi longtemps je n'ai plus conscience de *moi* et on peut dire vraiment que je n'existe pas. Si toutes mes perceptions étaient supprimées par la mort et que je ne puisse ni penser, ni sentir, ni voir, ni aimer ni haïr après la dissolution de mon corps, je serais entièrement annihilé et je ne conçois pas ce qu'il faudrait de plus pour faire de moi un parfait néant. Si quelqu'un pense, après une réflexion sérieuse et impartiale, qu'il a, de *lui-même*, une connaissance différente, il me faut l'avouer, je ne peux raisonner plus longtemps avec lui. Tout ce que je peux lui accorder, c'est qu'il peut être dans le vrai aussi bien que moi et que nous différons essentiellement sur ce point. Peut-être peut-il percevoir quelque chose de simple et de continu qu'il appelle *lui* ; et pourtant je suis sûr qu'il n'y a pas en moi de pareil principe » (*Traité de la nature humaine*, trad. fr. André Leroy, Paris, Aubier, 1983, livre I, p. 343-344).

James : « Mais Hume, après ce bon exercice d'introspection, jette le bébé avec l'eau du bain et va jusqu'à verser dans autant d'extrêmes que les philosophes substantialistes. Eux disent que le Soi n'est rien d'autre qu'une Unité, une unité abstraite et absolue ; Hume dit donc qu'il n'y a que de la Diversité, une diversité abstraite et absolue ; alors qu'en vérité, c'est ce mélange d'unité et de diversité que nous avons nous-mêmes déjà trouvé si facile à détecter [...] il nie que ce fil de ressemblance, ce noyau d'ipséité qui traverse les ingrédients du Soi existe même à titre de chose phénoménale. »

12. D. C. Dennett, *La Conscience expliquée*, Paris, Odile Jacob, 1993 ; S. Gallagher, « Philosophical conceptions of self : Implications for cognitive science », *Trends in Cognitive Science*, 4, 1, 2000, p. 14-21 ; G. Strawson, « The self », *Journal of Consciousness Studies*, 4 (5-6), 1997, p. 405-428. Outre les travaux cités note 10, voir aussi A. Damasio, *Le Sentiment même de soi*, *op. cit.*, P. S. Churchland, « Self-representation in nervous systems », *Science*, vol. 296, n° 5566, p. 308-310 ; J. LeDoux, *Neurobiologie de la personnalité*, Paris, Odile Jacob, 2003 ; C. Frith, *Comment le cerveau crée notre univers mental*, Paris, Odile Jacob, 2010 ; G. Northoff, A. Heinzel, M. de Greck, F. Bermpohl, H. Doborowolny et J. Panksepp, « Self-referential processing in our brain. A meta-analysis of imaging studies on the self », *NeuroImage*, 31, 1, 2006, p. 440-457.

13. Les travaux de Roger Penrose et Stuart Hameroff sont un bon exemple de cette position, défendue aussi par le philosophe David Chalmers. R. Penrose, *The Emperor's New Mind : Concerning Computeurs, Minds, and the Laws of Physics*, Oxford, Oxford University Press, 1989 ; S. Hameroff, « Quantum computation in brain microtubules ? The Penros-Hameroff "orch-OR" model of consciousness »,

Philosophical Transactions Royal Society London, 356 (A), 1998, p. 1869-1896 ; D. Chalmers, *The Conscious Mind : In Search of a Fundamental Theory*, Oxford, Oxford University Press, 1996. La coïncidence entre ces mystères a été bien pointée par Grush et Churchland : P. S. Churchland et R. Grush, « Computation and the brain », *The MIT Encyclopedia of Cognitive Science*, R. Wilson éd., Cambridge, MA, MIT Press, 1998.

14. Cette intuition fausse est renforcée par l'affirmation selon laquelle les dimensions ou la masse des états mentaux ne peuvent se mesurer grâce à des instruments conventionnels. C'est indéniable, mais c'est la conséquence de l'emplacement des événements mentaux – l'intérieur obscur du cerveau –, où des mesures conventionnelles ne sont pas possibles. Cette situation est frustrante pour les observateurs, mais ne préjuge pas de la nature physique ou non des états mentaux. Ils commencent de manière physique et ils restent physiques. Ils ne se révèlent que lorsqu'une construction tout aussi physique appelée soi devient disponible et en est le témoin. Les conceptions traditionnelles de ce qui est *matériel* et *mental* sont inutilement étroites. La charge de la preuve repose donc sur ceux qui trouvent naturel que les états mentaux soient construits par l'activité cérébrale. Il n'en reste pas moins que faire de la coupure intuitive entre esprit et cerveau la seule base de discussion du problème a peu de chances d'encourager à rechercher d'autres preuves.

15. Le mode de pensée évolutionniste a aussi beaucoup compté dans les conceptions de la conscience de Gerald Edelman, Jaak Panksepp, Rodolfo Llinás. Voir aussi N. Humphrey, *Seeing Red : A Study in Consciousness*, Cambridge, MA, Harvard University Press, 2006. À titre d'exemple du mode de pensée évolutionniste appliqué à la compréhension de l'esprit humain, voir E. O. Wilson, *L'Unicité du savoir*, Paris, Robert Laffont, 1998 et S. Pinker, *Comment fonctionne l'esprit*, Paris, Odile Jacob, 2000.

16. Pour les travaux fondamentaux sur la pression de la sélection dans le développement du cerveau individuel, voir J.-P. Changeux, *L'Homme neuronal*, Paris, Fayard, 1983 et G. Edelman, *Remembered Present, op. cit.*

17. Mon ancienne explication de la conscience ne comprenait pas le soi primordial. Le sentiment élémentaire d'exister faisait partie du soi-noyau. J'en suis venu à la conclusion que le processus ne peut fonctionner que si la composante du protosoi liée au tronc cérébral engendre un sentiment élémentaire, de type primitif, indépendamment de tout objet interagissant avec l'organisme, modifiant ainsi le protosoi. Jaak Panksepp défend depuis longtemps une vision comparable du processus et lui attribue aussi une origine dans le tronc cérébral (J. Panksepp, *op. cit.*). Voici en quoi elle diffère de la mienne. Premièrement, le sentiment simple qu'il postule semble nécessairement lié aux événements extérieurs du monde. Il le décrit comme « le sentiment ineffable de se vivre comme un agent indépendant dans les événements perçus du monde ». Le sentiment primitif/soi primordial est au contraire, selon moi, un produit spontané du protosoi. En théorie, les sentiments primordiaux apparaissent que le protosoi soit ou non engagé par des objets et des événements extérieurs au cerveau. Il est lié au corps vivant et à rien d'autre. La description de Panksepp correspond davantage à celle que je donne du soi-noyau, qui comprend bien un sentiment de connaissance relativement à un objet. Il semble y avoir une faille dans l'échelle de construction. Deuxièmement, Panksepp relie cette conscience primaire surtout aux activités motrices qui ont lieu dans les structures du tronc cérébral (gris périaqueducal, cervelet, collicules supérieurs), alors que je mets l'accent sur des structures sensorielles comme le nucleus tractus solitarius et les noyaux parabrachiaux, en étroite

association cependant avec le gris périaqueducal et des couches profondes des colliculi supérieurs.

18. L'étude des liens entre les réseaux neurobiologiques d'un côté et sociaux de l'autre est un important domaine d'investigation. Les travaux de Manuel Castells sont un bon exemple de l'effort mené à cet égard. Voir M. Castells, *Communication Power*, New York, Oxford University Press, 209.

19. Cette citation est extraite de l'avant-dernier paragraphe d'*Un diamant gros comme le Ritz* de Francis Scott Fitzgerald (Paris, Robert Laffont, 2005).

CHAPITRE 2
De la régulation de la vie à la valeur biologique

1. Les concepts discutés dans cette section ont notamment pour sources : G. Edelman, *Topobiology : An Introduction to Molecular Embryology*, New York, Basic Books, 1988 ; C. De Duve, *Blueprint for a Cell : The Nature and Origin of Life*, Burlington, Neil Patterson, 1991 ; R. D. Barnes et E. E. Ruppert, *Invertebrate Zoology*, New York, Saunders College Publishing, 1994 ; E. Ben-Jacob, O. Schochet, A. Tenenbaum, I. Cohen, A. Czirók et T. Vicsek, « Generic modeling of cooperative growth patterns in bacterial colonies », *Nature*, vol. 368, n° 6466, 1994, p. 46-49 ; C. De Duve, *Poussière de vie*, Paris, Fayard, 1996 ; A. B. Butler et W. Hodos, *Comparative Vertebrate Neuroanatomy*, New York, John Wiley and Sons, Inc, 2005 ; A. H. Knoll, *Life on a Young Planet : The First Three Billion Years of Evolution on Earth*, Princeton University Press, 2003 ; B. Holldobler et E. O. Wilson, *The Superorganism : The Beauty, Elegance, and Strangeness of Insect Societies*, New York, W. W. Norton, 2009.

2. L. Margulis, *Symbiosis in Cell Evolution : Microbial Communities*, San Francisco, W. H. Freeman, 1993. Voir aussi L. Sagan, « On the origin of mitosing cells », *Journal of Theoretical Biology*, 14, 1967, p. 225-274 ; J. Shapiro, « Bacteria as multicellular organisms », *Scientific American*, 1998, p. 84-89.

3. Dans mes écrits précédents, j'ai déjà évoqué cette anticipation et prévision comportementale, chez les organismes simples, d'attitudes que nous associons en général au comportement humain complexe (A. Damasio, *Le Sentiment même de soi*, *op. cit.* et *Spinoza avait raison*, Paris, Odile Jacob, 2003). Rodolfo Llinás (*op. cit.*) fait des commentaires comparables, ainsi que T. Fitch, « Nano-intentionality : A defense of intrinsic intentionality », *Biology and Philosophy*, vol. 23, 2, 2007, p. 157-177.

4. Pour une présentation de la physiologie générale des neurones, voir E. R. Kandel, J. H. Schwartz et T. M. Jessel, *Principles of Neural Science*, 4ᵉ éd., McGraw-Hill, 2000.

5. C. De Duve, 1995, *op. cit.*

6. C. Bernard, *Introduction à l'étude de la médecine expérimentale* (1865), Paris, Flammarion, 2008, coll. « Champs » ; W. Cannon, *The Wisdom of the Body*, New York, W. W. Norton, 1932.

7. Les origines de l'homéostasie doivent être recherchées à des niveaux encore plus simples. Le comportement de certaines molécules s'assemblant spontanément tient à des arrangements comme l'ARN ou l'ADN. Nous touchons là à l'origine même de la vie. Ce qu'on peut dire avec certitude, c'est que la conformation de certaines molécules les induit à préserver naturellement leur « soi ». Voilà ce qui s'approche le plus pour l'instant des premières lueurs de l'homéostasie.

8. Pour une vision neuroscientifique de la notion de valeur, voir R. Montague, *Why Choose This Book : How We Make Decisions*, Londres, Penguin Books, 2006. Un volume récent sur la prise de décision consacre une attention considérable à la notion de valeur : il s'agit de *Neuroeconomics : Decision Making and The Brain*, P. W. Glimcher, C. F. Camerer, E. Fehr et R. A. Poldrack éd., Londres, Academic Press, 2008. Voir les chapitres suivants : P. Dayan et B. Seymour, « Values and actions in aversion » ; A. Damasio, « Neuroscience and the emergence of neuroeconomics » ; W. Schultz, « Midbrain dopamine neurons : A retina of the reward system ? », B. W. Baleine, N. D. Daw et J. P. O'Doherty, « Multiple forms of value learning and the function of dopamine », B. Knutson, M. R. Delgado, P. E. M. Phillips, « Representation of subjective value in the striatum » ; K. Doya et M. Kimura, « The basal ganglia and encoding of value ».

9. Pour une image claire de la complexité qui caractérise la régulation homéostatique de quelque chose d'aussi vital que le métabolisme du glucose, voir A. G. Watts et C. M. Donovan, « Sweet talk in the brain : Glucosensing, neural networks, and hypoglycemic counterregulation », *Frontiers in Neuroendocrinology*, 31, 2010, p. 32-43.

10. C. Bargmann, « Olfaction : From the nose to the brain », *Nature*, vol. 384, n° 6609, 1996, p. 512-513 ; C. Bargmann, « Neuroscience : Comraderie and nostalgia in nematodes », *Current Biology*, 15, 2005, R832-R833.

11. La régulation vitale automatisée, sans esprit ni conscience, chez les organismes simples est assez efficace pour permettre la survie dans des environnements qui offrent une abondance de nutriments et peu de risques en termes de conditions physiques, telles que variations de température ou présence d'autres espèces vivantes à comportement prédateur. Mais de tels organismes doivent rester au sein des environnements auxquels ils sont adaptés sous peine d'extinction. La plupart des espèces existantes se débrouillent assez bien dans leur niche écologique où ils fonctionnent par régulation automatisée *uniquement*.

Le fait de sortir de sa niche écologique a des avantages évidents. Cela ouvre toutes sortes de possibilités à la créature qui ose s'aventurer. Cette audace peut cependant avoir un coût. Dans les situations de rareté, la survie n'est possible que lorsque l'aventurier est équipé de dispositifs sophistiqués autorisant de nouvelles options comportementales. Que doivent apporter ces nouveaux dispositifs ? Surtout des « conseils » de valeur qui lui permettent de se rendre ailleurs pour trouver ce dont il a besoin et lui suggèrent pour ce faire des moyens nouveaux et sûrs. Ils lui permettent aussi de prédire les risques qui peuvent survenir, comme des prédateurs, et lui fournissent des moyens pour les éviter.

CHAPITRE 3

La fabrication de cartes et celle d'images

1. R. Llinás, 2002, *op. cit*.

2. S. Pinker, *Comprendre la nature humaine*, Paris, Odile Jacob, 2005.

3. R. B. H. Tootell, E. Switkes, M. S. Silverman *et al*., « Functional-anatomy of the macaque striate cortex. II. Retinotopic organization », *Journal of Neuroscience*, 8, 1983, p. 1531-1568. Voir aussi G. Edelman, *Neural Darwinism : The Theory of Neuronal Group Selection*, New York, Basic Books, 1987, pour une bonne analyse de la notion

de carte neurale et pour l'attention accordée à la notion de valeur appliquée à la sélection de cartes.

4. L'attribution de valeurs pourrait se fonder sur un marqueur émotionnel, un marqueur somatique, ce que j'ai suggéré ailleurs (A. Damasio, « The somatic marker hypothesis and the possible functions of the prefrontal cortex », *Phil. Tran. R. Soc. Lon. B*, 351, 1996, p. 1413-1420). Parmi les nombreuses sources des idées présentées ici, je recommande les analyses de Gerald Edelman sur la relation entre valeur et cartes (G. Edelman, 1987, *op. cit.*).

5. Pour un bilan de la littérature psychologique pertinente à cet égard, voir H. Damasio et A. Damasio, *Lesion Analysis in Neuropsychology*, New York, Oxford University Press, 1989 ; K. M. Heilman et E. Valenstein éd., *Clinical Neuropsychology*, 4ᵉ éd., Oxford, Oxford University Press, 2003 ; H. Damasio et A. Damasio, « The neural basis for memory, language and behavioral guidance : Advances with the lesion method in humans », *Seminars in the Neurosciences*, 2, 1990, p. 277-296 ; A. Damasio, D. Tranel et M. Rizzo, « Disorders of complex visual processing », *in Principles of Behavioral and Cognitive Neurology*, M. M. Mesulam éd., New York, Oxford University Press, 2000.

6. Bjorn Merker a lui aussi soutenu que celui-ci serait à l'origine de l'esprit et même de la conscience dans « Consciousness without a cerebral cortex », *Behavioral and Brain Sciences*, 30, 2007, p. 63-81.

7. A. Damasio, P. J. Eslinger, H. Damasio, G. W. Van Hoesen et S. Cornell, « Multimodal amnesic syndrome following bilateral temporal and basal forebrain damage », *Arch. Neurol.*, 42, 3, 1985, p. 252-259 ; S. S. Kahlsa, D. Rudrauf, J. S. Feinstein et D. Tranel, « The pathways of interoceptive awareness », *Nature Neuroscience*, 12, 2009, p. 1494-1496 ; J. S. Feinstein, D. Rudrauf, S. S. Khlasa, M. D. Cassell, J. Bruss, T. J. Grabowski et D. Tranel, « Bilateral limbic system destruction in man », *Journal of Clinical and Experimental Neuropsychology*, 17 sept. 2009, p. 1-19.

8. On pourrait s'attendre à ce que, en l'absence d'insula, d'autres cortex somatosensoriels (SI, SII) soient à l'origine des sentiments ; de même pour les cortex cingulaires antérieurs, puisqu'ils sont souvent actifs dans les études sur les émotions menées par IRMf. Cette idée est cependant problématique à plusieurs titres. Premièrement, les cortex cingulaires antérieurs sont essentiellement des structures motrices, impliquées dans la création de réponses émotionnelles plutôt que dans leur ressenti. Deuxièmement, les informations viscérales passent d'abord par l'insula et ne sont réparties qu'ensuite dans SI et SII. Une importante destruction de l'insula empêche ce processus. Troisièmement, les études par IRMf des sentiments corporels et émotionnels chez les individus normaux révèlent des activations insulaires systématiques et abondantes, alors qu'elles sont rares dans SI et SII. Cette découverte concorde avec le fait que SI et SII sont dédiées à l'extéroception et à la proprioception (la cartographie du toucher, de la pression et du mouvement du squelette) plutôt qu'à l'introception (celle des viscères et du milieu intérieur). En réalité, une douleur viscérale n'est pas bien cartographiée dans SII, comme le montre M. C. Bushnell, G. H. Duncton, R. K. Hofbauer, B. Ha, J. Chen et B. Carrier, « Pain perception : Is there a role for primary somatosensory cortex ? », *Proc. Natl. Acad. Sci. USA*, vol. 96, 1999, p. 7705-7709.

9. J. Parvizi et A. Damasio, « Consciousness and the brainstem », *Cognition*, 79, 2001, p. 135-160.

10. A. D. Shewmon, G. L. Holmes et P. A. Byrne, « Consciousness in congenitally decorticate children : Developmental vegetative state as a self-fulfilling prophecy », *Developmental Medicine & Child Neurology*, 41, 1999, p. 364-374.

11. B. M. Strehler, « Where is the self ? À neuroanatomical theory of consciousness », *Synapse*, 7, 1991, p. 44-91 ; J. Panksepp, *Affective Neuroscience : The Foundation of Human and Animal Emotions*, New York, Oxford University Press, 1998 ; voir aussi Bjorn Merker, *op. cit.*

12. L'arrangement cartographique de la rétine est préservé et l'activité du collicule gauche correspond au champ visuel à droite, et *vice versa*. Les neurones situés dans les couches superficielles du colliculus supérieur réagissent plutôt aux stimuli en mouvement qu'à ceux qui sont en station aux stimuli à mouvement rapide plutôt que lent. Ils préfèrent aussi ceux qui se déplacent dans le champ visuel selon une direction spécifique. La vision apportée par le colliculus supérieur relève de la détection et du suivi de cibles mouvantes.

À la différence des couches superficielles du colliculus, celles qui sont en profondeur sont connectées à diverses structures liées à la vision, à l'ouïe, aux sensations corporelles et au mouvement. Les informations visuelles atteignent directement ces couches par le colliculus inférieur. Les informations somatosensorielles proviennent de la moelle épinière, du trijumeau, du nerf vague, de l'area postrema et de l'hypothalamus. Les informations proprioceptives, c'est-à-dire toutes les informations somatosensorielles ayant à voir avec la musculature, parviennent au colliculus supérieur depuis la moelle épinière en passant par le cervelet. Les informations vestibulaires sont transmises par des projections qui passent par le noyau fastigial.

13. Le contraste entre le colliculus supérieur et le colliculus inférieur est assez instructif. Ce dernier a aussi une structure en couches, mais son domaine est purement auditif. C'est une importante étape pour les signaux auditifs en route vers le cortex cérébral. Le colliculus supérieur a à la fois une fonction visuelle dans ses couches superficielles et de coordination dans ses couches profondes (P. J. May, « The mammalian superior colliculus : laminar structure and connections », *Progress in Brain Research*, vol. 151, 2006, p. 321-378 ; B. E. Stein, « Development of the superior colliculus », *Ann. Rev. Neurosci.*, 7, 1984, p. 95-125 ; E. M. Klier, H. Wang, D. J. Crawford, « The superior colliculus encodes gaze commands in retinal coordinates », *Nature Neurosciences*, vol. 4, n° 6, 2001, p. 627-632 ; M. F. Huerta et J. K. Harting, « Connectional organization of the superior colliculus », *TINS*, août 1984, p. 286-289).

14. B. M. Strehler, 1991, *op. cit.* ; B. Merker, 2007, *op. cit.*

15. D. D. Brown, « The midbrain and motor integration », *Proc. R. Soc. Med.*, vol. 55, 1962, p. 527-538.

16. M. Brecht, W. Singer et A. Engel, « Patterns of synchronization in the superior colliculus of anesthetized cats », *The Journal of Neuroscience*, 19 (9), 1999, p. 3567-3579 ; M. Brecht, W. Singer et A. Engel, « Synchronization of visual responses in the superior colliculus of awake cats », *NeuroReport*, vol. 12, n° 1, 2001, p. 43-47 ; M. Brecht, W. Singer et A. Engel, « Correlation analysis of corticotectal interactions in the cat visual system », *J. Neurophysiol.*, 79, 1998 ; p. 2394-2407.

17. W. Singer, « Formation of cortical cell assemblies », *Symposium on Qualitative Biology*, 55, 1990, p. 939-952 ; R. Llinás, 2002, *op. cit.*

18. L. Melloni, C. Molina, M. Pena, D. Torres, W. Singer et E. Rodríguez, « Synchronization of neural activity accroiss cortical areas correlates with conscious perception », *J. Neurosci.*, 27 (11), p. 2858-2865.

CHAPITRE 4
Le corps dans l'esprit

1. F. Brentano, *Psychologie du point de vue empirique*, Paris, Vrin, 2008.

2. Daniel C. Dennett (*La Stratégie de l'interprète*, Paris, Gallimard, 1991) soutient depuis longtemps le même argument ; de même Tecumseh Fitch (*op. cit.*).

3. W. James, 1890, *op. cit.* Le fait que James considérait le corps comme central pour comprendre l'esprit a, jusqu'à une époque très récente, été majoritairement négligé par les neurosciences. En philosophie cependant, le corps jouait un rôle central par exemple chez Maurice Merleau-Ponty (*Phénoménologie de la perception*, Paris, Gallimard, 1944). Parmi les philosophes contemporains, Mark Johnson est le chef de file de ce champ. Le corps occupe une place éminente dans le célèbre ouvrage qu'il a écrit avec George Lakoff (*Les Métaphores dans la vie quotidienne*, Paris, Minuit, 1986), mais deux monographies ultérieures ont clos définitivement le sujet : M. Johnson, *The Body in Mind* (1987) et M. Johnson, *The Meaning of the Body* (2007), toutes les deux chez Chicago University Press.

4. J. Jaynes, 1976, *op. cit.*

5. Les deux figures décisives dans cette histoire sont Weber (E. H. Weber, *Handwörterbuch des Physiologie mit Rücksicht auf physiologische Pathologie*, Bd 3, Abt. 2, R. Wagner éd., Brunschwig, Biewig und Sohn, 1846, p. 481-588) et Sherrington (C. S. Sherrington, *Textbook of Physiology*, E. A. Schäfer éd., Édimbourg, Pentland, 1900, p. 920-1001). On peut regretter qu'à l'époque où il a révisé son célèbre manuel de physiologie, Sherrington ait abandonné le concept allemand de sens commun corporel ou *Gemeingefühl* et n'ait plus insisté sur sa notion antérieure de « moi matériel » (C. S. Sherrington, *The Integrative Action of the Nervous System*, Cambridge, Cambridge University Press, 1948). A. D. Craig donne un aperçu historique de l'état de la question : A. D. Craig, « How do you feel ? Interoception : The sense of the physiological condition of the body », *Nature Review Neuoscience*, 3, 2002, p. 655-666.

6. Les éléments fondamentaux de l'interaction du corps avec l'esprit sont bien présentés par Clifford Saper (C. B. Saper, « The central autonomic nervous system : Conscious visceral perception and autonomic pattern generation », *Annu. Rev. Neurosci.*, 25, 2002, p. 433-469). On peut mieux saisir la structure du tronc cérébral et des noyaux de l'hypothalamus chargés de l'exécution de ce processus à deux voies grâce aux articles suivants : C. Gauriau et J.-F. Bernard, « Pain pathways and parabrachial circuits in the rat », *Experimental Physiology*, 87, 2001, p. 251-258 ; M. Gioia, R. Luigi, M. Grazia Pretruccioli et R. Bianchi, « The cytoarchitecture of the adult human parabrachial nucleus : A Nissi and Golgi study », *Arch. Histol. Cytol.*, vol. 63, 2000, p. 411-424 ; M. M. Behbahani, « Functional characteristics of the midbrain periaqueducal gray », *Progress in Neurobiology*, vol. 46, 1995, p. 575-605 ; T. M. Hyde et R. R. Miselis, « Subnuclear organization of the human solitary nucleus complex », *Brain Research Bulletin*, 24, 1989, p. 617-626 ; L. Bourgeais, L. Monconduit, L. Villanueva et J.-F. Bernard, « Parabrachial internal lateral neurons convey nociceptive messages from the deep laminas of the dorsal horn to the intralaminar thalamus », *Journal of Neuroscience*, 21, 2001, p. 2159-2165.

7. A. Damasio, *L'Erreur de Descartes*, *op. cit.*

8. M. E. Goldberg et C. J. Bruce, « Primate frontal eye fields. III. Maintenance of a spatially accurate saccade signal », *J. Neurophysiol.*, 64, 1990, p. 489-508 ; M. E. Goldberg et R. H. Wurtz, « Extraretinal influences on the visual control of eye

movement », in *Motor Control : Concepts and Issues*, D. R. Humphrey et H.-J. Freund éd., Chichester, Wiley, 1991, p. 163-179.

9. G. Rizzolati et L. Craighero, « The mirror-neuron system », *Annu. Rev. Neurosci.*, 27, 2004, p. 169-192 ; V. Gallese, « The shaed manifold hypothesis », *Journal of Consciousness Studies*, vol. 8, 2001, p. 33-50 ; R. Hari, N. Forss, S. Avikainen, E. Kirveskari, S. Salenius et G. Rizzolatti, « Activation of human primary motor cortex during action observation : A neuromagnetic study », *Proc. Natl. Acad. Sci.*, 95, 1998, p. 15061-15065.

10. R. Hari, N. Forss, S. Avikainen, E. Kirveskari, S. Salenius et G. Rizzolati, « Activation of human primary motor cortex during action observation : A neuromagnetic study », *Proceeding of the National Academy of Science*, 95, 1998, p. 15061-15065.

11. T. Singer *et al.*, « Empathy for pain involves the affective but not sensory components for pain », *Science*, 303, 2004, p. 1157-1162.

12. R. Adolphs, H. Damasio, D. Tranel, G. Cooper et A. Damasio, « A role for somatosensory cortices in the visual recognition of emotion as revealed by three-dimensional lesion mapping », *Journal of Neuroscience*, vol. 20, 2000, p. 2683-2690.

CHAPITRE 5
Émotions et sentiments

1. M. C. Nussbaum, *Upheavals of Thought : The Intelligence of Emotions*, Cambridge, Cambridge University Press, 2001.

2. R. M. Sapolsky, *Why Zebras Don't Get Ulcers : An Updated Guide to Stress, Stress-related Diseases, and Coping*, New York, W. H. Freeman, 1998 ; D. Servan-Schreiber, *Guérir*, Paris, Robert Laffont, 2003.

3. W. James, « What is an emotion ? », *Mind*, 9, 1884, p. 188-205.

4. W. B. Cannon, « The James-Lange theory of emotions : A critical examination and an alternative theory », *American Journal of Psychology*, 39, 1927, p. 106-124.

5. A. Damasio, *L'Erreur de Descartes*, *op. cit.*

6. A. Damasio, T. Grabowski, A. Bechara, H. Damasio, Laura L. B. Ponto, J. Parvizi et R. D. Hichwa, « Subcortical and cortical brain activity during the feeling of self-generated emotions », *Nature Neuroscience*, 3, 2000, p. 1049-1056.

7. A. Damasio, « Fundamental feelings », *Nature*, 413, 2001, p. 781 ; A. Damasio, *Spinoza avait raison*, Paris, Odile Jacob, 2003.

8. Voir A. D. Craig, « How do you feel now ? The anterior insula and human awareness », *Nature Reviews Neuroscience*, 10, 2009, p. 59-70. Il soutient que c'est le cortex insulaire qui est le substrat des états sentimentaux, pour le corps comme pour les émotions. Il va même jusqu'à suggérer que la conscience même de ces états s'origine dans l'insula. Cette hypothèse s'oppose directement aux données que j'ai présentées aux chapitres 3 et 4, sur la persistance flagrante des sentiments et de la conscience après une atteinte de l'insula, ainsi que sur la présence probable de sentiments chez les personnes dépourvues de cortex.

9. D. Rudraf, J.-P. Lachaux, A. Damasio, S. Baillet, L. Hugueville, J. Martinerie, H. Damasio, B. Renault, « Enter feelings : Somatosensory responses following early stages of visual induction of emotion », *International Journal of Psychophysiology*, 72 (1), avril 2009, p. 13-23 : D. Rudrauf, O. David, J.-P. Lachaux, C. Kovach, J. Martinerie,

B. Renault, A. Damasio, « Rapid interactions between the ventral visual stream and emotion-related structures rely on a two-pathway architecture », *Journal of Neuroscience*, 28 (11), 2008, p. 2793-2803.

10. L'expression originale est : « *Quem vê caras não vê corações* ».

11. A. Damasio, « Neuroscience and ethics : Intersections », *American Journal of Bioethics*, 7, 1, 2007, p. 3-7.

12. M. H. Immordino-Yang, A. McColl, H. Damasio et coll., « Neural correlates of admiration and compassion », *Proceedings of the National Academy of Science*, vol. 106, n° 19, 2009, p. 8021-8026.

13. J. Haidt, « The emotional dog and its rational tail : A social intuitionist approach to moral judgment », *Psychological Review*, 108, 2001, p. 814-834 ; C. Oveis, A. B. Cohen, J. Gruber, M. N. Shiota, J. Haidt et D. Keltner, « Resting respiratory sinus arrhythmia is associated with tonic positive emotionality », *Emotion*, vol. 9, n° 2, avril 2009, p. 265-270.

CHAPITRE 6

Une architecture pour la mémoire

1. E. R. Kandel, J. H. Schwartz et T. M. Jessel, *Principles of Neural Science*, 4ᵉ éd., New York, McGraw-Hill, 2000 ; E. Kandel, *À la recherche de la mémoire. Une nouvelle théorie de l'esprit*, Paris, Odile Jacob, 2007.

2. A. R. Damasio, H. Damasio, D. Tranel, J. P. Brandt, « Neural regionalization of knowledge access : Preliminary evidence », *Symposia on Quantitative Biology*, vol. 55, Cold Spring Laboratory Press, 1990, p. 1039-1047 ; A. Damasio, D. Tranel, H. Damasio, « Face agnosia and the neural substrates of memory », *Annual Review of Neuroscience*, 13, 1990, p. 89-109.

3. S. M. Kosslyn, *Image and Mind*, Cambridge, MA, Harvard University Press, 1980.

4. A. R. Damasio, « Time-locked multiregional retroactivation : A systems-level proposal for the neural substrates of recall and recognition », *Cognition*, 33, 1989, p. 25-62. Le modèle ZCD a été incorporé à des théories cognitives. Voir par exemple : L. W. Barsalou, « Grounded cognition », *Annu. Rev. Psychol.*, 59, 2008, p. 617-645 ; W. K. Simmons et L. W. Barsalou, « The similarity-in-topography principle : Reconciling theories of conceptual deficits », *Cogn. Neuropsychology*, 20, 2003, p. 451-486.

5. K. S. Rockland et D. N. Pandya, « Laminar origins and terminations of cortical connections of the occipital lobe in the rhesus monkey », *Brain Res.*, 179, 1979, p. 3-20 ; G. W. Van Hoesen, « The parahippocampal gyrus : New observations regarding its cortical connections in the monkey », *Trends Neurosci.*, 5, 1982, p. 345-350.

6. P. Hagmann *et al.*, « Mapping the structural core of human cerebral cortex », *PLoS Biol.*, 6, 2008, e159. Doi : 10.1371/journal.pbio.0060159

7. Certaines zones de convergence lient les signaux relatifs aux catégories d'entités (par exemple la couleur et la forme d'un outil) et sont placées dans les cortex associatifs situés immédiatement au-delà des cortex (dessous) dont l'activité définit les représentations des caractéristiques. Chez l'homme, dans le cas d'une entité visuelle, il s'agit des cortex situés dans les zones 37 et 39, sous les cartes corticales antérieures. Leur niveau de hiérarchie anatomique est relativement faible. D'autres ZCD lient des signaux relatifs à des combinaisons plus complexes, par

exemple la définition de certaines classes d'objets, en liant les signaux relatifs à la forme, à la couleur, au son, à la température et à l'odeur. Ces ZCD sont placées au plus haut niveau de la hiérarchie cortico-corticale (par exemple dans les secteurs antérieurs de 37, 39, 22 et 20). Elles représentent les combinaisons d'entités ou de caractéristiques d'entités diverses plutôt que des entités ou des caractéristiques uniques. Les ZCD capables de lier des entités pour former des événements sont situées en haut de la hiérarchie, dans les régions temporales et frontales les plus antérieures.

8. K. Meyer et A. Damasio, « Convergence and divergence in neural architecture for recognition and memory », *Trends in Neurosciences*, vol. 32, 7, 2009, p. 376-382.

9. G. A. Calvert *et al.*, « Activation of auditory cortex during silent lip reading », *Science*, 276, 1997, p. 593-596.

10. M. Kiefer *et al.*, « The sound of concepts : Four markers for a link between auditory and conceptual brain systems », *J. Neurosci.*, 28, 2008, p. 12224-12230 ; J. Gonzalez *et al.*, « Reading cinnamon activates olfactory brain regions », *Neuro-Image*, 32, 2006, p. 906-912 ; M. C. Hagen *et al.*, « Tactile motion activates the human middle temporal/V5 (MT/V5) complex », *Eur. J. Neurosci.*, 16, 2002, p. 957-964 ; K. Sathian *et al.*, « Feeling with the mind's eye », *Neuroport*, 8, 1997, p. 3877-3881 ; A. Zangaladze *et al.*, « Involvement of visual cortex in tactile discrimination of orientation », *Nature*, 401, 1999, p. 587-590 ; Y. D. Zhou et J. M. Fuster, « Neuronal activity of somatosensory cortex in a cross-modal (visuo-haptic) memory task », *Exp. Brain Res.*, 116, 1997, p. 551-555 ; Y. D. Zhou et J. M. Fuster, « Visuo-tactile cross-modal associations in cortical somatosensory cells », *Proc. Natl. Acad. USA*, 97, 2000, p. 9777-9782.

11. S. M. Kosslyn *et al.*, « Neural foundations of imagery », *Nat. Rev. Neurosci.*, 2, 2001, p. 635-642 ; Z. Pylyshyn, « Return of the mental image : Are there really pictures in the brain ? », *Trends Cogn. Sci.*, 7, 2003, p. 113-118.

12. S. M. Kosslyn *et al.*, « Topographical representations of mental images in primary visual cortex », *Nature*, 378, 1995, p. 496-498 ; S. D. Slotnick *et al.*, « Visual mental imagery induces retinotopically organized activation of early visual areas », *Cereb. Cortex*, 15, 2005, p. 1570-1583 ; S. M. Kosslyn *et al.*, « The role of area 17 in visual imagery: Convergent evidence form PET et rTMS », *Science*, 284, 1999, p. 167-170 ; M. Lotze et U. Halsband, « Motor imagery », *J. Physiol.*, Paris, 99, 2006, p. 386-395 ; K. M. O'Craven et N. Kanwisher, « Mental imagery of faces and places activates corresponding stimulus-specific brain regions », *J. Cogn. Neurosci.*, 12, 2000, p. 1013-1023 ; M. J. Farah, « Is visual imagery really visual ? Overlook evidence form neuropsychology », *Psychol. Rev.*, 95, 1988, p. 307-317.

13. V. Galese *et al.*, « Action recognition in the promotor cortex », *Brain*, 19, 1996, p. 593-609 ; G. Rizzolatti et L. Craighero, « The mirror-neuron system », *Annu. Rev. Neurosci.*, 27, 2004, p. 169-192.

14. A. Damasio et K. Meyer, « Behind the looking-glass », *Nature*, vol. 454, n° 7201, 2008, p. 167-168.

15. Un grand nombre d'études émanant de la très vaste littérature sur les neurones miroirs sont compatibles avec le modèle ZCD : E. Kohler *et al.*, « Hearing sounds, understanding actions : Actions representation in mirror neurons », *Science*, 297, 2002, p. 846-848 ; C. Keysers *et al.*, « Audiovisual mirror neurons and action recognition », *Exp. Brain Res.*, 153, 2003, p. 628-636 ; V. Raos *et al.*, « Mental simulation of action in service of action perception », *J. Neurosci.*, 27, 2007, p. 12675-

12683 ; D. Tkach *et al.*, « Congruent activity during action and action observation in motor cortex », *J. Neurosci.*, 27, 2007, p. 13241-13250 ; S. J. Blakemore *et al.*, « Somatosensory activations during the observation of touch and a case of vision-touch synaesthesia », *Brain*, 128, 2005, p. 1571-1583 ; A. Lahav *et al.*, « Action representation of sound : Audiomotor recognition network while listening to newly acquired actions », *J. Neurosci.*, 27, 2007, p. 308-314 ; G. Buccino *et al.*, « Action observation activates premotor and parietal areas in a somatotopic manner : An fMRI study », *Eur. J. Neurosci.*, 13, 2001, p. 400-404 ; M. Iacoboni *et al.*, « Reafferent copies of imitated actions in the right superior temporal cortex », *Proc. Natl. Acad. Sci. USA*, 98, 2001, p. 13995-13999 ; V. Gazzola *et al.*, « Empathy and the somatotopic auditory mirror system in humans », *Curr. Biol.*, 16, 2006, p. 1824-1829 ; C. Catmur *et al.*, « Sensorimotor learning configures the human mirror system », *Curr. Biol.*, 17, 2007, p. 1527-1531 ; C. Catmur *et al.*, « Through the looking glass : Counter-mirror activation following incompatible sensorimotor learning », *Eur. J. Neurosci.*, 28, 2008, p. 1208-1215.

16. G. Kreiman *et al.*, « Imagery neurons in the human brain », *Nature*, 408, 2000, p. 357-361.

CHAPITRE 7
La conscience observée

1. H. Bloom, *The Western Canon*, New York, Harcourt Brace, 1994 ; H. Bloom, *Shakespeare : The Invention of the Human*, New York, Riverhead, 1998 ; James Wood, *How Fiction Works*, New York, Farrar, Straus and Giroux, 2008.

2. Pour une présentation récente des fondamentaux de la neuroscience de la conscience, je recommande *The Neurology of Consciousness*, S. Laurey et G. Tononi éd., Londres, Elsevier, 2008. Sur les aspects cliniques de la conscience, je recommande un texte classique dans sa dernière édition : J. B. Posner, C. B. Saper, N. D. Schiff et F. Plum, 2007, *op. cit.* Voir aussi T. E. Feinberg, *Altered Egos : How the Brain Creates the Self*, New York, Oxford University Press, 2001, pour un aperçu récent de la littérature clinique en la matière ; A. Damasio, « Consciousness and its disorders », *in Diseases of the Nervous System : Clinical Neuroscience and Therapeutic Principles*, A. K. Asbury, G. McKhann, I. McDonald, P. J. Goadsby, J. McArthur éd., New York, Cambridge University Press, 3ᵉ éd., vol. 2, 2002, p. 289-301.

3. A. Owen, « Detecting awareness in the vegetative state », *Science*, 313, 2006, p. 1402.

4. A. Owen et S. Laureys, « Willful modulation of brain activity in disorders of consciousness », *New England Journal of Medicine*, 362, 2010, p. 579-589.

5. A. Damasio, 1999, *op. cit.*

6. A. Damasio, 1996, *op. cit.*

7. S. Freud, « Quelques leçons élémentaires en psychanalyse », *Résultats, idées, problèmes, II*, Paris, PUF, 1985.

8. R. von Krafft-Ebing, *Psychopathia Sexualis*, Paris, Presse Pocket, 1999.

9. Pour des considérations très fines sur l'esprit et la conscience pendant le sommeil et le rêve, je recommande A. Hobson, *Dreaming : An Introduction to the Science of Sleep*, New York, Oxford University Press, 2002 et R. Llinás, 2002, *op. cit.*

CHAPITRE 8

Comment se construit l'esprit conscient

1. Bernard Baars illustre bien cette approche, mise à profit aussi par Jean-Pierre Changeux et Stanislas Dehaene (S. Dehaene, M. Kerszberg et J.-P. Changeux, « A neuronal model of a global workspace in effortful cognitive tasks », *PNAS*, 95, 24, 1998, p. 14529-14534). Gerald Edelman et Giulio Tononi ont aussi abordé la conscience selon cette perspective (G. Edelman et G. Tononi, *Comment la matière devient conscience*, Paris, Odile Jacob, 2000). De même, le travail de Francis Crick et Christof Koch est centré sur les aspects mentaux de la conscience et admet explicitement que le soi ne fait pas partie du programme (F. Crick et C. Koch, « A framework for consciousness », *Nature Neuroscience*, 6, 2, p. 119-126).

2. Je pense aux études extrêmement importantes conduites par Moruzzi et Magoun, en Italie et aux États-Unis, et par Penfield et Jasper, au Canada (citées au chapitre 1).

3. Comme remarqué au chapitre 1 (note 17), Panksepp met aussi l'accent sur la notion de sentiments précoces, sans lesquels le processus conscient ne serait pas possible. Dans le détail, le mécanisme qu'il envisage n'est pas le même, mais il me semble que l'idée l'est, elle. Les conceptions des sentiments présupposent souvent qu'ils proviennent des interactions avec le monde (comme les « sentiments de savoir » de James ou mon « sentiment de ce qui est ») ou bien qu'ils résultent des émotions. Mais les sentiments primordiaux *précèdent* ces situations et, dans une mesure importante, les sentiments précoces de Panksepp aussi.

4. L. W. Swanson, « The hypothalamus », *in Handbook of Chemical Neuroanatomy*, vol. 5, *Integrated Systems of CNS*, A. Björklund, T. Hökfelt, L. W. Swanson éd., Amsterdam, Elsevier, 1987, p. 1-124.

5. J. Parvizi, A. Damasio, *Cognition*, voir A. Damasio, *Le Sentiment même de soi*, *op. cit.*

6. B. J. Baars, « Global workspace theory of consciousness : Toward a cognitive neuroscience of human experience », *Progress in Brain Research*, vol. 150, 2005, p. 45-53 ; D. L. Sheinberg, N. K. Logothetis, « The role of temporal cortical areas in perceptual organization », *Proc. Natl. Acad. Sci. USA*, 94, 7, 1997, p. 3408-3413 ; S. Dehaene, L. Naccache, L. Cohen *et al.*, « Cerebral mechanisme of word masking and unconscious repetition priming », *Nat. Neurosc.*, 4, 7, 2001, p. 752-758.

7. Comme indiqué au chapitre 5, les contributions d'A. D. Craig sur la moelle épinière et les aspects corticaux du système sont particulièrement remarquables : A. D. Craig, « How do you feel ? Interoception : The sense of the physiological conditions of the body », *Nature Reviews Neuroscience*, 3, 2002, p. 655-666.

8. K. Meyer, « How does the brain localize the self », *Science E-Letters*, http://www.sciencemag.org/cgi/eletters/317/5841/1096#10767 ; B. Lenggenhager, T. Tadi, T. Metzinger, O. Blanke, « Video Ergo Sum : Manipulating bodily self-consciousness », *Science*, 317 (5841), 2007, p. 1096 ; H. H. Ehrsson, *Science*, 317, 2007, p. 1048.

9. M. Gazzaniga, *The Mind's Past*, Berkeley, University of California Press, 1998.

10. Mon intérêt pour les collicules supérieurs remonte au milieu des années 1980. Bernard Strehler était encore plus intrigué par eux ; j'en ai discuté avec lui en plusieurs occasions. Plus récemment, Bjorn Merker a présenté cette structure comme plus qu'un simple assistant dans la vision. B. M. Strehler, « Where is the self ? A neuroanatomical theory of consciousness », *Synapse*, 7, 1991, p. 44-91 ; B. Merker,

2007, *op. cit.* Dans sa discussion sur l'importance du gris périaqueducal, Jaak Panksepp a aussi attiré l'attention sur les colliculus.

11. La formation d'une perspective sensorielle résulterait de la combinaison des images nouvellement acquises des pélicans et de l'activité des portails sensoriels engagés par l'interaction organisme-objet. La mise en liaison de l'activité des portails sensoriels avec les images de l'objet serait obtenue par synchronisation des activités liées à chaque ensemble d'images. C'est le temps, et non l'espace, qui serait le lien décisif. Le sentiment de contrôle et de possession de mon esprit dériverait d'un mécanisme comparable, reliant dans le temps les activités qui concernent les nouvelles images de l'objet avec celles qui définissent des changements dans le protosoi au niveau des cartes intéroceptives, des portails sensoriels et des représentations musculo-squelettiques. Le degré de cohésion de ces composantes dépendrait du timing.

CHAPITRE 9

Le soi autobiographique

1. C. Koch et F. Crick, « What is the function of the claustrum ? », *Philosophical Transactions of the Royal Society London Biology*, 360, 1458, 2005, p. 1271-1279.

2. R. J. Maddock, « The retrosplenial cortex and emotion : New insight from functional neuroimaging of the humain brain », *Trends Neurosci.*, 22, p. 310-316 ; R. Morris, G. Praxinos, M. Petrides, « Architectonic analysis of the human retrosplenial cortex », *Journal of Comparative Neurology*, 421, 2000, p. 14-28 ; pour une étude bibliographique, voir A. E. Cavanna et M. R. Trimble, « The precuneus : A review of its functional anatomy and behavioural correlates », *Brain*, 129, 2006, p. 564-583.

3. J. Parvizi, G. W. Van Hoesen, J. Buckwalter et A. R. Damasio, « Neural connections of the posteromedial cortex in the macaque », *Proc. Natl. Acad. Sci. USA*, 103, 2006, p. 1563-1568.

4. P. Hagmann *et al.*, « Mapping the structural core of human cerebral cortex », *Public Library of Science Biology*, 6, 2008, e159, doi : 10.1371/journal.pbio.0060159

5. P. Fiset *et al.*, « Brain mechanisms of propofol-induced loss of consciousness in humans : A positron emission tomographic study », *J. Neurosci.*, 19, 2009, p. 5506-5513 ; M. T. Alkire et J. Miller, « General anesthesia and the neural correlates of consciousness », *Prog. Brain Res.*, 150, 2005, p. 229-244. La réussite du propofol pour éteindre la conscience n'est pas très éloignée de l'interruption complète de la vie, raison pour laquelle la surveillance des effets de ce médicament doit être si attentive. Michael Jackson semble être décédé d'une overdose de propofol ou peut-être d'une combinaison malheureuse de propofol avec d'autres médicaments cérébro-actifs.

6. P. Maquet *et al.*, « Functional neuroanatomy of human slow wave sleep », *J. Neurosci.*, 17, 1997, p. 2807-2812 ; P. Maquet *et al.*, « Human cognition during REM sleep and the activity profile within frontal and parietal cortices : A reappraisal of functional neuroimaging data », *Prog. Brain Res.*, 150, 2005, p. 219-227 ; M. Massimini *et al.*, « Breakdown of cortical effective connectivity during sleep », *Science*, 309, 2005, p. 2228-2232.

7. D. A. Gusnard et M. E. Raichle, « Seraching for a baseline : Functional imaging and the resting human brain », *Nature Rev. Neurosci.*, 2, 2001, p. 685-694.

8. A. R. Damasio *et al.*, « Subcortical and cortical brain activity during the feeling of self-generated emotions », *Nature Neurosci.*, 2000, 3, p. 1049-1056.

9. R. L. Buckner et Daniel C. Carroll, « Self-protection and the brain », *Trends in Cognitive Sciences*, vol. 11, n° 2, 2006, p. 49-57 ; R. L. Buckner, J. R. Andrews-Hanna et D. L. Schachter, « The brain's default network : Anatomy, function, and relevance to disease », *Ann. N. Y. Acad. Sci.*, 1124, 2008, p. 1-38 ; M. H. Immordino-Yang, A. McColl, H. Damasio *et al.*, « Neural correlates of admiration and compassion », *PNAS*, vol. 106, n° 19, 2009, p. 8021-8026 ; R. L. Buckner *et al.*, « Cortical hubs revealed by intrinsic functional connectivity : Mapping, assessment of stability, and relation to Alzheimer disease », *J. Neurosci.*, 29, 2009, p. 1860-1873.

10. M. E. Raichle et M. A. Mintun, « Brain work and brain imaging », *Annu. Rev. Neurosci.*, 29, 2006, p. 449-476 ; M. D. Fox *et al.*, « The human brain is intrinsically organized into dynamic, anticorrelated functional netwoorks », *Proc. Natl. Acad. Sci. USA*, 102, 2005, p. 9673-9678.

11. B. T. Hyman, G. W. Van Hoesen et A. R. Damasio, « Cell-specific pathology isolates the hippocampal formation », *Science*, 225, 1984, p. 1168-1170 ; G. W. Van Hoesen, B. T. Hyman et A. R. Damasio, « Cellular disconnection within the hippocampal formation as a cause of amnesia in Alzheimers », *Neurology*, 34, 3, 1984, p. 188-189 ; G. W. Van Hoesen et A. Damasio, « Neural correlates of cognitive impairment in Alzheimer's disease », *in Handbook of Physiology, Higher Functions of the Brain*, V. Mountcastle et F. Plum éd., Bethesda, Maryland, American Physiological Society, 1987, p. 871-898.

12. J. Parvizi, G. W. Van Hoesen, A. R. Damasio, « Selective pathological changes of the periaqueductal gray in Alzheimer's disease », *Annals of Neurology*, 49, 2000, p. 53-66.

13. R. L. Buckner *et al.*, « Molecular, structural, and functional characterization of Alzheimer's disease : Evidence for a relationship between default activity, amyloid, and memory », *J. Neurosci.*, 25, 2005, p. 7709-7717 ; S. Miroshima *et al.*, « Metabolic reduction in the posterior cingulate cortex in very early Alzheimer's disease », *Ann. Neurol.*, 42, 1997, p. 85-94.

14. Curieusement, le fait que les CPM soient impliqués dans la maladie d'Alzheimer s'avère être une découverte ancienne, mais sous-estimée, qui a été effectuée dès 1976 par Brun et Gustafson (A. Brun et L. Gustafson, « Distribution of cerebral degeneration in Alzheimer's disease », *European Archives of Psychiatry and Clinical Neuroscience*, vol. 223, n° 1, 1976, p. 15-33). Ils avaient attiré l'attention sur le contraste remarquable entre le cortex cingulaire antérieur intact (épargné en général par la maladie d'Alzheimer) et le cortex cingulaire postérieur, où la pathologie était abondante. Brun et Gustafson ne pouvaient savoir à l'époque que des enchevêtrements fibrillaires apparaissaient dans les CPM plus tardivement au cours de la maladie que les lésions temporales antérieures ; ils ignoraient également ce que nous savons aujourd'hui quant à la structure interne des CPM et à son diagramme de branchements, discuté dans les pages suivantes. A. Brun et E. Englund, « Regional pattern of degeneration in Alzheimer's disease : Neuronal loss and histopathological grading », *Histopathology*, 5, 1981, p. 549-564 ; A. Brun et L. Gustafson, « Distribution of cerebral degeneration in Alzheimer's disease. A clinico-pathological study », *Arch. Psychiatr. Nervenkranz*, 223, 1976, p. 15-33 ; A. Brun et L. Gustafson, « Limbic involvment in presenile dementia », *Arch. Psychiatr. Nervenkranz*, 226, 1978, p. 79-93.

15. G. W. Van Hoesen, B. T. Hyman et A. R. Damasio, « Entorhinal cortex pathology in Alzheimer's disease », *Hippocampus*, 1, 1991, p. 1-8.

16. Randy Buckner et ses collègues ont donné à cette possibilité le nom d'« hypothèse du métabolisme ». Son groupe a aussi présenté des données très

convaincantes obtenues par neuro-imagerie fonctionnelle sur le fait que les CPM se caractérisent par de fortes baisses du métabolisme du glucose lorsque la maladie d'Alzheimer progresse.

17. J.-D. Bauby, *Le Scaphandre et le Papillon*, Paris, Robert Laffont, 1997.

18. S. Laurey *et al.*, « Differences in brain metabolism between patients in coma, vegetative state, minimally conscious state and locked-in syndrome », *Eur. J. Neurol.*, 10, suppl. 1, 2003, p. 224-225 ; S. Laurey, « The neural correlate of (un)awareness : Lessons from the vegetative state », *Trends Cogn. Sci.*, 9, 2005, p. 556-559.

19. S. Laurey, M. Boly et P. Maquet, « Tracking the recovery of consciousness from coma », *J. Clin. Invest.*, 116, 2006, p. 1823-1825.

20. A. D. Craig, 2009, *op. cit.*

CHAPITRE 10

Quand tout est là

1. J. B. Pozner, C. B. Saper, N. D. Schiff et F. Plum, 2007, *op. cit.*

2. J. Parvizi et A. Damasio, « Neuroanatomical correlates of brainstem coma », *Brain*, 126, 2003, p. 1524-1536.

3. G. Moruzzi et H. W. Magoun, « Brain stem reticular formation and activation of the EEG », *Electroencephalography and Clinical Neurophysiology I*, 1949, p. 455-473 ; J. Olszewski, « Cytoarchitecture of the human reticular formation », *in Brain Mechanisms and Consciousness*, J.-F. Delafresnaye *et al.* éd., Springfield, Ill., Charles C. Thomas, 1954, p. 54-80 ; A. Brodal, *The Reticular Formation of the Brain Stem : Anatomical Aspects and Functional Correlations*, Édimbourg, The William Ramsay Henderson Trust, 1959 ; A. N. Butler et W. Hodos, « The reticular formation », *in Comparative Vertebrate Neuroanatomy : Evolution and Adaptation*, New York, Wiley-Liss, Inc., 1996 ; W. Blessing, « Inadequate frameworks for understanding bodily homeostasis », *Trends in Neurosciences*, 20, 1997, p. 235-239.

4. J. Parvizi et A. Damasio, « Consciousness and the brainstem », *Cognition*, 49, 2001, p. 135-159.

5. E. G. Jones, *The Thalamus*, 2ᵉ éd., Cambridge University Press, 2007 ; R. Llinás, 2002, *op. cit.* ; M. Steriade et M. Deschenes, « The thalamus as a neuronal oscillator », *Brain Research*, 320, 1984, p. 1-63 ; M. Steriade, « Arousal : Revisiting the reticular activating system », *Science*, 272, 1992, p. 225-226.

6. Pour une étude globale du cortex cérébral, voir le recueil d'articles majeurs suivant : E. G. Jones, A. Peters et J. H. Morrison éd., *Cerebral Cortex*, New York, Springer, 1999.

7. Plusieurs philosophes contemporains qui ont traité du *mind-body problem* ont abordé la question des qualia. Les ouvrages suivants m'ont aidé : J. R. Searle, *Le Mystère de la conscience*, Paris, Odile Jacob, 1999 ; P. Churchland, *Neurophilosophy : Toward a Unified Science of the Mind-Brain*, Cambridge, MIT Press, 1989 ; R. McCauley éd., *The Churchlands and their Critics*, New York, Wiley-Blackwell, 1996 ; D. Dennett, *La Conscience expliquée*, Paris, Odile Jacob, 1993 ; S. Blackburn, *Think : A Compelling Introduction to Philosophy*, Oxford, Oxford University Press, 1999 ; N. Block coéd., *The Nature of Consciousness : Philosophical Debates*, Cambridge, MIT Press, 1997 ; O. Flanagan, *The Really Hard Problem : Meaning in a Material World*, Cambridge, MIT Press, 2007 ; T. Metzinger, *Being No One : The Self-Model*

Theory of Subjectivity, Cambridge, MIT Press, 2003 ; D. Chalmers, *op. cit.* ; G. Strawson, « The self », *Journal of Consciousness Studies*, 4, 1997, p. 405-428 ; T. Nagel, « What is like to be a bat ? », *Philosophical Review*, 1974, p. 435-450.

8. R. Llinás, *op. cit.*, chap. 10, p. 213.

9. N. D. Cook, « The neuron-level phenomena underlying cognition and consciousness : Synaptic activity and the action potential », *Neuroscience*, 153, 2008, p. 556-570.

10. R. Penrose et S. Hameroff, *op. cit.*

11. D. T. Kemp, « Stimulated acoustic emissions from within the human auditory system », *J. Acoust. Soc. Am.*, 64, 5, 1978, p. 1386-1391.

12. L'une des énigmes liées au problème des qualia II tourne autour du postulat selon lequel les neurones qui sont semblables entre eux ne produiraient pas d'états neuraux qualitativement différents. Le raisonnement est toutefois fallacieux. L'opération générale des neurones est formellement similaire, assurément, mais ceux des différents systèmes sensoriels sont de types très différents. Ils sont apparus à des époques différentes de l'évolution et leur profil d'activité est également distinct. On peut raisonnablement former l'hypothèse que les neurones impliqués dans les sens corporels auraient des caractéristiques particulières qui joueraient un rôle dans la production des sentiments. De plus, leurs structures d'interactivité avec d'autres régions, même au sein du même complexe sensoriel cortical, varient grandement.

Nous commençons à peine à comprendre les microcircuits de nos dispositifs sensoriels périphériques et nous en savons encore moins des microcircuits des gares de triage sous-corticales et des aires corticales qui tirent des cartes des données initiales engendrées par les dispositifs sensoriels eux-mêmes. Nous savons également peu de choses sur les connexions qui existent entre ces gares distinctes, en particulier celles qui s'inversent et vont du cerveau vers la périphérie. Pourquoi, par exemple, le cortex visuel primaire (V1 ou l'aire 17) envoie-t-il davantage de projections vers le noyau géniculé latéral que celui-ci n'en envoie au cortex ? C'est très étrange. Le cerveau a pour tâche de collecter des signaux *issus* du monde extérieur et de les structurer. Ces voies qui vont « vers le bas et vers l'extérieur » doivent avoir une utilité, sinon l'évolution les aurait extirpées. Elles restent toutefois inexpliquées. Pour expliquer ces « rétroprojections », on invoque classiquement une correction en feedback ; mais pourquoi cela expliquerait-il tout ? Au sein du cortex cérébral lui-même, les rétroprojections fonctionnent, je crois, comme des « rétroactivateurs », comme je l'ai suggéré dans le schéma de convergence-divergence que j'ai proposé. Par exemple, à côté de tous les signaux provenant des globes oculaires et de leur entourage, la rétine n'envoie-t-elle pas aussi au cerveau des signaux autres que visuels, par exemple des informations somatosensorielles ? Mieux le comprendre pourrait expliquer en partie pourquoi voir du rouge est différent d'entendre un violoncelle ou de sentir une odeur de fromage.

CHAPITRE 11

La vie avec la conscience

1. Un vaste corpus évoque ces découvertes, à commencer par le travail de Kornhuber (H. H. Kornhuber et L. Deecke, « Hirnpotentialänderungen bei Willkürbewegungen und passiven Bewegungen des Menschen : Bereitschaftspotential und reafferente Potentiale », *Pflugers Archiv fur Gesamte Psychologie*, 284, 1965, p. 1-17) et ceux

de Libet (B. Libet, C. A. Gleason, E. W. Wright, et D. K. Pearl, « Time of conscious intention to act in relation to onset of cerebral activity (readiness-potential) », *Brain*, 106, 1983, p. 623-642 ; B. Libet, « Unconscious cerebral initiative and the role of conscious will in voluntary action », *Behavior and Brain Sciences*, 8, 1985, p. 529-566).

Parmi les autres contributions importantes sur ces questions, voir D. M. Wegner, *The Illusion of Conscious Will*, MIT Press, 2002 ; P. Haggard et M. Eimer, « On the relationship between brain potentials and the awareness of voluntary movements », *Experimental Brain Research*, 126, 1999, p. 128-133 ; C. D. Frith, K. Friston, P. F. Liddle et R. S. J. Frackowiak, « Willed action and the prefrontal cortex in man : A study with PET », *Proceedings of the Royal Society of London, B*, 244, 1991, p. 241-246 ; R. E. Passingham, J. B. Rowe et K. Sakai, « Prefrontal cortex and attention to action », *in Attention in Action*, G. Humphreys et M. Riddoch éd., New York, Psychology Press, 2005.

2. Une présentation très bien argumentée de ce problème se trouve dans C. Suhler, P. Churchland, « Control : conscious and otherwise », *Trends in Cognitive Sciences*, 13, 2009, p. 341-347. Voir aussi J. A. Bargh, M. Chen et L. Burrows, « Automaticity of social behavior : Direct effects of trait construct and stereotype activation on action », *Journal of Personality and Social Psychology*, 71, 1996, p. 230-244 ; R. F. Baumeister *et al.*, « Self-regulation and the executive function : The self as controlling agent », *Social Psychology : Handbook of Basic Principles*, 2e éd, A. Kruglanski et E. Higgins éd., 2007 ; R. Poldrack *et al.*, « The neural correlates of motor skill automaticity », *J. Neurosci.*, 25, 2005, p. 5356-5364.

3. S. Gallagher, « Where's the Action ? Epiphenomenalism and the problem of free will », *in Does Consciousness Cause Behavior ?*, S. Pockett, W. P. Banks et S. Gallagher éd., MIT Press, 2009.

4. A. Dijksterhuis, « On making the right choice : The deliberation-without-attention effect », *Science*, 311, 2006, p. 1005.

5. A. Bechara, A. Damasio, H. Damasio et S. W. Anderson, « Insensitivity to future consequences following damage to prefrontal cortex », *Cognition*, 50, 1994, p. 7-15 ; A. Bechara, H. Damasio, D. Tranel et A. Damasio, « Deciding advantageously before knowing the advantageous strategy », *Science*, 275, 1997, p. 1293-1294.

6. Un ensemble d'expériences récentes menées par le laboratoire d'Alan Cowey confirme, sur un paradigme à base de salaires, que le choix d'une stratégie gagnante dans notre expérimentation sur des jeux est traitée de façon non consciente (N. Persaud, P. McLeod et A. Cowley, « Post-decision wagering objectively measures awareness », *Nature Neuroscience*, 10, 2, p. 257-261).

7. D. Kahneman, « Maps of bounded rationality : Psychology for behavioral economists », *Am. Econ. Rev.*, 93, 2003, p. 1449-1475 ; D. Kahneman et S. Frederick, « Frames and brains : Elicitation and control of response tendencies », *Trends Cogn. Sci.*, 11, 2007, p. 45-46 ; J. Zweig, *Your Money and Your Brain : How the New Science of Neuroeconomics Can Help Make You Rich*, New York, Simon and Schuster, 2007 ; J. Lehrer, *How We Decide*, New York, Houghton Mifflin, 2009.

8. E. A. Phelps, C. J. Cannistraci et W. A. Cunningham, « Intact performance on an indirect measure of race bias following amygdala damage », *Neuropsychologia*, vol. 14, n° 2, 2003, p. 203-208 ; N. N. Oosterhof et A. Todorov, « The functional basis of face evaluation », *Proc. Natl. Acad. Sci.*, 105, 2008, p. 11087-11092. Les données portant sur les biais non conscients sont aussi bien couvertes par des écrits de vulgarisation intelligente.

9. D. M. Wegner, 2002, *op. cit.*

10. T. H. Huxley, « On the hypothesis that animals are automata, and its history », *Fortnightly Review*, 16, 1874, p. 555-580, repris *in Methods and Results. Essays by Thomas H. Huxley*, D. Appleton, 1898.

11. La McArthur Foundation a lancé un ambitieux projet sur les neurosciences et le droit, regroupant un grand nombre d'institutions. Dirigé par Michael Gazzaniga, il a pour but d'inspecter, de discuter et d'approfondir ces questions à la lumière des neurosciences contemporaines.

12. Les travaux de notre groupe pertinents à cet égard sont : S. W. Anderson, A. Bechara, H. Damasio, D. Tranel et A. Damasio, « Impairment of social and moral behavior related to early damage in human prefrontal cortex », *Nature Neuroscience*, 2, 1999, p. 1032-1037 ; M. Koenigs, L. Young, R. Adolphs, D. Tranel, M. Hauser, F. Cushman, A. Damasio, « Damage to the prefrontal cortex increases utilitarian moral judgements », *Nature*, 446, 2007, p. 908-911 ; A. Damasio, « Neuroscience and ethics : Intersections », *American Journal of Bioethics*, 7, 1, 2007, p. 3-7 ; L. Young, A. Bechara, D. Tranel, H. Damasio, M. Hauser et A. Damasio, « Damage to ventromedial prefrontal cortex impairs judgment of harmful intent », *Neuron*, 65, 6, 2010, p. 845-851.

13. J. Jaynes, 1976, *op. cit.*

14. Deux ouvrages récents et très différents présentent une vision très fine des origines, du développement historique et des soubassements biologiques de la pensée religieuse : R. Wright, *The Evolution of God*, New York, Little, Brown and Company, 2009 et N. Wade, *The Faith Instinct*, New York, Penguin Press, 2009.

15. W. H. Durham, *Co-evolution : Genes, Culture and Human Diversity*, Palo Alto, Stanford University Press, 1991 ; C. Holden et R. Mace, « Phylogenetic analysis of the evolution of lactose digestion in adults », *Human Biology*, 69, 1997, p. 605-628 ; K. N. Laland, J. Odling-Smee et S. Myles, « How culture shaped the human genome : Bringing genetics and the human sciences together », *Nature Reviews Genetics*, 11, 2010, p. 137-148.

16. Le biologiste E. O. Wilson est le premier à avoir attiré l'attention sur la signification de ces traits dans l'évolution. Dans *The Art Instinct : Beauty, Pleasure, and Human Evolution*, Bloomsbury Press, 2009, Dennis Dutton propose une liste globale de ces traits critiques. Il présente aussi une perspective biologique sur les origines des arts, mettant l'accent sur les aspects cognitifs, alors que je privilégie l'homéostasie.

17. T. S. Eliot, *Les Quatre Quatuors*, trad. fr. Claude Vigée, Paris, Seuil, 1944. Ces mots sont les trois derniers vers de la première partie de « Burnt Norton ».

Index

acétylcholine : 235, 274, 315
acide gamma-aminobutirique : 274
addiction : 329-330, 341
admiration : 156-161
Adolphs, R. : 394, 404
aire ventro-tegmentale : 255
aires de Brodmann : 243, 374
Alkire, M. T. : 399
amibe : 45, 313
amnésie : 289-290
amour : 11, 385
amygdale
 – anatomie : 370, 373, 375-376
 – dans la production d'effets de qualia : 310
 – dans le mécanisme de « boucle corporelle du comme si » : 128, 130
 – dans le traitement des émotions : 140
 – dans les réponses de peur : 141
anatomie
 – en tant qu'agrégat de systèmes : 46
 – métaphores tirées de l'ingénierie : 59-60
 – *voir aussi* structure et fonction du cerveau
Andrews-Hanna, J. R. : 400
anesthésie : 273-275
animaux
 – comportement adaptatif sans conscience chez les : 43-44
 – conscience chez les : 35, 211
 – manifestations d'émotions sociales chez les : 156
 – niveaux du soi chez les : 36
 – *voir aussi* formes simples de vie
anosognosie : 291
Aplysia californica : 44
apprentissage
 – compréhension actuelle de l' : 165

 – en tant qu'éducation de l'inconscient cognitif : 340-341
 – processus neuronal impliqué dans l' : 366-367
 – structures cérébrales impliquées dans l' : 94, 165
 – *voir aussi* mémoire
area postrema : 371
arts : 337-338, 350, 352, 356-359
Asbury, Arthur K. : 397
asomatognosie : 292
attaque : 285
attention
 – activité cérébrale pendant et après l' : 277
 – dans la création du soi-noyau : 248
 – définition : 247
 – effets émotionnels sur l' : 138
automatisme épileptique : 199-200, 202-203, 205, 289
axones : 50-51, 361, 365, 370, 373

Baars, Bernard : 231-232, 398
bactérie : 45-46, 66, 74
Balliene, Bernard W. : 390
Bargh, J. A. : 403
Bargmann, Cornelia : 75, 390
Barnes, Robert D. : 389
Barsalou, L. W. : 395
bases neurales de la conscience
 analyse des, au niveau des systèmes à grande échelle : 27
 – cadre conceptuel : 26-29
 – connaissance et compréhension actuelles des : 294, 319, 363-364
 – dans le thalamus : 300-301
 – dans le tronc cérébral : 295-300
 – démystification de la vie et : 39

- événements mentaux en tant qu'événements cérébraux : 24
- idée du soi dans les recherches portant sur les : 18-19
- implications des recherches sur les : 38-40
- implications des, sur les systèmes judiciaires et juridiques : 343-344
- limites du pouvoir explicatif des : 345-346
- logique de l'approche évolutionniste des : 23-24
- nécessité d'une perspective intégrative dans les recherches sur les : 23
- perspectives de recherche : 23
- recherches fondamentales sur les : 13-14
- recherches présentes et futures sur les : 21, 23
- structures cérébrales impliquées dans les : 295
- travail des neurones dans les : 305-307

Bauby, Jean-Dominique : 286, 401
Baumeister, R. F. : 403
Bechara, A. : 394, 403-404
Behbahani, Michael M. : 393
Ben-Jacob, Eshel : 389
Bernard, Claude : 57, 389
Bernard, Jean-François : 393
biais
- définition : 215
- influence d'un : 335
- source d'un : 215, 329

bien-être
- avantages de la conscience dans la régulation vitale dédiée au : 77
- connaissance consciente de la régulation vitale optimale : 73
- en tant que valeur biologique : 63
- *voir aussi* fourchette homéostatique

Blackburn, Simon : 401
Blakemore, S.-J. : 397
Blanke, O., : 398
Blessing, W. : 401
Block, Ned : 401
Bloom, Harold : 195, 397
Bourgeais, L. : 393
Brecht, Michael : 392
Brentano, Franz : 115, 393
Brodal, A. : 401
Brown, D. Denny : 392
Bruce, C. J. : 393
Brun, A. : 400
Buccino, G. : 397
Buckner, R. L. : 400
Butler, Ann B. : 389, 401

C. elegans : 74-75
Calvert, G. A. : 396
Camerer, Colin F. : 390

Cannon, Walter : 57, 144, 389, 394
Carroll, Daniel C. : 400
cartes
- correspondance directe des, à l'objet représenté : 89-90, 167-168
- création interactive des : 81-82
- dans le stockage et le rappel de souvenirs : 174, 176
- définition : 27, 82-83
- dispositions et : 168-169
- du colliculus supérieur : 105
- du portail sensoriel dirigé vers l'extérieur : 239, 241-242, 244
- du protosoi : 233
- du sentiment d'émotion : 149
- en tant produit subjectif : 88-89
- en tant que trait distinctif des cerveaux : 81
- évolution des : 169
- formation neurale des : 27
- images et : 81, 83, 89, 97
- interconnexion des, dans les qualia : 317-318
- intéroceptive maître : 233-239
- nature dynamique des : 85-86
- objets sources des : 97
- problème lié aux qualia des : 311-318
- rôle pour la gestion de la vie des : 81, 92-93
- structures cérébrales entrant dans la formation des : 85-87, 97
- variété de : 97
- *voir aussi* cartographie du corps

cartographie du corps
- activité neuronale dans la : 52
- connexion corps-cerveau dans la : 113-114, 121
- construction des états de sentiment et : 128, 148-149
- correspondance de l'état réel du corps avec la : 125-126
- dans la création du protosoi : 30
- dans la régulation consciente : 134
- dans les cerveaux complexes : 114
- empathie et : 131, 135
- fonctions : 134
- mouvement et : 120-121
- orientation du cerveau sur le corps dans la : 114-116
- simulation des états du corps d'autrui dans la : 131-134
- simulation des états du corps dans la : 127-130
- structures cérébrales dans la : 30, 297
- traitement des signaux pour la : 117
- traits caractéristiques de la : 113-118

Castells, Manuel : 389
Catmur, C. : 397

Index

Cavanna, A. E. : 399
cellule grand-mère : 172-173, 188
cellules ciliées : 46
cellules eucaryotiques : 45-46, 53, 66
- *voir aussi* formes simples de vie
cellules gliales : 364-369
cervelet
- anatomie : 370
- dans les réponses de peur : 142
- fonctions du : 94-95
Chalmers, David : 387-388, 402
Changeux, J.-P. : 231-232, 388, 398
Churchland, P. S. : 326, 387-388, 401, 403
claustrum : 265
cochlée : 88
Cohen, L. : 398
colliculi inférieur : 296, 392
colliculi supérieur
- cartes du : 105
- dans la création de la conscience : 254
- dans la création du soi : 253-254
- fonctions du : 105, 296, 392
- formation des images dans le : 107
- oscillations électriques gamma dans le : 108
- structure du : 105
colliculi : 367
- activité cartographique dans les : 87
coma : 198, 284-285, 288, 297
compassion : 156-161
complexité
- dans l'évolution de la conscience : 221
- dans le processus de remémoration : 175
- des phénomènes neurobiologiques et mentaux : 24, 111
- nombres de neurones et structures d'organisation : 345-346
comportement impulsif : 343
comportement ritualisé : 341
connaisseur, le soi comme, *voir aussi* soi qui connaît
conscience
- absence de : 11
- activité cartographique donnant lieu à la : 134
- autobiographique : 207-208
- avantage évolutif : 215-216, 323-324
- caractéristique principale de la : 9-10
- chez les animaux non humains : 210-211
- comportement adaptatif en l'absence de : 48-49
- conception freudienne de la : 217
- conditions de la : 197-198, 352
- contenus mentaux dans la : 194-195
- dans l'hydrocéphalie : 104
- dans la gestion et la sauvegarde de la vie : 35
- dans la modulation des états de douleur et de plaisir : 65, 69-70, 75, 77
- dans le *locked-in syndrome* : 285-286
- dans le sommeil : 275-276
- dans les états végétatifs : 198-199
- définition : 193-195, 385
- délibération consciente, apport de la : 328-329
- domaines à explorer dans la : 28-29
- échelle d'intensité de la : 206
- effets de l'anesthésie : 274
- émotion, indice de la : 204-205
- en l'absence de sentiments : 294
- en tant qu'état de l'esprit : 193
- en tant qu'objet d'étude : 385-386
- en tant que phénomène non physique : 24
- esprit et : 11, 13-14, 17, 44, 193
- examen introspectif des niveaux les plus simples de : 226-228
- expressivité émotionnelle et : 205
- images d'objets dans la : 227
- implications des recherches sur la maladie d'Alzheimer pour les modèles de la : 279-284
- importance de la, dans la vie humaine : 10-11, 21, 40-41, 325, 348, 359
- importance des émotions dans l'étude de la : 135
- importance du système intéroceptif dans la : 236
- langage et : 211
- le processus du soi dans la création de la : 14, 18, 32-33, 221-222, 224
- le soi comme définition de la : 18, 193, 203-204, 209-210
- niveaux du soi dans la : 33
- noyau : 207, 210
- objectifs des recherches menées sur la : 12-13, 38-40
- origines dans l'évolution : 25, 345
- origines de la, dans le tronc cérébral : 32
- portée de la : 206
- portée et intensité flottante de la : 208
- pour l'homéostasie socioculturelle : 354-355
- protosoi dans la : 30
- qualia et : 311
- régulation vitale avant et après la : 216-217
- représentations littéraires de la : 195
- rêve et : 219
- soi-noyau dans la création de la : 249
- structures et processus cérébraux impliqués dans la : 33-34, 254-255, 293, 303, 305
- théorie quantique et : 22
- valeur biologique dans les origines et le développement de la : 34, 36, 38

- veille et : 9-10, 194-197, 225
- *voir aussi* esprit, bases neurales de la conscience, processus conscients et non conscients

conscience autobiographique : 207-208, 210
conscience paradoxale : 219, 276
conscience-noyau : 178, 207, 211
construction du sens, dans les zones de convergence-divergence : 186-187
construction narrative
- dans la création du protosoi : 251-252
- dans la création du soi-noyau : 249, 251
- du soi en tant que protagoniste : 248-249
- pour la transmission culturelle : 355
- sélection et ordonnancement des images pour la : 213, 215

contrôle : 203, 227, 252, 255, 399
Cook, N. D. : 314, 402
copie efférente : 128
corps
- cartes de l'organisme maître : 238-239
- compartiments : 118
- conception du, dans l'Antiquité : 118
- connexions du protosoi : 30
- milieu intérieur du, structures cérébrales impliquées dans le suivi du : 57, 101, 122, 123
- musculature : 119-120
- sentiments primordiaux du : 30, 231
- *voir aussi* interaction corps-cerveau, cartographie du corps, intéroception et système intéroceptif, systèmes sensoriels

corps calleux : 370
corps géniculés : 87, 367
cortex associatifs de niveau supérieur, *voir* cortex sensoriels antérieurs
cortex associatifs, *voir* cortex sensoriels antérieurs
cortex cérébral
- activité cartographique dans le : 84
- aptitudes en l'absence de : 102, 104-105
- connexions du, pour la production de l'esprit : 108-109
- dans la veille : 228
- dans le système sensoriel : 243
- dans les réponses de peur : 142
- espace des images dans le : 178-179, 188-189, 231-232
- espace dispositionnel dans le : 179, 188-190, 232
- espace neuronal global dans le : 232
- évolution du : 303, 375-376
- fonctions du : 95, 302
- fonctions du tronc et : 303, 305
- origines de la conscience dans le : 33, 294
- pièce de neurones : 368
- processus émotionnels dans le : 146

- production du soi-noyau dans le : 232
- région de convergence-divergence dans le : 263
- structure : 84, 373-374
- thalamus et : 301

cortex cingulaire : 147, 159, 370, 391
cortex cingulaire antérieur, dans l'émotion et le sentiment : 147, 159, 391
cortex cingulaire postérieur : 267
cortex du cervelet : 373
cortex insulaire
- dans le système intéroceptif maître : 238
- dans le traitement des sentiments : 98-99
- dans les processus émotionnels : 146-147, 159
- emplacement du : 100, 370
- fonction du : 130
- lésion au : 100, 292
- production du protosoi dans le : 251
- rôle somatosensoriel du : 146

cortex pariétal : 263
cortex postéro-médians
- action de l'anesthésie sur les : 275
- activité métabolique dans les : 278
- changements survenant dans la maladie d'Alzheimer : 282-283
- composants des : 267-268
- connexions : 266, 268-270
- dans l'expérience des émotions sociales : 159-160
- dans le réseau par défaut : 277, 279
- dans le sommeil : 276
- dans les comas et les états végétatifs : 286-287
- dans les processus liés au soi entrant dans la création de la conscience : 264, 266-267, 269, 272-273
- emplacement des : 268, 272
- en tant que régions de convergence-divergence : 263, 270-272

cortex préfrontal ventro-médian
- dans la production des effets de qualia : 310
- dans le mécanisme de « boucle corporelle du comme si » : 128
- dans le traitement émotionnel : 140

cortex préfrontaux : 130, 374
cortex rétroplénial : 267
cortex sensoriels antérieurs
- activité cartographique dans les : 95
- anatomie : 374
- composants des : 376
- dans la production de l'état du soi-noyau : 251
- dans les processus mémoriels : 172-173, 176, 187

- espaces d'images composés des : 177-178, 328
- fonctions : 374

cortex somatosensoriels
- absence de : 148
- dans l'émotion et le sentiment : 392
- dans la création de la conscience : 254
- production du protosoi dans les : 250
- rôle des : 146, 243, 291

cortex temporel : 263
cortisol : 62, 141
courant de conscience : 195
Cowey, Alan : 403
Craig, A. D. : 393-394, 398
Craighero, L. : 394
créativité : 10
Crick, Francis : 265, 385-386, 398-399
culpabilité : 156
culture
- base neurale de la conscience et : 39
- développement des arts : 356, 358-359
- émotions communes à diverses : 153
- évolution de la : 352-354, 379
- évolution du soi et : 224, 349, 351
- extension de l'homéostasie dans la : 36-37, 354-355
- rôle de l'inconscient génomique dans la formation de la : 337-338
- théorie de l'équivalence cerveau-esprit et : 25
- transmission de la : 355
- *voir aussi* systèmes sociaux

cycle de vie
- division cellulaire et reproduction dans le : 55
- évolution des formes de vie : 47

cytoplasme : 45-46
cytosquelette : 45-46

Damasio, Hanna : 99, 158, 391, 394-395, 403-404
Darwin, Charles : 386
Daw, Nathaniel D. : 390
Dayan, Peter : 389-390
De Duve, Christian : 389
découragement : 156
Decetke, L. : 402
dégoût : 146
Dehaene, Stanislas : 231-232, 398
Déjerine, Jules : 264
dendrites : 365
Dennet, D. : 387, 393
Denny-Brown, Derek : 107
Dépression : 309
détection d'un quorum : 74
diencéphale : 370
Dijksterhuis, Ap : 330, 332-334, 403

dispositions
- architecture cérébrale dédiée à l'opération des : 179, 188-189
- cartes et : 167-168
- contenus non conscients des : 180
- dans l'activité cartographique : 179, 188
- dans la reconstruction des cartes pour la remémoration : 176-177
- en tant que fondements non conscients de la conscience : 217
- évolution de la fonction cartographique et : 169-170, 190
- fonctions des : 179-180

don à demi saisi : 386
douleur et plaisir
- communication cerveau-cerveau dans la : 123, 126
- compassion pour la souffrance d'autrui : 160
- entretien conscient de l'homéostasie : 65
- évolution du sentiment : 314
- interférence dans la transmission au cerveau des signaux de : 151-152
- mécanismes incitatifs pour la survie : 69
- modulation non consciente des états des tissus : 69
- structures cérébrales impliquées dans la production de sentiments de : 96-99
- subjectivité de l'expérience de : 11
- *voir aussi* récompense et punition

Doya, Kenji : 390
dure-mère : 122
Durham, W. H. : 404
Dutton, Dennis : 404

Eckhorn, R. : 110
Edelman, Gerald : 387-391, 398
effets des drogues : 151, 209, 309, 341
Einstein, Albert : 386
électro-encéphalographie : 198, 275
Eliot, T. S. : 360, 386, 404
embarras : 156
émotions
- classification des : 153
- comme marques de la conscience : 205
- communication cerveau corps induisant des : 121
- conception jamesienne des : 143, 145
- contrôle des : 155
- coût biologique des : 142
- création de marqueurs somatiques : 16, 215
- cycle émotion-sentiment : 137-138
- dans la gestion des images : 214-215
- dans le traitement cognitif non conscient : 335, 342

- dans les modifications affectant les souvenirs au cours du temps : 258-259
- déclenchement : 137, 139, 310
- définition : 136
- différences individuelles dans le vécu des, et les réactions aux : 155
- émotions d'arrière-plan : 156
- existence humaine à ses débuts : 352
- importance des, dans les conceptions du cerveau et de l'esprit : 135, 138
- mécanismes homéostatiques impliqués dans les origines des : 72
- origines dans l'évolution des : 59, 154, 156
- processus cognitifs impliqués dans les : 137, 139, 144, 149
- programme automatisé de base des : 153
- régulation vitale orientée sur le soi comme base des : 78
- réponse spécifique dans les : 140-141
- sentiments et : 136-137, 144
- structures et processus cérébraux impliqués dans les : 94, 101, 104, 137, 140-142, 205
- timing du traitement des : 152
- universalité des : 153
- valeur biologique et : 135
- *voir aussi* expression des émotions, sentiments émotionnels, émotions sociales

émotions d'arrière-plan : 32, 156

émotions sociales
- caractères uniques des : 157
- déclenchement : 156, 158
- éventail des : 156
- expression des, chez les animaux : 157
- rôle des : 156
- structures et processus cérébraux dans l'expérience des : 158-160

empathie
- cartes corporelles simulées et : 47
- compassion pour la douleur d'autrui : 160
- perception de sentiments chez autrui : 205

Engel, Andreas K. : 392

Englund, E. : 400

enthousiasme : 156

envie : 156

environnement
- avantage présenté par la conscience dans l'adaptation à l' : 75-76
- interaction corps-cerveau dans la cartographie de l' : 53, 82, 116
- processus de gestion vitale en réponse à l' : 55-56
- structures neurales de l'interface cérébrale avec l' : 377-378, 380

équivalence cerveau-esprit
- base conceptuelle de l' : 25, 381, 383
- causalité descendante et : 382
- conception des images et des cartes et : 82-83, 380, 383
- culture et : 25
- modèle évolutif : 25
- objections à l'idée d' : 379-380, 382-383, 388
- recherches nécessaires : 381
- *voir aussi* extéroception

erreur d'attribution : 241

Eslinger, Paul J. : 391

espace des images
- création d'états mentaux conscients dans l' : 293
- étapes du soi dans l' : 222
- évolution de l' : 190
- intervenant dans la création du soi-noyau : 251
- modèle de l'espace de travail neuronal global et : 232-233
- pour la remémoration : 178-179, 188-189
- structures cérébrales et processus intervenant dans l'opération de l' : 231-232

esprit
- conception de l', dans l'Antiquité : 118
- conscience et : 11-14, 17, 44, 193
- dans la régulation de la vie et l'adaptation : 75-76
- en l'absence de cortex cérébral : 101-102, 104
- étude de l', en tant que phénomène non physique : 22
- fiabilité des auto-observations sur l' : 20, 226
- importance des émotions dans l'examen de l' : 135
- importance évolutive : 75-76, 347
- mesure physique des événements de l' : 380, 388
- modèle homonculaire de l' : 245-246
- objectifs des recherches sur l' : 12-13
- perception de l', dans le soi et chez autrui : 12
- preuve d'opérations non conscientes de l' : 198-200
- qualités des structures cérébrales impliquées dans l' : 109, 111
- qualités mystérieuses de l' : 12, 22, 39
- régions cérébrales impliquées dans la formation de l' : 93, 95-98, 109
- veille et : 196, 199-200, 202-203
- *voir aussi* équivalence cerveau-esprit, conscience, processus conscients et non conscients

états sentis du corps : 98

états végétatifs : 198-199, 286, 297

évolution
- de l'aptitude au langage : 211

- de l'aptitude homéostatique : 58-59
- de l'espace dispositionnel et de l'espace des images dans le cerveau : 190
- de l'esprit : 347
- de l'homéostasie socioculturelle : 36-37, 355
- de la capacité de mouvement : 66
- de la complexité de la conscience : 221
- de la culture : 224, 349, 351
- de la fonction cartographique : 168, 170
- de la politique de réponse sensorielle : 66-67
- de la production et de la gestion d'images : 214, 216
- de la structure et de la fonction des neurones : 53-54
- des arts : 356, 358-359
- des cerveaux avec ou sans conscience : 44
- des émotions : 59, 139, 146-147, 154, 156
- des formes de vie : 44-46, 48
- des interneurones et des interrégions : 378-379
- des processus du soi : 222
- des structures et des fonctions cérébrales : 302-304, 375-376
- du comportement adaptatif : 48-49
- du soi qui connaît : 17-18
- du système de « boucle corporelle du comme si » : 130, 150
- continue du soi : 20, 224
- émergence du soi dans l' : 349-350
- existence humaine à ses débuts : 352-353
- idée dualiste du soi dans la théorie de l' : 15
- importance de la subjectivité et de la conscience dans l' : 10-11, 20-21, 346, 348
- mécanismes incitant à la survie au sein de l' : 68-70, 72
- neurobiologie de la conscience dans le contexte de l' : 24, 28
- origines des sentiments dans l' : 314
- origines et développement de la conscience : 36, 215, 217, 221, 323, 325, 345
- régulation vitale orientée sur le soi comme base de l' : 77-78
- valeur biologique dans l' : 35, 37-38

expression des émotions
- chez les enfants hydrocéphales : 102
- conscience et : 204-206
- contrôle de l' : 155
- dans les réponses de peur : 141
- structures cérébrales impliquées dans l' : 103

extéroception
- définition : 67
- gamme infinie des structures sensorielles dans l' : 243
- intéroception et, dans la création du soi : 243
- mécanisme de l' : 122
- *voir aussi* environnement, systèmes sensoriels

Farah, M. J. : 396
Fehr, Ernst : 390
Feinberg, Todd E. : 397
Feinstein, Justin S. : 391
Feynmann, Richard : 5
fibres nerveuses A : 122
fibres nerveuses C : 122
Fiset, Pierre : 399
Fitch, T. : 389, 393
Fitzgerald, F. Scott : 40, 163, 389
Flanagan, Owen : 401
fonctionnement cognitif
- comportement adaptatif et : 48
- dans le traitement émotionnel : 136, 138, 145, 149
- éducation de l'inconscient cognitif pour le : 340
- perspectives futures d'évolution du : 304
- preuves d'un raisonnement non conscient : 331-336
- structures cérébrales impliquées dans le : 94, 304
formation réticulée : 235
formes simples de vie
- aptitude homéostatique des : 57, 59
- aptitude sensorielle des : 66
- comportement adaptatif dans les : 48, 73-74, 389
- comportement social des : 74
- évolution, précurseurs de la fonction sentimentale dans les : 44-46
- importance des, pour les recherches sur la conscience : 44
- manifestations de la volonté de vivre dans les : 47, 313
- organismes multicellulaires en tant que système sociaux . 46-47
- structures cellulaires uniques : 45
- *voir aussi* animaux
fourchette homéostatique
- avantages présentés par la conscience dans la régulation de la : 77
- connaissance consciente de l'optimum de la : 72-73
- dans le système favorisant la survie : 68, 70
- en tant que valeur biologique : 64
- états de douleur et de plaisir et : 70
Freud, Sigmund : 217-218, 337
Friston, K. : 403
Frith, Chris : 387, 403

gainage de myéline : 369, 373
Gallagher, S. : 387, 403
Gallese, V. : 394, 396
ganglions : 375
– de la base : 254-255, 370, 373, 375
Gauriau, Caroline : 393
Gazzaniga, Michael : 249, 398, 404
Gazzola, V. : 397
génétique
– des émotions : 154
– évolution de l'aptitude homéostatique : 58
– inconscient génomique : 337-338
– influences culturelles sur la : 356
Giola, M. : 393
Glimcher, Paul W. : 390
gliomes : 364
Goldberg, M. E. : 393
Gonzalez, J. : 396
gratification reportée : 324
Gusnard, D. A. : 399
Gustafson, L. : 400

Hagen, M. C. : 396
Haggard, Patrick : 325, 403
Hagmann, Patric : 395, 399
Haidt, Jonathan : 159, 395
hallucination : 91
Hameroff, Stuart : 387
Hari, R. : 394
Harting, John K. : 392
Hebb, Donald : 366
Heilman, Kenneth M. : 391
Heinzel, A. : 387
hippocampe
– anatomie : 370
– changements survenant dans la maladie d'Alzheimer : 281, 283
– effets de la maladie d'Alzheimer : 280
– fonctions de l' : 94-95
Hobson, Allan : 397
Hodos, William : 389, 401
Holden, C. : 404
Holldobler, Bert : 389
homéostasie
– addiction aux drogues et : 341-342
– anticipation d'un changement pour préserver l' : 59, 65
– aptitude à l', à tous les niveaux de la vie : 60, 389
– avant et après l'émergence de la conscience : 217
– avantages évolutifs de la conscience dans l' : 324
– capacité cérébrale dédiée à l' : 35
– comportements reproducteurs et : 71-72
– définition : 57
– dispositions dans l' : 169

– évolution de l' : 57-58, 72
– expérience artistique et : 357, 359
– implication du tronc cérébral dans l' : 124
– motivation et : 72
– processus de gestion de la vie visant à maintenir l' : 55-56
– production de sentiments de savoir dans l' : 235
– pulsions et : 72
– relations entre les systèmes régulateurs conscients et non conscients dans l' : 75
– socioculturelle : 36-37, 354-356
– valeur biologique de : 37, 64
Homère et poèmes homériques : 118, 350
homoncule : 245
honte : 156
Huerta, Michael F. : 392
Hume, David : 18-19, 387
Humphrey, Nicholas : 388
Huxley, T. H. : 339, 404
Hyde, Thomas M. : 393
hydroencéphalie : 102-105, 148
Hyman, Brad : 280, 400
hypnose : 209
hypothalamus
– anatomie : 370, 373
– dans la réponse de peur : 141
– dans la veille : 228
– dans le système intéroceptif maître : 238
– fonctions de l' : 297, 371
– neuroanatomie : 296
– rôle dans l'homéostasie de l' : 124

Iacoboni, M. : 397
images
– abstraites : 90, 230
– avantages évolutif de la conscience dans l'utilisation des : 323
– cartographie et : 81, 83, 89, 97
– cortex cérébral et : 301
– création d', et connaissance d' : 24
– création interactive d' : 92
– dans l'esprit non conscient : 92, 212, 215
– dans la cartographie du corps : 30
– dans la création de la conscience : 230, 248-249
– dans la création du protosoi : 30
– dans la création du soi autobiographique : 260, 262
– dans la création du soi-noyau : 31, 250
– dans le soi autobiographique : 32
– dans le stockage et le rappel des souvenirs : 174
– définition : 27, 83, 196-197
– des relations entre l'organisme et l'objet : 230, 248, 250-251
– du soi dans la conscience : 227

- évolution de l'aptitude à former et gérer des : 214-216
- flux d', dans l'esprit : 90-91
- flux illogique d' : 91
- intégration des dispositions aux : 190
- production neurale des : 27
- propriétés représentées dans des : 90
- représentations de l'organisme dans des : 230
- sélection et ordonnancement des : 213-215
- senties : 90, 97, 231, 233, 348
- sentiments et émotions en réponse à des : 308
- sentiments primordiaux en tant qu' : 227
- sources des : 229-230
- structures cérébrales impliquées dans la formation des : 95, 107, 231
- valeur des : 91, 311

imagination
- dans la rêverie éveillée : 209
- en tant que don de la conscience : 359
- modèle de convergence-divergence de l' : 185

Immordino-Yang, Mary Helen : 158, 395
incitations
- évolution des : 69-70, 72
- politique de réponse non consciente pour la : 68

inconscient génomique : 336-338
informations qualitatives, transmission au cerveau des
- cartes des portails sensoriels dirigés vers l'extérieur dans les : 240
- rôle des portails sensoriels dans les : 316-317
- signaux allant du corps au cerveau pour les : 123, 125-126

instincts : 337
intentionalité : 115
interaction corps-cerveau
- dans la cartographie du monde extérieur : 26, 53, 81-82, 116
- dans la création du protosoi : 244-252, 254, 259-260, 262
- dans la formation de souvenirs : 166-167
- extéroception : 67, 122, 243
- fonctions neuronales dans l' : 52
- interférences dans la transmission des signaux de la douleur au cerveau : 151
- limites de la compréhension courante de l' : 319-320
- nature de la communication dans l' : 118, 121
- rôle du cerveau dans l' : 118
- sentiments primordiaux dans l' : 30-31, 52, 311-312
- signaux électrochimiques dans l' : 371-373
- transmission des informations qualitatives dans l' : 122, 125, 240-241
- *voir aussi* intéroception et système interoceptif, systèmes sensoriels

interaction interpersonnelle
- aptitudes des enfants hydrocéphales : 102-103
- en tant que domaine du soi autobiographique : 32, 257
- homéostasie socioculturelle : 36-37
- idée de l'esprit dans l' : 11
- perception de sentiments chez autrui : 205
- *voir aussi* systèmes sociaux

interneurones : 378-379
intéroception et système intéroceptif
- cartes intéroceptives maîtres dans l' : 233-234, 236, 238
- définition : 67
- éventail étroit de structures sensorielles dans l' : 243
- extéroception et, dans la création du soi : 243
- fonction homéostatique du : 233-234
- importance de l', dans la création du soi : 236, 238
- invariance relative de l' : 236-237, 244
- mécanisme de l' : 122
- processus neuronaux impliqués dans l' : 312
- sentiments d'émotion et : 137
- signaux électrochimique dans l' : 315
- structures cérébrales et processus d' : 236, 239

interregions : 378-379
invariance relative : 236-237, 244

jalousie : 156
James, William : 14-16, 18-19, 117, 143-145, 195, 386, 393-394
Jaspers, Herbert : 14, 386
Jaynes, Julian : 350, 393, 404
Jessel, Thomas N. : 389
Johnson, Mark : 393
Jones, E. G. : 401
jugements moraux : 278, 328, 343 344, 351

Kahneman, D. : 403
Kandel, Eric : 44, 389, 395
Kemp, D. T. : 402
Keysers, C. : 396
Kiefer, M. : 396
Klier, Eliana M. : 392
Knoll, Andrew H. : 389
Knutson, Brian : 390
Koch, Christof : 265, 386, 399
Koenigs, M. : 404

Kohler, E. : 396
Kornhuber, H. H. : 402
Kosslyn, Steve : 171, 395-396
Kraft-Ebbing, R. F. von : 397
Kreiman, G. : 397

Lahav, A. : 397
Lakoff, George : 393
Laland, Kevin N. : 404
langage
– conscience et : 211
– développement historique du : 350
– images en tant que base du : 90
– usages humains premiers du : 351-353
Laureys, Steven : 386, 397, 401
lecture sur les lèvres : 184-185
LeDoux, J. : 387
Leggenhager, B. : 398
Lehrer, J. : 403
lésion cérébrale
– amnésie causée par une : 288-289
– coma par suite d'une : 198, 285, 288, 297
– dans le cortex cérébral : 28, 101-104
– dans les cortex insulaires : 98-100
– effets de la maladie d'Alzheimer : 279-284, 400
– états végétatifs dus à une : 198-199, 286, 296
– gamme des pathologies de la conscience dues à une : 287
– handicap de mémoire et : 173-174, 186
– perte du colliculus supérieur : 107
– recherches neuroscientifiques fondées sur une : 28
– tumeurs : 364-365
Libet, Benjamin : 325, 403
Livre de l'intranquillité, Le (Pessoa) : 5
Llinás, Rodolfo : 31, 82, 313, 386-388, 392, 397, 402
locked-in syndrome : 284-286
Logothetis, Nikos : 398
Lotze, M. : 396

Ma, Yo-Yo : 316
Maddock, R. J. : 399
magnétoencéphalographie : 152
Magoun, Horace : 14, 386
maladie d'Alzheimer : 279-284, 400-401
Maquet, Pierre : 399
Margulis, Lynn : 389
marqueur(s) somatique(s)
– fonction des : 215
– source des : 16
Massimini, M. : 399
matière blanche : 373
matière grise : 373
May, Paul J. : 392

McDonald, I. : 397
McKhann, G. : 397
McLeod, P. : 403
mécanisme de « boucle corporelle du comme si » : 129-131
– dans la création du sentiment d'émotion : 150
Melloni, L. C. : 392
membrane, cellule : 45, 47
membres du corps, origines évolutive : 46
mémoire
– absence de division cellulaire neuronale et : 54
– activité cérébrale dans le réseau par défaut de remémoration : 277-278
– amnésie : 289-290
– complexité du processus de remémoration : 175
– conditions pour le développement du soi rebelle : 351
– construction de cartes dans la : 82
– dans l'évolution de la conscience : 223, 352
– dans le soi autobiographique : 257-260
– effets de la maladie d'Alzheimer sur la : 280-281
– émotions déclenchées par la : 139
– enregistrement et rappel préconçus de souvenirs : 166
– évocation par le mouvement : 131-132
– factuelle et procédurale : 175-176
– images issues de la : 91
– importance de la, pour la vie humaine : 359
– mécanismes évocateurs dans la : 163, 165
– modification dans la remémoration au fil du temps : 164, 257-258
– processus neuronaux impliqués dans la : 366
– regroupement de souvenirs évoquant un objet individuel : 259
– rétroactivation à temps bloqué dans la : 177, 188-189
– rôle de la, dans les processus mentaux : 165, 170
– rôle des zones de convergence-divergence dans la : 177, 182-184, 395
– souvenir des interactions motrices jouant dans la création du soi : 249-250
– souvenir des rêves : 166-167
– structures et processus cérébraux impliqués dans la : 164, 171, 173, 178-179, 185-186
– système de stockage et de récupération : 170-172, 174, 176, 179-180
– types de : 174-175
– volume de la : 259
– *voir aussi* apprentissage
mémoire épisodique : 174-175

Index

mémoire explicite : 179-180
mémoire générique : 174-175
mémoire implicite : 179-180
mémoire sémantique : 174-175
méninges : 365
méningites : 365
mépris : 146, 156
Merker, Bjorn : 105, 391
Merleau-Ponty, Maurice : 393
Metzinger, T. : 398, 401
Meyer, Kaspar : 184, 386, 396, 398
Miller, J. : 399
Mintun, M. A. : 400
modifications du cortex entorhinal dans la maladie d'Alzheimer : 280-281, 283
moelle épinière
 – fonction produisant l'esprit dans la : 93-95
 – transmission de signaux dans la, pour superviser le milieu intérieur du corps : 122
 – *voir aussi* tronc cérébral
Montague, Read : 390
Morris, R. : 399
Morrison, John H. : 401
Moruzzi, Giuseppe : 14, 386, 398, 401
motivations : 12
 – émotion et : 136, 139
 – inconscient génomique dans les : 337
 – mécanismes homéostatiques à l'origine des : 72
mouvement
 – évocation des images mentales par le : 132-133
 – évolution du : 67
 – intégration des signaux neuraux pour le : 107
 – intervenant dans la création de cartes cérébrales : 82
 – signaux électrochimiques dans le : 51
 – structure musculo-squelettique impliquée dans le : 67, 120
 – structures cérébrales impliquées dans le : 94
muscles : 120
 – mécanismes servant à la supervision des : 122
 – pour le mouvement : 67, 120
 – structure et fonction : 119-120
muscles lisses : 119-120
muscles striés : 67, 119-120
musique : 103, 129, 309, 356-358
mutisme akynétique : 288
Mystère de la conscience, Le : 386
mythes : 353, 355-356

Naccache, Lionel : 232, 398
Nagel, Thomas : 402
nématodes : 74
néocortex : 373

nerf vague : 93-94
neuromodulateurs : 109
neurones : 109
neurones de Von Economo : 294
neurones miroirs : 129-131
 – modèle de convergence-divergence des : 186-187
neurones et activité neuronale
 – absence de division cellulaire ou de reproduction des : 54
 – analyse des systèmes à grande échelle servant à la neurobiologie de la conscience : 26-27
 – anatomie cellulaire des : 365
 – caractères uniques : 50, 54, 345
 – connaissance et compréhension actuelles des : 363
 – connexion avec le corps des : 51-52
 – dans l'espace dispositionnel : 188-189
 – dans l'hypothèse de la « boucle corporelle du comme si » : 129
 – dans la création de l'esprit : 362, 364
 – dans la création de l'esprit doté de sentiments : 29, 53
 – dans la formation des cartes : 85
 – dans la production des protosentiments : 312, 314
 – dans la production des sentiments : 312
 – dans la remémoration : 172-173
 – dans le cortex cérébral : 84-85, 367-368
 – dans le processus d'apprentissage : 367
 – dans les signaux électrochimiques : 50-51, 109-110
 – enregistrement des, dans un cadre neurochirurgical : 28
 – évolution des : 53, 346
 – excitabilité des : 314
 – noyaux des : 367
 – oscillation synchronisée : 110
 – polarisation des ions dans les : 51
 – projections : 369
 – qualités nécessaires à la formation de l'esprit : 108, 110-111
 – réseaux : 26
 – structure et fonction des : 26, 51, 114, 345, 361-362, 364-367, 369-370, 379
 – structures d'organisation : 345-346, 362, 367, 369
 – variation d'action entre des : 402
 – voies : 369
 – *voir aussi* bases neurales de la conscience
neurotransmetteurs
 – dans les régions du cerveau formant l'esprit : 109
 – modulation non consciente des états des tissus : 70
 – production de : 50, 366

- systèmes de valeur entrant dans l'opération des : 62
noradrénaline : 235
noyau accumbens : 255
noyau cellulaire : 45-48
noyau cholinergique : 235
noyau cunéiforme : 235
noyau gris périaqueducal
- anatomie : 101
- dans l'homéostasie : 125, 299
- dans la réponse de peur : 141
- dans la transmission d'informations qualitatives du corps au cerveau : 126
- dans le sentiment et l'émotion : 98, 101, 205
- dans le système opioïdique endogène : 151
noyau mono-aminergique : 235
noyau parabrachial
- changements survenant dans la maladie d'Alzheimer : 282
- connexions : 100, 103
- dans la construction des états de sentiment : 96, 99, 148
- dans le système intéroceptif maître : 238
- dans les processus émotionnels : 205
- formation de cartes dans le : 87
- rôle dans l'homéostasie : 125, 299
noyau pontis oralis : 235
noyau tractus solitarius
- connexions : 100, 103
- dans l'homéostasie : 125, 298
- dans la construction des états de sentiment : 96, 99, 147-148
- dans le système intéroceptif maître : 238
- dans les processus émotionnels : 205
- formation de cartes dans le : 87
noyau trigéminal : 238
Nussbaum, Martha : 142

O'Doherty, John P. : 390
ocytocine : 62
oiseaux : 36
Olszewski, J. : 401
opercules pariétaux : 130
opercules rolandiques : 130
opioïdes, endogènes : 151
orgueil : 156
Oveis, Christopher : 395
Owen, Adrian : 198, 397

Pandya, D. N. : 395
Panksepp, Jaak : 31, 96, 105, 386-388, 392, 398-399
paramécie : 45, 50, 313
Parvizi, Josef : 267, 297, 386, 391, 398-399
Passingham, R. E. : 403
Paxinos, M. : 399
peau : 45-46

Penfield, Wilder : 14, 386
Persaud, N. : 403
perspective de l'esprit
- dans le soi-noyau : 252
- définition : 240-242
- rôle des portails sensoriels dans la construction de la : 240-241, 316
Pessoa, F. : 5
Peters, A. : 401
Petrides, M. : 399
peur
- neurophysiologie de la : 140-142
- réponse physiologique à la : 141-142
Phelps, Elizabeth A. : 403
physique quantique : 22
Pinker, Steven : 388, 390
plaisir *voir* douleur et plaisir, récompense et punition
Plum, Fred : 14, 297, 386, 397
Poldtrack, Russel A. : 390, 403
portails sensoriels
- cartes du protosoi liées aux, orientés vers l'extérieur : 239, 241-244
- dans la construction de la qualité perçue : 316-317
- dans la création du soi-noyau : 233, 250
- définition : 241
- en tant que sondes neurales : 116
- rôle dans la définition de la perspective de l'esprit : 239, 241
- structure et fonction cérébrale des : 243
Posner, Jerome : 14, 297, 386, 397
potentiel d'action : 366
precuneus : 267
prédictions et anticipations
- avantages évolutifs de la conscience dans les : 217, 324
- délibération consciente précédant l'action : 328-329
- fonctions cérébrales non conscientes dans les : 70
- mécanisme de « boucle corporelle du comme si » dédiée aux : 128
- servant à maintenir l'homéostasie : 59, 65
- simulant les états du corps dans le cerveau : 127-130
preuves neurales : 116
processus cellulaires
- de reproduction et de remplacement : 55
- effets du vieillissement : 55
- métaphores liées à l'ingénierie : 59-60
- origines dans l'évolution de l'homéostasie dans les : 58-60, 389
- pour la gestion de la vie : 56-57
- *voir aussi* neurones et activité neuronale, formes simples de vie

processus conscients et non conscients
- apports du comportement contrôlé par les : 327
- biais en tant que : 329, 334-335
- comportement adaptatif et : 43-44, 48-49
- conception freudienne des : 218-219
- connaissances requises pour une exécution talentueuse dans les : 333, 341
- contenus dispositionnels : 179
- contrôle du comportement humain par les : 325-327, 329
- dans l'automatisme épileptique, implications des : 200, 202-204
- dans le soi autobiographique : 257-258, 400
- dans les états végétatifs : 198-200, 286, 296
- direction consciente des : 325-327
- formation et gestion des images dans le : 92, 213-215
- génomiques : 336-338
- ingrédients actifs et dormants des : 212
- politique de réponse primitive pour la survie : 68
- preuves d'un raisonnement dans les : 330-331, 333-334, 336
- processus de gestion vitale en tant que : 43, 56, 65, 70
- *voir aussi* esprit, formes simples de vie

propofol : 275, 399
propriété : 227, 248, 252, 255
protagoniste, le soi comme : 20-21, 204, 209, 246, 248-249, 349
protosentiments : 306-307, 313-314
protosoi
- cartes des portails sensoriels dirigés vers l'extérieur : 239-243
- cartes intéroceptives maîtres du : 233-234, 236, 238-239
- changements dans le, dus à l'engagement vis-à-vis de l'objet perçu : 247-248, 251
- connexions avec le corps du : 30
- création du : 30, 221, 233
- définition : 221, 223, 232
- en tant que soi matériel : 32
- homoncule et : 245
- produits du : 223
- protosentiments et : 307
- rôle du : 245
- sentiments primordiaux dans le : 30, 227, 388
- structures cérébrales entrant dans la production du : 230, 250
- types de cartes du : 233

protozoaires, *voir aussi* formes simples de vie
pulsions
- émotion et : 136, 139
- inconscient génomique dans les : 337

- mécanismes de l'homéostasie et : 72
Pylyshyn, Z. : 396

qualia
- en tant que partie obligée de l'expérience : 308
- en tant que processus de l'esprit : 311
- interconnexion des cartes dans les : 316-318
- problèmes conceptuels des : 308
- production des : 309
- réponse réduite ou ratée : 309
- soi et : 318

Raichle, Marcus : 277-278, 399-400
Raos, V. : 396
rébellion : 348-349, 351, 353
récompense et punition
- dans le fonctionnement émotionnel : 136
- politique de réponse non consciente pour la survie : 68
- *voir aussi* douleur et plaisir
Reeve, Christopher : 94
régions de convergence-divergence
- connexions et signalisation dans les : 181
- construction du sens dans les : 186-187
- dans la remémoraiton : 72, 177-178, 181-184, 396
- emplacement des : 181
- neurones miroirs et : 187
- nombre de : 181
- origines et développement des : 181
- preuves de l'opération des : 184-185, 187
- révision des souvenirs dans les : 258
- schématisme : 177-178
- structure des : 181, 190, 211
- synchronisation des stimuli sensoriels dans les : 184-185
réponse de fuite ou de fixation : 141
reproduction
- comportements régulant la vie et comportements dédiés à la : 71-72
- en tant que valeur biologique de l'organisme : 63
reptiles : 36
réseaux par défaut : 277-278
rétine : 86, 392
rêverie éveillée : 209, 251
rêves
- activité cérébrale dans les : 276
- conception freudienne des : 218-219
- construction des cartes dans les : 82
- courant d'images dans les : 91
- idée de conscience et : 194, 219
- souvenir de : 219-220
Rizzo, M. : 391
Rizzolatti, G. : 129, 394

Rudrauf, David : 152, 386, 394
Ruppert, Edward E. : 389

Sagan, L. : 389
sagesse : 340
Saper, Clifford B. : 386, 393, 397
Sathian, K. : 396
Scaphandre et le Papillon, Le : 286
Schiff, N. D. : 386, 397
Schnabel, Julian : 286
Schultz, Wolfram : 390
Schwartz, James H. : 389
sclérose latérale amyotrophique : 285
Searle, John : 17, 386, 401
sentiment viscéral : 215
sentiment(s)
– activité neuronale entrant dans la création de l'esprit doté de : 29, 306-308
– comme marqueur(s) somatique(s) : 16, 215
– conception jamesienne des : 144
– conscience dépourvue de : 294
– dans la création du soi : 247, 250, 252, 307
– dans le protosoi : 30
– de connaissance immédiate sensorielle : 239-240
– de contrôle conscient de l'action : 339
– de savoir : 16, 235, 247-248, 252, 339
– définissant la subjectivité : 18
– distinguant soi et non-soi : 16
– du soi relié au monde dans la conscience : 9-10
– émotions et : 136-137, 144
– en réponse aux images : 308
– entrant dans l'idée de qualia : 308-309
– entrant dans la définition des états conscients de l'esprit : 194
– états sentis du corps : 98
– images senties : 90, 97, 231, 233, 348
– perception des, chez autrui : 205
– structures cérébrales impliquées dans le traitement des : 98-99, 101, 147, 311-312
– théorie globale des : 294-295
– timing du traitement des : 152
– *voir aussi* sentiments émotionnels, sentiments primordiaux, qualia
sentiments du corps : 97-98, 127
sentiments émotionnels
– cartographie des : 149
– définition : 97, 137, 145
– expression émotionnelle et : 155
– fonction des : 135
– indicateurs servant à la régulation vitale : 73
– intéroception et : 137
– maladies interférant avec la production des : 309
– origine physiologique des : 148

– sentiments primordiaux et : 145, 236
– structures cérébrales impliquées dans le traitement des : 99, 146-148
– traitement cognitif dans les : 149
– *voir aussi* sentiment(s)
sentiments primordiaux
– connexion corps-cerveau dans les : 31, 311-312
– dans la création du soi-noyau : 247
– dans le processus du soi : 97, 227
– en tant que produit du protosoi : 388
– images : 97
– importance des : 127
– messages adressés à l'esprit dans les : 97
– origines de l'esprit dans les : 36
– origines de la conscience dans les : 36, 222
– production des : 234, 236
– sentiments d'émotion et : 137, 145, 236
– source des : 30, 97
sexualité : 337-338
Shapiro, J. : 389
Sheinberg, D. L. : 398
Sherrington, Charles : 144, 393
Shewmon, Alan D. : 391
signaux électrochimiques
– dans l'interaction corps-cerveau : 121, 371-373
– dans la cartographie du corps : 117-118
– dans la production des états de sentiment : 316
– dans les régions du cerveau produisant l'esprit : 109-110
– neuronaux : 50, 52, 345-346, 365-366
– pour la supervision de l'intérieur du corps : 122-123, 315
– timing et synchronisation des : 109-110
signaux récursifs : 109-110
signaux réentrants : 109
Simmons, W. K. : 395
Singer, Tania : 394
Singer, Wolf : 108, 110, 392
Slotnick, S. D. : 396
soi
– approches philosophiques du : 18-19
– auto-examen introspectif du : 226
– avantage évolutif du : 323-324
– conception freudienne du : 218
– conception processuelle du : 14, 28-29
– conceptions neuroscientifiques du : 18-19
– conscience et : 9-10, 14, 33, 193, 197-198, 203-204, 209-210, 221-222, 224-225
– éléments agrégés du : 227
– émergence du, dans l'histoire humaine : 349-350
– émotions sociales et : 159
– en tant qu'expression de processus cellulaires : 50

Index 419

- en tant qu'objet : 15-16, 32, 193
- établissement d'une plateforme stable pour le : 244, 247
- étapes de la construction du : 32-33, 221-223
- évolution continue du : 20, 224
- évolution des processus du : 222
- fiabilité des auto-observations sur le : 20-21, 226
- images du, dans la conscience : 227
- implications de l'automatisme épileptique dans la définition de la conscience : 200-204
- importance évolutive du : 347-349
- intéroception et extéroception intervenant dans la création du : 236-237, 243
- manifestations de l'étendue et de l'intensité du : 14, 16
- notion duale du : 16
- possessions du : 15
- qualia et : 318
- qualité rebelles du : 349, 351, 353
- régions cérébrales impliquées dans la création du : 28, 32, 253-254
- rôle de l'émotion et du sentiment dans le : 136, 307
- sentiments primordiaux du : 97, 227
- volonté consciente authentifiant le : 339
- *voir aussi* soi autobiographique, soi-noyau, protosoi, soi qui connaît

soi autobiographique
- chez les animaux : 36
- conscience autobiographique et : 208-209
- contenus du : 18, 257
- création du : 32, 222-223, 249, 259-260
- effets de lésions cérébrales sur le : 289, 291-292
- états actifs et dormants du : 257
- fonction sociale du : 18, 351
- mécanisme de coordination impliqué dans la construction du : 261-262, 265
- niveaux d'engagement du : 208
- soi-noyau et : 288
- stockage de souvenirs et remémoration dans le : 257, 259-260
- structures cérébrales impliquées dans la création du : 260, 262, 264-265, 272-273

soi-objet : 15-17, 19, 32, 194

soi qui connaît
- construction du : 32
- dans la création de la conscience : 16-19
- évolution du : 17-18
- soi-objet et : 15, 17, 194

soi-noyau
- chez les animaux : 36
- composants du : 252
- conscience noyau et : 207

- dans la création de l'esprit conscient : 249
- dans la production de sentiments liés à l'objet : 250
- dans la rêverie éveillée : 209
- dans le coma : 288, 308
- dans le développement du soi : 18, 221-223, 260
- en tant que soi matériel : 32
- orientation sur l'action du : 32
- production du : 32, 235, 246-247, 249-250, 299
- pulsations du : 32-33, 222, 250, 255, 257, 259-260, 301
- rôle de protagoniste du : 246
- sentiments de savoir dans le : 235
- soi autobiographique et : 222, 259-260, 288
- structure cérébrale et fonction d'implantation du : 250-251, 254, 296, 299

sommeil
- conscience dans les niveaux de : 275, 277
- en tant que cadre pour les recherches sur la conscience : 275
- structures et activité cérébrales dans le : 275-276
- *voir aussi* rêves

sommeil à mouvements oculaires rapides : 220, 276
somnambulisme : 209
souvenir unique : 174-175
Spinoza, B. : 342, 386
spiritualité et religion : 32, 337, 356
Sporns, Olaf : 269
squelette : 46
Stein, Barry E. : 392
Steriade, M. : 401
Stheler, Bernard M. : 392
stimulation magnétique transcranienne : 28
stimuli émotionnellement compétents : 141
Strawson, G. : 387
Stregler, Bernard : 105
structure et fonction du cerveau
- architecture neuronale : 26, 361-362
- conditions de la production de l'esprit : 108-109, 111
- conditions du développement d'un soi rebelle : 351
- dans l'opération du système intéroceptif maître : 238-239
- dans la création de la conscience : 33-34, 253, 255, 293, 302, 304, 306
- dans la création du soi : 26, 29, 33, 253-254, 260, 262
- dans la fonction viscérale : 146, 148
- dans la production d'effets de qualia : 310
- dans la production de cartes du protosoi : 232

- dans la production du protosoi : 230, 250
- dans la veille : 228, 230
- dans le mécanisme de boucle corporelle du comme si : 129
- dans le sommeil : 275-276
- dans les portails sensoriels : 243
- dans les processus émotionnels : 94, 103, 137, 139, 141, 143, 146-148, 152, 157, 159, 206, 311-312
- dans les processus mémoriels : 164, 173, 177, 179, 186-187
- dans les régions produisant l'esprit : 93-94, 96, 98, 108
- dans les réponses prédictives aux bienfaits et aux menaces : 71
- emplacement des régions de convergence-divergence : 263-264
- évolution de la : 46, 303-304
- fondements non conscients de la conscience : 217
- grilles corticales : 84-85
- métaphore mécaniste de la : 60
- modifications survenant dans la maladie d'Alzheimer : 280, 282-284
- modulation non consciente des états des tissus : 70
- noyaux : 367-369, 375
- pour l'apprentissage : 94, 165
- pour l'implantation de l'état du soi-noyau : 250-251, 253-254
- pour la gestion de la vie : 52, 298
- pour le suivi de l'intérieur du corps : 99, 122
- régulation vitale orientée sur le soi comme base de la : 78
- relation entre la : 374-375, 377
- représentation du monde extérieur dans la : 82
- réseau par défaut : 277-278
- rôle cartographique de la : 81, 84, 86-87
- sélection et ordonnancement des images : 213-214
- systèmes de valeur dans l'opération de la : 62
- valeur biologie dans l'évolution de la : 35
- *voir aussi* signaux électrochimiques, bases neurales de la conscience, neurones et activité neuronale

structure neurale
- dans la création d'images : 92
- définition : 83
- *voir aussi* images, cartes

subjectivité
- création de la : 246
- dans l'expérience de l'état conscient de l'esprit : 194
- dans la création de la conscience : 17
- importance évolutive de la : 10-11
- origines évolutives de la : 222

substance altérant l'esprit : 151, 209
Suhler, C. : 403
Sutherland, Stuart : 385
Swanson, L. W. : 398
synapse, neuronale : 51, 365-367
syndrome post-traumatique : 164
système auditif
- activité cartographique dans le : 87-88
- composants du portails sensoriel dans le : 241
- construction de la qualité perceptuelle dans le : 316, 318
- entendre et écouter : 212
- espace des images dédié à la remémoration dans le : 178
- structures cérébrales impliquée dans le : 105, 392
- *voir aussi* systèmes sensoriels

système d'activation réticulaire ascendant : 298
système dopaminergique : 62, 235
système endocrine
- dans la veille : 228
- *voir aussi* système hormonal
système entérique : 371
système hormonal
- dans la communication cerveau-corps : 121, 371
- modulation non consciente des états des tissus : 70
système moteur
- dans la formation des souvenirs remémorés : 166
- structure cérébrale : 376
- *voir aussi* mouvement
système nerveux
- architecture du : 369, 371-374
- autonome : 370-371
- évolution du : 46
- parasympathique : 371
- périphérique : 369-371
- sympathique : 371
- *voir aussi* neurones et activité neuronale
système norépinéphrinique : 62
système sérotoninergique : 62, 235
système visuel
- anticipation dans le : 128
- cartes interconnectées dans le : 316
- composants du portail sensoriel : 241
- conscience de voir : 240-241
- espace des images consacré à la remémoration dans le : 178
- formation de cartes dans le : 87, 316
- rapidité du : 366

Index

- structures cérébrales impliquées dans le : 105-108, 243
- *voir aussi* systèmes sensoriels

systèmes de justice : 342-343
systèmes de systèmes : 369, 379
systèmes judiciaires : 343
systèmes sensoriels
- cartes interconnectées dans les qualia : 317-318
- connaissance immédiate de l'emplacement des organes des sens : 240
- construction de la qualité perçue dans les : 317
- dans les cartes corporelles : 115
- dans les organismes non conscients : 66
- erreurs d'attribution dans les : 241
- évolution des organismes complexes : 66-67
- formation de cartes dans les : 87, 90, 195
- intervenant dans la formation des souvenirs : 166
- recherches nécessaires : 402
- rôle des sentiments dans la perception : 310
- sondes neurales : 115-116
- structures cérébrales impliquées dans les : 96, 147, 300, 376-377, 392
- structures neurales périphériques des : 377, 379
- *voir aussi* système auditif, cortex sensoriels antérieurs, extéroception, intéroception et système interoceptif, douleur et plaisir, portails sensoriels, cortex somatosensoriels, système visuel

systèmes sociaux
- apports des recherches sur la conscience : 40
- dans l'existence des premiers hommes : 352, 354
- dans le comportement des formes simples de vie : 74
- droit et justice dans les : 342, 344
- extension de l'homéostasie dans les : 36-37, 354-355
- fonction de l'expérience artistique dans les : 357, 359
- organismes multicellulaires comme : 47
- régulation vitale centrée sur le soi comme base des : 77-78
- *voir aussi* émotions sociales

talents : 159-160, 333, 341
technologie d'imagerie
- corrélation carte cérébrale-objet : 89
- études portant sur la conscience dans les : 198-199
- recherches neuroscientifiques fondées sur : 28
- servant à rechercher le tracé des émotions : 152

tectum : 105, 296
tegmentum : 285
témoin, le soi comme : 20
thalamus
- anatomie : 370, 373
- dans la coordination des fonctions du tronc et du cortex : 304
- dans la coordination des informations et des images : 301
- dans la création de la conscience : 254, 300-301
- dans la création du soi : 253-254, 260, 263
- dans la veille : 228
- fonction sensorielle du : 95, 300
- fonctions : 300
- origines de la conscience dans le : 33, 254, 300-301

tissu
- modulation des états de douleur et de plaisir : 69-70
- système incitatif pour la : 69-70

Tkach, D. : 397
Todorov, A. : 403
Tononi, Giulio : 232, 386, 397-398
Tootell, Roger : 89, 390
Tranel, Daniel : 99, 391, 394-396, 403-404
trijumeau : 122
Trimble, M. R. : 399
tronc cérébral
- anatomie et neuro-anatomie du : 296, 370, 373
- coma dû à une lésion du : 285, 296
- dans la création du soi autobiographique : 260
- dans la création du soi-noyau : 235, 296
- dans la production des effets de qualia : 310
- dans la veille : 228-229
- dans les émotions et les sentiments : 139, 311-312
- évolution du : 303
- fonction productrice d'images dans le : 94, 96, 98
- fonctions du cortex cérébral et : 303, 305
- mécanisme homéostatiques dans le : 124
- noyaux : 375-376
- opération du système intéroceptif maître dans le : 238
- origines de la conscience dans le : 31-33, 254-255, 293-294, 296, 298-300, 305
- perspective futures d'évolution du : 305
- production des cartes du protosoi dans le : 233

- production du protosoi dans le : 229, 250
- sentiments primordiaux dans le : 31, 234, 236
- structures des cartographie du corps et des images dans le : 30, 296-297

Twain, Mark : 43

usage de substances
- addiction : 330, 341
- interférence dans la transmission des signaux corporels au cerveau : 151
- substances modifiant l'esprit : 151, 209

Valenstein, Edward : 391
valeur biologique
- base conceptuelle de la : 61-63
- dans les origines et le développement de la conscience : 35, 38, 168
- émotions et : 135
- évaluation d'images : 91
- évaluation d'images dans la construction du soi autobiographique : 262
- fourchette homéostatique et : 64-65
- homéostasie et : 37
- importance de la : 35
- perspective liée à l'organisme tout entier sur la : 63
- siège neural de la : 299

Van Hoesen, Gary : 267, 280, 391, 395, 399-400
vasopressine : 62
veille
- automatisme épileptique et : 199-200, 202, 204
- conscience et : 9-10, 194-197, 225
- dans les premières conceptions cliniques du coma : 298
- gradations de la : 196
- structures et processus cérébraux dans la : 228-229, 276, 300, 302

Villanueva, L. : 393
viscères
- composants : 118, 120-121
- connexions cérébrales avec les : 146-148
- réponse de peur dans les : 142

volonté de vivre : 313
- manifestation de la, dans les formes simples de vie

Wade, Nicholas : 404
Watts, Alan G. : 390
Wearing, Clive : 290
Wearing, Deborah : 290
Weber, E. H. : 393
Wegner, Dan : 325, 339, 403
Wilson, E. O. : 388-389, 404
Wood, James : 195, 397
Wright, Richard : 404

Young, L. : 404

Zangladze, A. : 396
Zhou, Y.-D. : 396
Zweig, Jason : 403

Remerciements

Les architectes prétendent que c'est Dieu qui a créé la nature mais qu'ils se sont chargés du reste de l'Univers. Voilà qui nous rappelle que les lieux et les espaces, qu'ils soient naturels ou bâtis par l'homme, jouent un rôle majeur dans ce que nous sommes et faisons. J'ai commencé ce livre par un matin d'hiver, à Paris ; j'ai écrit la plus grande partie du texte les deux étés suivants, à Malibu ; et je rédige ces lignes et relis les épreuves au cours d'un autre été, à East Hampton. Les lieux comptant, mon premier élan de gratitude sincère va à Paris, toujours animé, qu'il pleuve ou qu'il neige ; à Cori et à Dick Lowe, pour le petit paradis qu'ils ont créé sur le Pacifique (avec l'aide de Richard Neutra), et à Courtney Ross, pour la version différente du paradis qu'elle a installée sur l'autre côte, avec le goût exquis qui la caractérise.

La toile de fond d'un livre de science, cependant, va bien au-delà des lieux. Dans mon cas, elle a davantage à voir avec les collègues et les étudiants que j'ai eu la chance de côtoyer à l'Université de Californie du Sud, au Brain and Creativity Institute et au Dornsife Neuroimaging Center, ainsi que dans plusieurs autres départements et écoles de l'USC. Merci à la direction du Collège des lettres, arts et sciences de l'USC, à Dana et David Dornsife et à Lucy Billingsley. Leur soutien a été vital pour créer notre environnement intellectuel quotidien. Je dois des remerciements tout aussi importants aux agences de financement de la recherche qui ont rendu possible notre travail, tout spécialement au National Institute for Neurological Diseases and Stroke et à la Mathers Foundation.

Certains collègues et amis ont parcouru le manuscrit ou divers fragments, formulé des suggestions et discuté en détail la substance des idées qu'il contient. Ce sont : Hanna Damasio, Kaspar Meyer,

Charles Rockland, Ralph Greenspan, Caleb Finch, Michael Quick, Manuel Castells, Mary Helen Immordino-Yang, Jonas Kaplan, Antoine Bechara, Rebecca Rickman, Sidney Harman et Bruce Adolphe. Un groupe encore plus large de personnes a eu la gentillesse de lire le texte et de me faire bénéficier de leurs réactions ou de leurs suggestions. Ce sont : Ursula Bellugi, Michael Carlisle, Patricia Churchland, Maria de Sousa, Helder Filipe, Stefan Heck, Siri Hustvedt, Brad Hyman, Jane Isay, Jonah Lehrer, Yo-Yo Ma, Kingson Man, Josef Parvizi, Peter Sacks, Julião Sarmento, Peter Sellars, Daniel Tranel, Gary Van Hoesen, Koen Van Gulik et Bill Viola. Ma gratitude à tous, pour leur sagesse, leur franchise et leur générosité. Les nombreuses omissions ou erreurs qui demeurent sont de mon fait, pas du leur.

Dan Frank, mon éditeur chez Pantheon, a plusieurs personnalités éditoriales, au moins trois que j'ai pu diagnostiquer – le philosophe, le scientifique et le romancier. Chacun a fait surface quand il le fallait pour me dispenser des conseils aimables mais marquants sur le manuscrit. Je lui suis reconnaissant pour ses recommandations et la patience avec laquelle il a attendu mes amendements. Comme toujours, je remercie aussi Michael Carlisle, mon ami de longue date, mon frère adoptif et mon agent, pour sa sagesse, son intelligence et sa loyauté.

Merci à Kaspar Meyer, qui a préparé les figures 6.1 et 6.2, et à Hanna Damasio qui a réalisé toutes les autres figures et m'a permis d'utiliser, au chapitre 4, les idées et les formulations d'un article sur l'esprit et le corps que nous avons rédigé ensemble pour *Deadalus*, il y a quelques années.

Cynthia Nuñez a préparé le manuscrit, avec patience, avec compétence, avec un grand enthousiasme, au fil de nombreuses révisions ; Ryan Essex et Pamela McNeff m'ont assisté avec compétence pour les indispensables recherches bibliographiques. Merci à eux pour leurs efforts incomparables.

Odile Jacob et Bernard Gotlieb, qui sont des amis et éditent mes ouvrages depuis longtemps, ont prêté une grande attention à la version française de celui-ci. Un grand merci à eux ! J'aimerais aussi remercier l'équipe des éditions Odile Jacob, en particulier Jean-Luc Fidel, éditeur et traducteur scrupuleux, le dévoué Thomas Sauveur et Cécile Andrier, experte dans l'art d'attirer l'attention des lecteurs sur ce que tente de réaliser un auteur.

Table

Première partie
REDÉMARRAGE

CHAPITRE 1
Réveil

Objectifs et motivations	12
Première approche	13
Le soi-témoin	20
Surmonter une intuition erronée	21
Perspective intégrée	23
Le cadre	26
Présentation des idées principales	29
La vie et l'esprit conscient	38

CHAPITRE 2
De la régulation de la vie à la valeur biologique

Une réalité improbable	43
La volonté naturelle	45
Rester en vie	55
Les origines de l'homéostasie	57
Cellules, organismes multicellulaires et machines	59

La valeur biologique 61
La valeur biologique dans les organismes tout entiers 63
Le succès de nos premiers précurseurs 65
Le développement des incitations 69
Homéostasie, valeur et conscience 72

Deuxième partie
L'ESPRIT DANS LE CERVEAU

CHAPITRE 3
La fabrication de cartes et celle d'images

Cartes et images 81
Descente sous la surface 84
Cartes et esprits 89
La neurologie de l'esprit 93
Les commencements de l'esprit 98

CHAPITRE 4
Le corps dans l'esprit

La cartographie corporelle 116
Du corps au cerveau 121
Représentation des quantités et construction des qualités 123
Les sentiments primordiaux 126
Cartographie et simulation des états du corps 127
À la source d'une idée 131
Le corps dans l'esprit 133

CHAPITRE 5
Émotions et sentiments

Comment les définir ? 136
Le déclenchement et l'exécution des émotions 139
L'étrange affaire William James 143

Les sentiments d'émotions 145
Comment ressentons-nous une émotion ? 149
Le timing des émotions et des sentiments 152
Les variétés d'émotions 153
Du haut en bas de la gamme des émotions............................. 155
Digression sur l'admiration et la compassion.......................... 157

CHAPITRE 6
Une architecture pour la mémoire

D'une certaine manière, quelque part 163
La nature des souvenirs... 166
Les dispositions d'abord, les cartes ensuite 167
La mémoire au travail 170
Brève digression sur les types de mémoire 174
Une solution possible au problème 176
Les zones de convergence et de divergence 177
Un peu plus sur les zones de convergence et de divergence 181
Le modèle à l'œuvre 184
Le comment et le où de la perception et de la remémoration ... 188

Troisième partie
ÊTRE CONSCIENT

CHAPITRE 7
La conscience observée

Comment définir la conscience ?.. 193
La conscience isolée 196
Plus de soi, mais toujours un esprit 200
Une définition de travail plus aboutie 204
Les formes de conscience.. 206
Conscience humaine et conscience non humaine 210
Ce que la conscience n'est pas 212
L'inconscient freudien... 217

CHAPITRE 8
Comment se construit l'esprit conscient

Une hypothèse de travail	221
Comment aborder le cerveau conscient ?	224
Un aperçu de ce qu'est l'esprit conscient	225
Les ingrédients de l'esprit conscient	228
Le protosoi	232
Comment se construit le soi-noyau	246
L'état du soi-noyau	250
Visite guidée du cerveau construisant l'esprit conscient	253

CHAPITRE 9
Le soi autobiographique

Comment se construit le soi autobiographique	259
La question de la coordination	261
Les coordinateurs	262
Le rôle possible des cortex postéromédians	266
Les CPM au travail	270
Autres considérations sur les cortex postéromédians	273
Remarque finale sur les pathologies de la conscience	287

CHAPITRE 10
Quand tout est là

En guise de résumé	293
La neurologie de la conscience	295
Derrière l'esprit conscient, un goulot d'étranglement	303
Du fonctionnement d'ensemble des grandes divisions anatomiques au travail des neurones	305
Quand nous ressentons nos perceptions	307
Les qualia I	308
Les qualia II	311
Les qualia et le soi	318
Un travail qui continue	319

Quatrième partie
LONGTEMPS APRÈS L'APPARITION DE LA CONSCIENCE

CHAPITRE 11
La vie avec la conscience

Pourquoi la conscience a prévalu	323
Le soi et la question du contrôle	325
Excursus sur l'inconscient	330
Note sur l'inconscient génomique	336
Le sentiment de volonté consciente	338
L'éducation de l'inconscient cognitif	340
Cerveau et justice	342
Nature et culture	344
Quand le soi vient à l'esprit	349
Les conséquences du soi réflexif	352

Appendice — 361
L'architecture du cerveau	361
Les briques et le mortier	364
Un peu plus sur l'architecture à grande échelle	369
L'importance de la localisation	375
Aux interfaces entre le cerveau et le monde	377
Note sur l'équivalence esprit-cerveau	379

Notes — 385

Index — 403

Remerciements — 423

Inscrivez-vous à notre newsletter !

Vous serez ainsi régulièrement informé(e) de nos nouvelles parutions et de nos actualités :

https://www.odilejacob.fr/newsletter

Cet ouvrage a été transcodé et mis en pages chez Nord Compo (Villeneuve d'Ascq)

Cet ouvrage a été imprimé sur du papier dont les fibres de bois proviennent de forêts durablement gérées

Cet ouvrage
a été achevé d'imprimer
sur les presses de la
Nouvelle Imprimerie Laballery à Clamecy
en janvier 2022

N° d'édition : 7381-2827-7 – N° d'impression : 201588
Dépôt légal : septembre 2012

Imprimé en France